《国际儒学研究》第十六辑

国际儒学联合会　编

单　纯　主编

图书在版编目(CIP)数据

国际儒学研究(第十六辑)/单纯主编;国际儒学联合会编. —北京:九州出版社,2008.5 .

ISBN 978-7-80195-874-7

Ⅰ.国… Ⅱ.①单…②国… Ⅲ.儒家—研究—文集 Ⅳ.B222.05—53

中国版本图书馆 CIP 数据核字(2008)第 068893 号

国际儒学研究(第十六辑)

作　　者　国际儒学联合会编　单纯主编
出版发行　九州出版社
出 版 人　徐尚定
地　　址　北京市西城区阜外大街甲 35 号(100037)
发行电话　(010)68992190/2/3/5/6
网　　址　www. jiuzhoupress. com
电子信箱　jiuzhou@jiuzhoupress. com
印　　刷　北京毕诚彩印厂
开　　本　880×1230 毫米　1/32 开
印　　张　17.25
字　　数　360 千字
版　　次　2008 年 6 月第 1 版
印　　次　2008 年 6 月第 1 次印刷
书　　号　ISBN 978-7-80195-874-7/B·241
定　　价　50.00 元

目录

致辞

第一编 中华民族精神研究

第二编 儒家经典文本与思想

第三编 儒家伦理与宗教问题

第四编 儒家社会与政治思想

致辞

在“2007国际儒学高峰论坛”上的讲话

国际儒学联合会会长 叶选平

（2007年11月10日）

朋友们、同志们：

“2007国际儒学高峰论坛”今天开幕。我代表国际儒学联合会对各位莅临表示热烈欢迎和衷心感谢，相信在大家共同努力下，这次论坛一定开得成功。

本次论坛的主题是“儒学与中华民族精神”。中华民族在长期发展中形成了与中华民族文化孪生的中华民族精神，他们都是不断发展的，是历史的，又是当时的。中华民族精神集中体现了中华民族的最高精神追求，她受到尊敬、推崇，激励中华儿女破浪前进。

中华民族的发展，受到儒学的影响很深，大家认为儒学是中华传统文化的主流。的确，传统的中华民族精神出自儒学思想的不少，流传两千多年。到了近代，传入了西方文化、思想，使我们的传统文化、传统观念发生急剧的变化。民族的新觉醒，对原有传统的东西需要与时俱进、去旧布新，对新出现的东西须要鉴别筛选、为我所用，从而形成符合当代要求的中华民族文化和中华民族精神。

我认为，对儒学研究者，儒学工作者，这是时代的召唤，是历史的责任。

中国共产党刚刚召开的“十七大”指出，中国正在建设中国特色社会主义社会，要协调发展我国经济建设、政治建设、文化建设、社会建设。提出要“推动社会主义文化大发展、大繁荣”，“兴起社会主义文化建设新高潮”。并且指出“中华文化是中华民族生生不息团结奋进的不竭动力，要全面认识祖国传统文化，取其精华，去其糟粕，使之与当代社会相适应，与现代文明相协调，保持民族性，体现时代性”。

我认为，这是开展儒学研究的正确方针，也是开好这次“论坛”的正确的指导方针。

各位嘉宾，儒学研究，任重而道远。儒学与中华民族精神是需要和值得深入探讨的命题，也需要受到经常的关注。我希望大家共同努力把儒学研究推到时代的潮头，让大浪淘沙，给儒学以时代的新生命。

不对之处，请大家不吝指教。

在“2007国际儒学高峰论坛”上的讲话

上海市政协副主席、上海社会科学院院长 王荣华

（2007年11月10日）

尊敬的叶选平会长、刘忠德常务副会长以及各位中外专家学者：

我十分高兴应邀来参加国际儒学联合会和上海师范大学主办的“2007儒学高峰论坛”。本次会议的主题是讨论“儒学与民族精神”。儒学历史悠久，两千多年来对我们民族产生了巨大的精神影响。上海作为近代崛起的大都市，儒学传统的底蕴相对比较薄弱。然而，正因为如此，在上海举行这样主题的国际学术研讨会，是非常必要的。

上海在构建和谐社会的过程中，需要认真研究的一个重大问题是：当代上海应当建构什么样的与现代都市和谐社会相应的文明形态，从而为新形态的中华文明的形成提供生长点？这些年来，人们注意到了近代海派文明与上海文明形态的当代建构的衔接。但如果只考虑这一点，将是有严重缺陷的。近代海派文明虽是在西方文化、本土传统文化和五四新文化的交互作用下生成的，但其主要形态则以西方近代工业文明为直接导向，所谓“十里洋场”就是这种文明形态的形象写照。因此，如果仅仅用近代海派文明作为支持当代上

海文明形态建构的历史资源，那么当代上海的文明形态就会缺乏中国传统文明的民族底蕴，成为西方现代文明的大卖场，呈现为新的“十里洋场”，重蹈西方现代社会的文明危机。因此，在构建当代上海大都市文明形态中，必须研究如何把以儒学为主流的传统文明与近代海派文明相贯通。

在我看来，儒学传统文明与近代海派文明至少在以下三个方面的互补性，是可以作为当代上海和谐社会文明形态建构的重要历史基础。

一是人际关系上重群体和谐与重个体界限的互补。中国传统小农经济以群体和谐作为理想的人际关系。儒家传统文明把群体和谐的人际关系与广义的“礼”即规范和制度相联系：“礼之用，和为贵”（《论语·学而》），并提出“天时不如地利，地利不如人和”（《孟子·公孙丑下》），认为群体和谐对于社会发展比之天时、地利等自然条件有更高的价值。上海作为人口密集而又高度流动的大都市，十分频繁的人际交往大多是短暂和浅表的，没有亲密性；同时，市场经济把明确个人权益的契约关系予以普遍化和制度化。于是，近代海派文明形成了人际关系上“各管各”即重个体界限的价值取向。儒家传统文明重群体和谐，在人际关系上看到了主体间融洽与合作的重要，但其中存在着排斥个体主体性的弊端，其表现就是否认存在私人权益界限的正当性。海派文明重个体界限，在人际关系上，既有尊重个体选择，维护个人权益的积极方面，又有缺乏个体间关怀、整合，容易为琐碎小事斤斤计较的消极面。显然，将这两者互补来建构当代上海文明则是合乎理想的。

二是道德规范上重家庭伦理与重职业伦理的互补。儒家传统文明以家庭伦理为中心价值，将其贯穿于社会生活的各个方面。上海市民大都是移民，他们移入上海的主要目的是“寻生活做”（寻找谋生的职业），因而必定很注重职业伦理即“做生活的规矩”。职业伦理在儒家传统文明中没有独立性，这不仅是指古代职业带有家庭传承的特征；更主要的是指职业伦理从属于家庭伦理，如为官者忠君爱民的职业伦理，其道德原则源自家庭伦理，即君如父、民如子。海派文明中，家庭伦理相对淡化。这表现在上海话的称谓中没有敬语，第二人称不分长幼辈分，一概以“侬”相称，没有您、你之别。家庭生活和职业生活是文明的两大主要领域，因此将重家庭伦理的儒家传统文明和重职业伦理的近代海派文明予以互补，对于建构当代上海文明是必需的。

三是生活方式上重节俭与重时尚的互补。在日常生活方式上，儒家传统文明强调节俭，以“俭”为重要德目，“孔颜之乐”包含了对粗茶淡饭、简居陋衣生活方式的肯定。近代海派文明的日常生活方式是追求时尚，“时髦”成为它外在特征之一，消费成为生活的兴趣中心。重节俭体现了对自然资源和劳动成果的珍惜，也体现了不以物质生活为人生追求的境界。但是，儒家传统文明的重节俭往往走向否定生活享受的苦行主义，“存天理，灭人欲”即表现了这个问题。重时尚无疑会刺激消费欲望，容易滋生以高消费为荣的奢华之风。然而，海派文明的重时尚也洋溢着享受生活的愉悦和活力。如何在重节俭和重时尚中求得平衡，显然是构建当代上海文明必须面对的。

儒家传统文明和近代海派文明的本质分别是农业文明和工业文明，它们的互补呈现的是传统农业文明与近代工业文明相协调的和谐性。

以上是个人的一些看法，不当之处，请批评指正。

上海市政协和上海社科院一贯重视与上海高校互相合作，今后我们将进一步加强这方面的工作，为推进儒学的研究，发扬中华文化的优秀传统而努力。随着中国日益走向世界，儒学的研究在国际上已经引起广泛关注。我们上海社科院努力倡导以国际的眼光认识中国、认识中国传统。我们每两年举办一次“世界中国学论坛”，现在已经举办了两届，明年将举办第三届。每届“世界中国学论坛”都有上百名海外学者和众多的国内学者参加，我们欢迎在座的各位参加明年的“世界中国学论坛”。

叶会长曾长期担任全国政协的领导工作，是政协德高望重的老领导；上海师范大学是市属重点高校。相信在叶会长领导下的国际儒联和上海师大合作举办的本次论坛一定能够取得成功！

谢谢各位！

上海师范大学李进校长致辞

——2007年国际儒学高峰论坛开幕式

尊敬的叶选平会长和刘忠德副会长，尊敬的王荣华副主席以及各位中外学者：

我校和国际儒学联合会共同举办的“2007国际儒学高峰论坛”今天在这里开幕，我谨代表上海师范大学向与会的贵宾和学者表示最热烈的欢迎，记得有这么一句唐诗：“桂林风景异，秋似洛阳春”，意思是说桂林秋天的风景就像洛阳的春天一样美丽。我校坐落在桂林路上，附近又有上海赏桂的胜地桂林公园，因此我借用这句诗来形容此时的喜悦之情，那就是这次会议以及各位的到来，使得我校的秋天就像桂林的风景一样，到处充满了春意，到处是春风拂面。

在拂面的春风里讨论儒学之道，不禁让人想起了孔子与学生讨论人生志向时，曾经称赞过的曾点之志：在暮春的时节，沐浴弹弦，迎风高歌。孔子作为儒学的开创者，给中华民族以深重的历史影响。这种影响是与孔子的教学生涯分不开的，是与中国传统的学校教育相联系的。最近刚刚闭幕的党的“十七大”，高度重视文化的大发展、大繁荣。弘扬以儒学为主流的传统文化的优秀传统，使其成为我们构建当代社会主义核心价值体系的历史资源，成为塑造当代民族精神的历史借鉴，是学习、贯彻党的十七大精神的题中之义。我们作为师范大学理应担负起这方面的责任。

我校建校已有五十多年，最近三十年以来，我们十分重视传统文化的研究，建立了相关的研究机构，在这一研究领域出现了不少著名的学者。在教育部和市教委的领导下、关心下，先后建立了教育部人文社会科学重点研究基地都市文化研究中心、上海高校都市文化研究院，以及上海市重点学科中国哲学、中国近现代史，市教委重点学科中国古代史等，对中国的传统思想文化展开了广泛而深入的研究。与此同时，培养了一大批研究传统文化的博士生，并通过海外的留学生，使中国传统文化走向世界。

我们所做的这些工作，都得到了兄弟院校的支持和帮助。近两年，我们在儒学研究方面得到了国际儒学联合会很大的支持。去年，我们和国际儒学联合会在北京成功举办了学术研讨会。相信我们今年共同举办的这次会议也一定能够成功。今后，我们合作的领域必将更加宽广。比如，这次会议发给大家的《论语》初级读本是由国际儒学联合会编写的。我们完全可以合作编写一系列适合中小学生阅读的中华文化经典的读本，以及适合培训中小学校长和老师的有关读本，使中小学课堂成为普及中华优秀文化传统的主渠道，使中小学的老师们成为普及中华优秀文化传统的主要传播者。再比如，如何向海外到我校来留学的外国学生更好地展示中国传统文化，我们也可以进行相关的合作。相信通过这次会议，一定会使我们合作的前景变得更加宽广。

我们作为地处上海的高校，和上海社科院一直有紧密的合作关系。王荣华同志曾长期担任市教委的领导工作，是我们的老领导。刚才他在开幕式上发表了热情而富有学术意味的讲话，表现了对我校一如既往的关心和支持。我们期盼在王院长的关心和支持下，我校和上海社科院的合作结出更丰硕的果实。

汉魏曹植有诗曰："今日乐相乐，别后莫相忘。"希望大家像这句诗说的那样，在会议期间故旧新知有相聚论道之乐，会议结束后则互通信息，念念不忘。

谢谢各位。

在“2007国际儒学高峰论坛”闭幕式上的致辞

上海师范大学校长 李进

（2007年11月11日）

尊敬的国际儒学联合会叶选平会长、赵毅武副理事长，尊敬的各位中外学者：

“2007国际儒学高峰论坛”今天就要闭幕了。在这短短的两天里，大家围绕“儒学与民族精神”的主题，各抒已见，从诸多方面展开了深入的讨论。这对于我们进一步认识儒学为主流的中华文化的优秀传统，发展和繁荣社会主义先进文化是非常有意义的。

从学术层面上讲，我们的讨论集中在本源、影响、评价与传承四个问题上：

一是儒学的根本精神是什么。儒学有两千多年的历史，在不同的历史时期有不同形态，也有众多的学派，因而儒学的精神是多方面的。那么，儒学有没有一以贯之的根本精神呢？我们的讨论并不可能就此取得完全一致，但通过讨论，大家认为作为儒学的根本精神应当具有四个要素：一贯性、覆盖性、特别性和开放性。一贯性就是这种精神贯穿儒学的始终；覆盖性就是这种精神为儒家各派都具有；特别性就是这种精神只有儒学具备；开放性就是这种精神在不断地吸收其他思想以应对时代课题而形成的。我们可以用语言文字去描绘这一精神，也可以在行为中去感悟、去领悟这一精神。

二是儒学是如何影响我们民族精神的。以往较多地将此归结于儒学独尊。其实，一种学说如果只是独尊，那么它只能成为束缚人们的教条，而丧失影响人们精神思想的活力。在讨论中，大家注意到了儒学内部以及儒学与其他学说之间的争鸣，对我们民族产生的巨大思想影响；也注意到了儒学通过社会制度、礼仪规范、民间乡约、书院教育等渠道，对我们民族精神的塑造。

三是如何评价儒学对我们民族精神产生的影响。中国近代以来，尤其是五四以来，对于这个问题有两种对立的观点：一种观点强调儒学被封建统治阶级利用，对于我们民族造成了深重的精神创伤；另一种观点则认为儒学注重人之为人的道德理性自觉，是我们民族具有的独特的人文精神。通过我们的讨论，比较一致地认为应当走出上述激进主义与保守主义两种观点的对峙，对儒学既要有同情的了解，又要有深刻的反省，从而逐渐明确正确评价儒学传统的标准。

四是儒学精神如何成为构建中国当代核心价值的有效历史资源。当代中国的核心价值与儒学的核心价值无疑是不完全相同的，因此，要让儒学成为构建中国当代核心价值的有效历史资源，实质上就是如何实现儒学与当代中国主流意识形态即马克思主义中国化的价值整合。大家认为这是一个需要引起更多关注的课题，也是儒学焕发新的生命力的关键所在。

我对儒学缺乏研究，因此对会议所作的上述概括是肤浅的、不全面的。但我愿意继续深入学习，并利用自己的工作岗位推动这些课题的进一步研究。

各位学者，特别使我们感动的，是叶会长不仅在开幕式上做了重要讲话，聆听了学者们的主题发言，而且今天又出席闭幕式，再次仔细听取了学者们的发言。这使全体与会者深深感到叶会长对推动儒学研究和普及的满腔热情，也使我们受到很大的鼓舞。可以说，这次论坛能够取得成功，叶会长的亲自关心和指导是最为关键的重要因素。在此，让我们用热烈的掌声向叶会长表示感谢！

本次论坛在我校举行，充分体现了国际儒联对我们的信任和支持；各位中外学者的光临，给我们带来了指导和帮助，给我们学校的学术氛围注入了巨大的活力，给上海师范大学致力于教育传播的办学理念增添了强大的推动力。我再次代表上海师范大学向国际儒联和与会学者表示衷心的感谢！在我们的接待工作中一定还有不少问题需要改进，有不周到之处请大家谅解。在此，我愿意表示我们的心愿，上海师范大学愿意为为国际儒联的活动提供一切方便。

我们的坐而论道就要结束了。不过，论坛的真正闭幕，将在我随后的一个议程中进行，那就是请大家登高俯瞰明月照耀下的黄浦江，观赏江岸两边的璀璨灯火。论坛的大幕要在浦江的游轮上缓缓落下。我在开幕式上讲到曾点在暮春时节，潇洒走一回的人生志向。现在虽然是秋天，但我们仍然可以像曾点一样，面对美丽的夜景，领略潇洒走一回的人生意境。祝大家在这样的意境中度过本次论坛的最后一个夜晚，对上海留下美好的印象，对上海师范大学留下美好的印象。

谢谢大家！愿各位一路顺风！

第一编　中华民族精神研究

儒家的宗教观及其现实意义（论纲）

中央民族大学　牟钟鉴

一、儒学是人学（怎么做人，如何治世），不是神学（不引导人们向往天国），不是严格意义上的宗教（不以崇拜超人间的神秘力量为主轴），但保留宗教性（畏天命、重祭祀）

在儒家仁礼之学中，人学是基点，神道隶属于人道。“为仁由己，而由人乎哉”（《论语·颜渊》）、“仁远乎哉？我欲仁，斯仁至矣（《论语·述而》）”是关键。人通过修养和教化，可以成为文明人，人皆可以为尧舜，不需要仰仗神的拯救。社会通过德政和礼义，可以成为文明社会，由乱世到大同，不需要等待神的恩赐。

二、夏商周三代是宗教文化，可以简称为尊天敬祖教

核心是三大崇拜：祭天、祭祖、祭社稷，形成郊社宗庙制度。周代强调“皇天无亲，唯德是辅”（《尚书·蔡仲之命》），出现重人轻神的萌芽。孔子的儒学是在超越三代传统宗教、发扬人文精神中形成的，它是一种“哲学的突破”，但它是“温和的突破”（见余敦康：《宗教·哲学·伦理》）。所谓“温和”，一是突出“人”，却不否定“神”，二是肯定“神道设教”，纳神道归于人道。敬天尊祖是礼文化的宗教形态，儒家学说是礼文化的哲学形态。

三、儒学的宗教观

由孔子开创、继由《礼记》系统化的儒家主流派的宗教观，其要点有：(一)“敬鬼神而远之”（《论语·雍也》），不热心神道，又保持敬意，取中庸的态度。（二）祭祀报本论，“万物本乎天，人本乎祖”，祭祀为“报本反始”（《郊特牲》），“不忘其所由”（《祭义》），有功烈于民者，祭祀以资纪念，故“祭思敬，丧思哀”（《论语·子张》），是情意的表达，并非为了得到神的护佑。（三）“神道设教”（《周易》观卦彖辞），“慎终追远，民德归厚矣”（《论语·学而》），“祭者，教之本也”（《祭统》），“事死如事生，事亡如事存”（《中庸》）。不是有神论，也不是无神论。

四、对宗教观的补充

儒家非主流的宗教观：一是无神论倾向，如荀子否定祭祀有灵验：“雩而雨，何也？曰无何也，犹不雩而雨也”（《天论》），王充明确说“祭祀无鬼神”（《论衡·解除篇》），范缜主神灭论；二是有神论倾向，如董仲舒讲“天者百神之大君也”（《春秋繁露》），讲天人感应，讲福瑞灾异，讲“屈民而伸君，屈君而伸天”（同上）。后世有康有为孔教运动，当代有香港孔教，韩国儒教。前者反映了儒学向传统宗教的回归，着力于神学建设（神道教）；后者反映了儒学对国际宗教环境的适应，看重宗教的形态（人道教），若无宗教身份，儒学难以取得与世界三大宗教平等的地位。儒学的人学传统将与儒学的宗教化现象长期并行存在。

五、儒家对外来宗教（佛教、伊斯兰教、基督教等）的态度

儒学有两个传统：一、和而不同、殊途同归；二、排斥异端、力辟杨墨。佛教进入，拥佛与反佛争议，最后宽容派占上风。梁武帝主三教会通。傅奕、韩愈辟佛老，唐太宗三教并奖，柳宗元、李翱融合佛学。宋明儒学家口头上辟佛老，而理论上援佛纳老入儒，遂有新儒学形成。三教渐行渐近，形成文化三角间架。相形之下，西方亚伯拉罕系的三大一神教，即犹太教、基督教、伊斯兰教，则渐行渐远，以至于发生严重对抗。在中国文化多元和谐氛围中，伊斯兰教和平进入，基督教早期亦和平进入，皆无大阻力。伊斯兰教与儒学融合，利玛窦儒化天主教。中国现今合法五大宗教中外来宗教有其四，一神教进入中国，其排他性大减，包容性增加，儒家多元通和的文化观及其主导地位起了很大的作用。

六、儒家宗教观的社会管理学视野

儒家不仅关心自身的人道理想，而且关心他者的宗教信仰，以及从社会管理的角度如何应对神道，使神道在巩固社会秩序、促进群体和谐上发挥积极作用，这样的眼界超出了个人信仰的局限，是难能可贵的。

1. 孔子不回答死后和鬼神有无的问题，但主张敬鬼神，即对民众的鬼神崇拜表示尊重。曾子认为“慎终追远，民德归厚矣”。出发点是改善道德风气，不是个人好恶。

2.《易传》提出“神道设教”。出发点是社会教化。

3. 荀子从“鬼神未知论”转为无神论，不认为天有意志（天行有常），不相信天人感应（明于天人之分），有鬼论是人的精神不清造成的（感忽之间，疑玄之时）。荀子的伟大不仅在于自己有科学理性精神，不信鬼神；更在于他讨论了如何以宽厚的态度和从社会管理的高度对待民众的鬼神崇拜问题。第一，确认敬天尊祖具有保持民族文化本源的意义（礼有三本：天地，生之本；先祖，类之本；君师，治之本）。第二，包括祭祀在内的礼义文化可以“化性起伪”，丧葬祭祖之礼使人“敬始而慎终”，表达哀思敬爱之情，形成文明礼俗。第三，管理者不应崇信神道，治国要强本节用，制天命而用之，但不必强迫百姓抛弃神道，可以存异（君子以为文，而百姓以为神），荀子第一次提出“神道是文化”的概念。第四，管理者可以视神道为人道之一，承认其化民成俗的作用（圣人明知之，官人以为守，百姓以成俗。其在君子，以为人道也；其在百姓，以为鬼事也）。荀子对鬼神之道从两个层面考察：一是鬼神的有无问题，他的回答是无鬼神；二是鬼神之道的社会定位和社会功能问题，他的回答是神道有文化认同功能和道德教化功能。（以上引文见《荀子》的《天论》和《礼论》）荀子的无神论可以称为温和理性的无神论，因为他在申明个人无神论观点的同时，考虑到要尊重民众的有神论信仰。荀子一生致力于以礼为特色的制度文化的反思与探讨，有重要建树，而祭祀之礼是其中的有机组成部分。荀子及其后学的礼文化学说对汉以后历朝礼制运作有很大影响。

七、儒家宗教观对后世的影响

（一）儒学作为汉以后的官学，其重人事轻鬼神的精神直接影响了主流政治家和思想家，使他们有较强的人文理性，礼教治国，辅以法刑、鬼神，以人道兼神道，而不是相反。尊天敬祖作为基础性信仰不可动摇，但它不排斥其他宗教。所以中国历史上的王朝既无政教合一形态出现，也没有严格意义上的国教。中国是一个多民族多信仰多宗教的国家，却不是一个宗教占统治地位的国家（春秋以后）。历史上人文主义与神本主义未曾形成紧张对立，哲学与宗教相互吸收、并行发展，使理性与信仰趋向平衡。儒学与礼教（尊天敬祖教）、佛学与佛教、道家与道教，彼此是哲学与宗教之间的差异，却又和而不流、相互包纳、各得其所，遂形成礼文化、禅文化、道文化三大文化体系和六家学说。

（二）历代的文化政策受儒家和而不同思想的影响，主流是多元和谐（道并行而不相悖）。有时有偏离（独尊儒术、三武一宗灭佛、文字狱），但主流是文化多元和开放。三教并奖，多教共存，因俗而治，兴黄教以安众蒙古等。中国不仅宗教种类多、外来宗教多，而且许多人可以共信几教，不信教者身上也有宗教的元素，没有宗教间的激烈冲突，中国人大都是宗教的“混血儿”（保罗·尼特：《一个地球多种宗教》）。

（三）重视“神道设教”，使国家宗教政策与掌权者的信仰分离。唐太宗信仰周孔之道，不信佛教、道教，但在文化政策上兼容并包，说明他政治上的成熟。但宗教的存在与发展，一要爱国拥政，二要行善积德，如北魏文成帝所云：“助王政之禁律，益仁智之善性”，这样各种宗教（本土的与外来的）都可纳入国家管理体系，使其成为社会调控力量和社会教育资源。中国的各种宗教都具有较强的道德宗教性质，宗教的道德功能得到彰显，对神的崇拜必须与对人的关怀相结合，这是受了儒家尚德的影响。

八、儒家宗教观的现实意义

（一）儒家包容神道并将神道纳入人道的观点和做法，符合宗教在社会生活中的位置并与当代人文思潮相通，是一种难得的睿智和远见。人类在很长的时期内离不开宗教，但宗教又必须受社会生活和现实条件的制约，向着服务社会、提升人生的方向发展。宗教是以神为本的，但归根结底它是社会历史的产物，是人的创造，并为满足人的精神需要而出现和发展的，因此神道本来就是一种特殊的人道。与宗教敌对不符合新人文主义的包容精神；把宗教提到至高无上的位置，使其支配整个社会生活，也不符合时代的进步。宗教要在适当的位置上发挥作用。

（二）儒家提倡的“神道设教”，可以作为一种积极的社会管理智慧为中国社会主义者借鉴。儒家代表人物不是宗教家，儒学本质上是人学。社会主义者是不信宗教的，管理国家以人为本。两者的信仰不同，但都超越宗教，强调人文，同时都面临如何对待他人信教的问题，故有相近之处。儒家对宗教温和的宽厚的态度以及要借助宗教推动道德教化、巩固社会秩序的方略，是文明的、成功的，具有公共管理学的意义，值得中国社会主义者参考。中国社会主义者面对多民族多宗教的国情和宗教的长期性、群众性、复杂性、民族性、国际性，必须尊重公民的宗教信仰，协调好宗教关系，保持社会的和谐稳定，在社会主义核心价值指引下，借重诸家众教的力量，建设中华民族共有精神家园。我们必须超越“与宗教作斗争”的“战斗无神论”，回归文化上和而不同、求同存异的东方传统，建设有中国特色的社会主义宗教理论体系和依法管理宗教事务体制，走出一条适合中国的道路。

（三）儒家视宗教为文化、以文化导宗教的理念具有现代价值，有益于宗教的健康发展。孔子和儒学认为宗教祭祀的意义在于敬诚感恩，不在于向神求报。荀子提出祭天祭祖是为了人们不忘“生之本”、“类之本”，丧葬追远是“称情而立文”，是可以“养情”的“礼义文理”，不应成为功利化的巫术之道。《礼记》谓“夫祭有十伦”，把祭祀的功能归纳为十种，为神道，为治国，为齐家，唯独没有求福消灾。儒家有意淡化宗教祭祀的神秘性，增强它的人文性。康有为倡导的孔教，自称为“人道教”，以与耶、佛、回诸教言神相区别。章太炎则看重佛教的哲理性，认为中国佛教之根本在“依自不依他”，“自贵其心，不以鬼神为奥主”，主张建立无神的宗教。这都带有儒家重人远神的色彩。宗教在今天和未来的发展，当然会保持其神灵崇拜，但重心会发生转移。从神学宗教向道德宗教转型，提高宗教的文化品位，使神性与人性接近，充分发挥其促进文明的功能，乃是一条正路。

精神强力论

中国人民大学 张立文

摘要：精神强力是讲主体最强烈、最核心的心灵、意识、思维、神韵所具的一种坚强有力的意向性追求的总和。它与精神弱力在时空的演变中有时会出现互动、互济、互渗的状态。精神强力体现为民族精神，是民族精神的核心价值之一。民族的精神强力是对这个民族的生命存在的体贴和设想，是对这个民族的存在身份的尊严、价值、意义的理解和把握，以及对这个民族的价值理想、终极关怀、精神家园的强力追求。精神强力论的内涵、功能、作用表现为：变易生生的生命力，精神生命力是民族生命力的核心，是民族生命力基因的精华；自强不息的凝聚力，它是精神强力永不离散的活水；日新盛德的创新力，它是精神强力的基础和动力源。这三个维度构成“精神自觉”，精神自觉是“文化自觉”的灵魂。在当今世界，尽管恐怖活动有政治、经济、文化、宗教等错综复杂的因缘，但“走进人体炸弹的内心世界”，从精神强力视阈来探赜索隐，不啻是一种化解的方法。

关键词：精神强力　精神自觉　融突和合　人体炸弹

俯仰古今，察识感受；纵横中西，深味体认。当今世界，如何化人间冲突，解世态悖逆，依和合意义世界的理念，需凸显精神强力论意识。

一

作为精神载体的中华传统文化，屡遭劫难，特别在近现代以来，几经近似疯狂的批臭、打倒，以致要“踏上千万只脚，使它永世不得翻身”。然而屡批不臭，每打不倒，反而越批越香，越打越跃，真所谓“抽刀断水水更流”，流入市井、山野、田间、书堂，流入人的心田，而闪闪发光，这是中华民族民族精神强力的表征。

精神之“精”，无见于甲骨文、金文，而见于简帛。《说文解字》：“精，择米也。从米，青声。”择米即选择最好的米。《论语·乡党》：“食不厌精，脍不厌细。”刘宝楠《正义》：“精者，善米也。”朱熹《论语集注》：“精，凿也。”即舂米精凿。引申为纯洁、纯净、完美、精华等。《国语·周语上》：“祓除其心，精也。”韦昭注：“精，洁也。”《广韵·清韵》：“精，善也，好也。”凡事物纯粹最好的便是其精华。

神见于金文《克鼎》作“”。《说文》：“神，天神，引出万物者也。从示、申。”甲骨文，金文神或作申，不从示[①]。徐锴《说文解字系传》：“天主降气以感万物，故言引出万物也。”或指神鬼，阳魂为神、阴魄为鬼。气伸为神，气屈为鬼。神为精魂，《荀子·天论》：

① 田倩君：“神，从示申，申，电也。电，变化莫测，故稀之曰神，神之示旁亦为周时所加。”（《金文诂林》，香港中文大学出版社）

“形具而神生。”杨倞注：“神谓精魂。”《周易·系辞传上》：“阴阳不测之谓神。”韩康伯注：“神也者，变化之极，妙万物而为言，不可以形诸者也。”神既指引出万物的支配者，亦指人的精神灵魂而不可失，也指无形无状的精神意识，再指神妙莫测的变化。这是古人对人的灵魂、意识、精神存在状态、功能、内涵的探索。[①]

精与神经古人思维的抽象，而度越了形而下的客体层面，成为主体的意识、精魂、灵魂及其表现的神态、神色和灵气等。孔子问老子关于道的问题，老子说：“汝齐（斋）戒，疏瀹而心澡雪而精神，掊击而知！夫道，窅然难言哉！将为汝言其崖略。夫昭昭生于冥冥，有伦生于无形，精神生于道，形本生于精。”[②] 问道必须戒慎专诚，洒濯身心，清净神识，打破圣智，涤荡虚夷。玄道深奥难说，那显明的、有形的东西，是从冥暗的无形中生出来的，精神是从大道中生出来的。“澡雪而精神”，是讲洗涤精神或精洁精神，这是对道的体认工夫或方法；只有使精神处于戒慎专诚，清净神识的状态，才能体知道。“彼至人者，归精神乎无始而甘瞑乎无何有之乡”[③]。凡夫的心智，离不开琐碎小事，把精神消耗在浅陋的琐事上，这样想要达到太一形虚的道的境界是不可能的。只有像那至人，精神归向于无始，犹如甜眠于无何有之乡的道的意境之中。这里所谓的精神归向，都是为了达到对形而上的道的追求。

---

① 参见拙著：《形神论》，《中国哲学论畴发展史（天道篇）》，第659—679页，北京，中国人民大学出版社，1988年。

② 《知北游》，《庄子集释》卷7下，第741页，北京，中华书局，1985年。

③ 《列御寇》，《庄子集释》卷10上，第1047页，北京，中华书局，1985年。

精神功能是无限的。“精神四达并流，无所不极，上际于天，下蟠于地，化育万物，不可为象，其名为同帝”①。爱养精神，便能通达四方，无所不至，上于天，下于地，化育万物，没有迹象，其功能与帝相同。精神度越了物理时空的界域，无所不在，无所不能，而与帝相同。

为此，精神是指主体（人、民族、国家）的心灵、意识、思维活动和能度越时空的、无所不能的一种意向性②的活动状态。这里所说能度越时空和无所不能是指精神对不存在和未发生的现象具有虚拟意向。虚拟意向把物理时空转换为人文义理时空，把不可能变换为可能，它比有目的性活动更能体现精神的本质现象。它度越了拉丁文 Spiritus 一词精神是轻薄的空气、轻微流动的气息的意蕴，也度越了中华古代以精神为精气及其变化的涵义，并度越了精神活动与主观经验、精神是否实际存在和怎样存在，以及其间关系的论争；再度越了黑格尔所谓精神是“自在而又自为地存在着的本质”③的本质主义的规定。他把精神看作最能体现理性与实践结合的概念④。今把精神与强力融合起来，以化解当今人类错综复杂的冲突和危机中的精神层面的严峻问题。

强力的“强”字，《说文》：“强，蚚也。从虫，弘声。”一说为

---

① 《刻意》，《庄子集释》卷6上，第544页。

② 参见：《精神哲学》，《简明不列颠百科全书》（第四册）第436页，北京，中国大百科全书出版社，1985年。

③ 黑格尔：《精神现象学》下卷，第2页，北京，商务印书馆，1996年。

④ 黑格尔说：“当理性之确信其自身即是一切实在这一确定性已上升为真理性，亦即理性已意识到它的自身即是它的世界，它的世界即是它的自身时，理性就变成了精神。”（《精神现象学》下卷第1页）。

米中小黑虫。后假借为彊弱之彊，彊，《说文》："弓有力也。从弓，畺声。"其本义与强异。彊为强的借义所专，彊字渐废。墨子说："志不彊者，智不达。"[①] 意志不坚强，智不能通达。用于与其他事物的比较，强具有优胜的意蕴。"故君子力事日彊，愿欲日逾，设壮日盛。"[②] 君子力事日益优胜，愿欲日进远大，设壮日益强盛。彊假借为强，强有壮强、强大、强盛、优胜、坚强等含义。"甲坚兵利不得以为强"[③] 与坚甲利兵不同，"螾无牙之利，筋骨之强，上食埃土，下饮黄泉，用心一也"[④] 蚯蚓筋骨不壮强，亦能很好生存。"天行健，君子以自强不息。"干宝诠释说："尧舜一日万机，文王日昃不暇食，仲尼终夜不寝，颜子欲罢不能，自此以下，莫敢淫心舍力，故曰自彊不息。"[⑤] 彊有加强、勤勉之义。强是一种物质的、精神的、思维的、制度的力量的表现，"观国之强弱贫富有征验"[⑥]，即是一种验证。

彊的本义就是弓有力，强力是指强壮有力，强大有实力。"城郭沟渠不足以固守，兵甲彊力不足以应敌……唯有道者能备患于未形也，故祸不萌"[⑦]。彊力亦作强力。要固守、应敌，更在于有道；无道，即使有甲兵强力，最终会有祸殃。彊力也有勉力之义，"汤曰：

① 《修身》，《墨子校注》卷 1，第 11 页，北京，中华书局，1993 年。
② 同上。
③ 《客主人分》，《孙膑兵法》第 97 页，北京，文物出版社，1975 年。
④ 《劝学》，《荀子新注》，第 5 页，北京，中华书局，1979 年。
⑤ 李道平：《乾·象》，《周易集解纂疏》卷 1，第 8 页，上海商务印书馆，1936 年。
⑥ 《富国》，《荀子新注》第 155 页，北京，中华书局，1979 年。
⑦ 《牧民》，《管子校注》卷 1，第 17 页，北京，中华书局，2004 年。

‘伊尹何如?’务光曰：‘彊力忍诟，吾不知其他也。’”[1] 诟，高诱注：“辱也。”表现为心理上、情感上的勉力忍辱。

精神强力是讲主体最强烈、最核心的心灵、意识、思维、神韵所具的一种坚强有力的意向性追求的总和。它与精神弱力在时空的演变中有时会出现互动、互济、互渗的状态，甚至会出现错位的现象。

二

精神强力就一个民族来说，便体现为民族精神，是民族精神的核心价值之一。民族的精神强力是对这个民族的生命存在[2]的过去、现在、未来三维的体贴和设想，是对这个民族的存在身份的尊严、价值、意义的理解和把握，以及对这个民族的价值理想、终极关怀、精神家园的强力追求和预设。它是这个民族在长期共同生活活动和社会实践中孕育的大体认同的文化理念、学术思想、心理意识、思维方式、精神灵魂。

尽管各个民族的民族精神、强力意向分殊，但民族精神、强力意向无疑是这个民族的脊梁、民族的主心骨、民族之根和民族之魂的表征。一个无脊梁的民族是不能挺立于世的，它只能卑躬屈膝于别人或强者；一个无主心骨的民族，是一个民族未自觉的和没有独

---

① 《离俗》，《吕氏春秋校释》卷 19，第 1234 页，上海，学林出版社，1984 年。

② 唐君毅：《生命存在与存在这意义》，《精神学研究》第 11—12 页，台湾商务印书馆，1998 年。

立的主体之见的民族，永远只能听人指使；一个无根的民族，就不可能枝粗叶茂，根朽尚且叶枯，无根哪能结果，无根是永远不能生生不息的；一个无魂的民族，就是没有生命的民族，民族之魂的丧失，也就丧失了民族生命存在的价值。一个无魂的民族，即使存在，也是丧魂落魄式地存在，犹如出卖了影子的人，惶惶不可终日。

精神强力就一个民族而言，是这个民族意识、气质、灵魂、神韵、品格的觉解；也是这个民族的伦理道德、价值观念、思维方法、行为方式、审美情趣、风俗习惯、宗教信仰的体现；亦是这个民族实践民族自我生命智慧、生存理念、主导意识的张扬。民族的精神强力无声无臭指导着、推动着这个民族的价值追求、为人处世、行为选择、审美导向、评价指向等，指点着、促进着这个民族的出处行止、喜怒哀乐、中和致功等。

精神强力论的内涵、功能、作用表现为：

首先，变易生生的生命力。精神生命力是民族生命力的核心，是民族生命力基因的精华。其生生不息的生命力就源于此。当精神强力确认自身与时偕行，唯变所适时，精神强力便意识到自身生命力的“合理性”。“合理性”不仅为精神生命力增益强力，而且为精神生命力的能动力、持续力、感应力、和合力作出理觉或觉解。

精神生命力是动态性的变易生生力。“天地之大德曰生”，变易生生是宇宙间最基本、最一般的本性或最普遍的、最根本的原理。变易生生既超越了《易》道的变易，亦超越了此在“在”者的变易。变易虽以存在为承担和载体，但变易所追求的是要达到生生。故曰：“生生之谓易。”生生是阴阳五行的变易转生，是新生命力的化生。这种变易生生的生命力被人们接受和理解后，便吸纳和选用于百姓日用的交往实践活动中，而升华为中华民族的精神强力。

变易生生的生命力在中华古代被认为是一种“流”力。“子在川上曰：逝者如斯夫！不舍昼夜。”[①] 这种流力是一种前后相继、持续不断、不舍昼夜，永不止息的生命力。孔子在这里所说的川（河流），不是指某一殊相的川，而是川的共相概念；也不是仅仅指川的变易生生的持续流力，而是提升为天地间万事万物的变易生生的生命力。从这个意义上，朱熹诠释说：“天地之化，往者过，来者续，无一息之停，乃道体之本然也。”[②] 朱熹虽把持续变易生生的生命力归宗于“道体”，但“道体”并非天地之化、川流不息的主宰者，而是“道体”的自然而然的本然品格。朱熹又引程颐的话语：“此道体也。天运而不已，日往则月来，寒往则暑来，水流而不息，物生而不穷，皆与道为体。运乎昼夜，未尝已也。是以君子法之，自强不息。”[③] 把持续变易生生的生命力普遍化，只有普遍化的认定，才能上升为道体的本然。程朱均认为，“自汉以来，儒者皆不识此义。此见圣人之心，纯亦不已也；纯亦不已，乃天德也；有天德便可语王道”。[④] 与汉儒的名物训诂不同，程朱发为义理诠释，从形而上道体视阈体认孔子“川上曰”的意蕴。这与古希腊赫拉克里特（Herakleitos）的“万物皆流”意义相近。尽管孔子和赫氏变易生生、流变学说主要是一种天才的洞见而非一种理论的论证，但作为对宇宙万事万物现象后面一种根本属性的体认和把握，揭示了生存世界处于永恒变易、流变无常之中，任何事物都是即在即逝，使变易生生的

---

① 《子罕》，《论语集注》卷5，第38页，上海，世界书局，1936年。

② 《子罕》，《论语集注》卷5，第38页。

③ 同上。

④ 同上。

生命力不断持续下去。

变易生生的生命力是在不断冲突、碰撞、震荡的融合、絪缊、交感中增益加强，而体现其精神强力。“天地絪缊，万物化醇，男女构精，万物化生。”[①] 天地、男女中华文化认为是阴阳两极或称两端，是冲突的方面，但两者絪缊、构精即是融合、交感的形式，而使万物化醇、化生。融合、交感为什么会促使变易生生，正如《泰·象》所说：“天地交而万物通也，上下交而其志同也。”[②] 交感是使天感地应、男感女应、感应交通。变则通，通则久。通才使变易生生的生命力持续不断，故此，感应力是精神强力的变易生生的生命力的动力之一。

然而，天地、男女的絪缊、构精的融合、交感，只有在“和”的因缘情境下，才能得以实现。“夫和实生物，同则不继。以他平他谓之和，故能丰长而物归之，若以同裨同，尽乃弃矣”。[③] 怎样“和实生物”？“故先王以土与金木水火杂，以成百物”[④]。五行之间是他与他者的关系，他与他者之间是平等的、平衡的、公平的，而不是二元对立的非此即彼关系，也非势不两立的互相吃掉，或你死我活的关系。金木水火土的相克相生的“杂”（韦昭注：合也），即是既冲突又融合，而和合化生新事物。假如不是冲突、融合而和合，而是“同”，譬如“二女同居”，或以水裨水，就不能化生新生儿或新事物，这就断了变易生生的生命力。“以他平他”的融突和合力，是

---

① 《系辞传下》，《周易本义》卷 3 第 67，上海，世界书局，1936 年。

② 《泰》，《周易本义》卷 1 第 14 页。

③ 《郑语》，《国语集解》卷 16，第 470 页，北京，中华书局，2002 年。

④ 同上。

精神强力的变易生生生命力的所以然的合理性的根源和主者。

其次，自强不息的凝聚力。假如说变易生生的生命力是精神强力永续不灭、永保活力的基因的话，那么，自强不息的凝聚力是精神强力永不离散、永远兴旺的活水。凝聚力原是物理学的概念，其本义是指物质结构中同一物质内部分子、原子、基本粒子之间的内聚力和吸引力。[①] 当其引入社会学和管理学，是指个体、团体、国家、社会凝聚在一起的能动力、协调力、吸引力；当其引入民族这一特殊群体时，是指在特定社会和自然长期相互交往活动情境中，并在一定经济、政治、文化实践活动中所结合成的认同力、向心力、亲和力。民族凝聚力是精神强力的理性力，精神强力是民族凝聚力的核心力。

中华民族是一个多民族的国家，各民族的宗教信仰、语言文字、风俗习惯、审美情趣各异。中华历史上虽也经历过所谓“合久必分，分久必合”的时期，但分时的杀人盈野，路有饿殍，室庐扫地，井市成墟，千里萧条，闻其无人的惨苦，是人所不能忍受的。于是人民祈求合，合时的太平生活，安居乐业，男耕女织，工商繁荣，是百姓的想望。这种祈求和想望的转换、升华为普通的认同意识，便喷发出一种精神力量，而汇集成民族的自强不息的凝聚力。

世界的各民族、国家，在其自身能动力的推进下，在与自然地理环境的地缘、物缘及社会氛围的血缘、亲缘、情缘交往互动中，由于共同的生产生活方式、物资交换方式等，把各成员、团体沟通起来，凝聚在一起。各成员、团体便成为整个民族、国家网络结构

---

① 李宗桂主编：《儒家文化与中华民族凝聚力》，第 8 页，广东人民出版社，1998。

中的基本凝聚点，精神强力的凝聚力，就是其基本凝聚点的总和。

由于各民族差分，以至冲突、对抗，需要运用精神强力的协调力，转冲突为融合，转对抗为对话，转差分为整合。一言以蔽之，转离散力为凝聚力。假如“内者父子兄弟作怨恶，离散不能相和合，天下之百姓，皆以水火毒药相亏害”[①]，这种互相之间的怨恶、亏害而势不两立，是对于国家、民族凝聚力的直接的损害和消耗。“内之父子兄弟作怨仇，皆有离散之心，不能相和合”[②]。离散之心的“心”，可作精神、心灵讲。如此，心的解蔽就成为精神协调、和合的首要问题。但是父子仍然是父子，兄弟仍然是兄弟，这种血缘亲情纽带关系，既不能割断，也不能否认，而具有强大的凝聚民心的功能，并可通过协调、和合来化解怨恶或怨仇。

自强不息的凝聚力是为思想、情感、价值共同的主体取向所吸引的。换言之，凝聚力之所以具有凝聚力，是由于它具有强大的吸引力，吸引力在与离散力的较量中，吸引力大于离散力，也就是说具有精神的强力性。吸引力之所以大于离散力，是由于人对某一价值理想、精神家园、终极关怀的共同尊崇或信奉；是人对一定价值标准、伦理道德、行为规范、风俗习惯的共同遵守和践行；是人对某一民族、国家特殊的热爱的情感；是人对某种互相依存的共同利益的尊重和维护。这些因素的总合，精神强力便向吸引力倾斜。

其间我们可以体认到，吸引力的共同性，即是自强不息凝聚力的共同性。这种共同性亦是精神强力的认同力。“认同”原是指儿童在成长过程中对社会行为的模仿，引入文化学后，文化认同是指对

① 《尚同上》，《墨子校注》卷 3，第 109 页，北京，中华书局，1993 年。
② 《尚同中》，《墨子校注》卷 3，第 16 页。

某种文化生存方式、发展模式以及对文化基本内涵、价值、规范的赞同和遵循。文化认同是一种归属意识、身份定位意识，这种意识从精神强力层面来说，犹如一种强烈的寻根精神、认祖归宗精神，从而构成自强不息的凝聚力。

寻根精神、认祖归宗精神，体现了一种崇高的、无限的向心力和亲和力，它是凝聚力的基础和取之不竭的力量源泉。这种向心力、亲和力与吸引力融合一起，对内对外均构成了精神强力状态。就内而言，中华民族地域广袤，民族多样，在历史长河中，形成各具特色的地域文化和地域精神，以及民族文化和民族精神。但由于长期统一的、共同的国体政体，一统的主导文化思想，共同的意识形态，共守的精神理念，共认的炎黄子孙，各民族、各地域平等的和平共处共荣，构成了强大的向心力、亲和力。就外而言，中华民族与外来文化、思想、精神交流活动中，以积极开放的心态，海纳百川的胸怀，走出去请进来，学习吸收外来文化、思想、精神。如佛教、伊斯兰教以及基督教等都在其传播中与中华传统文化相融突。特别是佛教文化，在与中华传统的儒道文化、思想、精神相融突中，孕育和合为宋明理学，而达“造极”。在隋唐时期，甚至出现佛盛儒衰的现实，佛教文化、思想、精神在中国化的过程中，形成了中国化的佛教，把佛教发展为登峰造极的境界，相反，作为佛教诞生国的印度，在八九世纪便逐渐衰败，到 14 世纪佛教在印度几乎湮灭。佛教由于在中国的发展，才得以壮大强盛。凸显了中华文化、思想、精神的亲和力和整合力，亦体现了精神强力的自强不息的凝聚力。

再次，日新盛德的创新力。精神强力的变易生生的生命力和自强不息的凝聚力，有赖于日新盛德的创新力。换言之，精神强力的创新力是生命力和凝聚力的基础和动力源。无此生命力就会老化、枯竭，以至死亡；凝聚力就会消耗、松懈，以至离散。日新而日日新的创新力，就会把营养液源源不断地输入生命，使其永葆健康及青春，而具有悠久力、青春力；就会把聚合剂的能量永不停息地输向凝聚，使其永久地保持强大的凝聚力，而具有导向力、感召力。

"日新之谓盛德"。朱熹认为，"日新者，久而无穷"[①]，即悠久而无穷尽之意。"日新"一是指"与时偕行"。《周易·乾文言》在解释九三爻辞"君子终日乾乾，夕惕若厉"时说："与时偕行。"在解释上九爻辞"亢龙有悔"时说："与时偕极"。君子终日勤勉不懈，晚上忧惧地反省检查自己思想行为，就能不负时代使命，与时俱进；假如不能与时变通俱进，唯变所适，到了极限就要走向丧和亡。"与时偕行"可以做到"知进退存亡而不失其正者，其唯圣人乎！"知其进退存亡的理势，而不失正道，就能与时代同步前进，具有无穷发展的悠久力。二是指革故鼎新。革是去故，故即旧；鼎为取新。朱熹解释说："革，变革也……变革之初，人未之信，故必已日而后信，又以其内有文明之德，而外有和悦之气，故其占为有所更革。"[②]变革要营造内外文明、和悦的氛围，变革才能亨通成功。由此推及天地社会，"天地革而四时成，汤武革命，顺乎天而应乎人，革之时大矣哉"[③]！宇宙天地的变革而成四时的变化，商汤、周武王革夏桀、商纣治理天下的革命，都是顺天应人的。顺天应人的变革的合理性，便具有导向力，感召力。

"与时偕行"，"与时偕极"和"革故鼎新"，"顺天应人"是所以

---

① 《系辞传上》，《周易本义》卷3，第58页。
② 《革·彖传》，《周易本义》卷2，第43页。
③ 《革·彖传》，《周易本义》卷2，第43页。

要日新盛德的创新力的内外根据，亦是精神强力之所以具有悠久力、青春力、导向力和感召力的依据。然而，精神强力要真正拥有创新力的悠久、青春、导向、感召四力，必须具备“盛德”。正如《乾文言》所说：“九三曰：‘君子终日乾乾，夕惕若厉，无咎。’何谓也？子曰：‘君子进德修业，忠信，所以进德也；修辞立其诚，所以居业也。’”提高道德品格，治理事业，推忠于人，以信待物，品德日进日新；修饰言辞，无一言不诚实，事业兴旺发达。进德修业相辅相成，不可偏废。朱熹说：“虽有忠信之心，然非修辞立诚，则无以居之。”[①] 不讲诚实，即无真正的忠信之心，就会毁掉事业，更谈不上创新力。这样，精神强力的创新力必须以进德修业为其基础和实践的表征。这就是“大者不仁不为大，强者不德不为强”。

“周虽旧邦，其命维新”。维新、创新是文化、思想、精神的生命。“人是会自我创造的和合存在”[②]。凡发明新的科技，提出新的理论、观念、思维、方法、道德体系，而不是模仿已有的模式、框架，或已有的理论、观念、思维、道德等，便是创新。创新就突出一个新字，它是开创性、新颖性活动的总和。日新盛德的创新力支撑了精神强力不断增强和发展。

变易生生的生命力、自强不息的凝聚力、日新盛德的创新力，是精神强力论的三个维度，也是“精神自觉”的表征。“精神自觉”是“文化自觉”的灵魂，无精神自觉，文化自觉即无可能。文化自

---

① 《乾文言》，《周易本义》卷1，第3页。

② 参见拙著：《新人学导论》，北京，职工教育出版社，1989。修订本，第156—244页，广东人民出版社，2000年。按：“人是自我创造的动物”，后改为“人是会自我创造的和合存在”。

觉简言之是去文化遮蔽的自我发现，是文化价值、地位、作用、身份的自我认定和重估。文化精神自觉塑造了文化自觉，指导文化自觉的价值追求、观念实践、思维体贴、道德行为、审美情趣，以至意识形态。

自近现以降，中华民族文化和精神，在西方强势文化和精神的猛烈冲击下，在西方强势物质和武力的沉重打击下，使一些人产生了殖民地意识，崇洋媚外，西方一切都先进，甚至月亮也比中国圆，遮蔽了中华民族自信心、自立心、自尊心，即遮蔽了民族心、民族魂、民族精神。一些享有治外法权的洋人，视中华民族为“劣等民族”，以至在中国的土地上，上海公园里，挂出“华人与狗不得入内”的牌子，这是中华民族的奇耻大辱！然而，一些人在这种心态中，把中华民族的落后、挨打、耻辱归咎于民族文化的落后、精神的脆弱，以至要打倒，要埋葬。再者，从学术层面而言，在西方强势现代性学术方式统摄下，中华民族源远流长的、创造了中华文明的学术、表述、言说方式丧失了其合理性。中华民族的文化学术、思想哲学、思维方法、书写方式都被纳入西方学术规范、思维模式之中。在西方中心主义话语体系中，中华民族传统话语言说方式被西方话语言说方式所替代；其独特的学术、哲学精神和致思方式亦被西式精神和致思方式所代替，中华民族的文化思想、哲学精神被边缘化、被遮蔽了，自己也不知道自己是谁。这就是为什么要进行思想启蒙、文化自觉、精神自觉的原因所在。只有拂去遮蔽才能找回自我。

在世界文明古国中，唯有中华民族学术文化、民族精神是亘古亘今，绵延不断的。尽管遭遇种种劫难，但“石可破也，而不可夺坚，丹可磨也，而不可夺赤”。中华民族的民族精神永存，久经磨炼的精神强力不可夺。当今世界，中华民族的精神强力真能焕发其青春，可为化解人类所共同面临的五大冲突和危机①，发挥其无限的化解能量。

三

世界自冷战转变为后冷战以后，美国单极独霸未成，渐成为多极世界，故有人称之为“战国时代”。在这种情境下，人与自然、社会、人际、心灵、文明之间如何共生共处，以及国家、民族、种族、地区之间如何共立共达，以建立化解这其间错综复杂的差分、冲突的新秩序、新规则、新思维、新观念、新方法，这是21世纪人类安身立命的共同使命和责任，人类要想在21世纪生存下去，就要回到2500年前，从孔子那里寻找智慧。换言之，孔子“己所不欲，勿施于人”，“夫仁者，己欲立而立人，己欲达而达人”的生命智慧、精神强力，已为1993年芝加哥世界宗教议会大会所通过的《全球伦理宣言》提供了精神指导。在世界共同面临严峻冲突和危机下，人们可以最低限度地认同和合学化解冲突和危机的和生、和处、和立、和达、和爱五大原理，变战争为和平，转冲突为融合，化对抗为对话，变竞争为合作，化恐怖为安全，使这个不健康的病态世界，变成人人安居乐业的人和天和，人乐天乐的天人共和乐的美好和合世界。

人类所共同面临的五大冲突和危机，愈来愈严重地威胁着人类

---

① 参见拙著：《和合学概论——21世纪文化战略的构想·前言》，首都师范大学出版社，1996年。《和合学》，中国人民大学出版社，2006年。

的生命。就其中人与社会冲突和危机而言，人们几乎每天都可以听到、看到恐怖活动所造成的无辜百姓伤亡事件，其中一种防无可防，很难控制的恐怖方式是“人体炸弹”。我们所要追究的是为什么要制造“人体炸弹”，“人体炸弹”充当者是如何想的，即他们的精神世界怎样。加拿大麦基尔大学75岁的荣誉退休教授查尔斯·泰勒，从精神领域分析恐怖活动的原因。他认为以参与“伦敦爆炸案”的人为例，“恐怖分子”中有些人其实非常成功，已经完全融入了英国社会，但他们还是做了那样的事，因为某种“更伟大的事业”让他们激动。成为斗士赋予他们的生活某种意义。我们需要理解这种“邪恶的精神性”。① 他还认为，“人们总是怀着一些渴望，包括对生活意义的渴望，这里面就包含着精神因素的作用。驱动恐怖分子的是参与某种伟大事业的需要。在这项事业中，他们找到了自己渴求的生活意义，这驱使他们从事恐怖活动。阻止他们走向恐怖主义的唯一途径就是在生活意义这个问题上给予一个更好的答案”。② 这里他提出了一个重要精神世界的问题。他说：“对人类行为的世俗分析使西方国家得出错误的结论，但要对付‘基地’这类恐怖组织需要研究精神世界。”③

的确，西方对人类行为的世俗分析精神世界有所忽视，而重以怨报怨，以暴反暴，以战争反恐怖，以至愈反愈怨，制造更大、更持久的恐怖。譬如美国心理学家马斯洛（A. H. Maslow，1908—

① 阿里法·阿克巴尔：《哲学家因倡导关注精神获奖》，载英国《独立报》2007年3月15日，《参考消息》2007年3月17日转载。

② 同上。

③ 同上。

1980）在分析人的“需要层次”时，认为人类的需要是一种本能，它按照生理需要→安全需要→社交需要→自尊需要→自我实现需要[①]五层次指向。生理需要是人维持生命、生存所必需的物质条件，进而是一种财产、职业、安全保障的需要；社交需要是指人的社会交往、友谊、爱情、团体归属感；自尊需要是指个人稳定的名誉、地位及别人给予尊重的需要；自我实现需要是指潜在能力得以实现的趋势及完成与自己能力相称的事情。这种需要层次论是“自然人”的先在的观念模型的“自我实现”，他把“自我实现需要”亦只局限在自我狭小的范围内，从世俗的工具理性层面观照人的需要，而忽视人为实现人类价值理想、精神家园、终极关怀的精神世界的需要。记得裴多菲说：“生命诚可贵，爱情价更高。若为自由故，二者皆可抛。”为了实现“自由”的崇高的价值理想，他可以抛弃生理的、安全的、社交的、自尊的、自我实现的需要[②]。正如查尔斯·泰勒所分析的那样，“伦敦爆炸”案的恐怖分子中有些人其实非常成功，已经完全融入英国社会，这就是说他们均已获得了生理、安全、社会、自尊、自我实现的需要，可是他们为什么还要从事恐怖活动？是因为他们自认为“找到了自己渴求的生活意义”，“是参与某种伟大事业的需要”，因而“驱使他们从事恐怖活动”。这就是说，精神世界出了轨，是不能用暴力、战争化解的。佛教说“解铃还需系铃人”，精神世界的问题还须精神世界来化解。

“9·11”恐怖事件震惊了世界，把一些人震得晕头转向，也把

① 马斯洛：《动机与人格》，第40—54页，北京，华夏出版社，1987年。

② 参见拙著：《新人学导论》的第四章《自我创造论》，北京，职工教育出版社，1989。修订本第232—236，广州，广东人民出版，2000年。

一些人震得清醒理智。于是美国发动了与“基地”组织有联系的奥马尔政府的战争，并迅速推翻了其政权。接着又以伊拉克萨达姆政府计划研制大规模杀伤性武器，该政权与“基地”组织有联系以及伊拉克缺乏民主为由，2003 年发动了入侵伊拉克的战争，以战争反恐怖。当时情境像《红楼梦》中所描写的：“一个个都像乌眼鸡似的，恨不得你吃了我，我吃了你。”当揭穿了前两个入侵的理由是由假情报编制的“莫须有”的罪名后，“美国政府愈发强调民主在伊拉克以及整个中东的重要性，从而把这说成他们行动的理由”。[①] 布什政府以为可以把伊拉克玩弄于股掌之上，把美国民主价值观输入伊拉克以至整个中东阿拉伯世界。然而，他们“机关算尽太聪明，反误了卿卿性命”。害得布什四面楚歌，也害了伊拉克人民和美国士兵的性命。

民主是不能强行促成的。从美国入侵伊拉克来看，强势的军事力量可以很快推翻萨达姆政权，以至在肉体上清灭萨达姆，而占领伊拉克土地。孔子说：“三军可夺帅也，匹夫不可夺志也。”[②] 就是说，可以俘虏其主帅，但不能夺取“匹夫”的意志。换言之，美国可以推行民主价值观作为发动入侵伊拉克的理由，而占领其国土，处死其主帅，取得了成功，但不能占领伊拉克人民的心，强迫他们放弃伊斯兰精神或伊斯兰价值观。我们可以大胆地说，要以美国民主价值观夺取伊斯兰价值观和伊斯兰精神，是根本不可能的，最终只能以失败告终。可以预料，伊斯兰精神强力是不能消灭的。

---

① 弗朗西斯·福山：《民主必须是人们想要的》，载德国《世界报》2007 年 5 月 5 日。《参考消息》2007 年 5 月 13 日转载。

② 《子罕》，《论语集注》卷 5，第 39 页。

当前世界各个国家，各个民族，均各有各的人生信仰，各有各的哲理，各有各的价值观，各有各的精神世界，各有各的规范规则。不可能独尊美国价值观和精神世界，而罢黜百家，世界一律。独尊独霸的时代已经过去了。我们只要放眼看一下，美国民主价值观给伊拉克人民究竟带来什么？是恐怖还是安全，是失业还是乐业，是逃离还是安居，是人体炸弹还是民主。杀人、放火、绑架、抢劫、地狱般的悲惨生活，何时了！何日休！只要美国占领伊拉克，就不会了，不会休。即使被视为亚洲“民主橱窗”的菲律宾，其政治体系和制度基本照搬美国的民主，尤以选举制度为甚。然而，由于历史背景、文化传统、候选人和选民素质等原因，美式民主在这里却明显表现出“水土不服”。选举经常伴随着血腥暴力，2006 年 12 月，选举序幕还未正式拉开，计划竞选阿布拉省长的众议员路易斯在光天化日下被枪杀于马尼拉街头。“今年 1 月拉开序幕以来，已有 95 人丧生，90 多人受伤”[①]。“水土不服”，道出了一个简单的道理，各个国家、民族都有其长期共同生活和实践形成的民族精神、价值观念、宗教信仰、伦理道德、风俗习惯，违背了它，外来的精神价值就会遭到拒绝，即使强行推行，也会变样，这就是说，外来的精神价值要“入乡随俗”，要与本土的传统文化、思想、精神相结合，这样外来的精神价值才有其活动空间，否则强势的民主精神也无济于事。

“天地之性，人为贵”。人是最宝贵的。人生是一次性的，人的

---

① 见王传军：《菲律宾血腥选战何日休?》，载《光明日报》2007 年 5 月 12 日。另卡塔尔《海湾时报》刊登《选举造成的死亡人数达到 100 人》，《参考消息》2007 年 5 月 12 日转载。

生命是消费性的，这次被你使用了，消费了，就不能再消费了，生命流走了！那么，为什么有人会充当“人体炸弹”，难道他们不珍惜宝贵的生命，只要我们走进“人体炸弹”的内心世界，就可以体会精神强力的作用。一家西方媒体记者披露了自杀炸弹成员的独特文化氛围，就可以理解他们究竟出于什么目的让自己的身躯被炸得粉碎。“霍塔里一家正准备举办一个家庭聚会，庆祝6月1日（2001年）他们的儿子在以色列特拉维夫一家迪斯科歌舞厅炸死了21名以色列人……在这一事件发生之后，霍塔里家的左邻右舍都在自己家门口挂上了萨义德的照片，照片上的萨义德身上悬挂着7捆炸弹。除此之外，他们还在家中的墙壁上写上了‘21’这一数字……他们还在自己家门口摆放上了用心和炸弹图形编织而成的花篮，表示对萨义德的敬仰和纪念。萨义德的父亲，现年54岁的哈桑·萨义德对采访他的《今日美国》记者杰克·凯利说：‘我为我儿子所做的一切感到骄傲，而且说实话，甚至有点嫉妒他。我希望是我去完成那次炸弹袭击任务。我觉得我儿子完成了先知穆罕默德的心愿。他因此成了英雄……没有什么比这个方式更能表示对真主的热爱了[①]。’”从“人体炸弹”的文化氛围、内心世界，可以体验到伊斯兰精神世界、价值世界具有强大的生命力、凝聚力、向心力、亲和力、吸引力。在这种情境下，以西方的精神强力战胜另一精神强力，几乎是不可能的。

---

① 吴中人：《走进“人体炸弹”的内心世界》，载《光明日报》2001年12月14日。另见蒂姆·麦格克：《母亲与烈士》，载美国《时代》周刊2007年5月14日（提前出版），《参考消息》2007年5月7日转载，题为《她们为何甘愿做自杀式袭击者》。

化解精神强力之间的冲突和危机，不能采取二元对立的冷战思维，而要采取“融突论”的和合思维。冲突—融合—和合的和合学的和生、和处、和立、和达、和爱五大原理，是化解精神强力冲突和危机之道。这五大原理的基础和核心是“和爱”。尽管各大文明、精神强力之间有错综复杂的政治、经济、文化、宗教的冲突，但他们都始终不渝地倡导和爱。基督教提倡博爱，爱一切人；伊斯兰教主张普慈，对世上一切生命，无论是星辰山岳、还是草芥昆虫，安拉都以其普慈德行给予关爱；佛教提倡慈悲，救苦救难，普度众生；儒教弘扬“泛爱众”，“仁民爱物”的普遍的爱。若都从普遍的爱心出发，有什么冲突不能化解，有什么仇恨不能融化。就四大文明（四大宗教）的精神强力的终极理想境界、精神家园而言，无论是基督教的天国、伊斯兰教的天堂、佛教的西方极乐世界，还是儒教的大同世界（大和世界），都是沐浴在爱的阳光下的，不杀人、不说谎、不偷盗、不奸淫的和平、幸福、至善、和乐的和合世界。因此，世界各宗教、各精神强力之间兵戎相见，恐怖相向，以暴易暴，以怨报怨，实与各宗教、各精神强力的原旨相悖。“万物并育而不相害，道并行而不相悖”。人类凭借自已的生命智慧和智能创造，定能建设一个天人共和乐的美好的精神家园。

儒学与中华民族精神探析

蔡方鹿

虽然儒学自“五四”以来遭到人们的批判，1949 年以后尤其在“文革”期间屡遭讨伐，被视为反动、保守的思想体系而被抛弃，但人们不能否认，儒学作为中国传统文化的核心和主体，在中华民族发展的历史进程中，已融入中华民族共同的文化、共同的心理素质之中，其精髓已成为中华民族精神的重要内涵，反映着中华民族共同的精神面貌。这种受儒学思想深刻影响而形成的中华民族精神不仅在历史上，而且在现代社会仍发生着强大的作用，并作为民族无意识积淀在人们思想的深层结构之中。所以，人们在看到儒学消极因素和负面影响的同时，不应忽视儒家思想对中华民族精神的形成所产生的正面影响和积极作用。

所谓民族精神，指一个民族在形成和发展的历史进程中，在共同语言、共同地域、共同经济政治生活的基础上形成的共同文化、共同社会心理、共同价值体系、思维方式、审美情趣等的总称。民族精神也就是民族文化的基本精神。中华民族精神的形成和发展受到儒家文化的深刻影响，并对现代社会仍然发生着重要作用，受儒学影响而形成的中华民族精神主要包括：

一、人文主义精神

孔子后学在《易传》里正式提出了“人文”一词。《周易·贲卦·彖传》曰：“贲亨，柔来而文刚，故亨。分刚上而文柔，故小利有攸往，天文也。文明以止，人文也。观乎天文，以察时变。观乎人文，以化成天下。”认为文明以止，即是人文，而观乎人文，则可化成天下。唐孔颖达疏云：“圣人观察人文，则诗书礼乐之谓，当法此教而化成天下也。”人文即是“诗书礼乐”之谓，故儒家所谓人文，乃以礼乐之教、礼乐之治为重要内容。

在人类思想发展史上，当古希腊哲学家和中国道家老子把关注的目光投向自然，古印度哲学家把关注的目光投向超越的彼岸的时候，儒家代表人物孔子则把关注的目光投向了人类自身。孔子儒家历来重视人事问题的探讨和研究，也涉及自然和自然哲学问题，只不过在探讨天或自然问题时，总是同人事联系在一起，而不太关心纯粹的自然。

人是儒学理论的出发点和核心，孔子以人为本，“重人事，轻天命”，不语怪、力、乱、神，把人从神学的统治下解放出来。当学生子路问事鬼神的问题时，孔子回答说：“未能事人，焉能事鬼？”（《论语·先进》）显然把事人放在事鬼之上，说明孔子把主要精力放在社会人事上，而不是放在鬼神迷信上。孔子主张专务于人事，对当时天命观的神秘、主宰性加以限制，而主张远离鬼神。弟子樊迟问知，子曰：“务民之义，敬鬼神而远之，可谓知也。”（《论语·雍也》）主张对鬼神敬而远之，不使其影响民间日用之事，他关心的是此岸人间之事，而不是彼岸鬼神之事。

人在宇宙中具有什么样的地位、扮演什么么角色，人应该成为什么样的人，这些问题是人生的重大问题。对它们的不同解答，反映了不同的人生观和人文道德追求。一般说，宗教伦理较为轻视人生的现实意义，把人的完善置之于彼岸世界。如佛教最根本的人生追求是出世成佛。而道家则认为人的价值在于其本性自然之真实，以全真保性而成为“真人”作为所追求的理想人格，因而以避世作为根本的人生态度。与之不同，儒家的人文精神则反映了积极的入世态度。历代儒家都具有积极进取、自强不息的品格，具有强烈的历史使命感，把建功立业、经邦济世作为自己的人生追求，把个人的完善与天下百姓的福祉联系起来，认为人生的理想境界不在彼岸世界，而在现实社会、现实人生。提倡仁者“爱人”，批判“苛政猛于虎”的封建暴政。问人不问马，充分肯定人的价值，对后世产生了重要影响。这种人文精神与佛、道人生观形成对照。

人文主义精神是儒家文化的基本精神。儒家文化以人为宇宙的中心，强调天、地、人三才以人为本。同时不把人与天地自然界对立起来，也不把人从社会人际关系中孤立出来，人是社会的人，社会性是人性的主要内容，而社会性则主要指维系社会秩序稳定的儒家伦理，包括儒家礼乐之教、礼乐之治。这种人文精神与西方文化强调个人中心，追求个性解放，重视人与人之间的权利义务的人文精神有所不同。故儒家文化重仁、重礼，不重法，强调内在自觉，不需外在强制。虽不强调知性、科学的一面，但与之并不矛盾，而是可以相互结合。

孔子强调“人能弘道，非道弘人”，孟子主张“尽心知性”，重视发挥人的主观能动性，提倡独立进取、自尊自强，重视人格的独立，以体现君子的尊严和力量，确立了知识分子的人格形象、社会地位和历史地位。孔子所说的“三军可夺帅也，匹夫不可夺志也”，是对独立人格和自我意志的充分肯定。

《论语·宪问》中“古之学者为己”，被发展为“为己之学”，即通过发展自己人格而达到“己欲立而立人，己欲达而达人”，最终至于成物。把“立人”、“达人”与利他作为完成自己人格必不可少的环节，将其视为理想人格的体现。

儒家人文主义精神具有超越性和延续性，经时代创新，在现代社会能发挥促进社会进步的积极作用。对“内圣外王”注入新时代的意义而“返本开新”，使知识分子具有强烈的主体意识，有替天行道的历史使命，培养知识分子的社会良知，对当代文化建设负起自己的责任，不仅个人修身，而且关心群体，关心社会进步，为新时代社会的发展作贡献！至近现代则出现科技与人文分裂的危机，在解决这个全球性问题的过程中，发扬中华伦理，振兴道德，重建仁本大同理想，恢复中华礼仪之邦，把现代的科技化、工业化、信息化、市场化与中华民族优秀的人文主义精神结合起来，而不是互相脱节，无疑具有光明的前景。

二、华夏民族主义及爱国主义精神

儒家思想中包含的华夏民族主义精神严于华夷之分，强调华夏文化优于域外文化，以民族、社会、国家、集体、家庭及家族的利益为重，民族性高于个性，群体重于个体，社会重于个人。这些精神培育了强烈的民族自尊心和民族亲和力。由此，中国文化历来重视个人对民族、社会和家庭应尽的责任。这使得“先天下之忧而忧，后天下之乐而乐”，“天下兴亡，匹夫有责”，以民族、国家的前途命运为重的观念成为千百年来人们崇尚的人生价值准则。因而爱国主义和献身精神形成了强大的向心力和内在凝聚力，海外华人无不受到华夏民族主义精神的感召，而认同于中华文明。《春秋》经和《公羊传》所提倡的微言大义尤其是“大一统”，“尊王攘夷”，“诛乱臣，讨贼子”，“内中国，外夷狄”，“贵王贱伯”等思想形成了处理君臣、国家和民族关系的准则，纳入修、齐、治、平的治理原则之中。使这套思想理论日益为社会公众所接受，并代代相传，积淀成为中华民族共同的民族精神和文化心理要素，为我们这个中央集权的多民族统一国家的长期稳定发展提供了强大的精神支柱。对此精神加以时代的改造，具有重要的现实意义。

三、刚健有为，自强不息精神

孔子提倡刚健有为的进取精神，强调并实践“发愤忘食，乐以忘忧”的人生态度，重视“刚毅”，表现出积极有为的精神。《易传》将此精神进一步发展，提出“天行健，君子以自强不息”的思想，这是对中华民族刚健有为，自强不息精神的集中概括。反映了中华民族越是遭受挫折，越是奋起抗争的不屈不挠的精神和坚忍不拔的意志。正是这种精神，激励着炎黄子孙为振兴中华民族而奋勇进取，不屈服于邪恶势力，坚持于外来侵略和外来压力作斗争。这成为中华民族精神的重要组成部分，大大增强了中华民族的奋发和自立精神。

四、崇尚气节，讲求操守的精神

崇尚气节，讲求操守，保持民族尊严和人格尊严，作为中华民族精神之一，是中华民族生存、繁衍的内在生命源泉，也是促进中华民族不断发展的内在动力。儒学对此精神的形成影响甚大。孔子提倡“杀身以成仁”，孟子主张“舍生以取义”，教导人们做一个有气节的人，为了追求“成仁”、“取义”，不惜牺牲个人生命。孟子提出养“浩然之气”的思想，提倡“富贵不能淫，贫贱不能移，威武不能屈”的大丈夫气概。这些精神熏陶感染了无数坚持真理，不怕牺牲的志士仁人，集中体现了中华民族的伟大精神境界。从而，崇尚气节、讲求操守的观念作为先进的中国人立身处世的普遍性原则，对于砥砺民族精神具有重大意义。正是由于有了这种民族精神，才使得中华民族及其炎黄儿女在逆境下坚守信念，面对外来侵略，不屈不挠，前仆后继，英勇奋斗，造就了一大批如岳飞、文天祥、史可法、谭嗣同、邓世昌等为了维护中华民族的独立和复兴而勇于献身的民族英雄。当前发扬这种重气节、讲操守的民族精神，以保持民族尊严和人格尊严，有助于振兴中华，全面建设社会主义和谐社会，促进现代化事业的发展。

五、克己为公，重责任义务的精神

克己奉公，重责任义务是中华民族的优良传统。儒学对此精神的养成影响甚大。孔子提出克己私以复礼的思想，并指出“天无私覆，地无私载，日月无私照”（《礼记·孔子闲居》），即所谓天公地道。天道无私，用之于人道，也就是“大道之行，天下为公”（《礼记·礼运》）。程颢加以发挥，提出“君子之学，莫若廓然而大公”。程颐强调“圣人以大公无私治天下”，肯定公的价值，主张去私心以公治天下。儒家提倡的这种克己为公，“大公无私”的精神，把国家民众的前途命运和民族利益置于首位，主张克己私为大众服务，以个人利益服从于社会公共利益，反对损人利己、损公肥私的行为。孔子儒家历来重视个人对家庭、国家和民族的责任义务，把个人价值置于社会价值之中，提倡“修身以道，修道以仁”，在修己的同时，注重入世，讲修齐治平、经世致用、实事实功，以“立德、立功、立言”三不朽学说作为理想人格的标准。从而以对社会、国家贡献的大小，来衡量一个人价值的高低。两千多年来，儒家的这种人生价值观，一直影响着人们的思想行为和社会实践。在个人与社会关系问题上，儒家注重培养人们的群体意识，重个人对社会承担的责任、义务和贡献，轻个人对社会的索取。这使得中华民族具有强大的凝聚力，历代以天下为己任的志士仁人层出不穷，涌现出无数为国为民、无私奉献的民族英雄和精英。这是振兴中华的可靠保证。

六、重理性自觉，以理性控制感性的精神

中华民族历来以理智克让，讲原则，重信义著称于世。儒家的理性主义哲学对此精神的养成影响很大。中华民族之所以历经磨难、长期发展而不因乱世所中绝，其中的一个重要原因就在于道德理性终究能够主导感性欲望。超越感性直观，使整个社会在一个有序的、理性世界的指导下正常运转，避免因感性欲望的过度泛滥而造成社会生活失序。这加强了中华民族重理性，重内在自觉，节制感性欲望的自律精神，以此排除宗教的干扰和感性的影响（亦不离感性），形成了与西方民族不同的特点。在现代社会，随着生产力的发展和社会的进步，既要充分、合理地满足人们的物质利益需求和感性欲望，更应把理性置于优先于感性的位置，这正是一个民族延续和发展的基本标准。

七、持中通变，改革日新的精神

随时应变以时中，改革日新，是中国文化和中华民族精神的内涵及特点之一。儒学持中通变的思想及改革变通的观念对这一精神产生了重要影响。儒家易学的基本精神之一是以中为贵，这是从爻位的“时中说”引申而来的，即以中为正，主张因时而行中道；同时主张通变，不因循守旧，“随时应变，在中而已”，以中作为通变的尺度。这种思想既主张变易、变革，又不走极端，盲目妄动。这有利于保持社会稳定。此外，儒学强调变化、发展、日新，主张因革损益，除旧维新，随时代的发展而不断创新。这使得中国社会及文化持续发展，在近代以前均居世界文明发展的前列。由于封建统治者顽固守旧，背弃了儒学的这一精神，致使近代以来，中国落后挨打，教训极为深刻。当今惟有发扬改革日新的精神，才能使中华民族重新跻身于世界文明发展的行列。

八、和谐精神

和谐精神是中国文化和中华民族的基本精神之一。儒学包含有丰富的和谐、和合思想的内涵，经过时代的创新改造，可为当今时代构建和谐社会、建设和谐世界提供可资借鉴的思想智慧的来源和依据。

众所周知，包括和、和合在内的和谐思想是儒学基本的人文精神的重要组成部分，在历史上产生了深远影响，至今也有重要的现实借鉴意义和价值，值得认真地总结和吸取。儒家学派创始人孔子以和作为人文精神的核心，在处理人与人之间关系时，强调“君子和而不同，小人同而不和”（《论语·子路》）。既承认差异，又和合不同的事物，通过互济互补，达到统一、和谐。这与“同而不和”，取消不同事物的差异的专一观念形成对照。孔子门人有子曰：“礼之用，和为贵。先王之道斯为美，小大由之。”（《论语·学而》）这代表了孔子的思想，“和”指适合，亦指和谐，即礼与和是互相联系的，礼的作用是和，而和是维系礼的手段。认为治国处事、礼仪制度，以和为价值标准，来构建一个理想的和谐社会。

不特孔子，孟子亦然，儒家代表人物孟子提出“天时不如地利，地利不如人和”（《孟子·公孙丑下》）的著名论断，强调与天时、地利相比，人和的重要性。

《易传》提出十分重要的太和观念，讲“保合太和，乃利贞”（《周易·乾卦·彖传》）。重视合与和的价值，认为保持完满的和谐，万物就能顺利发展。《周易》重视人与自然、人与人之间的和谐统一关系。尽管人与自然相比，人的地位更为重要，但儒学并不把自然看作异己力量，而是主张人与自然和谐相处，认为天人是相通的，倡“天人合一”，“万物与吾一体”之说，不打破整体和谐。强调个人与社会的和睦相处，以“贵和持中”的精神来约束人们的极端思想，使社会秩序得以维持。这与西方文化重视人与自然以及人与人之间的分别对立的观念确有不同。故中国文化十分注重和谐局面的保持。求大同存小异，成为人们普遍接受的思维原则。发扬此种精神，将其进一步提升为“爱其所同，敬其所异”，有利于维护世界和平及环境保护，也有助维护民族团结和社会稳定。

先秦儒家著名人物荀子虽有天人相分的思想，但也重视和。他说：“义以分则和，和则一，一则多力，多力则强，强则胜物。”（《荀子·王制》）认为事物虽有分，但分之适宜则和，和即协调不同之事物，使之达到统一，统一则有力量，有力量则强，强则取胜外物，以为人类服务。

儒家中和思想也贯穿着和、和谐的原则，这在历史上产生了重要影响。《礼记·中庸》云：“喜怒哀乐之未发，谓之中；发而皆中节，谓之和。中也者，天下之大本也；和也者，天下之达道也。致中和，天地位焉，万物育焉。”意即喜怒哀乐等人的感情未发之前，谓之中，此中作为一种思想和伦理原则，存在于内，是天下万物的根本、人的感情的发源地。人的感情表现出来，符合了中的原则，就是和。掌握了中和的道理，天地万物便有其根据，人的道德也才能达到尽善尽美的境界。

其后，历代学者都很重视《中庸》提出的中和之义，把它作为思想方法论及道德修养论的基本原则，强调一切事物都要符合中，中的运用要贯彻到人的感情流露等各种事物中去，防止违背中和的原则而出现种种偏激、不适当的行为。

儒家强调执其两端取其中，讲中和，不走极端，办事恰到好处，不偏不倚，既不过头，也无不及，对矛盾双方都提出规范和要求，不过分偏向一方，否则将导致统一体的破裂，这是儒家精神所反对的。由此而产生“和为贵”、“仇必和而解”的重和谐思想，在历史上影响深远。重和谐，重矛盾双方的统一，不走极端，不随意打破有机统一体，这不仅成为人们普遍遵循的思想方法，而且成为中华文化精神的重要组成部分之一。持中重和，以中为原则，来实现天下和谐，这是儒家文化所注重和维护的。

中和精神强调社会稳定，重视和谐统一，这使得中国社会与中国文化的发展具有稳定性和长期性，不至于被过度的动荡所破坏和中断，也使中国人形成了求同存异、礼让克制、温和内向的心理性格。

因此在先秦时期，和谐、和合文化得以产生和发展。概而言之，所谓和合的和，指和谐、和平、祥和；合指结合、融和、合作。和合连起来讲，指在承认“不同”事物之矛盾、差异的前提下，把彼此不同的事物统一于一个相互依存的和合体中，并在不同事物和合的过程中，吸取各个事物的优长而克其短，使之达到最佳组合，由此促进新事物的产生，推动事物的发展。在此和谐精神的指导下，中华文化不断创新，同时也推动了中国社会的不断发展。

由此可见，和谐、和合文化并不否认矛盾、差异和必要的斗争，它本身就是矛盾的对立统一体，只是把矛盾、差异和斗争限定在相互依存的统一体中，防止因过度的矛盾斗争而破坏了不同事物共同存在的基础，而使事物的发展停滞不前。这表明，和谐文化有两个基本的要素，一是客观地承认不同，比如阴阳、天人、男女、父子、上下等等，相互不同；二是把不同的事物有机地合为一体，如阴阳和合、天人合一、五教和合、五行和合等等。中国古代的先哲们正是通过对天地自然界、人类社会普遍存在的和合现象作大量观察和探索，从而提出了和谐、和合的概念，对和合现象作本质的概括，由此促进事物的发展和新事物的产生。在这个过程中，中华和谐、和合文化得以产生、流传和发展，成为人们普遍认同的观念。而孔子“和而不同”的思想较能够反映和谐文化的本质，而不仅限于人与人之间的关系，包括国与国、人与社会、人与自然之间，都可以用“和而不同”，或不同而和，来加以概括。

秦汉以来，和谐概念被普遍运用，中国文化的发展也呈现出一种融和的趋势，把和视为价值的标准。由此，振兴儒学，继承并弘扬中华优秀传统文化中的和谐理念，确有利于促进现代化事业的发展，以为和谐社会的构建，促进经济与文化的协调发展作出贡献。孔子提倡“和为贵”（《论语·学而》），《周易》重视人与自然、人与人之间的和谐统一关系。尽管人与自然相比，人的地位更为重要，但儒学并不把自然看作异己力量，而是主张人与自然和谐相处，认为天人是相通的，倡“天人合一”，“万物与吾一体”之说。这与西方文化重视人与自然，以及人与人之间的分别对立的观念确有不同。

故中国文化十分注重和谐局面的保持。求大同存小异，成为人们普遍接受的思维原则。主张爱其所同，敬其所异。发扬此种精神，有利于维护世界和平及环境保护，也有助维护民族团结和社会稳定。

和谐思想是儒学的重要特征和内涵，亦是中华民族特有的思想，科学理解和大力弘扬和谐思想，加强对中华和谐思想的研究和推广，是社会发展的客观需要。这对于全面建设小康社会，促进中华民族的伟大复兴和中国的和平崛起，建设和谐世界，具有重要的现实意义。

1. 提倡和，重视和谐，在思想观念和思维方式上有助于纠正以往“斗争哲学”的偏差。

2. 对内有利于构建和谐社会，推动社会的长治久安和国家的安定团结。

3. 对外有利于推动世界和平与发展的两大潮流，提供建设和谐世界的价值评判标准。

4. 有利于推进“和平统一，一国两制”的战略构想，实现中华民族的统一及海外侨胞的大团结。

以上受儒学影响而形成的中华民族精神，是中国文化的精髓和优秀思想文化遗产的组成部分。而自“五四”以来的自由主义和西化论者则把近代中国落后的原因完全归咎于民族文化，归咎于儒学，动辄加以全盘否定。这不仅涣散了中华民族的凝聚力和向心力，而且使自己成为一无挂搭，毫无根基的文化“异乡”人。须知一个抛弃了本民族文化传统的人，很难对外来，哪怕是先进的外来文化作出正确的判断和实事求是的诠释，更谈不上结合自身的特点和实际去学习和融会贯通。殊不知他们所要抛弃的文化，孕育了伟大的中华民族和高度的中华文明。在这种中华精神的指引下，我们的民族通过改造自身，弃旧图新，以新的姿态迎接外来文化的挑战，并积极吸取外来文化的优长，必将返本开新，重新跻身于世界文明的前列，并以东方深厚的文化根基对世界文化的发展作出新的贡献。

我们现在已迈进一个全球化的新时代。西化和现代化理论所预设的以启蒙精神为主的欧美文明被奉为人类进步和发展的典范已受到了质疑，在新的全球化时代，现代化可以具有不同的文化形式，因为新时代的精神传统（包括西方之外的印度教、伊斯兰教、儒学等）所孕育的人文意识会与日俱增。只有通过对话才能为全球社群开辟一条和平共存、同舟共济的康庄大道。虽然文明之间的矛盾不可能在一夜消解，但尽量减少因矛盾而激发的冲突，避免因冲突而导致的抗争是人类长治久安的当务之急。儒学中所体现的具有涵盖性的人文精神是中华民族可以提供全球社群的丰富资源。因此，除了大家熟悉的普世价值如自由、法治、人权、市场经济、民主政治和市民社会来自西方外，儒学中影响深远的儒家传统价值如“己所不欲，勿施于人”的恕道，“推己及人”的仁道，以及“和而不同”的共生共处之道亦是文明对话不可或缺的基本原则。这些儒学中的精华亦应成为普世价值，而对世界文明的发展和现代化作出贡献。儒学与西学的融合是在当代文化语境中传承和发展儒学，促使儒学走进新的文化境界的重要途径。儒学的传统正因为受到了西方观念的冲击，其中的糟粕被批判，儒学才可能被现代化所参照，它能够吸收西方的优秀价值，但亦要结合中国现代化的实际加以创新发展。因此，振兴儒学，要注重儒学的实践性，离开了现代化社会的发展和构建当代和谐社会的实践的儒学是没有生命力的。

儒学研究不是为了发思古之幽情，而是为了探讨和总结历史上思想文化发展的客观规律、发展线索、历史经验教训及对后世和现代社会的影响，为现代社会的发展提供一定的借鉴。因此，对儒学的研究，应把历史的观点与现实的观点结合起来，以探讨儒学与现代社会发展的关系。拓宽研究领域，贴近社会主义社会及思想文化发展的现实，对儒学及其影响作现代审视、反思，挖掘其现代意义，回应时代的挑战，加以时代的创新改造。并放眼东方和世界，在当今世界多元文化碰撞、交流与融合中，探讨儒学的东方文化意义，加强与东方及世界各国的学术文化交流，使儒学研究与现代社会、现代文明的发展相适应、相结合，克服其中的保守过时的成分和糟粕、流弊，弘扬其合理思想和超越时代的有价值的成分和精粹，为新时代建设和谐社会、和谐世界提供健康文明的启示。并在全球意识下，融合诸文明、诸文化之优长，而共同创造人类未来的新文化。

对儒学传统与民族精神关系的点滴思考

刘宗贤

弘扬与培育民族精神问题是党的十六大正式提出的。十六大政治报告在阐述文化建设问题时指出:“面对世界范围各种思想文化的相互激荡,必须把弘扬和培育民族精神作为文化建设极其重要的任务,纳入国民教育全过程……”又指出,“要建立与社会主义市场经济相适应、与社会主义法律相协调、与中华民族传统美德相承接的社会主义思想道德体系。”这里,提出了“弘扬”与“培育”民族精神的双重任务,并特别提出要把它纳入国民教育的全过程。对于思想道德体系的建立,则除了市场经济、法规建设等切合时代性的内容外,还特别提出与中华民族传统美德“相承接”的问题。

在建设社会主义现代化进程中明确提出民族精神和道德继承问题,这是我们民族在文化层面上认识的飞跃,而把这种带有指导方向性的语言写到党的代表大会的政治报告中,无疑对我们民族的精神文化建设和社会文明的发展具有不同寻常的意义。回顾这些年来对儒学与传统文化的研究,自己也曾对儒学与民族精神的关系作过一些思考,现在重新反思这些研究的思路和成果,期望得到各位同仁的指正,以便深化自己对儒学与民族精神问题的认识。

一、中华民族的伦理型思维方式与内向性格

当初对儒学与民族精神问题的研究是从传统哲学与传统思维方式问题开始的。20世纪80年代初，山东中国哲学史界曾召开一个关于中国哲学史特点问题的小型讨论会，会上提出一些当时在国内看来比较新颖的观点，引起学术界的注意。《人民日报》全文转载了该会的报道，《新华文摘》也对报道作了详细摘要。在由我执笔写的这份报道中，有一段叙述中国哲学史特点的文字，其中说：

> 每一种哲学都有自己的类型，中国哲学的特殊类型也就是通常所说的“伦理型”哲学体系。这固然与中国种族奴隶制社会确定的宗法制及长期以来以宗法制为特点的封建等级制有直接关系，但同时也表现了中华民族哲学思维的逻辑形式。因此，我们在研究这一点时，除了注意产生它的社会历史基础外，也须分析这种哲学思维形式本身。……西方自然科学的进步促进了哲学的发展，而中国历史上政治伦理思想的发达也同样促进了人类哲学思维的发展。①

或许是在开会时受到了启示和写这个报道时用心作了思考，总之，这段文字对我日后研究中国哲学和传统文化产生了不小的影响。

传统哲学的伦理特性与中华民族的内向性格。缘着中国哲学的

① 刘宗贤：《山东讨论中国哲学史特点问题》，《国内哲学动态》1982年第6期，《人民日报》1982年7月30日，《新华文摘》1982年第10期。

伦理型特点，需要探讨的是它与中国传统文化的关系。因为一个民族的传统文化，必以哲学价值观作为基础，这也可以说是民族精神的核心。80年代后期在《传统哲学思维方式的反思》一文中我以儒道互补为中国哲学的主流思想，反思中国哲学传统，把其特点概括为“天人合一”和“真善美统一”，认为这正体现了中国传统哲学政治伦理型的特点，即以解决社会政治问题为主要任务，以人生观为核心，以探讨人的社会伦理人格为中心内容。

后来研究孟子，认识到孟子在儒学发展中虽然居于“亚圣”地位，但由于他对宋明理学的独特影响，使他对中华传统思维方式的形成具有很重要的作用。孟子的先天道德论源于孔子的道德观，但“性善论”的提出是把孔子关于“仁”的道德观从对个人品质的强调和对人际关系的关注转入到对人性本原的探讨上，从而使儒家的人道思想进一步与天道问题联系到一起，向内、向善，具有更深的哲学意味。在研究孟子与宋明理学及阳明学的关系时，涉及孟子的道德学说对传统文化的影响，因此提出“传统哲学的伦理特性与中华民族的内向性格”的关系。认为中华民族的内向性格，在哲学上有深刻的理论背景，究其根源，与孟子的道德哲学有关。由孟子及其影响下形成的心性哲学造成了我们民族注重道德理性，习惯于从伦理本位出发来观察人生，维系社会和面向自然的内向性格。对于这种内向性格，当时曾从三个方面来概括：（1）个人奉行的道德自律原则：人们往往把完善个人的道德品质作为生活的重要目标，每个人所具有的人生价值似乎首先表现为他的道德价值。（2）以道德关系来维系社会，保证社会的安定和正常运行：社会成员的能动性突出地表现在道德修养方面，因而整个社会必须不断地提倡道德修养，倡导道德规范，以此来贯彻法律、政策、命令，维持社会生活的共同准则。(3) 把社会伦理道德原则扩展到人与自然的关系中，表现为不是鼓励崇尚对外部自然界的探索和征服，而是着眼于主客观平衡关系的维持。把道德与开发自然、改善民生连在一起。

而对于儒学的伦理特性所造成的中华民族的内向性格在我们民族历史上所起的作用和影响，我以为应该从两面性上作辩证的分析：

首先，从社会规范上。由于人与人之间的社会关系在很大程度上不是靠法律、社会契约等外部规范来维持，而是靠建筑于内心的道德原则，靠人们的道德自律来维系，这便在我们民族内部形成一股很大的凝聚力。其结果不仅造成历史上多民族统一的中国，并且在抵御外部侵略的战争中涌现一大批可歌可泣的民族英雄，他们的气节和牺牲精神成为民族精神的象征。以至于今，海外华人仍然是那样热爱家乡、眷恋祖国。但问题的另一面是，我们的传统社会法规不发达，民主精神差，与社会现代化的要求相差甚远，在建设现代民族国家过程中还面临改造社会意识的艰巨任务。

其次，在思维方式上，以伦理为本位认识世界，把道德中心主义作为维持人与社会、人与自然关系的杠杆，这样造成的后果是：在人与自然的关系上，坚持了人作为主体在对世界的认识和与世界的关系中始终处于相对地位的观点，这便很自然地引出人对自然的开发利用应有所节制的思想。而由于不能把自然作为独立的客体来研究，缺乏对自然的求知探索精神，也限制了自然科学的发展。在人与社会的关系上，则由于过多地强调群体价值，忽视个体价值，因而抑制了个体创造力的发展。

这里应该指出的是，所谓“内向性格”乃是一种抽象的概括。[①]之所以取这种说法，主要是想不仅从社会意识形态，而且要着重从心理素质、思维方式、行为方式，以及民族性格上探讨中国哲学传统对民族精神的影响。在《传统哲学的伦理特性与中华民族的内向性格》一文中，我把这种内向性格概括为“一种凝结而成的心理特性”、“思维方式和行为方式”、“性格和精神面貌”等，并提出它的三点特性：（1）以群体为本位的社会价值观；（2）以道德价值为核心的人生价值观；（3）注重内省的思维方式及向内开掘的人生态度。这三点归结起来主要指积淀在人们心中的主流价值观和人生态度。

二、儒家文化的人文精神传统

从 20 世纪 90 年代起，中国大陆的儒学热逐渐升温。《儒家伦理精神及其现代意义》、《儒家人文思想群我关系的辩证机制》两篇文章，基本上代表了我这一时期思考的主要问题，即儒学传统与民族文化传统的问题。

关于儒学传统。以往，由于儒学在近代中国的曲折遭遇以及新中国建国后意识形态方面的特殊原因，我们曾讳言儒学传统。但是，几千年的封建社会，儒学不仅是意识形态的主导，而且长期居于思想和精神文化的主流地位，今天对于儒学传统的再认识和再评价我们是回避不了的。故在《儒家伦理精神及其现代意义》一文中，我认为，应该摒弃对精神文化采取政治实用和经济实用的观点，即为

① “内向性格”，可参考日本学者岛田虔次关于宋学“内面主义”的提法。见岛田虔次著、蒋国保译《朱子学与阳明学》第 83 页，陕西师范大学出版社，1986 年。

了现实政治斗争的需要任意从主观上褒贬儒家及其思想，或从实用的需要肢解儒家思想，断章取义。应该从文化发展的角度来看儒学的历史过程和整体结构，梳理出核心的思想和精神，即“在民族性格、社会心理及价值取向中存活着的民族文化的灵魂”。这里引用了贺麟先生的话，他说：“在思想和文化的范围里，现代决不可与古代脱节。任何一个现代的新思想如果与过去的文化完全没有关系，便有如无源之水，无本之木，绝不可源远流长，根深蒂固。”① 我把儒学文化传统概括为一种伦理精神，认为它是一种人本的以人为伦理主体的文化精神，从文化的意义上讲是可以与西方的宗教精神相提并论的。故而，在当代中国可以把儒家以伦理为核心的思想，重新作为一种文化精神来提倡。这就是使儒家思想重新参与人们的精神生活，培养起自觉的道德意识，造就一种具有理性特点的和谐的社会秩序。具体落实到以下几个方面：（1）培养人才，造就具有社会责任心的新一代知识分子。（2）注入企业文化，培养群体意识。（3）提倡世俗伦理，调整社会风气。这样在当前的社会生活中发扬的儒家文化精神，既不与政治意识形态中马克思主义的指导相矛盾，又能与经济发展相并行。

重新反思“传统”的观念。将儒学传统与民族文化传统或与当代社会发展割裂开来的观念，源于以往我们对“传统”认识的误区。过去那种把包括儒学在内的传统文化与马克思主义、与中国现实社会对立，从而把传统文化看作建设社会主义现代化包袱的观点，正

---

① 贺麟：《儒家思想之开展》，引自罗义俊编著《评新儒家》第 30 页，人民出版社，1989 年。

是因为把传统看作僵死的、凝固不变的古代文化的原本。其实我们所说的传统不应该是这样的死传统。事实上，古人在特定的环境中，对特定的人所讲的话，如果没有后代人的阐释、引申、发展，就不可能成为传统。我们所说的是活传统，是在社会历史发展的代与代之间，一个历史阶段与又一个历史阶段之间，既保持了某种连续性和同一性，又在社会的创造与再创造中不断发展着的文化传统。这样的“传统”，正像有的西方社会学家和中国的学者所指出的，是“一条世代相传的事实之变体链”，是在新的参照系下对原本作新的解释而逐步远离原本的过程。因而传统的形成是个不断更新、不断开放的过程，传统是一代又一代相传、变异、发展的民族精神。它承载着民族精神的活的灵魂。而从这样的关于“传统”的观念来看儒家思想，它作为中国传统文化的主流，不仅是在古代发展演化中同化了道、法、释各家学说，而且是经过了近现代革命的洗礼，不断与新的思想意识相结合的。儒家思想并不单纯是封建的社会意识形态或历代现实社会政治制度的附属品，它是在中国社会历史发展的代与代之间，在一个历史阶段与又一个历史阶段相续的过程中中华民族的文化创造，也是生长在中国这块国土上具有社会行为规范作用和道德感召力的一种文化力量。它已经作为一种普遍的社会伦理意识，存在于我们民族的文化心理结构之中，渗透在我们每个人的血液里，构成我们民族生生不息的内在灵魂。

上述观点说明了，现代化本不应该排斥传统，关键是我们应该有一种文化自觉的意识，适应经济的发展和改革开放的形势，来进行必要的文化调整，防止优秀文化传统的失落。例如十年“文革”，不仅毁坏了很多有形的优秀文化古迹，更为有害的是造成了无形的文化破坏，即对民族文化心理的践踏与对民族自信心的动摇。反思“文革”的教训，我们不能忽视文化作为维系人心的潜在力量。这种力量来源于对民族文化传统的自觉认识与民族自信心的增强。民族自信心不仅来自于经济的发展，也来自于对本民族的自我认识，来自于对民族文化的自豪感。当然，这种文化的自觉绝不是盲目的民族主义情绪。

儒学传统的核心精神是人文精神。那么，儒学传统的核心精神，即恒常价值是什么呢？在《孔子仁学的双重建构》和《儒家人文思想群我关系的辩证机制》等论文中我认为，从孔子思想的理论建构讲，孔子的仁学思想是仁与礼相互连结、有机贯通的“仁—礼”双重建构：仁，是对人本质力量的肯定，设定了儒学注重个体修养的发展路向；礼，则从人应在社会中履行的行为规则出发，突出人的社会责任感，是以社会整体为目标。由此儒学确认的是个体与社会两个主体。对仁的确认，反映了儒学以道德的自我涵养、自我完善和自我实现为目标的精神发展方向；对礼的认可，又表明了儒学对群体的尊重和对社会价值的认同。儒学的这种理论建构表现为一种突出的人文特色，它源于儒学创立者孔子对社会使命感与现实感的强烈感受，形成了儒学强调自我在现实社会中存在发展的人文传统。这种传统突出地表现为，主张个体的发展要以人类社会整体生存和发展作为目标指向，强调为实现个人理想和社会理想而奋斗的使命感和责任感，从而形成以此为人生价值的价值取向。

从儒家思想的核心价值观讲，我认为儒家人文思想群我关系的辩证机制，是儒学具有恒常价值的思想，也是我们应该继承的儒学传统的核心精神。其实这种看法本也不是什么新鲜东西。例如17—18世纪西方很多哲学家对中国哲学、对孔子思想的看法，常有“伦理本体”、“道德中心主义”之称，黑格尔认为中国哲学、东方哲学“主体性精神的因素并没有得到充分发挥，宗教的观念并没有个体（即人格—译者）化，而是具有普遍观念的性格”，[①] 等等。许多人在估价当代东亚儒学的积极作用时，也常用群体主义、团队精神来概括。他们所强调的都是儒学在注重人的群体性和塑造人的社会人格方面的特色。但我认为应该强调的是儒学和中国哲学的辩证思维在群体、个体关系上的表现。即儒家的人文思想并不是抹杀个体来发展群体，而是在群体中发现和界定个体；将个体人格发展的目标定格在群体生存发展的需要上，主张发展个体的潜能以利于社会；并且，它把群体人际关系的协调建立于个体心理调节与内心道德自觉的基础上，以便保证社会的稳定与人际关系的和谐。

从儒家的“伦理精神”，到儒学的“人文精神”，对儒学传统的概括似乎有所不同，其实这两种提法本没有什么实质的不同。因为就儒学来讲，“人文”与“伦理”二者并不矛盾。我以为，“儒家文化是中国文化的主流，具有一种被人们称作人文主义的特色。这种人文主义又是紧紧围绕着伦理问题展开的。”所谓儒家的伦理精神，是基于对中国传统哲学及儒家哲学的伦理特色，同时也是相对于西方基督教传统所表现的“宗教精神”而言，因为它在文化的意义上

---

① 黑格尔：《哲学讲演录》第1卷，第116页，北京，商务印书馆，1997年。

可以与西方宗教精神相提并论。所谓儒学的人文精神则强调了儒家的伦理特色并不失其人文思想的普遍品格，只不过它与西方传统人文思想比，有其特殊的伦理视角，以社会伦理及人际关系问题为核心，因此也就更便于以社会的发展，人类群体的生存和需要为背景来窥视个体的人，维护发展个体的理性及人格尊严。

三、几点建议

最后，我想说，关于儒学与民族精神问题的研究看来还任重道远，并以为，至少有以下几个方面的问题迫切需要回答。如：应该如何看待历史上儒学对于中华民族大家庭以及中华民族精神形成发展的作用及影响；在当今世界范围内各种思想文化相互激荡的形势下怎样再树孔子儒学作为我们民族历史上主流文化的形象；在中国新时期的发展中，在国民教育以及社会主义思想道德体系建立的过程中，应该如何重新定位儒学，以及儒学自身的转型与现代化等。

对于儒学与民族精神问题目前虽然国内已有不少学者开始关注，但研究成果往往侧重于儒学价值观层面的发掘，而且不够系统。大体上说关于儒学与民族精神问题的研究存在以下倾向：（一）理论上缺乏系统的研究。例如关于儒学价值观与民族精神，论者多从优秀民族精神中分析儒学价值观的积极因素，而不是以研究儒学传统价值观与核心价值观为基础，全面系统地梳理它与中华民族精神的联系；（二）现实中缺乏历史性观照。例如在关于儒学作为制度文化的研究中，论者往往受西方流行观点影响，只看到儒学与封建专制体制的联系，忽略儒学作为中华民族的主干文化，在与制度的关联上，对于中国多民族国家文化整合所起的作用，以及在中华民族多民族国家的主流价值观和心理维系中的作用；（三）儒学与民族精神的全球化视角。笔者认为，目前对于儒学与全球化问题研究流于泛泛，或只侧重于儒家中和思想与世界和平的关系、儒家和谐思想等，而忽略了应从全球化的角度看待中国新时期的国民教育及社会主义思想道德体系的建设。其实在全球化与多元文化并存的格局中，儒学要重新定位也面临着保守与创新的冲突，及对其它文化的认同与吸收问题。目前国内掀起的民间儒学热与儿童读经活动需要认真的研究与引导，而近代以来由康有为提倡的孔教运动，梁启超关注的国民性问题研究，以及当代新儒家对于中华传统文化的保守性改造与创新都需要整理、反思与借鉴，所有这些都关系着，今天我们要在全球多元文化的视角中历史地研究和面对中华民族精神问题。

儒学与中华民族精神初探

李　申

一、儒学是中华民族伟大的文化成就

中华民族有五千年未曾中断的文明，源远流长，贤圣辈出。以孔子为代表的儒学，好古敏求，全面继承以前最优秀的文化成果；与时俱进，直面现实不断谱写新的篇章，于是在争鸣百家中脱颖而出，成为铸造中华民族传统的最重要的思想建树。它指导了中国两千年的社会和政治生活，维护着中国社会的稳定和统一，给古代中国人民创造了和平的生存和发展环境，是形成中华民族最重要的精神力量，也是形成中华民族精神的最主要的学说；它指导了中国两千多年的个人和家庭生活，维护着人际的和谐和家庭的和睦，给古代中国人民提供了高尚的追求和远大的理想。在儒学的旗帜下，出现过一次又一次的太平盛世；在儒学的旗帜下，造就过一代又一代的仁人志士。在儒学的旗帜下，中国人民创造过当时世界上最先进的优秀文化；在儒学的旗帜下，中国民族经历了一次次的内忧外患，不仅依然坚强屹立，而且不断发展壮大。从孔子开始，历代都有优秀的儒者，兢兢业业，自强不息，把谋道、行道作为天赋的使命，为儒学的存在和发展作出过卓越的贡献，也为当时的中国人民提供着安身立命的精神食粮。从汉到唐的“汉学”，从宋代开始的“宋学”，都坚持着儒学的基本原则，延续着儒学的传统，也推陈出新，创造着适应时势的新的主张：

——儒学创造了古代社会最为合理的政治制度，不仅设置完备，分工明确，而且把对权力的监督作为制度的必要组成部分；

——儒学创造了古代社会选择人才最为合理的途径，科举考试吸引着社会各个阶层的精英分子，尽可能充分地利用和开发了社会的智力资源；

——儒学提出了当时最先进的政治伦理，要求臣子忠实于君主，也要求君主虚心听取臣子的意见，以合乎制度的方式对于臣子；

——儒学实事求是地承认国家的暴力性质，所以它不主张废除军队和刑罚，但是儒学把德行教化作为治国的根本，让民众自觉自愿地奉公守法；

——为了教育民众，儒学要求掌握着国家权力的儒者，从天子到每一个官员，都要首先提高自己的德行，廉洁奉公，忠实孝敬，勤恳而诚信，为民众作出榜样；

——儒学深知民众的温饱是奉公守法的前提，所以它主张合理的土地分配和税收制度，要求国家官员保证民众的生产时间，使民众获得基本的生活保障；

——儒学要求儒者，在家要孝顺父母，在外要尊重和服从官长，对待给自己传授知识的老师要像对待自己的父亲，对待朋友要诚实而守信；

——儒学主张，为国家为民族，应杀身以成仁，舍生以取义；反对苟且偷生，造名逐利，为私利而背弃大义；

——儒学主张，要端正自己的行为，要先端正自己的内心；要端正自己的内心，首先要提高自己的认识，以便明辨是非，区别善恶；

——儒学主张社会和谐，人际和睦，原谅他人的过失，但不主张无原则的忍让和宽恕。它要求“以德报德”，“以直报怨”，直道而行。伸张社会正义，抵制邪恶和丑行；

——儒学反对以大欺小，以强凌弱；主张“己所不欲，勿施于人”。主张大国应以自己良好的政治使小国向往，反对用暴力强制推行自己的主张；

——儒学曾使一个又一个文化落后的民族自愿接受了儒学的指导，成为文化先进的民族；当时中国内地的政权，也因此为周边的民族、国家所向往。

历史上，那些认真实行儒学上述原则的王朝，就兴旺繁荣，历时久长；反之则乱象丛生，迅速灭亡。那些认真实行儒学上述原则的个人，或卓有建树，或青史留名；反之则庸碌终生，甚或遗臭万年。

儒学是中国人民的伟大文化成就，是中国人民对人类文明的作出的巨大贡献。我们为中华民族有这样伟大的文化创造而自豪。

二、儒学不能担负指导近现代社会生活的责任

自鸦片战争开始，中华民族开始了它的苦难历程，儒学也开始面对新的对手：殖民主义、帝国主义。为了生存，为了自强，儒者们艰难地寻找着新的救国之道。它提出过“师夷制夷”，提出过“中体西用”，主张过“议会政治”，企图挽救中华民族于危亡。最后，儒者们废除了一千多年行之有效的科举制度，把新的科学知识作为经世致用之学的基本内容。当时优秀的儒者，深知传统的“四书”、“五经”难以继续担负指导国家政治的任务，此后的辛亥革命又否定了两千年中行之有效的、以三纲五常为标志的君臣父子之道，再后的新文化运动又否定了传统礼教加于人们的种种束缚，于是，儒学完成了自身否定之否定的历史进程。

然而儒学被否定的，是那些过时的教条，不适用的旧知识，泥古不化的保守传统；儒学中为国家、为民族求自立、求自强的精神，儒学中“日新、日日新”的精神，则永放光芒。儒学的求自强的、求“日新”精神，体现于历史上儒学的不断发展之中，也体现于儒学的自我否定之中。儒学首先不是被谁打倒的，而首先是儒者们为了中华民族的生存而主动舍弃的。我们向历史上创制儒学原则、发展儒学理论的儒者们致敬；我们也向适时进取，为寻求新路而艰难探索甚至痛苦否定了儒学自身的儒者们致敬。

在探索新的救国之路的儒者之中，我们可以找到许多众所周知的名字。林则徐、魏源、康有为、谭嗣同、梁启超，是其中的优秀代表。还有人物，虽然从历史学家的观点看来，他们的政治立场可以说是保守的，如张之洞、王先谦等人，在新的强敌面前，他们也认为儒学不能再像原来的样子继续下去了。他们或者到过去不被重视的所谓“子书”中寻求出路（如王先谦、孙诒让、俞樾等），或者企图把所谓“西学”作为儒学的补充（如沈桂芬、张之洞）等。而在所谓“庚子事变”，八国联军侵入中国，使中国遭受了前所未有的更加悲惨的失败和屈辱之后，那个镇压了变法运动的，以慈禧太后为首的，被称为顽固派的清朝政府的当权者们，也不得不实行所谓变法，主张开设议院。而在他们实行开设议院的变法行动之前，他们首先做到的，是废除科举，实行新的教育制度。在这新的教育制度中，主要内容就是现在大中小学中的所谓文理工科课程，儒家的经书，只是作为培养思想品质的一科，还存在于学校教育之中。

废除科举，不仅是考试方式的改变，主要是考试内容的改变。考试内容的改变，又是国家指导思想的改变。以前延续了两千多年的读好儒经就能成为贤良、文学、举人、进士，然后成为国家官员的士人们正常的生活道路，在新的教育制度面前不行了。读经既然不能再成为进身之阶，于是以读经为核心的儒学也就实际上被士人们抛弃，或置于非常将要的地位。儒学，从此失去了国家指导思想的地位，也失去了继续作为塑造中华民族精神的主体的能力。

废除科举以后数年，就是辛亥革命。辛亥革命之后建立的共和国，不祭天，也不祭孔，士人们每月朔望两次拜祭圣人的制度被取消，孔庙也被废弃了。能够保存下来的孔庙，仅仅是少数幸运者。学校教育的内容是现代的，读经一科也被废除了。中国人民找到的新出路，先是三民主义，后是共产主义。

如果把儒学比作孔家店的话，那么，废除科举是抛弃孔家店的第一步；废除祭孔、废除读经，则是废弃孔家店的第二步。到五四时期，孔家店就只是个残余。当时所谓“打倒孔家店”，假如真的有人提出了这个口号，也只是对孔家店的残余作战。也就是说，孔家店是被它的掌门人关闭的，不是被打倒的。而关闭的原因，也是因为这个店无法再继续开下去了。要挽救中华民族于危亡，儒者们必须另寻出路。

这新的出路，在当时的人们看来，可以说有许多条。其中包括无政府主义，包括三民主义。最后，则是马克思主义。从千百次血与火的考验和教训中，中国人民得出了一条结论，那就是：只有社会主义能够救中国。而今天，在中国共产党领导下的新中国，其成就如何？有目共睹。

当初在寻求救国之路时，张之洞曾经担心，假如大清国不存，则儒者之学也难保存。儒者们将会像印度婆罗门一样，窜伏深山，过着悲惨的生活。大清国不存在了，然而儒者们并没有像婆罗门那样窜伏深山，至少是大多数儒者没有窜伏深山，而是学习了新的知识和新的思想，成为新一代学者或思想家。儒经和圣贤们那些过时的教条被他们抛弃了，但儒学“日新、日日新”的精神，那与时俱进的精神，则成为他们不断进取的思想动力。

三、儒学的今天与民族精神

在儒学仍然居于独尊地位的明清之际，西方世界已经取得了许多新的文化成就。依靠着这些成就，使西方世界在近几个世纪里，成为文化先进的民族。到清朝末年，中国抛弃科举制度以后，中华民族也取得了一系列新的文化成就，改变了受人欺凌、被人奴役的命运。然而当今的世界，也面临着一系列新的问题。霸权主义仍然在以大欺小、恃强凌弱，不断拉大的贫富差距使一部分社会成员仍然在受着贫困和愚昧的折磨；对物质私利的过分追求不断挑战高尚的道德，造成了环境的污染，侵蚀着人类远大的抱负和理想。面对新的世界，新的问题，儒学虽然已经不能再继续担当起指导中华民族现实政治和整个社会生活的责任，但儒学也绝不仅仅是博物馆里的文化。面对全球一体化的形势，儒学只是诸多文化传统中的一种，但儒学的许多原则，仍然可以为解决今天整个人类面临的问题作出自己应有的贡献。比如：

——儒学反对以大欺小、恃强凌弱，主张“己所不欲，勿施于人”的原则，仍然应该作为解决当前国际争端和人际争端的作出应有的贡献；

——儒学要求官吏清正廉洁、作道德榜样的原则，仍然可以为今天的反腐倡廉作出新的贡献；

——儒学要求合理分配社会财富的原则，仍然可以为消除贫富差距尽自己的责任；

——儒学关于孝敬父母、尊重师长、忠诚守信的原则，仍然是今天社会所迫切需要的原则；

——儒学的正心诚意、仁心仁爱原则，仍然可以作为内心修养的前提；

——儒学中实事求是、与时俱进的原则，仍然是解决各种社会问题的指导思想；

——儒学主张为国家为民族立身行道、勇于担当，公而忘私、淡泊名利，杀身成仁、舍生取义，仍然可以激励人们无私奉献、见义勇为，去追求高尚道德和高尚人格；

——儒学中主张和谐、主张忠恕的原则，仍然可以为建设和谐社会、和谐世界，发挥应有的作用。

我们不可能开列出儒学所有那些仍然能为今天的道德建设发挥作用的原则，但我们确信，以儒学为代表的中国传统文化，仍然能为今天的人类文明贡献自己独特的智慧，为塑造民族精神作出自己的贡献。

儒学把世界“大同”作为自己的最高理想，向往着那“大道”畅通的时代：“天下为公”，“货恶其弃于地也，不必藏于己；力恶其不出于身也，不必为己。”“人不独亲其亲，不独子其子”，“老吾老以及人之老，幼吾幼以及人之幼”。这样的时代，仍然是今天的人类所应该追求的理想。有志于人类前途和命运的人们，为实现这样的理想，应该不倦努力。

弘扬儒学核心价值，培育民族精神

钱　逊

一、从历史看民族精神

民族精神不只是抽象的，只存在于文献中的，而是贯穿于我们民族整个历史发展过程之中，渗透到我们社会生活的一切方面；它是支持我们民族克服无数艰难险阻，屹立于世界民族之林的精神力量，是世代中国人安身立命的精神支柱。历史既是民族精神的载体，也是民族精神的演绎、发展。所以要了解民族精神，不能局限于哲学和文献，而要从历史中来了解。

> 一部四千年中国史，正是一部浩气长存，正气磅礴的中国史，不断有正气人物、正气故事。故使中国屡仆屡起，屹然常在。①

---

① 《双溪独语·篇五》，《钱宾四先生全集》第47卷第102页，台湾联经出版事业公司，1998年。

这种浩然正气，就是我们民族精神的集中体现。其中，文天祥是一个典型代表。文天祥是宋末名臣，抗元失败被俘，坚拒元人诱降，被囚于土牢。在土牢中作《正气歌》以明心迹。它描述土牢的恶劣环境，有水气、土气、日气、火气、米气、人气、秽气“诸气萃然”。而他以浩然之气应之。“彼气有七，吾气有一，以一敌七，吾何患焉!”

他写天地正气：

天地有正气，杂然赋流形。下则为河岳，上则为日星；于人曰浩然，沛乎塞苍冥。皇路当清夷，含和吐明庭；时穷节乃见，一一垂丹青。

在危难关头，浩然正气表现为不可夺志的气节，贯穿历史，载于史册。他列举古代志士仁人 12 人的正气事迹：

在齐太史简，在晋董狐笔，在秦张良椎，在汉苏武节；为严将军头，为嵇侍中血，为张睢阳齿，为颜常山舌；或为辽东帽，清操厉冰雪；或为《出师表》，鬼神泣壮烈；或为渡江楫，慷慨吞胡羯；或为击贼笏，逆竖头破裂。

所有这些，贯穿着同一种精神。追求高远的理想信念，仁以为己任，重气节，为道义、为民族、为国家不惜牺牲生命。这种精神代代相传，形成历史的传统，体现了民族精神。

这种精神也表现于历代名言。如“先天下之忧而忧，后天下之乐而乐”，“天下兴亡，匹夫有责”，“人生自古谁无死，留取丹心照汗青”，“苟利国家生死以，岂因祸福避趋之?”“精忠报国”等。

二、儒学核心价值是民族精神的思想基础

这种精神从何而来？就在中华文化。它就源于中华文化所追求的核心价值。

孔子说：“志于道”，“朝闻道，夕死可矣”。把对道的追求放在第一位，看作人生的最高目标。《论语》：

> 士不可以不弘毅，任重而道远。仁以为己任，不亦重乎？死而后已，不亦远乎？
>
> （《论语·泰伯》）

> 子路问君子。子曰：“修己以敬。”曰：“如斯而已乎?”曰：“修己以安人。”曰：“如斯而已乎?”曰：“修己以安百姓。修己以安百姓，尧舜其犹病诸。”
>
> （《论语·宪问》）

志于道就是要仁以为己任，修己以安百姓，死而后已，为建立理想社会而努力奋斗。

志于道的最高要求，是杀身成仁，舍生取义。

> 子曰：“志士仁人，无求生以害仁，有杀身以成仁。”
>
> （《论语·卫灵公》）

> 鱼，我所欲也，熊掌亦我所欲也；二者不可得兼，舍鱼而取熊掌者也。生亦我所欲也，义亦我所欲也；二者不

可得兼，舍身而取义者也。生亦我所欲，所欲有甚于生者，故不为苟得也；死亦我所恶，所恶有甚于死者，故患有所不辟也。

（《孟子》）

孟子又把这种精神概括为浩然之气。

我善养吾浩然之气。

富贵不能淫，贫贱不能移，威武不能屈，此之谓大丈夫。

成仁、取义，养浩然之气，做大丈夫，成为历代志士仁人的追求，也成为民族精神的文化和思想基础。文天祥英勇就义，人们发现在他腰带上写着：

孔曰成仁，孟曰取义，惟其义尽，所以仁至。读圣贤书，所学何事？而今而后，庶几无愧。

儒学与民族精神的关系，在这里得到了最清楚、生动的表现。

二、儒学核心价值的现代意义

民族精神随是发展的，随时代前进而不断取得新的时代内容。近代以来，民族精神不断发展，表现为革命战争年代的长征精神、延安精神，建国以后的“两弹一星”精神、焦裕禄精神、雷锋精神、抗洪精神、航天精神……成为支持、激励中国人前仆后继，为民族独立，为人民解放，为建设独立、民主、富强的新中国而奋斗的精神支柱。所有这些，他们有着鲜明的时代特点，有着与古代截然不同的时代内容；但他们的思想基础又是一贯的，都离不开中国传统文化的核心价值。如果离开传统的核心价值，就不会有这一切。每一个时代人们为之而奋斗的具体使命都是不同的，都有鲜明的时代性；但传统文化的核心价值则是始终一贯地贯穿于从古到今的各个时代，是民族精神的核心内容和灵魂。因此，今天要建立社会主义的核心价值体系，要弘扬民族精神，根本的一点就是弘扬传统的核心价值。社会主义理想信念，是仁以为己任的理想追求在新时期的具体要求和表现。没有仁以为己任的胸怀，只求个人发展，只求个人物质利益的改善提高，没有理想信念，谈不上社会主义理想信念。

四、在日常生活中培育民族精神

有人批评，儒家以天下为己任；修己以安百姓；先天下之忧而忧，后天下之乐而乐；成仁、取义，这样的要求太高，为一般人所难以达到，反倒导致虚伪。说儒家理想人格很高，是对的。儒家是主张志存高远。但说导致虚伪则不对。儒家思想的重要特点之一，就是“极高明而道中庸”，它的思想要求来自生活，不离人伦日用，匹夫匹妇日用而不知。高远的志向要通过日常的修养来建立和实现，至大至刚的浩然之气只有在“集义”的基础上才能养成。儒家高悬理想人格，同时要求人们从日常生活每一件小事做起，“非礼勿视，非礼勿听，非礼勿言，非礼勿动”，持之以恒，点滴积累。“修己以安百姓”不是一蹴而就，而是要从“修己以敬”做起。

儒家关于做人的核心价值，在日常生活中表现于对物质生活与精神生活的关系、个体与群体的关系这两个问题的认识和处理上。

在前一个问题上，儒家的原则是“义以为上”，把道义、理想、精神生活放在物质生活追求之上；在后一个问题上，儒家的原则是群己统一，把个人放在群体之中，当作群体的一分子，在群体的发展中求个人的发展和实现个人的价值。

义以为上，在日常生活中的要求就是“见义勇为”。

见义勇为源于《论语》：

子曰：“见义不为，无勇也。”（《论语·为政》）

在实际生活中遇到合于道义，应该做的事，就都要勇于去做。现实生活中我们可以看到，一事当前，人们会有两种考虑：应该不应该？有利还是无利？以前者决定取舍是把精神生活的要求放在第一位，以后者决定取舍是把物质生活的要求放在第一位。见义勇为，就是凡事都要以“应该不应该”作为指导自己行动的原则；应该做的就做，不该做的就不做。这也就是把志于道，把精神生活放在第一位的原则落实到日常生活的每一件事上去。如果把这个原则贯彻到底，最高的境界和要求就是舍己救人，成仁取义。

现在一般人理解，见义勇为就是不怕牺牲，舍己救人，或与歹徒搏斗的英雄行为。这是把见义勇为提得过高了，事实上多数人做不到。这样的结果，见义勇为反而会被许多人认为与自己无关，因而不能为多数人接受。而如果不能在日常的每一件小事上坚持见义勇为，以应该不应该为行为准则，那么也就不可能希望他在紧急关头见义勇为，舍己救人。

群己统一，仁以为己任，在日常生活中的要求就是推己及人，行忠恕之道。

忠恕之道见于《论语》：

曾子曰："夫子之道，忠恕而已矣。"

（《论语·里仁》）

忠恕之道的内容：

子贡问曰："有一言而可以终身行之者乎？"子曰："其恕乎！己所不欲，勿施于人。"

（《论语·卫灵公》）

子贡曰："如有博施于民而能济众，何如？可谓仁乎？"子曰："何事于仁？必也圣乎！尧舜其犹病诸。夫仁者，己欲立而立人，己欲达而达人。能近取譬，可谓仁之方也已。"

（《论语·雍也》）

恕，己所不欲，勿施于人，是对个人行为的自我约束；己欲立而立人，己欲达而达人，尽心尽力帮助别人，这是忠。概括起来讲是推己及人，将心比心，把别人看作和自己一样的人。为人处世心里不只想着自己，也想到别人。一言一行都想到对周围的人会有什么影响，别人会有什么感受；时时刻刻想到别人的困难和需要，主动帮助人家。这就是是中国传统文化提倡的忠恕之道。

忠恕之道用于日常生活，简单易行，人人能做。而这个原则达于极致，也就是以天下为己任，先天下之忧而忧，后天下之乐而乐。

所以，高远的目标不离人伦日用，正是在日常生活中修养自己，由努力践行"见义勇为"和"己所不欲，勿施于人"，"己欲立而立人，己欲达而达人"出发，才可以逐渐培育浩然之气，大丈夫精神。培育民族精神要从这里做起。

论儒学关于中华民族精神的培育理念

中国人民大学 宋志明

摘要：儒家倡导的第一个重要的价值理念是“以人为本”。简言之，就是一个“仁”字。这种理念在中华民族的历史发展中，发挥着激励民族群体的功能，使中华民族成为一个充满活力的民族。儒家倡导的第二个重要的价值理念是“以和为贵”。简言之，就是一个“和”字。这种理念在我国历史上影响深远，对于形成和发展中华民族的宽厚包容、团结统一、独立自主的民族品格具有重要意义。儒家倡导的第三个重要的价值理念是“以礼为序”。简言之，就是一个“礼”字。这种理念维护正常的社会秩序，维护族群的和谐、团结、统一，规范人们的行为，指导人们的生活实践。儒家倡导的第四个价值理念是“经世致用”。简言之，就是一个“用”字。这种理念为中华民族的生存与发展提供了强大的精神动力。

关键词：仁　和　礼　用

现代新儒学思潮的发展走向，除了现代性向度、全球化向度、本体论向度、价值论向度之外，还应有中华民族精神的向度。在这一向度上，现代新儒家虽然也有所涉及，但没有进行充分的、深入的研究。在他们关于儒学现代转化的哲学思考中，所关注的重点往往是个体意义上的人，并非是中华民族群体。最早从民族精神的向度上思考儒学现代转化问题的思想家，当属著名国学大师张岱年。他认为儒学“生生不息”和“刚健有为”的观念构成中华民族精神的核心。他指出，儒学主张变革，反对墨守成规。儒家“天行健，君子以自强不息”、“不知老之将至”、“知其不可而为之”、“士不可以不弘毅”等说法，蕴含着刚健自强、积极进取的精神，为中华民族的生存和发展提供了强大的精神动力。目前从民族精神的向度研究儒学的现代转化，尚处于起步阶段，还有待于加强。对于这一重要问题，笔者下面提出一些粗浅的看法。

一、以人为本

儒家倡导的第一个重要的价值理念是“以人为本”。简言之，就是一个“仁”字。《中庸》写道：“仁者，人也。”按照儒家的看法，人的本质就是“仁”。与西方中世纪的宗教文化相比，中国古代文化具有明显的人文色彩。儒家充分肯定人的价值，强调“人最为天下贵”，历来重视人的作用，主张尊重他人。儒家认为，人禀天地之精气而生，人有生命、知识、智慧、道义，优于万物，是宇宙万物中最高贵者。在“天、地、人”三才中，人处于最重要的位置。历代儒家都关注人的问题，他们不仅从学术思想上给以论证，而且在社会生活实践中身体力行。

儒家一向把人道作为理论研究的中心，不太关心宗教神学问题。学生子路向孔子请教鬼神问题，孔子回答说：“未能事人，焉能事鬼?”子路又向孔子请教关于死的问题，孔子的答复是；“未知生，焉知死?”（《论语·先进》）对于鬼神以及死后的情形，孔子讳莫如深，“敬鬼神而远之”，不愿意谈论怪、力、乱、神之类的事情。他关心的是此岸，而不是彼岸，即应当怎样做人的问题。孔子“以人为本”的理念集中体现在他对“仁”的诠释观念中。在一部篇幅不长《论语》中，论及“仁”的地方就有一百多处。在孔子关于仁的多种解说中，核心的一条当属仁者爱人。“樊迟问仁，子曰：‘爱人。’”（《论语·颜渊》）具体地说，爱人就是博施、济众。“子贡曰：‘如有博施于民，而能济众，何如？可谓仁乎？’子曰：‘何事于仁，必也圣乎！尧舜其尤病诸！’”（《论语·雍也》）孔子主张关心人、尊重人、帮助人、爱护人，有一次他家的马厩失火，孔子回家后首先问的是伤着人没有，并不过问马匹的损失情况。孔子把仁视为做人的根本，甚至把仁看得比生命还重要。他说：“志士仁人，无求生以害仁；有杀生以成仁 。”（《论语·卫灵公》）生命诚然可贵，然而做人的道义比生命更为可贵。在需要为道义献出生命的时候，不敢挺身而出、贪生怕死的懦夫是可耻的，而那些杀身成仁、舍生取义的志士才是令人敬佩的。孔子的这种人生价值观包含着利他主义和自我牺牲的精神，倡导崇高的节操，对于中国人培养正义感曾发挥积极的作用。中国历史上的民族英雄、伟人壮士都曾从孔子的人道至上的价值理念中受到启发和熏陶。在孔子以后，孟子提出“民为贵，社稷次之，君为轻”（《孟子·尽心下》）的民本思想；荀子将君和民的关系比作舟和水的关系，劝告统治者要平正爱民、隆礼敬士、尚贤使能；《大学》围绕着治国以民为本，以修身为本的原则而提出“三纲领、八条目”。这些都是对“以人为本”理念的论述与展开。

在出于“以人为本”的理念，儒家相信人性是善的，认为在人性中就存在着自我完善的内在根据，因而不必寄希望于外力的救赎。人经过不断的修身努力，在此岸世界就可以成就圣人人格，不必仰慕虚幻的彼岸世界。儒家所说的人性善，其实是说人性可以善，即人经过努力可以实现自我完善，只是为自我完善预设的前提而已，并不认为人在事实上已经达到完善的程度。从现实的人到完善的人，是一个需要不断努力的过程；能否到达目的，取决于每个人的道德自觉性和主体的能动性。每个人的主体性主要体现在道德的自我完善方面。孔子相信“为仁由己”，天下众生，无论是士人君子，还是布衣百姓，作为主体的人，都具有内在的价值及对这种价值的自觉性，都蕴含着自我完善和发展的潜能。人在实行“仁”道时，自我处于主宰的地位，他是否遵循伦理规范，是否按“仁道”来塑造自己，取决于自我的选择和努力。“为仁由己”的深层含义就是指人应当树立德性修养的自觉性。儒家排除神的主宰，主张通过自己的主观努力来实现人的道德本性。具体地说，人的道德完善的途径是向内用功，故而在方法上讲求“自治”、“慎独”，向内心深处发掘，认真反省自己，检查自己的过失，调整自己的偏向，从而使自己的行为自觉地合乎道德伦理规范，成就一个有道德的、真正的人。

人的主体能动性不仅仅体现在道德实践层面上，也反映在人与自然的关系中。天人关系问题是中国古代哲学的基本问题。儒家在解答这一问题时，突出了人事的重要作用，旗帜鲜明地提出了“制天命而用之”的口号，突显了人对于自然界的能动性，强调人与自然鼎足而立，人可利用自然，掌握规律，运用规律，达到改造自然的目的。可以看出，人在自然界中的突出地位和主体作用作为一条主线始终贯穿在儒家思想中，并被儒家学者一步步深化，一步步凸现。儒家把人看作是“赞天地之化育”、“可以与天地参”的主体，高扬人的道德价值，肯定人的主体意识和社会功能。值得指出的是，儒家不只是停留在理论上的阐释与论证，还以一种积极入世的态度，躬行实践，主张在实际生活中实现人的价值。

与宗教的出世主义不同，儒家历来主张积极入世，有着深沉厚重的现世情怀。在儒家看来，仁德应当通过自身的努力而得以体现，进而由己而及人、及国家。他们把自己的思想理论同社会实践相联系，同国家政治相结合，并以此作为基本的人生态度和价值取向。在具体实践中，儒家强调“泛爱众而亲仁”、“博施于民而能济众”，要求做人有高度的社会责任感和历史使命感，以积极的生活态度对待现实世界，在有生之年实现自我价值，坚决反对消极遁隐、悲观厌世、逃避现实。儒家提出以人为中心的理念，用来反驳以鬼神为中心的虚妄观念，主张以投身现实的积极态度，来抗衡宗教出世主义的消极态度。

我们从儒家“以人为本”的理念中可以看出，儒家崇奉人的尊贵地位，弘扬人的主体价值，重视人的社会作用，鼓励人的入世态度和参与意识。这是一种鲜明的人文精神。儒家“以人为本”的理念在中华民族的历史发展中，发挥着激励民族群体的功能，使中华民族成为一个充满活力的民族。一个民族是否具有积极向上的活力，取决于组成该民族的成员。只有设法提升每个人的生命力和创造力，提升每个人的道德素质和能力素质，这个民族才会保持旺盛的活力。儒家出于“以人为本”的理念，把重人思想与奋斗精神、经世态度紧密结合在一起，提倡自强不息、开拓进取的精神。千百年来这种理念培育了中华民族积极进取、坚韧不屈的人格品质，激发了民族成员努力开拓、勇于创造的旺盛斗志。依靠这种民族精神的支撑，中华民族创造出灿烂的文明、优秀的文化，始终保持着强盛的生命力、创造力。“以人为本”的理念还具有凝聚民族群体的功能。儒家以文明程度作为评价人和人类社会的根本标准，以文化作为联络民族情感的纽带，作为民族融合的基础。在众多民族杂居的状况下，中华民族并不把血缘种族放在首位，而把“礼乐”作为区分文明和野蛮的标准，体现了人文化的价值取向。这种文化传统对中华民族内部各民族间的融合起到了重要作用。儒家文化没有宗教文化通常有的封闭性、虚幻性和排他性，以一种注重现实的人文精神处理民族关系，讲究“天下一家”，避免因宗教信仰不同而产生互相敌视、互相攻讦的现象，消解了各兄弟民族之间的对立和排斥，在客观上加快了文化认同和民族融合的历史进程。

二、以和为贵

儒家倡导的第二个重要的价值理念是“以和为贵”。简言之，就是一个“和”字。先秦儒家所讲的“和”，有包容、和谐、适中、恰到好处等意思，讲究的是“和而不同”、“和而不流”。先秦儒者有论述了许多关于“和”的论述，如：孔子弟子有子称：“礼之用，和为贵，先王之道，斯为美。”（《论语·学而》）；孟子讲：“天时不如地利，地利不如人和。”（《孟子·公孙丑下》）；荀子讲：“和则一，一则多力，多力则强，强则胜物。”（《荀子·王制》）；《中庸》说：“喜怒哀乐之未发谓之中，发而皆中节谓之和。中也者，天下之大本也。和也者，天下之达道也。致中和，天地位焉，万物育焉”。“以和为贵”是“以人为本”的引申与展开。“以人为本”是对作为民族成员的个体说的，是安顿个体价值的理念；“以和为贵”是就民族群体内人与人的关系说的，是安顿群体价值的理念。

“以和为贵”理念的内涵，可以简单地概括为：普遍和谐的意识，注重整体的观念，群体至上的追求和中庸之道的方法。它们在长期的历史发展中，造就了中国人顾全大局、讲求团结、舍己为人、以国为重的精神品格，对中华民族的统一大业起到了积极的促进作用。

儒家所讲的和谐涵盖面很广，汤一介先生称之为“普遍和谐”，主要包括四个层次：自然的和谐，人与自然的和谐，人与人的和谐，人自我身心内外的和谐。我们认为这种说法是比较全面的。不过应当注意到，从儒家学术思想的价值关怀和积极入世的人生态度来看，讲和谐的最终目标还是要落实在社会政治层面上。自然是一个和谐的整体，张载在《正蒙·太和》中提出“太和之谓道”，认为天地万物的通理是太和。王夫之认为，宇宙本来就是“合同而不相悖，混沌无间”的。和谐之自然永不停息地处在变化过程之中，作为主体的人积极有为，促成这种变化的顺利展开。这就是儒家常说的“天人合一”。由追求人与自然的和谐，引申出人与人的和谐。人际关系和谐的关键在于个人德性的修养与完善。当人的修养进入了“贵和”的道德境界，在现实生活中就会看淡生死富贵、官场名利，就会保持自我身心内外的和谐。儒家“普遍和谐”的最高层次是政治上的和谐，即注重个人、家庭、国家一体观念。孔子说：“有国有家者，不患寡而患不均，不患贫而患不安，盖均无贫，和无寡，安无倾。”（《论语·季氏》）他描绘出一幅提倡均平、追求安宁的社会生活画面。孟子认为“天时”、“地利”都不如“人和”重要，表达了希冀国家社会统一的愿望。儒家强调“政治和谐”，具体体现在注重整体的思想观念与追求一统的社会理想上。

在一定意义上讲，儒家的整体观念是和谐思想的具体形式。以这种观念为基础，儒家确立了大一统的现实追求，而大同理想即实现“天下一家”、“天下为公”的世界，乃是这种追求的价值指归。儒家开山孔子称赞管仲辅助齐桓公“一匡天下”，可谓开了一统思想之先河。荀子讲“文王载百里地，而天下一”，把天下为一视为明君盛世的基本标志。董仲舒则进一步把“大一统”扩展为“万物一统”，万物归于一统，才是真正的统一。这种讲法虽有泛化的倾向，但倡导统一天下的意象却是显而易见的。儒家的“一统”思想、“大同”追求作为其社会政治目标，并不是空中楼阁，它不仅有坚实的思想基础，而且与群体至上的价值观密切相关。

儒家提出“物以类聚，人以群分”的观念，认为人类的存在方式有别于其他事物，强调合群体性是人类社会的基本特征。荀子指出，“合群”是人类胜过万物的根本原因：“力不若牛，走不若马，而牛马为用，何也？曰：人能群，彼不能群也。”（《荀子·王制》）清末的严复介绍西方进化论时，在其著作《天演论·制私》中写道：“能群者存，不群者灭，善群者存，不善群者灭，不能爱则不能群，不能群则不能胜物，不胜物则养不定。”这段精辟的论述充分说明了“合群”对人类进化的重要作用。足见“群”作为人类社会的重要特征，不仅是胜物的基础，而且是社会发展的前提，是民族生存与进步的力量源泉。儒家倡导群体至上原则，注重和谐，追求一统，紧紧抓住了人类社会的基本特性，符合人类社会发展的基本规律。

在儒家学说中，通向和谐目标的途径便是“中庸之道”。孔子说：“中庸之谓德也，其至矣乎，民鲜久矣！”（《论语·雍也》）宋儒程颐解释为：“不偏之谓中，不易之谓庸。中者，天下之正道，庸者，天下之定理。”朱熹的解释更是简洁：“中者，不偏不倚，无过不及之名。庸，平常也。”冯友兰先生则用“极高明而道中庸”一句话概括了“中庸”之道的实质。由此可见，“中庸”之道是儒家人生哲学中的核心理论，“不偏不倚”、“以和为贵”正是“中庸”之道的“极高明”处。“中庸”之道并非不讲原则地一味作老好人，而是

"极高明"的处世哲学，是营造和谐的人际关系，创造和谐的人文环境，避免和克服片面性与极端性的基本原则。而由"仁"引申出"忠恕之道"，则是儒家提倡的做人基本原则，"己所不欲，勿施于人"（《论语·颜渊》）成为儒家提倡的道德规范的底线。"中庸之道"是孔子根据自己丰富的学识和实践经验，形成的认识事物本质及其发展趋向的方法。它的核心是"执其两端而用中"，主张做人办事，应无过无不及，只有适中才是最好的，处理矛盾和冲突，要适度，要有分寸感，引导事物向最好的方向发展。"中"是因条件而变的，关键是做到"时而中"。由此可以看出，中庸之道的本质就是在平衡中应对常变。儒家认为，中庸之道作为"天下之达道"，既是天地之道，也是为人之道，是最高的道德准则。中庸作为最高的道德准则，既是道德实践的境界，又是理性的态度。"中庸"作为一种方法，不是"以同求和"，压制他人，强求一致，而是讲究"和而不同"，求大同，存小异，使人人各得其所。

儒家的"以和为贵"的理念，不仅有利于形成良好的社会环境，使每个民族群体中的成员自觉地加强道德修养，保持与外部世界的和谐统一，而且影响着每个成员在实际生活中的行为方式，使人们认识到在维系社会群体和谐中自己应承担的责任与义务，因而能做到各司其职，各负其责，形成一种亲和力，从而提升全民族的综合实力。在"以和为贵"理念的指导下下，中华民族内部各民族一般都主张以和平方式解决民族之间的矛盾或争端，而不主张诉诸武力对抗。在保持人际关系、社会关系、民族关系的稳定方面，儒家的和谐思想发挥了积极的作用，促进了中华民族的融合，增强了中华民族民族的凝聚力。经过历史的不断选择和重塑，"以和为贵"的理念为中华民族广大成员普遍接受，逐渐形成了稳定的精神观念，对民族的团结、民心的凝聚起了稳固与促进作用。“以和为贵”的理念在我国历史上影响深远，对于形成和发展中华民族的宽厚包容、团结统一、独立自主的民族品格具有重要意义。

基于“以和为贵”的理念，儒家主张用中庸之道来处理人际关系，主张人与人和睦相处，互谅互让，为达到“中和”状态找到了现实途径，使“中”在维系整个社会的安定和谐中处于核心位置，起到融众人为一体的作用，引导全民族的成员协调一致，同舟共济，共致中和。儒家主张用中庸之道来处理各个国家和民族之间的关系，希望造就协和万邦，万国咸宁的国际环境，培育了爱好和平的民族精神。中华民族爱好和平的精神赢得了全世界人民的尊重，被赞誉为“骄傲到不肯打仗的民族”。“以和为贵”的理念也有助于培育人们的爱国主义情怀，激发每个民族成员“以天下为重”的社会责任感和历史使命感，激励志士仁人在民族兴亡之际，不惜牺牲个人利益乃至于自己的生命，为捍卫民族尊严和国家独立而勇敢斗争。由“以和为贵”的理念衍生出的群体至上的观念，直接铸就了团队精神，强调群体利益高于一切，个体服从集体，集体服从国家，要求每个民族成员忠诚地维护民族的整体利益，为国家事业的发展奉献出自己的全部力量。中华民族之所以在历经种种历史变迁后仍保持统一，保持民族的独特风格和顽强的生命力，正是儒家的群体至上观念在人们的心灵深处扎下了根，形成了全民族共同的心理认知，从而产生了强大的民族凝聚力的缘故。

三、以礼为序

儒家倡导的第三个重要的价值理念是“以礼为序”。简言之，就是一个“礼”字。司马谈在《论六家之要指》中，把“礼”学看成是儒家最主要的特色，他说："夫列君臣父子之礼，序夫妇长幼之别，虽百家弗能易也。"（《史记·太史公自序》）儒家关于"礼"的论述很多。孔子说："人而不仁，如礼何?"（《论语·八佾》）有子说："礼之用，和为贵。先王之道，斯为美。小大有之，有所不行，知和而和，不以礼节之，亦不可行也。"（《论语·学而》）。荀子说："礼者，贵贱有等，长幼有差，贫富轻重皆有称也。"（《荀子·富国》）"礼者，法之大分也，类之纲纪也。"（《荀子·劝学》）从这些论述中可以看出，"仁"、"和"、"礼"三者是相互联系着的。"仁"的实现离不开"礼"的规范，从这个意义上说，"克己复礼为仁"；维系"和"的局面离不开"礼"的调控，从这个意义上说，"礼之用，和为贵"。"仁"是儒家设想的应然的人格状态，"和"是儒家设想的应然的社会状态，二者的实现都必须以"礼"为手段。倘如没有"礼"，"仁"与"和"都将成为空谈。

礼对于社会而言代表着一种秩序，而对于个人来说，礼又是一种行为规范。孔子对此有充分认识。他认为，一个人要成为完美的人，一个不可缺少的条件就是"文以之礼乐"（《论语·宪问》），即用礼乐进行教育和熏陶。倘若没有礼乐，人肯定就会行为粗野鄙陋，只是一个举止不当的野蛮人。因此，孔子大力提倡学礼，强调"不学礼，无以立"（《论语·季氏》），并要求人们言行举止合乎礼，应当做到"非礼勿视，非礼勿听，非礼勿言，非礼勿动"。"为国以礼"是儒家治国平天下的基本主张，因此历代儒家知识分子对于"礼治"都给予了足够的重视。孔子就已经看到了"礼"在体现等级差别和道德情感中的作用，孟子则从人性善出发，强调"辞让之心，礼之端也"（《孟子·公孙丑上》），强调"礼义由贤者出"（《孟子·梁惠王·下》），主张按照道德规范来培育"辞让之心"这个"善"的根芽。荀子从后天发展的角度提出“人性恶”的命题，观点同孟子正相反对；但他同样重视礼的作用，强调“礼者，人道之极也”。（《荀子·礼论》）他认为讲究礼义乃是道德活动的主要标志，“故学至乎礼而止矣，夫是之谓道德之极。”（《荀子·劝学》）历来的儒家大师都主张，一个贤明统治者应当学会以“礼”治国，即把一切社会行为的法则、规范、仪式贯彻到社会生活的方方面面。他们认为，社会上的每一个人，都应该了解礼义，遵从礼义规范，不仅要以“礼”治国，而且要依“礼”做人。

“仁”与“和”，比较抽象，可以作新的解释，实行现代转化比较容易；“礼”则是具体的制度设计，不可能不受到历史条件的限制，实行现代转化比较困难。近年来，在关于儒家思想的研究中，对“仁”与“和”表示同情的理解的人比较多，而对“礼”表示同情的理解的人比较少。还有相当一些人，仍然未能摆脱“左”的思想的阴影，把“礼”看成“吃人的封建礼教”，主张予以彻底的否定。笔者认为这种情况应当扭转。儒家所说的“礼”，作为具体的制度设计，是在古代社会条件下形成的，当然不可能不受到等级制度和君主制度的影响，但不能把儒家看成等级制度和君主制度的设计者。等级制度和君主制度是农耕时代历史的产物，同儒家并无必然的联系。在农耕时代，其他国家和民族没有儒家存在，照样实行等级制度和君主制度。因此，要儒家为等级制度和君主制度负责是不公道的、不符合历史事实的。

应当承认，在儒家的礼学中的确有维系等级制度和君主制度的因素（如三纲），但这并不是礼学的全部。礼学还有另一个方面，那就是站在民族群体的立场上维护正常的社会秩序，维护族群的和谐、团结、统一，规范人们的行为，指导人们的生活实践。礼学中的这些内容具有普适性，是同中华民族的生存和发展联系在一起的，是可以实行现代转化的。这方面的内容主要体现在以下德目中。

（一）五常

孔子提出儒家总体性的德目“仁”。“仁”的含义很广，囊括了忠、恕、孝、悌、爱、直、智、勇、义、温、良、恭、俭、让、宽、信、敏、惠等诸多具体的德目。孟子把儒家的德目概括为“四端”，即仁、义、礼、智。董仲舒在此基础上又加上了“信”，合称“五常”。五常的提法为后世儒家普遍接受，朱熹称其“放之四海而皆准，并行万世而不悖”。在五常中，仁是指人树立应当向善的道德信念，对人提出总的要求；义是指人应当选择正确的人生道路，要有正义感，养成儒者风度；礼是指人应当恪守礼仪规则，规范自己的视、听、言、动等一切行为；智是指人应当有明辨是非的能力，高扬道德理性；信是指人与人之间应当相互信任，以诚信友爱相待。五常的哲学基础是人性向善。儒家始终强调，人人都有向善的道德意识，道德是人的内在本性。孔子把“仁”作为人之根本，认为“仁”本乎人的内心，个体的本心自觉是道德发展的基础，并把不同的价值取向作为人之本性能否实现的标准。孟子沿着孔子的思想，提出了性善说，认为道德观念全发自人性之善端，伦理规范皆源于人心之要求，而不是把外在的社会规范贯彻到人性当中，这样就为人的道德本性提供了先天的、内在于人心的基础。此后的儒家继承发展了这一思想。宋儒认为，人在气质禀赋上有一定差别，但道德修养程度完全取决于人自身。他们将人的道德本原和获取的动力置放在人自身之中，突出人的特质在于道德意识和道德觉醒。儒家所说的五常，既内在于人的本性，也有外在的指向，涵括家庭、社会、国家各个层面。五常从个人品行讲起，最后讲到整个民族群体的团结友爱、和谐统一。五常贯彻了个体与群体相统一的原则，构成了完整的伦理规范体系。五常有很强的凝聚力，为中华民族广大成员所认同，成为人们的行为规范，影响久远，对于中华民族的形成和发展具有重要意义。

儒家十分讲究伦常关系。“伦”的意思是辈分或类别，“常”的意思是经久不衰、普遍适用。在家庭和社会关系中，每个人依据辈分、年龄、身份的不同，而处在特定的位置，承担某种角色，这就是人伦。儒家概括出五项最主要的人伦：君臣、父子、夫妇、兄弟、朋友，强调这五伦“无所逃于天地之间”，乃是天下古今所共同遵循的“达道”。一个人在社会中，不是君，就是臣；不是父，就是子；不是夫，就是妻；不是兄，就是弟，总而言之，都是充当一定社会角色的人。因此，儒家要求人人都要担负自己的责任和义务，在家庭中，做到“父子有亲”，“夫妇有别”，“兄友弟恭”，实行孝道；在社会上，要忠君爱国，遵守礼法，奉行忠道。这样一来，就在全社会形成了一种尊卑有序、亲疏有别、爱有等差的社会秩序和精神传统。这种社会规范和精神追求不断内化为社会成员的基本人格，为“理想人格”的追求和实现提供了广泛的社会基础。

（二）忠孝

关于“孝”和“忠”，孔子和孟子都谈到过，可是成为很有影响力的德目，却是《孝经》问世以后。《孝经》把忠、孝两个德目突出出来，甚至把“孝”提到大经大法的高度。《孝经》写道：“夫孝，天之经也，地之义也，民之行也。”儒家认为，一个人履行孝道是天经地义的事情，是做人最起码的准则。从这个意义上说，百行孝为先。“孝”主要适用于家族成员的范围，“忠”适用于整个民族群体的范围。儒家把人与人的关系归纳为五种类型，即君臣、父子、夫妻、兄弟、朋友，称之为“五伦”。“孝”首先对家庭中的不同成员以及提出了不同要求，即父慈、子孝、兄友、弟恭、夫义、妇柔，要求每个成员都从家庭整体利益出发，维护好上下左右关系，在家庭内部保持和谐融洽的气氛。儒家进一步把“孝”从调节家庭内部关系的原则扩展为处理家族关系的原则，从“五伦”范畴推演出“六纪”范畴。“六纪”是指诸父、兄弟、族人、诸舅、师长、朋友。“敬诸父兄，六纪道行，诸舅有义，族人有序，昆弟有亲，师长有尊，朋友有归。”（《白虎通义·三纲六纪》）在家族内部，各个成员按自己角色的不同，自觉地遵守相应的道德原则，履行基本的道德义务，以维持基本的社会关系，保障社会基础的稳固。

儒家再进一步“以孝移忠”，从“孝”引申出“忠”，构筑适用于整个民族群体的伦理规范体系，叫做“十义”。据《礼记·礼运》记载：“何谓人义？父慈、子孝、兄良、弟悌、夫义、妇听、长惠、幼顺、君仁、臣忠，十者谓之人义。”儒家认为，在家庭中孝父与在国家中忠君是一致的：“孝”是对一家之长尽道德义务；“忠”是对一国之君尽道德义务。基于这种看法，儒家主张求忠臣于孝子之门。当出现尽忠和尽孝发生冲突、忠孝不能两全的情况时，儒家把尽忠摆在第一位，主张为国家的利益牺牲家庭的利益。对于儒家的忠君观念，应当用历史主义的眼光看，不能用现在的观点苛责古人。在古代社会，君主就是国家和民族的代表者，忠君也就是忠于国家、忠于民族。因此在忠君观念中包含着爱国主义的内核，不能全盘否定。“天下无不是的君父”、“君叫臣死，臣不得不死；父叫子亡，子不得不亡”之类的愚忠愚孝的观念固然应当批判，但儒家要求每个人为国家、为民族奉献出自己的一切的观念，在今天依旧值得我们发扬光大。

为了把忠孝落到实处，儒家主张实行“仁民”政策，倡导“为国以礼”、“为政以德”的德治主义。“为国以礼”，就是按照“礼”所规定的等级制度来进行统治。“为政以德”，就是实行德治，用道德原则作为治国理政的指导方针。孔子认为，用道德去教化人民、治理国家，使老百姓有羞耻之心，行为自然端正，政务自然会搞好。孟子进而把“仁”与“不仁”作为判断国之治乱兴衰的根本标准，主张把人之善性扩充为善德，依据善德治理国家，实施仁政。儒家的治国理念是：惠及万民，利济众生，方为仁民；以德治民，以仁治国，方得民心；减轻刑罚，厚施于民，方使民富。从根本上说，儒学是一种社会政治哲学。历代儒者从来不把儒学仅仅当作一种只供谈论的学说，他们总是力图付诸实践，以之治国安邦。

在儒家伦理体系中，“忠德”与“恕道”密切相关，合称“忠恕之道”。孔子所倡导的“一以贯之”的忠恕之道，作为处理群己关系和人我关系的基本准则原则，实际上就是以心换心、推己及人、以诚相待。消极地说，就是“己所不欲，勿施于人”；积极地说，就是“己欲立而立人，己欲达而达人”。忠恕之道的推行，以个人的道德自觉作为保证，以个人忠信的品质作为基础。只有这样，才能得人，才能行遍天下，才能保持人际关系的和谐。儒家以“忠恕”为基点，以“家”为中心，由我及人，由家及国，视人若己，视祖国如家，强调己人一体，家国同构。《孝经》写道：“教以孝，所以敬天下之为人父者也；教以悌，所以敬天下之为人兄者也。”儒家把个体的道德自觉及对父母兄弟的感情，推广到他人、他家，推广到整个民族群体，主张“天下为一家，中国如一人”，主张“民胞物与”，为群己关系的融洽、为国家民族的稳定提供了重要的理论指导。这种思想在中华民族的发展历程中，有力地增强了全体成员之间的亲和力，增强了中华民族的凝聚力。

(三) 三纲领八条目

三纲领八条目是《大学》对儒家修身德目的概括和总结。三纲领是："大学之道，在明明德，在亲民，在止于至善。"这是对怎样做人、如何修身提出的总体要求，故称之为"纲"。第一条讲的是个体性原则，主张修身从自我做起。"明明德"是个动宾词组。"明"意即发明，明德是指本然的善性，合起来就是发明本然的善性，以成就明德为做人的根本。第二条讲的是群体性原则，主张个体的人投身于民族群体之中，与其他成员和睦相处，与人为亲，与人为善，在社会群体中，在与其他人交往的过程中体现自己内在的"明德"本性。第三条讲的是个体性原则与群体性原则的统一。每个成员都能自觉地修身，充分体现"明德"本性；各个成员之间和睦相处，没有纷争，在儒家看来这就是至善的、和谐的、理想的社会。"三纲领"点明了儒学的宗旨，这就是提高个体的道德自我意识，确立处理人际关系的亲善原则，造就至善的理想人格和理想社会。

八条目是《大学》提出的修身的步骤和方法："古之欲明明德于天下者，先治其国。欲治其国者先齐其家。欲齐其家者，先修其身。欲修其身者，先正其心。欲正其心者，先诚其意。欲诚其意者，先致其知。致知在格物。物格而后知至，知至而后至诚，以诚而后心正，心正而后身修，身修而后家齐，家齐而后国治，国治而后天下平。"概括地说，就是格物、致知、诚意、正心、修身、齐家、治国、平天下等八条。这八条是围绕着"修身"展开的，"自天子以至于庶人，壹是皆以修身为本"。修身首先从"格物"做起。所谓格物，就是同事物打交道，在洒扫应对、应世处物的人生实践中改造自己、磨炼自己。通过格物，达到"致知"，即获得价值意义上的天德良知，树立道德自我意识。但是，仅仅做到致知还不够，要想把良知化为坚定的信念，还需要修养的工夫，这就是“诚意”。坚持不懈地作诚意工夫，就会受到“正心”的效果，即端正自己的心态，克服种种杂念，自觉地体现明德意识。通过格物、致知、诚意、正心四个步骤，完成了修身的过程。从第一条到第五条，讲的都在“内圣学”的范围，从第六条开始，进入“外王学”的范围。“齐家”是说有德之人善于处理家庭中的各种事情，建立了一个和睦的家庭。在儒家看来，家庭是社会的细胞，因此治理社会必须从治理家庭入手。在家庭得以治理的基础上，便是进一步治理好一个区域，这就叫做“治国”。在每个区域都得以治理的基础上，自然就形成了“天下太平”局面，整个社会进入“止于至善”的理想状态。

三纲领和八条目是一致的，都围绕着治国以民为本、以修身为本这一主题展开论证，简洁明了地概述了儒家内圣外王统一、政治和伦理紧密结合的一贯思想。倡导三纲领八条目的目的，就是主张从提高社会成员的道德素质入手，在中国大地上建立一个和谐的、有序的社会，使天下太平，人民安康。这种主张代表了广大民众的愿望，对于中华民族的成员具有极强的吸引力，自然会起到凝聚民族群体的作用。孙中山先生对《大学》以民为本、以德辅政的理论评价很高，称之为中国特有的“政治哲学”。在他看来，儒家的这种政治哲学相当完整，相当系统，相当有特色，相当有实用价值。他要求革命党人从中获得启发，把民国的政治建设同伦理建设有机地结合起来，使二者同时并进，相辅为用，相得益彰。他认为，要造就新的民国，首先应当造就出新的国民；有了新的国民，新的民国才会建立起稳固的根基。

四、经世致用

儒家倡导的第四个价值理念是“经世致用”。简言之，就是一个“用”字。儒学讲究内圣外王、自强自立、奋发有为、注重现实，是一种实践哲学。在以往一些对于儒学的诠释，给人造成这样的印象，似乎儒家只讲动机，不看效果；只会空谈道德性命，不懂经世致用。这是对儒家学术精神的误解。儒学作为一种入世主义的学理，讲究经世致用当然是题中应有之义。儒家“以人为本”的理念、“以和为贵”的理念、“以礼为序”的理念，最终都要落实到“经世致用”上。“仁”、“和”、“礼”、“用”四个字相互联系，构成儒家完整的关于如何培育民族精神的理念体系。

儒家创始人孔子就明确地提出知行密切相关的原则，认为行才是学习知识的目的，主张学以致用。他说：“诵诗三百，授之以政，不达；使于四方，不能专对；虽多，亦奚以为？”（《论语·子路》）按照孔子的看法，只会死记硬背《诗经》上的诗句，却没有从政的本事，也不能充任专对应酬的外交使者，这种没有什么用处的书呆子，算不上有知识。他在评价自己的弟子时，首先要看他们是否具有治理国家的本事。另一位儒家大师荀子也特别看重行，他说：“不闻不若闻之，闻之不若见之，见之不若知之，知之不若行之，学至于行而止矣。行之，明也，明为圣人。”（《荀子·儒效》）荀子把行视为检验知的标准，视为求知的目的，认为知必须服务于行，行比知更为重要。如果脱离了行，知没有任何意义，没有任何价值。他所说的“行”包含着效果的意思。清儒颜元强调儒学就是实学，宣称“救弊之道，在实学，不在空言。”（《存学编》卷三）实学的范围包括正德、利用、厚生之学，包括兵、农、政事等经世致用之学。按照他的看法，《大学》所说的“格物”中的“格”，就是“手格猛兽之格，手格杀之之格，乃犯手捶打搓弄之义。”（《实斋记余》卷六）例如，学习弹琴，光看琴谱是不行的，必须亲手操弄才能学会。他倡导实学，更倡导实行，主张“习而行之”，“亲自下手一番”，“只向习行上做功夫”。的确有些儒家过分看重心性之学，有忽视经世致用的倾向，但这不能代表儒家的基本的学术精神。从儒门走出来的，不都是书呆子，也有辅佐刘备成就“三分天下”大业的诸葛亮，也有敢于变法的王安石，还有建功立业的王阳明。

儒家本着“经世致用”的理念，强调在现实世界中提升道德品格，达到理想境界；在人生实践中自强自立、奋发有为，成就理想的人格。这种学风以其巨大的作用和影响而成为中华文化的主流，并由此培育出中华民族注重人生价值、敢于担纲、负重致远、刚毅进取、自强不息、谦恭有礼、不为人先、吃苦耐劳、勤俭持家、求真务实、厚德载物、忠恕之道，利群爱国、乐观向上等一系列优秀民族精神。儒学以积极的处世态度，入世的精神以及讲求奉献的价值取向，教育并鼓舞着一代代华夏子孙发奋进取，在现实人生中成就了无数功业，为中华民族的生存与发展提供了强大的精神动力。

综上所述，儒家文化作为中华传统文化的主流，具有丰富的思想内涵。儒家提倡人文精神，重视人的生命力、创造力，强化了民族凝聚的主体因素；弘扬道德理性，认为道德义务是从“应当”到“规范”再到“责任”的发展历程，在社会中形成和谐的人际关系，为民族凝聚创造了重要前提；积极追求理想人格，提升人的精神境界，激励民族成员实现个人价值与社会价值，加强了民族凝聚的社会基础；努力实践和合目标，追求“天下一统”，客观上促进了民族的统一大业。儒家文化的重要思想内涵作为民族优秀的文化传统，构成了民族精神的主干，并成为民族凝聚力的核心因素，支撑着中华民族的发展与进步，维系着全体民族成员的情感与信念。

我们今天应当如何普及儒学

陈卫平

现今所谓的“国学热”，重头戏是儒学的普及。央视“百家讲坛”的于丹《论语》心得是儒学普及的典型，由此引发的种种议论，涉及了一个问题，那就是：我们今天应当如何普及儒学？我以为这需要考虑以下几方面：

一、历史经验：制度层面与义理层面

儒学曾经作为中华文化的主流，是整个社会认同的核心价值。从历史上看，如此的认同过程与儒学的有效普及是分不开的，而这样的有效性来自于制度层面和义理层面的结合。

儒学在先秦只是诸子之一，将其确立为国家和社会的核心价值，起自于汉武帝的“独尊儒术”。然而，正如帕森斯所说：“价值系统自身不会自动地‘实现’，而要通过有关的控制来维系。在这方面要依靠制度化、社会化和社会控制一连串的全部机制”。[①] 实际上“独

---

① 帕森斯：《现代社会的结构和过程》，第141页，北京，光明日报出版社，1988年。

尊儒术”本身就是一种制度设计。陈寅恪曾经指出儒学在汉唐间通过制度安排得到普及，从而确立了核心价值的地位：“儒者在古代本为典章学术所寄托之专家。李斯受荀卿之学，佐成秦治。秦之法制实为儒家一派学说之所附系。《中庸》之‘车同轨、书同文，行同伦’（即太史公所谓‘至始皇乃能并冠带之伦’之‘伦’）为儒家理想之制度，而于始皇之身，而得以实现之也。汉承秦业，其官制法律亦袭用前朝。遗传至晋以后，法律与礼经并称，儒家《周官》之学说悉采入法典。夫政治社会一切公私行为，莫不与法典相关，而法典实为儒家学说之具体实现。故两千年来华夏民族所受儒家学说之影响，最深最巨者，实在制度法律公私生活之方面，而关于学说思想方面，或转有不如佛道二教者。”① 事实上，汉代在“独尊儒术”之后，从义理层面阐释儒学的普及读物也许不能说没有，但不流行应该说是肯定的。受到汉初黄老思潮的影响，道家著作倒是当时流行的普及读物。《史记·儒林列传》记载：汉武帝的奶奶窦太后拿出《老子》问儒生博士辕固生：“这是什么书？”辕固生答曰：“此是家人言耳。”所谓“家人言”，就是平常百姓看的普及读物。这不仅表现了汉儒对道家的藐视，也表现了汉儒对普及读物的不屑。确实，汉代最具权威的阐释儒学义理的著作《白虎通》俨然是一副高头讲章的面孔。《白虎通》的宗旨是树立三纲六纪，但这三纲六纪是通过制度层面而真正得到普及的。对此陈寅恪说道：“吾中国文化之定义，具于《白虎通》三纲六纪之说”；“夫纲纪本理想抽象之物，然不能不有所依托，以为具体表现之用；其所依托以表现者，实为有

① 陈寅恪：《冯友兰〈中国哲学史〉审查报告三》，《陈寅恪史学论文选集》，第 511 页，上海古籍出版社，1992 年。

形之社会制度”。[1] 这就点出了汉唐间儒学普及与制度层面的紧密关联。

汉魏以降，佛学传入，至隋唐而大盛。所谓“三教鼎立”其实是儒学消退，而佛道二教的影响力增大，儒学作为核心价值的地位受到了极大的冲击。之所以如此，一个重要原因是佛学善于从义理层面上普及自己的学说，其手段就是运用韵文体的偈颂以及变文、宝卷、弹词、鼓词等说唱文学；而儒学依然拘泥于南北朝以来的正义义疏之繁琐章句，如陈寅恪指出的，唐代“其所谓明经者，止限于记诵章句，绝无意义之发明”。[2] 正是有鉴于此，宋明理学十分重视从义理层面上普及儒学。比如，兴办书院，举行讲会，向民众宣讲；编写《温公家训》、《家礼》等家庭教育的读本；编写《三字经》、《童蒙须知》、《小学韵语》、《蒙学诗教》等童蒙读物。这些读本往往采取了韵文体，便于口诵记忆，很快在民间得到广泛流传。同时，宋明理学也进一步对制度层面的儒学普及作了补充。这突出表现在乡规民约的创制，著名的有吕大钧的《吕氏乡约》、王阳明的《南赣乡约》等。由于宋明理学的儒学普及较好地做到了制度层面和义理层面的结合，因而卓有成效地使得儒学再度成为社会的核心价值。

历史的经验值得借鉴。当下对于儒学的普及多侧重于义理层面，然而，如果仅仅停留与此，儒学并不能改变其现代的“游魂”命运，

---

① 陈寅恪：《寒柳堂集》附录《寅恪先生诗存》，第6页，上海古籍出版社，1982年。

② 陈寅恪：《论韩愈》，胡晓明、傅杰主编：《释中国》第2卷，第928页，上海文艺出版社，1998年。

即只是一种论说，而离现代的人伦日用越来越远。余英时认为，要摆脱这种命运，应当考虑“怎样在儒学价值和现代社会结构之间重新建立制度性的联系”；而这“将是一个不易解决的问题”。[①] 所以，我们今天普及儒学更需要探讨怎样解决这个不易解决的问题。我曾在有关文章中提出如何在思想观念、行为方式、语言文字这三个环节上促进这个问题的解决。[②] 如果有更多的人来关注这个问题，那么儒学在制度层面上的普及才有可能。

二、解读方法：我注六经与六经注我

普及儒学自然离不开对儒学经典文本的解读。儒学经典的解读在历史上形成了两种主要方法：“我注六经”和“六经注我”。前者倾力于历史的客观考证，以确认文本的本义；后者注重于解读者的主观领悟，以引申出文本的现时代意蕴。自汉代至清末，儒学经典正是在这两种方式反复交替、双向同构的过程中，获得了历史典籍的客观性和不断注入时代精神的常青性。这两种解读经典的方法，如果借用西方诠释学理论来讲，“我注六经”近似西方古典解释学和19世纪传统解释学，“六经注我”则与西方伽达默尔创立的现代解释学相类。伽达默尔的解释学以为“历史理解的真正对象不是事件，而是事件的‘意义’”。[③] 这意味着“六经注我”的方法认为阐发儒学经典的意义要比确证文本的本义更重要。普及儒学的文本解读方法，显然主要不是细密繁复考据的“我注六经”，而是着眼于现代实际意

---

① 余英时：《现代儒学论·序》，第7页，上海人民出版社，1998年。

② 陈卫平：《儒学传统的当代价值如何可能》，《上海师范大学学报》2006年第6期。

③ 伽达默尔：《真理与方法》，第422页，上海译文出版社，1992年。

义的“六经注我”。于丹在其《论语》心得里提到了这两种方式，并认为后一种方式“是更高境界的学习”，因为其“目的是以经典所传达的精神来诠释自己的生命”。[①] 事实上，她的成功就在于采用了这种方法。

由于是“六经注我”，不可避免地在解读文本本义上会出现一些失误。这就是于丹批评者所指出的“硬伤”。但这不能成为否定“六经注我”作为解读儒学经典主要方法的理由。因为即使是强调考证文本本义的“我注六经”，所做出的解读也不可能都是绝对正确无误的。对于《论语》来说，要求解读者所说的全是千真万确的本义，更是不可能。《论语》由语录组成，若要确证其本义，必须还原其具体的语境，因为同样的话在不同的语境中含意是不同的。而要还原语录的具体语境，必要条件之一，是对对话双方的经历、身份、关系、对话的主题和背景有确切的把握。但是，《论语》中很多语录只有“子曰”而没有对曰者和对话的主题，也有很多语录有对曰者和对话主题，但对曰者的身世以及与孔子的关系已经无从查考，因而对话主题的具体指向也就不甚了了，有的对曰者的身世以及与孔子的关系，我们略有所知，但不清楚对话的具体背景（时间、地点）。就是说，要完全还原具体语境是做不到的。因此很难断定哪一种解读是最合乎本义的。其实，任何历史文本的原貌都无法绝对重现。黑格尔对此有过形象生动的说明：流传下来的古代艺术品，“是已经从树上摘下来的美丽果实，一个友好的命运把这些艺术作品传递给我们，就像一个少女把那些果实呈献给我们那样。这里没有它们具

---

① 本文所引《于丹〈论语〉心得》，均以中华书局 2006 年版为准。

体存在的真实生命，没有长有这些果实的果树，没有构成它们的实体的土壤和要素，也没有决定它们的特性的气候，更没有支配它们成长过程的一年四季的变换。同样，命运把那些古代的艺术品给予我们，但却没有把它们的周围世界，没有把那些艺术品在其中开花结果的当时伦理生活的春天和夏天一并给予我们，而给予我们的只是对这种现实性的朦胧的回忆”。① 就是说，由于与古代艺术品紧密联系在一起的具体背景已经不存在了，因此得到的只能是对它们的“朦胧的回忆”。

不过，作为回忆哪怕是朦胧的回忆，总是对原貌的回忆。因此“六经注我”也需要以考究文本本义的“我注六经”为前提。所以，确证文本本义的困难，不意味着可以对文本作随意的解读。以《论语》来说，其每字、每词的确切含义以及每段语录的基本精神已有得到公认的“我注六经”的很多成果。如果释义完全不顾这些成果而恣意发挥，那是一定会曲解《论语》的。宋代高怿的《群居解颐》和五代孙光宪的《北梦琐言》都记载了唐代节使度韩简读《论语》的故事：“节使度韩简，性粗质。每对文士，不晓其说，心常耻之。乃召一孝廉。令讲《论语》。及讲至为政篇，明日谓诸从事曰：仆近知古人淳朴，年至三十方能行立。外有闻者，无不绝倒。”把“三十而立”理解为“年至三十方能行立”，这样的错误是不能以“六经注我”来辩解的。总之，普及儒学的解读文本方法应该是：在尊重“我注六经”基础上的“六经注我”。

① 黑格尔：《精神现象学》下卷，第231页，北京，商务印书馆，1979年。

三、思想内容：通俗性与深刻性

普及儒学的对象是非专业的学术研究人员，面向“下里巴人”的大众，当然要注重思想内容的通俗性，否则就谈不上普及。然而，儒学经典之所以成为经典，主要在于其蕴涵着深刻的思想。如果我们的儒学普及完全忽视了这一点，那么儒学普及就和听评书、讲故事差不多了。事实上，现在充斥媒体和书市普及儒学的讲坛、读物，已在相当程度上表现出了这样的娱乐化倾向。

于丹的《论语》心得受大众欢迎的原因之一，在于改变了以往人们把经典看作深不可测、高不可攀的观念，使得《论语》亲切地走进了寻常百姓。这是值得肯定的。她之所以能如此，在很大程度上是由于能够通俗地把《论语》的思想内容娓娓道来：轻松的话语和文体，不时穿插一些有趣浅显的故事、寓言和生活事例。可惜，于丹的《论语》心得只停留于这样的技术层面上的通俗化，而缺乏思想的深度。罗素研究西方哲学史时说过：“不能自圆其说的哲学决不会完全正确，但是自圆其说的哲学满可以全盘错误。最富有结果的各派哲学向来包含着明显的自相矛盾，但正是为了这个缘故才部分正确”。[①] 这告诉我们，对于中国古代最富有结果的哲学流派——孔子创立的儒学，只有揭示其内在的思想矛盾，才能真正认识其部分正确之处。但我们在于丹心得中看到的，恰恰是躲开了《论语》中不能自圆其说的地方：她可以讲“天何言哉”的无言之教而不理会“有德者必有言”的德者言教；可以讲孔子对待学生“很少疾言厉色”的和蔼可亲而不提用“朽木、粪土”来评价学生的粗鲁训斥；

---

① 罗素：《西方哲学史》下卷，第 143 页，北京，商务印书馆，1976 年。

可以讲孔子推崇“贫而乐”的超脱境界而回避“我待贾者也!”的功利追求；可以讲“孔子从来不主张你去结交富豪和有权势的人”而不管“子见南子”的依附权贵……这和《西厢记》里的红娘引《论语》倒很相似。由于不愿剖析《论语》的内在矛盾，于丹的心得就没有了深刻分析的思想力度。如果这样来普及《论语》，那么大众对《论语》的认识也许不会比七百年前的红娘们提高多少。

这就是说，通俗化解读儒家典籍，不仅要顾及技术层面的语言鲜活、叙述生动，更要体现思想层面的深刻内涵。于丹的《论语》心得，讲了一个豪猪的寓言：豪猪们经过多次磨合，找到了彼此既不伤害又能取暖的最为适当的距离；以此说明孔子“过犹不及”的中庸，体现了“距离和独立是对人格的一种尊重”的处世之道。无独有偶，鲁迅在《华盖集续编·一点比喻》中也把这个寓言和孔子的中庸连在了一起，他说：叔本华在这个寓言里把绅士比作豪猪，使豪猪们“得以聚在一处的中庸的距离，就是‘礼让’和‘上流的风习’。有不守这距离的，在英国就这样叫，‘Keep your distance!’但即使这样叫，恐怕也只能在豪猪和豪猪之间才有效力罢，因为它们彼此的守着距离，原因在于痛而不在于叫的。假使豪猪们中夹着一个别的，并没有刺，则无论怎么叫，它们总还是挤过来。孔子说：礼不下庶人。照现在的情形看，该是并非庶人不得接近豪猪，却是豪猪可以任意刺着庶人而取得温暖。受伤是当然要受伤的，但这也只能怪你自己独独没有刺，不足以让他守定适当的距离。孔子又说：刑不上大夫。这就有难怪人们的要做绅士”。这里指出了弱者只有用“刺”去抵抗强者的压迫，才能保持人格的尊严，而孔子的“礼让”、“中庸”则缺乏这一点。以同样的寓言来通俗地说孔子，鲁迅比之于丹显然要深刻得多，因为他让人们洞察了儒学“礼让”、“中庸”包含的人道与非人道的内在紧张。这里的本意不是要比较鲁迅与于丹的思想谁深刻，而是要说明通俗地解读《论语》，并不一定非要以牺牲思想的深刻性为代价。

这是因为通俗性和深刻性并不矛盾。通俗就是深入浅出，雅俗共赏。要达到这一点，必须对所论述的对象有通透的把握，而通透正是深刻的一种表现。因此通俗不是对深刻的弃置，恰恰是深刻的出发点。当然，通透是需要学术功力的。于丹《论语》心得之所以缺乏深刻性，学术功力肤浅是重要的原因。比如，于丹两次提到陶渊明，把他作为在孔孟之道照耀下成长的典范，说他将“儒家思想传承下来”，成了“中国的隐逸之宗”，“生活的条件虽极其简陋，但他活得却很快乐”，是“内心富足的君子”。其实，尽管陶渊明早年崇拜孔子，受到儒家思想影响，但他既以“隐逸之宗”闻名于世，其人格形象显然主要是道家的“隐士”，而不是儒家的“君子”。于丹把“隐逸之宗”与“君子”拉扯在一起，恐怕不仅是与其不知晓学术界关于儒、道两家理想人格基本分野的共识有关；恐怕也与其没有通读陶渊明的作品有关。其实，陶渊明本身很清楚自己向往的“隐士”是孔子所反对的。《论语》中所出现的“隐士”荷蓧丈人、长沮、桀溺均与孔子的人格理想不合，这是明白无疑的；而陶渊明在作品中则表示了对他们的向往与赞叹：“商歌非吾事，依依在耦耕”（《辛丑岁七月赴假还江陵夜行涂口》）；“是以植杖翁，悠然不复还”（《癸卯岁始春怀古田舍》）；“冀缺携俪，沮溺结耦”（《劝农》）；“遥遥沮耦心，千载乃相关”（《庚戌岁九月中于西田获早稻》）；“四体不勤，五谷不分，超超丈人，日夕在耘。辽辽沮溺，耦耕自欣，入鸟不骇，杂兽斯群”（《扇上画赞》）。反复歌颂这三位被孔子拒斥的“隐士”，表明了陶渊明是以他们为理想人格的。如果于丹认真读过这些诗作，怎么也不会把陶渊明当作遵循儒家思想的人格典范；相反倒是有可能从陶渊明的由儒入道来深刻地揭示儒学的人生理想的内涵。

这里指出普及儒学中做到通俗性和深刻性的统一，需要有相当深厚的学术功力作基础，意在强调把普及儒学所需要的通俗性异化为"草根儒学"是不足取的，因为所谓的"草根儒学"实际上是有"俗"而不"通"。但这并不是说一定要把学术功力达到什么程度当作是否能够成为儒学普及者的"入门线"，而是要求儒学普及者时时注意提高自己的学术功力，千万不要以为是通俗而掉以轻心。

四、价值取向：学做圣贤与平民化人格

任何时期的普及儒学总是有着某种价值取向的。那么，我们今天普及儒学应当有怎样的价值取向呢？于丹"心得"扉页上，首先写的是"道不远人"，表明其重在阐发《论语》的人生智慧。现在的儒学普及基本上也是这样的路子。这是没有错的。因为《论语》以致整个儒学都是以"成人之道"即"应当成为什么样的人"为根本的。

儒学推崇"孔颜之乐"，要求人们学做圣贤。于丹以此为价值取向，其"心得"的主题就是："让我们在圣贤的光芒下学习成长"；"圣贤的意义就在于，他以简约的语言点出人生大道，而后世的子孙或蒙昧地，或自觉地，或痛楚地，或欢欣地，一一去实践，从而形成一个民族的灵魂"。在我看来，把现代社会的理想人格笼罩在儒学圣贤人格的光环之下，将前者的培养视为学习、践履后者的过程，并不是正确的价值取向。且不说儒学圣贤人格有着戕害、扭曲健全人格的一面（从吴敬梓的《儒林外史》到鲁迅的《狂人日记》，从巴

金的《家》到曹禺的《雷雨》，都对此作了形象的揭示)，即便没有这一面，我们也不能把儒学圣贤人格树为现代社会的理想人格。冯契在考察了中国近代（1840－1949）哲学史之后，得出的一个重要结论是：中国近代以来对于“新人”、“新民”的呼唤，就是要树立新的人格理想，其趋向是用平民化的自由人格来取代儒学的圣贤人格。[①] 就是说，中国人格理想现代化的过程，就是圣贤人格隐退而平民化人格涌现的过程。事实的确如此。1934 年胡适发表《说儒》，肯定孔子有高尚的人格，然而针对当时主张以孔子之道救治人欲横流之世道的主张，他指出近二三十年已经涌现出了比儒学圣贤更伟大的人格，如孙中山、蔡元培、张伯苓等，而这“不是孔夫子所赐，是大家努力革命的结果，是大家接受了一个新世界的新文明的结果。只有向前走是有希望的。开倒车是不会有成功的”。[②] 在现代中国坚持儒学圣贤人格理想，并作了最深入哲学论证的是冯友兰的《新原人》。但他感到了把儒学圣贤作为理想人格在现代社会的困境，因而写了《新世训》。此书又称“生活方法新论”，其“新”之所在，就是不同于宋明理学道德（天理）与不道德（人欲）的两极对峙，突出了“非道德”即介于道德与不道德之间的道德中性的生活方法的意义；实现了“完全道德底”生活方法，就是圣人，而“非道德底”生活方法则是“为一般人说的”。就是说，《新世训》强调的是适合现代普通人的生活方法。可见，他意识到在现代社会保持传统儒学

① 冯契：《中国近代哲学的革命进程》，第 580 页，上海人民出版社，1989 年。

② 胡适：《写在孔子诞辰纪念之后》，《胡适文集》第 5 卷，第 418 页，北京大学出版社，1998 年。

的圣贤人格，是不适合绝大多数人的。《新世训》和《新原人》的不同人格设计，反映了从传统到现代的人格理想变迁过程的深刻矛盾：既希望规范现代社会的人生行为，又试图延续儒学的圣贤人格。正是因为解决不了这样的矛盾困，《新原人》延续儒学圣贤人格的希望只能是与现实殊远的空洞境界。正如张申府评论《新原人》时所说："'与境为乐'不能说不好，但中国过去一些哲学家却常是耽于自己的幻想。在国家民穷财尽、兵荒马乱的时候，而徒自觉'道通天地有形外，思入风云变态中。富贵不淫贫贱乐，男儿到此是豪雄'，正是陷入此等幻境中。说宋儒达到中国一种极境，其实是由于一种偏好"。[①] 这意味着如果以儒学圣贤为现代人格理想，那么就不可能"道不远人"，而是"人远离道"了。因此，今天普及儒学不是要以重新学做圣贤为价值取向，而是要以汲取儒学的人生智慧，进一步构建中国近代以来的平民化人格为价值取向。

事实上，儒学圣贤人格理论蕴涵着值得平民化人格理想重视的思想资源。儒学圣贤人格将圣人和君子作为理想人格，不过，现实中是看不到作为人格最高典范的圣人，看到的只是君子，"圣人吾不得而见之，得见君子者，斯可矣"（《论语·述而》）。之所以要设定一个现实中不存在的圣人，是为了强调人格完善是无止境的，使社会成员始终具有超越现实之我的动力。而君子并非完美无缺，但对于过错能勤于反省和勇于改正。君子亦会犯过错，这使得其具有平易的现实性品格，但如果没有对圣人人格的追求，就不可能勤于反省和勇于改正。可见，圣人和君子作为理想人格具有互补关系：前

---

① 张申府：《新原人与新原道》，《张申府文集》第 2 卷，第 616 页，河北人民出版社，2005 年。

者使其具有超越性，而正是这样的超越性使后者得以落实，后者使其具有现实性，这种现实性使得前者植根于现实社会的土壤。其实平民化人格构建借鉴了这样的互补关系。所谓“平民化”是指向现实和大众的，而作为理想人格，又不是现实大众直接现成的，具有一定的超越性。从历史嬗变的角度来说，近代以来的平民化人格对于儒学圣贤人格是接续式的取代。这就告诉我们：现代社会的理想人格可以而且应当是对传统的“接着讲”；如何实现这样的“接着讲”才是儒学普及的价值取向。

五、主要渠道：大众传媒与学校教育

大众传媒在今天已经成为最为有效的信息传播载体。它们在当下的中国也成了儒学普及的主要渠道。于丹如果不是登上中央电视台《百家讲坛》说《论语》，她的“心得”很可能没什么人问津。随之而起，众多的电视媒体都在炮制类似的普及儒学的老酒，听众同样听得如痴如醉。这对于现代社会如何普及儒学无疑是一种有益的探索。然而，大众传媒充当儒学普及的主力军，映照出当代学校教育的一大明显缺失，即缺少良好的包括儒学在内的传统文化教育。现在不要说中小学生，即使是受过大学文科专业教育的，传统文化的知识也非常匮乏，绝大多数不具备直接阅读传统文化典籍的能力，一旦离开学校，就不知道如何提高传统文化素养，读什么传统典籍。正因为这样，才有那么多人痴迷于《百家讲坛》的坛坛“好酒”，心甘情愿地喝着从别人嘴里吞吐出来的老酒，而无法品尝原汁原味得琼浆玉液；才有那么多人倾心于讲故事式的解读文史经典的读物，咬着别人咬过的馍舍不得放下，而不能咀嚼先辈笼屉里的香饽饽。其实，在现代社会，学校应当成为是普及儒学的主渠道。这不仅仅是因为在商业化时代的大众传媒不管做什么节目，总免不了有炒作的成分，而炒作或多或少会使儒学普及沾上娱乐化和恶俗化的灰尘；更主要的是因为使学校成为儒学普及的主渠道，正是上述的在儒学价值与现代社会结构之间建立制度性联系的重要方面。

从历史上看，宋代以后儒学得到有效的普及，再度成了社会核心价值，这和学校教育作为儒学普及的主渠道有着紧密的关系。宋代以后官学系统主要由府学、州学、县学组成，但它们实际上是科举预备班，没有承担普及儒学的任务。对儒学进行普及的是执行初级教育的村学、乡学、社学、义塾。吕坤《社学要略》对此有记载："掌印官晓谕百姓，今后子弟，可读书之年，即送社学读书，纵使穷忙，也须十月以后在学三月以后回家。如此三年，果其材无可望，省令归业。乡间社学，以广教化。子弟读书，务在明理，非必令农民子弟人人考取科第也。"即使家贫农忙，冬闲期间也须在学，而所学的主要内容是"教化"即普及儒学思想，如《社学要略》所说："初入社学，八岁以下先读《三字经》，以广见闻，《百家姓》以便日用，《千字文》亦有义理"，还讲授"近世教民俗语，及切于纲常伦理、道义身心者"。其实，《三字经》、《百家姓》同样渗透了儒学义理。由此可见，宋代以后初级教育成了儒学普及的主要渠道。

从东亚比较成功普及儒学的国家新加坡和韩国来看，也是以学校教育作为儒学普及的主渠道。1982 年 2 月，新加坡第一副总理兼教育部部长吴庆瑞宣布，要把"儒家伦理"作为中学三、四年级学生道德教育的选修课程。为此邀请了杜维明等 8 位儒学研究者进行规划。从杜维明的《新加坡开设中学儒家伦理课程方法刍议》中，可以看到这门课程在普及儒学方面是非常系统的：第一、"根据合乎逻辑的次序讲授儒家伦理"，不能"误认为儒家伦理体系缺乏其内在逻辑”；第二、“注意力应集中于基本资料，即与整个儒家传统的缔造者密切相关的儒家典籍遗产”，并且对这些基本资料的比例作了分配，即“古典儒家思想，60％；新儒家思想，30％；现代儒家思想，10％”；第三、“为了使教材以生动活泼、引人入胜的形式出现，应当避免仅仅罗列‘汝应’和‘汝勿’，而对于这些嘱咐里包含的道德推理不加以适当解释的教条主义做法”。此外，还要进行师资培养，获得学术界的参与和社会支持等。① 在韩国，乡校、社学至今依然是学校教育的一个方面，它们的主要功能是普及韩国的儒学传统。现在韩国大约有 234 所乡校，每逢假期，乡校为 7 岁到 14 岁的少年开设忠孝礼仪体验课程，学生必须穿着传统韩服上课，学习传统的生活礼节；也为成年人举行传统成年礼仪和传统婚礼，还举办耆老宴并表彰孝行者和善行者。总之，“乡校通过各种中小规模的课程和传统仪式，为当地居民提供实践传统儒家礼节的标准，使得一般韩国人能够体会到儒教的生活方式与儒教的价值观念”。②

如果说上面是从正面表明了应当以学校教育作为儒学普及的主渠道，那么下面的例子则从反面表明了这一点。儒学也被称作“礼教”，这实际上是道出了礼仪教育对于普及儒学价值观念的重要性。从孔子开始，儒学就把礼仪教育作为学校教育的重要内容。据《论语·季氏》，陈亢问孔子的儿子孔鲤：“你是老师的儿子，一定得到特殊的传授吧?”孔鲤回答说：“父亲对我的教育和大家是一样的。”

---

① 杜维明：《新加坡开设中学儒家伦理课程方法刍议》，《杜维明文集》第 2 卷，第 226—242 页，武汉出版社，2002 年。

② ［韩］金惠林：《韩国儒家文化的保护及弘扬》，《社会科学报》2007 年 4 月 26 日。

这一样的教育中就有“不学礼，无以立”。中国近代尤其是“五四”批判儒学礼教以来，传统的礼仪教育在学校里消失了。于是，传统礼仪很快就被遗忘了。最显著的例子，是1925年在北京女子师范大学授课的鲁迅收到该校学生许广平的信，鲁迅在回信中称“广平兄”，许广平疑惑不解，在接着的回信中问道：“先生之意何居？弟子真是无从知道。不曰‘同学’，不曰‘弟’而曰‘兄’，莫非也就是游戏么？[①]”其实鲁迅并没有与其开称兄道弟的玩笑，“兄”在传统书信礼仪中，和“同学”、“弟”一样，也是老师对学生辈的普通称呼。当时离开清朝的推翻只有14年，离开“五四”新文化运动至多也只有10年光景，许广平已经完全不知道这一传统师生礼仪的称呼了。可见，由于传统礼仪不再成为学校教育的组成部分，其流失的速度是非常惊人的。所以，我们今天如果依然不把学校教育作为儒学普及的主要渠道，那么尽管可以通过大众传媒可以把儒学普及搞得很有声势，但这并不能使儒学得到真正有效的普及。

① 《鲁迅全集》第11卷，第17页，北京，人民文学出版社，1981年。

中华民族精神内涵的现代诠释

同济大学 邵龙宝

内容提要：对中华民族精神内涵与主要理念的揭示必须放在全球化的视域下针对构建社会主义和谐社会的现实问题加以现代诠释。本文认为："自强不息"是中华民族生生不息永葆青春活力的不竭动力；"厚德载物"是中华民族的生命睿智、人生境界和精神气象；"和合"理念是中华民族为人处世和协和万邦的价值精髓；务实笃行是中华民族的行事风格和文化特质；"持节"是中华民族的人格操守和中国人的脊梁。

关键词：中华民族精神　内涵与主要理念　现代诠释

中华民族精神是中华民族在漫长的社会历史发展过程中逐步形成的，它是中华各族人民社会生活的反映，是中华文化最本质、最集中的体现，是各民族生活方式、理想信仰、价值观念的文化浓缩，是中华民族赖以生存和发展的精神纽带、支撑和动力，是创新社会主义先进文化的民族灵魂。

"自强不息"是中华民族生生不息、永葆青春活力的不竭动力。《易·乾》说："象曰：'天行健，君子以自强不息。'"乾是强健、积极、不懈的意思，乾象征永不停止、生生不息的创造力。天，以健动不已为德，人立于天地之间，应效法天地以自强不息、生生不已地创造，才能“德配宇宙”、成就人生、推动社会进步。中华民族的“人文初祖”皇帝等祖先就是以自强不息的进取精神创造和发明了种谷、制陶、织衣、冶金术和文字等，为中华民族的发展奠定了文化根基。夸父追日、大禹治水、女娲补天、愚公移山、精卫填海等神话传说激励着世世代代中华儿女自强不息、不畏艰险的主体精神。孔子赞扬“刚毅”，曾子提倡“弘毅”，祖先们自强不息的进取精神都是为了解除民众的苦难，都是与为公众的利益而奋斗的责任意识和使命感联系在一起的。曾参说：“士不可以不弘毅，任重而道远。仁以为己任，不亦重乎！死而后已，不亦远乎！”（《论语·泰伯》）《周易集解》上说：“尧舜一日万机，文王日昃不暇食，仲尼终夜不寝，颜子欲罢不能，自此以下莫敢淫心舍力，故曰自强不息矣。”孔子自己就是一个抱定志向以天下为己任，知其不可而为之，顽强不屈地为实现自己的理想而奋斗的人。孔子赞赏颜回“不耻恶衣恶食”、安贫乐道，其实是赞赏他为了追求服务民众的本领而发愤忘食、乐以忘忧的自强不息精神。

自强不息的精神与忧患意识紧密联系，自强精神往往由忧患意识所激发。贯穿中华民族精神的忧患意识传统来自于周代文王的治政。周人战胜殷人之后并没有兴高采烈、忘乎所以，而是“朝乾夕惕”、“战战兢兢，如临深渊，如履薄冰”、“居安思危”，如《周易》之卦辞、爻辞，贯穿了一条忧患以及如何消除忧患、趋吉避凶的思想和行为路线，这是宗教中人文精神觉醒的开始。忧患意识激励人自强不息，忧患是一种责任意识，是决心以自己的力量改正自身的过失、克服各种困难的心理状态，这是精神上有了人的自觉，是人文精神的起始。忧患的中心思想是不把人的吉凶成败归咎于鬼神与天命，而是对吉凶成败进行深入思考，反思吉凶成败与自身思想行为的关系，探明应该承担的责任，使自强不息有了永不衰竭的自信力。中华民族在漫长的历史中逐渐形成的这种主体意识和进取精神使得中华民族永葆青春活力，即使在近代遭遇强敌侵略时也不曾丧失过。在鸦片战争之后长达半个多世纪的时间里，中国人逐渐认识到自己已经处于灾难深重的危险局面之中。1894 年甲午战争被打败，中华民族面临被瓜分的危险，孙中山先生在檀香山提出“振兴中华”的口号。为了救亡图存，中国共产党人带领全体中国人民前赴后继、浴血奋战，把本来是一个多民族的国家更加紧密地凝结成一体。在救亡图存大目标下，传统的民族精神要素被民族的先进分子所改造，并赋予新的时代内涵，成为救亡图存运动的思想基础。传统的忧患意识在近代表现为对中华民族整体前途命运的忧患；自强不息精神在近代表现为以救亡图存为目的的变法和对强国富民道路的不懈追求。在新民主主义革命的实践中，自强精神又演化成了井冈山精神、长征精神、延安精神、红岩精神、西北坡精神、南泥湾精神等具有共产党人革命风格的艰苦创业精神。建国后，中国共产党人率领全国人民在社会主义建设的伟大实践中，使自强精神得到进一步丰富和发展，又形成了焦裕禄精神、铁人精神、雷锋精神、“两弹一星”精神、抗洪精神、抗“非典”精神和航天精神。

在经济全球化和社会主义市场经济条件下，中华民族取得了举世瞩目的伟大成就，但是我们必须看到与发达国家在诸多方面的差距，必须看到在前进过程中还存在着各种问题和矛盾，我们更应居安思危，进一步继承和弘扬中华民族建立在忧患意识基础上的自强不息的民族精神，它是中华民族精神的灵魂，继承和弘扬自强不息的民族精神，才能为全面实现小康社会的宏伟目标提供不竭的文化资源和不竭动力。

“厚德载物”是中华民族的生命睿智、人生的境界和精神气象。“厚德载物”就是以宽厚之德包容万物。中华民族长存不亡，衰而复兴，在多灾多难中始终奋进不已，其秘密在于中华文化中不仅包含刚健、弘毅、生生不息的精神，还蕴涵着宽厚博大、博厚悠远、包容万物的精神。“厚德载物”有兼容并包之意，这对社会主义先进文化的发展和创新具有重要意义。

中国人一向认为“四海之内皆兄弟”，与一般宗教具有排他主义的特性不同，中华文化具有极强的包容性，在中华大地上 56 个民族大团结，中国的本土宗教与外来宗教如基督教、伊斯兰教、佛教等各种宗教和睦相处，相互依存、相得益彰。世界上有许多民族曾经迫害犹太人，而在中国从未发生过。从 5 世纪到 15 世纪，中国古代科学技术差不多领先世界 1000 年，英国学者李约瑟逝世前在剑桥大学的寓所曾经说道：“中国古代的科技发明，不只是 4 项，也不只是 40 项、400 项，而是 4000 多项，中国古代曾经为人类文明作出过伟大的贡献，我相信中国一定会再次为全人类的科学技术发展作出更加伟大的成就。”中国古代科学技术曾经如此辉煌，与中国文化蕴涵的阴阳协调、整体和谐、直觉顿悟、有机的思维模式等中国智慧和厚德载物的人文胸襟有关。中国在最强盛时从未发动过侵略战争，郑和七下西洋时拥有世界上最强大的船队，不仅没有占领人家一寸土地，在贸易中还给人家馈赠瓷器、丝绸、茶叶等物品，以传播中华之文明。

佛教在西汉末、东汉初传入中国，被中国人民所容纳，自魏晋到隋唐，佛学成为当时中国的主流思想，可见中华文化的气度多么恢弘辽阔。明末西学东传，亦曾受到中国知识分子的重视。近代以来，中国的知识精英虚心学习西方先进文化，上下求索、孜孜不倦，对自己的文化传统进行了最为彻底和严格的批判，这种批判虽有失之偏颇之嫌，但从另一视角来看，恰好反映了中华文化传统具有海纳百川、有容乃大的胸怀，善于汲取西方思想文化的精华，力图创新自己的文化，以实现振兴中华之宏图大业。

厚德载物在全球化语境下对待他国文化和国际政治关系上，体现为一种开放和包容的心态和睿智。我们反对文化霸权，主张以关爱、宽容甚至“大同”的价值观作为多样化文化之间相互理解、尊重、沟通、融合和相互学习的文化前提。“道并行不相悖”，我们强调世界上各种文化都有自己的美，在继承和弘扬自身文化的优长的同时，要善于学习和展现别人文化之美，人类所有美的文化要放在一起共享，这也是实现了天下大同。在国家关系中我们主张以对话代替对抗，以和平代替战争，以合作代替掠夺和抗争，建立一个相互合作、求同存异、持久和平、稳定安宁、普遍发展、实现共同繁荣的世界。我们党继承传统文化中厚德载物、大同理想和天下为公的思想理念，为建设持久和平、共同繁荣的国际新秩序做出过艰辛的探索和不懈的努力。以毛泽东为核心的党的第一代中央领导集体提出“和平共处五项原则”，以邓小平为核心的党的第二代中央领导集体倡导在和平共处五项原则的基础上建立国际政治新秩序，以江泽民为核心的党的第三代中央领导集体在继承前人的基础上提出要树立互信、互利、平等和协作的新安全观，以胡锦涛为总书记的党中央在继承前人的宝贵经验的基础上提出构建和谐世界的构想，提出要努力推动建立和平、稳定、公正、合理的国际政治新秩序，支持和促进广大发展中国家加快发展，努力减少和消灭贫困，树立新安全观，建立集体安全机制，维护文明的多样性，推动各种文明和平共处，为推进人类和平与发展事业作出了重大贡献。梁漱溟说过，中国文化的宗旨说到底就是“讲理”两个字，在构建和谐世界的过程中，重要的不仅是“讲理”，而且要“讲法”。“我们要建设一个‘求同存异’、‘和而不同’的‘和谐世界’。”①

“厚德载物”在主体身上体现为某种生命的境界和精神气象，这是一种待人的友善厚道，将自我汇入群体的关键，在团体生活中体现为团结亲和，在社会生活中体现为崇尚正义、遵守法纪、宽以待人、谦恭礼让，行为的恰到好处，价值选择的“适宜”、“应该”，具有一种圆润温和的气质、与人为善的态度，这是社会成员之间相互认同、接纳以至人际和谐、组织和睦、社会祥和，推动团体事业的发展和社会和谐的前提与条件。社会主义和谐社会是一个较少人际间矛盾、阶层间隔阂、族群间冲突，“讲信修睦”、讲求礼让、公平而有效率的社会，这一方面要靠国家制度的安排，另一方面又要使全体公民在人格境界上得到培养和熏陶，使人的心灵不断得到提升，心胸更加博大，眼界更加高远，克服卑微和渺小、自私与贪欲，变局促为圆润，转扞格为和谐，弃低俗而慕高远。

“和合”理念是中华民族为人处世、协和万邦的价值精髓。“和合”指多样化事物的矛盾得到调和，人与人之间的冲突得到化解，人与社会、人道与天道会通合一。“和合”一词最早出自《国语·郑语》。西周末年，幽王骄奢淫逸，幽王司徒郑桓公与史伯谈论如何治平天下、成就大业，史伯说道：“商契和合五教，以保于百姓者也。”

---

① 《共同建设一个“讲理”的世界》，童世骏，社会科学报2006年9月28日，第一版。

史伯实际是在批评周幽王治理国家时注重“同”而不是“和”，喜欢臣僚们一味顺从、附和自己。“同”会使思想主张僵化，顺从唯一的、相同的、视为绝对的东西，会使国家灭亡。相反，“和”则认为，各种不同的人或事物之间是平等的互动者，相异才能和合，和合才能产生新事物、新方案。和合在政治上体现为君臣之间如有不同的观点，臣不应该一味无原则地顺从君，而是敢于指出君王主张中的不足或不对之处，在不同意见的交流和商讨中使君王的政治主张更加正确。商契了解民情，“和合”五教，用“父义、母慈、子孝、兄友、弟恭”这“五教”对民众实行伦理教化，使得百姓和睦、国泰民安、政通人和，表现了很高的政治智慧。孔子继承了《左传》、《国语》的思想，主张为政要讲求“和”，认为君臣关系的和合取决于人格理想和道德情操是否纯正，即“君子和而不同，小人同而不和”。《诗经》中有“和羹”一词，指“杂多导致统一”，多样性的融合才会产生最美的羹。和合在音乐中是指各种乐器一起演奏，琴瑟和鸣，黄钟大吕，声音相和，音律合韵，才会产生美声。《周易》《乾·彖传》说：“乾道变化，各正性命，保合太和，乃利贞。首出庶物，万国咸宁。”意思是天道发生变化后，人事也会随之而变化，这就需要人们顺应变化不断调整自身因变化而出现的各种不适应，以使自己身心和谐，各正其位，各得其所。在中国传统文化中，不论儒、道、佛，都崇尚和合。儒家提出“中庸”，是指“不偏，不倚，无过、不及”，能依据变化了的情况正确、恰当、妥善地为人处世。儒家的和合理念有中和、持中、用中之意，主要侧重于政治和人格品德方面；墨家侧重调节主体与物质利益方面的矛盾，认为社会动乱的原因是“不相爱”，天下和谐而治的奥秘在于“兼相爱”；道家侧重从生成和本体上讲个体如何顺应自然，注重人与自然的和谐统一，达到清静无为的境界。

“和合”既是价值理想，道德人格的精神，又是天人合一的宇宙境界。它不仅在中华民族精神的形成中起到了重要的文化价值作用，还必将对世界和平、人类文明的发展，社会主义和谐社会的构建，推进祖国和平统一大业提供深厚的民族思想文化基础。

和合理念是一种真诚的和平文化，“以和为贵”、“协和万邦”、“里仁为美”造就了中华民族的博大胸怀和“忠恕”心理。当前和平与发展仍是主流，但地区冲突不断，民族矛盾频发，霸权主义与恐怖主义猖獗，深入开掘和合思想理念的价值，对进一步增强各国人民的和平共处观念，深刻认识霸权主义、恐怖主义和分裂国家的行径之危害，树立维护世界和平和国家统一的信心具有弥足珍贵的价值。

和合表现在人与自然的关系上，把天、地、人看成一个统一、平衡、和谐的整体，认为天道与人伦是一致的，强调“万物并育不相害”，人应“与天地合其德，与日月合其明，与四时合其序”，万物与我为一体，把人的存在融入宇宙之中，达到“民胞物与”、“浑然与物同体”的理想境界。要求人们从心灵深处去体验主体与客体的交融互通，反对二者的分裂和对抗，把自身融入天道和万物之中，从而形成宇宙胸怀。这种理念不仅反对把自然当作残酷掠夺对象，造成生态破坏和环境污染、人际间和代际间的利益失衡与冲突的人类中心主义，同时对矫正和弥补西方兴起的“自然中心主义”的生态观的偏颇具有重要的启示作用。“自然中心主义”的生态观主张人应该放弃自己的主体地位，必须敬畏自然本身的价值，从而陷入了自身的矛盾和困境之中，天人合一的生态观可以为人类创建科学的生态观提供宝贵的文化资源，它可以为建立一个人与自然和谐共存，自我主体与自然主体和谐共存的现代生态观做出应有的贡献。

和合表现在人际和谐上是通过“我”与“他”之间协调、协商、对话、沟通，以对“他者”的尊重、理解和爱为前提逐步达成的。和合要求任何主体把他人看成与自己一样的人，把他人当作目的而不是自己实现目的之手段，能够理解“他者”不同的价值观、思维方式、风俗习惯、文化素质的多样性差异，以宽容的心胸求得多样、多元的共识和创新。

和合表现在主体心理上的和谐就是身心和合。和谐社会说到底在于人与人之间的和谐，而人与人之间的和谐在一定程度上依赖心理上的和谐。当今中国在经济社会巨大发展的同时，不可避免地带来竞争的加剧、就业形势严峻、贫富分化和城乡差距拉大等社会问题，这些不和谐是造成人们心理不和谐的重要原因。儒家认为身与心的和合首先要建立在修德的基础上，“内省不疚，夫何忧何惧”，反省自身，内心没有什么可以愧疚的；“不患无位，患所以立”，不怕你没有取得一定的位置，重要的是你拿什么去自立，做到这两点，有了真实无妄的澄明心灵，就能经得住荣辱、得失、进退、喜忧、义利、曲直乃至生死的考验，实现与他人和世界的共通，以化解各种心理纠葛，走向成功的人生。

和合是中国思想文化和人文精神的精髓，它承认自然、社会、人际、心灵中存在各种矛盾和差异，但它相信人们只要通过不懈的努力，各种矛盾不但可以得到化解，而且在和合的动态过程中还能创造出各种新的结构、新的事物和新的生命。当今时代，世界多极化和经济全球化在曲折中发展，科技进步日新月异，综合国力竞争日趋激烈，文化冲突越来越严重地影响着全球人类的未来。我们要为促进世界和平做出自己的一份贡献，同时要在国际竞争中抓住机遇、迎接挑战就必须万众一心、同心同德、团结协作、众志成城，调动起一切积极因素，不断为中华民族的伟大复兴增添力量。但是“和合”理念还应与时俱进，不断创新。

务实笃行是中华民族的行事风格和文化特质。务实也就是笃行，体现了儒家的入世品格和刚健精神，是衡量知识价值、治学方法、优秀人才的重要标准，是具有中国特色的教育理念、学术传统和文化特质。学以致用为的是“修身、齐家、治国、平天下”，是历代士人反对“空谈”、“虚学”，张扬“明体达用”，追求和实现理想价值的行事风格。“达则兼济天下，穷则独善其身”，“居庙堂之高则忧其君，处江湖之远则忧其民”，“天下兴亡，匹夫有责”，“位卑未敢忘忧国”等诗句都体现了志士仁人为国为民、以学为用的担当精神和参与意识。

务实笃行是中华文化内在的基本精神和特质。儒家的“内圣外王”之学强调主体道德修养和社会实践的统一，是内在的修养与经邦治国之事功的有机结合。孔子不喜欢不切实际的玄想，“不语怪力乱神”，“敬鬼神而远之”，心怀“济世拯民”的理想，从关心现实社会生活的实际问题入手，树立了以尘世生活为学问目标的榜样。孔子强调知行合一，讲求学与行、言与行的一致，不喜欢言行不一的小人。考察人时主张听其言、观其行，“不以言举人”，要“视其所以，观其所有，察其所安”，认为君子应“先行其言而后从之”，“君子欲讷于言而敏于行”，决不能饱食终日，无所用心。《中庸》有“博学之，审问之，慎思之，明辨之，笃行之”的实践学、问、思、辨、行的行进路线；为实现价值目标，学问思辨行是统一的过程，而每一阶段都包含着行。荀子认为“不闻不若闻之，闻之不若见之，见之不若知之，知之不若行之。学至于行而止矣”，都特别强调

“行”的重要性。

两汉经学虽引入天人感应学说，也有明显的对现实政治特别关心的务实倾向。魏晋玄学偏离了传统的入世情怀，仍然反映了士人迫于环境对“名教”的反叛，并非完全没有务实志趣。宋明理学在形上思维方面达到很高的成就，理学家们提出“不以事功为止境，亦不以禅寂为指归”，落入漠视世用的空疏学风，但士人们没有完全失落对现实政治的关心和对自己道德操守的践履，也在一定程度上表现出务实笃行的精神。至于明末以后黄宗羲、顾炎武所倡导的“经世致用”，修正了宋明理学空谈心性义理、漠视世用的空疏学风；颜元指责道学的“空谈性理”是明朝亡国的主要原因。早期启蒙思想家把“经世致用”的精神贯彻到研究哲学、历史、自然科学的过程中，强调事关国计民生实际问题务必穷源溯本，形成了“贵创”、“博征”和“致用”的学术风格和实学思潮。近代以来知识精英为民族危亡而奔走呼号、上下求索，都贯穿了务实、笃行、经世致用的精神。

“实事求是”是中国古代学者治学的一种优良传统和思想方法，它最早见于《汉书·河间献王刘德传》：“修学好古，实事求是。”无论宋代的湖湘学派还是清代乾嘉汉学的治学宗旨和基本方法都表现出重事实、重归纳、重证据的“实事求是”。“学贵力行”是岳麓书院的治学风格，认为“知行互发”、“知行并进”，“知”和“行”是一个不断促进、不断深入的过程。实学思潮开创了“下学而上达”的唯物主义方法论，后来演化为“实事求是”的科学方法论和毛泽东思想的精髓，成为中国共产党的思想路线。毛泽东解释“实事求是”时说：“‘实事’就是客观存在着的一切事物，‘是’就是客观事物的内部联系，即规律性，‘求’就是我们去研究。”就是深入实际的调查研究，就是同具体事物的实际接触和对事物规律的具体认识，这是对中国传统务实、笃行思想的继承与创造性地发展。在《反对本本主义》、《湖南农民运动的考察报告》、《农村调查的序言和跋》、《整顿党的作风》、《改造我们的学习》等文章中强调只有深入实际调查研究，才能真实地、具体地了解情况，形成正确的思想，光靠背诵和宣讲马克思主义的“本本”是解决不了问题的，对“实际情况”的“具体真正的了解”就在于“用马克思主义的立场、观点和方法”，来“具体地研究中国的现状和中国的历史，具体地分析中国革命问题和解决中国革命问题”。他痛斥那些“只知背诵马克思、恩格斯、列宁、斯大林著作中的若干词句的……徒有虚名并无实学的人”，是“头重脚轻根底浅，嘴尖皮厚腹中空”。邓小平继承和发展了毛泽东的“实事求是”思想，在深入了解世情、国情和民情的前提下带领全国人民走改革开放的道路。从党的十六大提出的解放思想、实事求是、与时俱进，全面建设小康社会到十六届四中全会以来提出构建社会主义和谐社会和科学的发展观的重要战略思想，我们党总是根据实践中出现的新情况、新问题调整政策导向。

在信息化、网络化的知识经济时代，务实、笃行精神的进一步继承与弘扬，必须避免落入功利性的效用泥潭，以追求科学真理为目标，怀揣“正义”和“善”的持久信仰，不仅要体现在政治及实践伦理和技术方面，还应着力于对科学原理和科学信仰的不息探索。中华民族的务实精神必须以马克思主义理论为指导，必须与当代的科技革命的现实结合并接受全球化挑战的考验，吸收和消化西方文化的精华，才能成为科学的思想武器。

“持节”是中华民族的人格境界和中国人的脊梁。“节”的理念早在先秦时代就有了，《左传》里有“圣达节，次守节，下失节”的话。“持节”是指气节和操守，气节指志气和节操，操守指平素所遵循恪守的志行品德，两者相互渗透、相互说明，它是中国传统文化中衡量仁人志士人格境界的根本标准，又是表征社会风气清明或污浊的标志。在中华民族数千年的历史演化中，“持节”的内涵愈来愈丰富，成为中国文化生命的内核，成为历代知识分子人生追求的崇高目标和评价人物的一个恒久尺度。儒家认为人活着一天就要做一天应当做的事，这“应当”之事就是行事的原则。作为知识分子就要担当起知识和道义，即“为天地立心，为生民立命，为往圣继绝学，为万世开太平”的责任。孔子有一句千古名言：“三军可夺帅，匹夫不可夺志也。”这是中华民族精神中最值得颂扬的君子的节操，是对人生的一种坚定的态度，是个人意志独立的表现，是人格的气象。一个真正的人，应当有独立意志，独立的人格和高洁的操守；一个民族的延续和发展要靠具有独立人格、信守道义和民族气节的人担当起伟大的使命和重任，他们是中华民族的脊梁。

气节与爱国紧密相连。苏武出使匈奴，被囚19年，流放到贝加尔湖放牧公羊，饥饿时常挖野鼠洞中的草籽充饥。汉将李陵投降匈奴后曾去劝降苏武，但苏武坚决不投降匈奴，气节长存，宁死不屈，始终紧握着手里的“汉节”，带着它牧羊，挟着它睡觉，时刻不离这根代表国家尊严和使命的权杖。每当国家遇到危难之时，历代有气节的中华儿女便会挺身而出，为了坚持正义、保家卫国，不愿看到自己的国家沦为附庸，甘愿牺牲自己的生命。东汉初名将马援，以62岁的高龄领兵远征，次年在军中病死，实践了他自己的誓言：“男儿当死于边野，以马革裹尸还葬耳，何能卧床上在儿女手中耶?”《后汉书·马援传》大丈夫宁可战死疆场，马革裹尸，也不愿病卧床榻，苟且偷安！“青山处处埋忠骨，何必马革裹尸还”是这一誓言的进一步发展和升华。历史上把民族大义置于个人生死之上，视死如归者，层出不穷。古代有“田横五百义士赴海死”，后来有岳飞、文天祥等可歌可泣的感人事迹。南宋政治家、文学家文天祥，于1278年12月在潮阳五坡岭兵败被俘，次年被囚于元代首都燕京土牢，条件特别恶劣，备尝艰辛，但他毅然拒绝多番的威逼利诱，写下千古名诗《正气歌》：“人生自古谁无死，留取丹心照汗青……”，全诗长60句。支撑文天祥坚贞不屈精神的力量来源就是浩然正气，这是孟子所说的“至大至刚，以直养而无害，则塞于天地之间”的“浩然”之气，表现出了他坚贞的民族气节，“富贵不能淫，贫贱不能移，威武不能屈”的大丈夫气概。杀身成仁、舍生取义是儒家节气观的生动写照。《左传·襄公二十四年》载有叔孙豹的话：“太上有立德，其次有立功，其次有立言，虽久不废，此之为不朽。”晚清士人魏源有“四不朽”之说。他说：“立德、立功、立言、立节，为之四不朽。”实际上“节”属于德的范畴，魏源特别提出它，是为强调它的重要性。无论历史上的张良、苏武、严颜、诸葛亮等重节之士，还是近、现代史上光耀千秋的林则徐、秋瑾、孙中山、毛泽东、朱德、周恩来等伟大领袖和民族英雄，都以他们的实际行动告诉我们一个真理：“时穷节乃见，一一垂丹青”。“持节”与爱国紧密相连，在危难之际才见出坚贞的节操。

“持节”在历史上还表现为冒犯君主尊严的直谏上，这是忠节。冒死直谏曾经对整治封建社会的腐败之风，改善老百姓的生活起到一定的制约和推动作用。孟子有“尊其道而忘人之势”，荀子有“从道不从君”的节操，在封建社会自然要受到专制主义的扼杀，但这种担当道义的人格精神已成为中华民族精神的重要组成部分。“宁为兰摧玉折，不作萧敷艾荣”，“粉骨碎身浑不怕，要留清白在人间”，这是君子的节操。

“持节”在今天着重表现在树立社会主义荣辱观上，要把君子的人格节操创造性地转化为一种全球化语境下凝聚中华民族精神的正气，使“八荣八耻”成为每个公民自觉遵循的道德标准、共同遵行的价值尺度。建立健全社会主义荣辱观的教育机制、修养机制、示范机制和评价机制。其前提和目的是要使我们的民众具有人格的节操，懂得自己在竞争日益激烈的市场经济社会中如何对待义与利、得与失、喜与忧、真与假、美与丑、曲与直、勤与懒、己与人、上与下、动与静、长与短、生与死，怎样在繁华喧闹、五光十色、灯红酒绿的商品社会铸造自我的形象，如何恒久地守持自己的信心，时时保持自警向上的进取心，不为利诱、不贪不占，不仅关心自身的知识能力的增长，更关注自身的生命的大智慧和社会资本的积累，使社会与人生生发出“当为”和“不当为”的美妙旋律来。什么是今天人们的节操呢？切勿不劳而获；努力做到“不以物喜，不以己悲”；看重防微杜渐，明了“生于忧患，死于安乐”；热衷于求真，不做虚假文章；不期望尽善尽美、无弊尽利，善转化私利以赢得公利；不以貌取人，而以人格的内在品格观人；拥抱勤勉而拒绝懒惰；严于律己、宽以待人；做到“意闲而少欲，心宁而不惧，形劳而不倦”；永远做光彩的事，不做丑恶的事，如此的操守和志行品德怎能不使人身心健康，人格高尚，促进社会的和谐与发展？

第二编　儒家经典文本与思想

方法論與儒學研究

——研究莊存與春秋學之新發現

楊濟襄[1]

一、問題的發現：莊存與春秋學—宗法《公羊》、事兼《左傳》，義拾《穀梁》

關於莊存與，學界習慣視他為“振興清代常州公羊學”的第一人。然而，筆者之所以注意到他，並非因為這個冠冕堂皇的頭銜；而是筆者注意到公羊學裏潛藏著二種解經方法論：一為西漢董仲舒在“即事取義”的治經觀點上，從《春秋》如何寓“義”的角度去詮釋“微言”，而主張“《春秋》無達辭”；一為章句學風之下，東漢

---

①　作者系台灣中山大學中文系副教授兼通識教育中心人文社會科學教育組組長。

何休重視《春秋》行文遣辭“凡例”的歸納，以《解詁》著手於“屬辭比義”，試圖從歸納經傳文字，找出“微言”的解碼匙鑰，進而求得“大義”。

這種經文條例之整理，隨著“註經體”的版本體式而流傳，被視為後世經學家研治《公羊春秋》的主要途徑。然而，董仲舒“兼採三傳”即事取義，“從變從義，而一以奉人”、“不任其辭，可與適道”（《繁露・精華》）的解經方法論，卻潛伏成一道隱流，在今文學大昌、公羊學隨時代的風起雲湧而被蓬勃論述的清代（特別是清中葉以後），內部的二種方法論，匯合成促使公羊學內部理論產生質變的強大力道。李新霖在《清代經今文學述》分清代今文學為三期：

> 清代經今文學，自莊存與以微言大義始治《公羊》，因研治內容之擴增，學者思想之與時變遷，言其發展，可大別為三：
>
> 一則止於經生之業，以西漢經師之意說經，此期專言《公羊》，間及他經，著者有莊存與、劉逢祿、宋翔鳳等。
>
> 二則承公羊之學，以論時政，此期由於篤信《公羊》，而兼信今文，疑及古文，著者有龔自珍、魏源等。
>
> 三則本《公羊》之學，以言變法改制，此期疑古之風大熾，經今古文壁壘鮮明，學術不過為抒發己見之憑藉耳。①

---

① 李新霖，《清代經今文學述》，台北：台灣師範大學國文研究所博士論文，1977，P58。

雖說是“清代今文學”，然實為扣緊公羊學而言。對於清代公羊學的轉變，學界一般的觀察都只是歸因於時勢的轉易。筆者卻認為，“時勢”只是外緣，公羊學內部如何產生與之相應的質變，以致能夠“乘時而起”而非“與時沒落”，才是公羊學研究者應該關注的論題。

事實上，藉助於《春秋》記事的歷史思維面向，屢屢藉由事例的講述，或以格言式的短句概括事例，進行思考開展論證；終而，引歷史上的事實，以興起對當前事件的價值判斷。這正是董氏春秋學“即事取義”的方法。

筆者在近年來一方面從事漢代董仲舒春秋學之研究，另方面五年來隨著台灣中研院中國文哲研究所“清代乾嘉學者的治經貢獻”、“晚清經學研究計畫”從事清代公羊學的研究，開始研究被視為“清代公羊學異議”的孔廣森，在深入孔廣森學術後卻發現，極度推崇董仲舒“《春秋》無達辭”的㢤軒，並非以突破今文家法為職志，㢤軒之所以既治《公羊》又心儀鄭玄，其根本糾結處，是㢤軒嚮往“通學”的治經態度；稟承漢學家“通經學古”的傳統，致使他追循西漢董仲舒“會通三傳以解《春秋》”，終而回歸《公羊》經學義趨的解經途徑。以往，學界對於孔廣森公羊學的討論，多半僅止於其“不守家法”（皮錫瑞語），卻未曾從“方法論”的觀點，透視其立論所以被視為“歧出”的原因。對於經學研究而言——特別是以大義為依歸的春秋公羊學，“解經方法”的差異，足以決斷釋義結果大不相同。

誠如阮元在《清史稿·儒林傳序》言：“孔廣森之於《公羊春

秋》，張惠言之於孟、虞易說…皆專家孤學也”[①]。阮元甚至爲《公羊通義》寫序：

> 曲阜聖裔孔顨軒先生，思述祖志，則從事於公羊春秋者也。先生幼秉異資，長通絕學，凡漢晉以來之治春秋者，不下數百家，靡不綜覽，嘗謂：“《左氏》舊學，湮於征南，《穀梁》本義，汩於武子；王祖游謂何休志通《公羊》，往往為公羊疚病，其餘啖助趙匡之徒，又横生義例，無當於經，唯趙汸最為近正。何氏體大思精，然不無承詘率臆。”於是旁通諸家，兼采《左》、《穀》，擇善而從，撰《春秋公羊通義》十一卷，序一卷，凡諸經籍義有可通於《公羊》者，多著錄之。（阮元，《春秋公羊通義序》，《揅經室一集》卷十一，頁十一——十二，《續修四庫全書·集部1478·別集》）

阮元清楚指出顨軒治《公羊》的鮮明途徑：“旁通諸家，兼采《左》、《穀》，擇善而從”、“凡諸經籍義有可通於《公羊》者，多著錄之”、“唯趙汸最為近正。何氏體大思精，然不無承詘率臆”等，這些都是孔廣森持論《公羊》的關鍵主張。孔廣森這些公羊學的關鍵主張，便是來自他的師承——同樣主張“兼採三傳”，甚至因推崇趙汸《春秋屬辭》而將自己《春秋》學的代表作取名為《春秋正辭》的莊存與。

① 《清史稿》卷480〈儒林一·序〉。(《清史稿》，北京：中華書局，1991.01三刷，P13100）

《清儒學案》提到孔廣森是莊存與的弟子，傳承莊氏之《春秋》學：

> （莊方耕）講筵《春秋》則主公羊董子，雖略采左氏、穀梁氏及宋元諸儒之說，而非如何劭公所譏："倍經任意，反傳違戾"。…（其學）要於《春秋》為最深，所學與當時講論，或枘鑿不相入，故所撰述皆祕不示人。通其學者僅門人邵晉涵、孔廣森、及子孫數人而已。（卷73《方耕學案上》）

莊氏於《公羊春秋》主張"董子之學"，並"兼採三傳、後儒之說"以深研《春秋》。《清儒學案》這段有關莊存與《春秋》學的敘述，提供我們很重要的線索：

1. 莊氏釋讀《春秋》經傳的結果，與何邵公所譏之"倍經任意，反傳違戾"者並不相同

2. 莊氏深研《春秋》，"所學與當時講論不相入，故所撰述皆秘不示人"。

3. 孔廣森是少數通習莊氏《春秋》學的門人之一。

錢穆先生在《中國近三百年學術史》更有清楚的論述：

> 曲阜孔廣森巽軒，為方耕門人，而亦從學戴氏，為《公羊通義》，已不遵南宋以來謂"春秋直書其事，不煩褒貶之義"，然"於何休所定三科九旨"亦未盡守。至申受乃舉何氏三科九旨為聖人微言大義所在，特著《春秋論》上下篇，極論《春秋》之有書法，與條例之必遵何氏。……

其意若謂孔門微言大義，惟何氏一家得之也。(P528)

孔廣森與劉逢祿二人治《春秋》的路線不同，最大的歧異在於：是否恪遵何休《解詁》來解釋《春秋》。尤其是劉逢祿著《春秋論》，其下篇專駁孔氏見解，劉氏極論"《春秋》之有書法，與條例之必遵何氏"，無疑更彰顯出孔廣森《春秋》學之脈絡，不在何休一路。關於莊存與，梁啟超氏也提到：

(莊存與)著《春秋正辭》，……專求其所謂'微言大義'者，與戴、段一派所取塗徑全然不同。(《清代學術概論》，頁75)

對照於《清儒學案》有關莊存與的記載，我們可以發現，舉凡孔廣森"張揚董仲舒之學"：重視"微言大義"、"兼採三傳"、"未盡守何休所定三科九旨"，種種作風皆可直溯於莊存與。

然而，在上溯孔廣森學術譜系及於莊存與時，筆者同時也產生如下疑竇：為何在《公羊通義》中，孔廣森明文記載其師莊存與者，僅有一處？為何莊氏"講筵《春秋》主公羊董子"、"所學與當時講論，或枘鑿不相入，故所撰述皆祕不示人"？支偉成《清代樸學大師列傳》提到：

自武進莊方耕始治《公羊》，作《春秋正辭》，漸及群經，務明微言大義，不落東漢以下，一門並承其緒。申受、于庭復從而張之，海內靡然，號稱"常州學派"。(P235)

錢穆先生也認為：“晚清今文經師所以張大其說者，尤恃何休之《春秋公羊解詁》，以為今文博士微言大義所賴以存”（《中國學術思想史論叢》（三），P46），所謂：倚賴何休《春秋公羊解詁》、重視微言大義的“常州學派”學者，如劉逢祿、宋翔鳳等人，皆是承續莊氏之學而下。即便在《方耕學案》述及莊氏之甥劉逢祿時，亦儼然標識劉逢祿“盡得外家（莊氏）之傳”：

> （劉氏）於春秋獨發神悟。嘗謂：“諸經中知類通達，微顯闡幽者，厥為公羊一書。董氏之所傳，何邵公之所釋，微言大義，一髮千鈞”。於是，研精覃思，探原董生，發揮何氏，尋其條貫，正其統紀。為《何氏釋例》十卷，又析其凝滯，為《何氏解詁箋》一卷。

此外，為董仲舒《春秋繁露》作注解的凌曙，也是劉逢祿的學生。《曉樓學案》載：

> 乾隆嘉慶之際，治公羊學者，以巽軒孔氏、申受劉氏為大師，皆謹守何氏之說，詳義例而略典禮訓詁；曉樓蓋亦好劉氏之學者，而溯其源於董氏，既為《繁露》撰注，又別為《公羊禮疏》、《禮說問答》等書，實為何、徐功臣。

《曉樓學案》說“巽軒孔氏、申受劉氏為大師，皆謹守何氏之說”，顯然不正確。但是對凌曉樓“為《繁露》撰注，實為何、徐功臣”的描述，無疑道出常州公羊學隱藏之問題。

更引起筆者質疑的是，何以孔廣森與劉逢祿二條截然分判的公羊學路線，皆同時上溯指向莊存與？如果筆者不是全面整理孔廣森之《公羊通義》，不是因為深研董氏之學，倘若單單只是從劉逢祿、凌曙等張揚何休《解詁》的常州今文學者，論述莊存與以下“漸及群經，務明微言大義”的“常州公羊學派”，那麼，在“董氏之所傳，何邵公之所釋”、“探原董生，發揮何氏”的敘述文字中，便很容易在疑似之間混同看待——來自於西漢公羊學家董仲舒與東漢何休的——後世公羊學上的種種立論，迷失在似同而異的以“《春秋》經、《公羊傳》”為中心，“同心圓式”擴大引申而成的“公羊學”渦流之中。

孔廣森既已看出董、何二人之《春秋》學主張未必盡同，那麼，“主張董子之學”、“所學與當時講論不相入，所撰述皆祕不示人”的莊存與，又是如何？既云“祕不示人”，那麼，現今傳世的莊氏《春秋》學著作《春秋正辭》、《春秋舉例》、《春秋要指》，我們又該如何解讀？

重審公羊學的“方法論”，在清代學術所產生的發酵，莊存與春秋學成了不容迴避的課題。

二、學界目前對於莊存與春秋學歷史地位的二種評價

莊存與（1719～1788A. D.），字方耕，號養恬，江蘇武進人。生於清康熙五十八年，卒於乾隆五十三年，享年七十。自乾隆十年（1745 A. D.）中一甲二名進士（即榜眼），授職翰林院編修，屢次升遷至禮部侍郎、內閣學士，歷任湖南、順天、河南、山東等地學政，典湖北、浙江鄉試各兩次，先後於南書房、尚書房行走近四十年，以年老致仕。

莊氏生平為人“方正廉鯁”（龔自珍〈資政大夫禮部侍郎武進莊

公神道碑銘〉)、“清介刻苦”(臧庸〈禮部侍郎莊公小傳〉),治學態度篤實謹嚴,博通群經。於《易》有《卦氣解》、《八卦觀象解》、《彖傳論》、《彖象論》、《繫辭傳論》、《序卦傳論》等;於《書》有《尚書既見》、《書說》、《周書時訓解》,於《詩》有《毛詩說》,於《禮》有《周官記》、《周官說》、《周官說補》,於《樂》有《樂說》,另有《四書說》。目前學界關於莊氏之學術,多著意於其《春秋》學的三部著作:《春秋正辭》、《春秋舉例》、《春秋要指》。莊氏之學,主要收存在其孫輩莊綬甲所輯之《味經齋遺書》(光緒八年重刊陽湖莊氏藏版,1882)中,部分亦重錄於《皇清經解續編》、《續修四庫全書》(上海:古籍出版社,1995)。

學界目前對於“莊存與春秋學”的研究,有二種評價:

(一)視莊存與為清代公羊學的代表人物

誠如葉德輝〈與戴宣翹校官書〉(見於蘇輿《翼教叢編》卷6)所云:“劉申受之於《公羊》,……凌曉樓之於《春秋繁露》、宋于庭之於《論語》,漸為西京之學。魏默深、龔定盦、戴子高繼之,毅然破乾、嘉之門面,自成一軍”。莊氏在乾隆“經訓”隆盛時期,獨闢治“經義”之途徑,梁啟超氏在《中國近三百年學術史》亦明白指出莊存與在晚清公羊學中的地位:

> 《公羊》學初祖,必推莊方耕(存與),他著有《春秋正辭》,發明公羊微言大義,傳給他的外孫劉申受(逢祿),著《公羊何氏釋例》,於是此學大昌。(《十三·清代學者整理舊學之總成績(一)》,P270—271)

近人陳其泰氏在《清代公羊學》亦指出:

> 莊存與是清代公羊學復興的代表人物。由於他的成就，一下子打破了千餘年的消沉，接續了西漢董仲舒和東漢何休的公羊學說統緒，使這一獨特的儒家古代學說重新獲得生命。他的著作，為清代公羊學開闢了得以繼續前進的基地。(P60)

陳氏之立論，統籌等視董仲舒與何休之公羊學，顯然與《清儒學案》描述“常州學派”劉逢祿、凌曙等人之學術時，慣用“探原董生，發揮何氏”、“董氏之所傳，何邵公之所釋”的文字有關。此外，前文所引李新霖在《清代經今文學述》分清代今文學為三期，也是將莊存與列為第一人。張廣慶在《何休公羊解詁研究》中也認為：

> 清代經今文學，以《公羊》為中心，而時勢推移，學者治《公羊》之重點亦復不同，大概言之：其始也，莊存與著《春秋正辭》，大旨皆本《公羊傳》及何休《解詁》；及孔廣森著《公羊通義》，以《解詁》辭意奧衍，時有承訛舉臆，故綜攬諸家，兼採《左》、《穀》二傳，於何氏注比附經義者，多所辨正；劉逢祿則發揮何氏，尋《解詁》義例之條貫，成《春秋公羊經傳何氏釋例》十卷；此期學者，大抵或重《公羊》之微言大義，或使何注幽而復明。及龔自珍、魏源之時，清室逐漸衰微陵夷，龔、魏闡揚《公羊》三世、三統之義，論及時政，以為致用之方，又信公羊而疑古文，使爾後之今古學壁壘漸立，此期為清季學風轉變

之關鍵。其後廖平、康有為二氏，皆以今學為本，惟康有為復藉《公羊》倡言變法改制之說。（《台灣師範大學國文研究所集刊》第 34 號，1990. 06，頁 4）

我們在這些論述裡，可以得知，學界眼中有關莊存與在清代公羊學中的地位。

然而周予同（1898—1981）先生在《中國經學史講義》中，卻認為“莊存與不是純粹的今文學家”：

常州學派又稱公羊學派，清今文學派。……開創者莊存與，常州人，撰有《春秋正辭》。他認為孔子是政治思想家，《春秋》裡有微言大義。《春秋》是孔子的政治哲學著作，微言大義是委婉傳之。莊存與還研究《周禮》、《毛詩》等古文經典，所以他不是純粹的今文學家。

劉逢祿，常州人，是純粹的今文學家。他的著作是《左氏春秋考證》，是“破”古文學的《左傳》的……另一著作《春秋公羊經傳何氏釋例》則是“立”的，以何作《公羊解詁》為主，創通條例，貫串群經，發揮“今文”微言。這部書是清代今文學的重要著作。

宋翔鳳治西漢今文學，又講讖緯。

總之，常州學派開始於莊存與，奠基於劉逢祿。（上海：上海藝文出版社，1999. 01，P85）

由上文可知，判斷“是不是純粹的今文學家”所依據的準則，是站在今古文對立的角度來作分判。朱珪（1731—1806）在《春秋正辭·序》云：

> 公所纂《春秋正辭》一書……義例一宗《公羊》，起應寔述何氏，事亦兼資《左傳》，義或拾補《穀梁》。（頁二上）

朱珪明白指出莊存與“事亦兼資《左傳》，義或拾補《穀梁》”，莊氏之《春秋》學“兼採三傳”，顯然與其後專注於何休義例之學的劉逢祿大不相同，筆者認為，朱珪雖然指出莊存與“兼採三傳”之特色，但是對於莊氏“寔述何氏”之說，則有進一步探討之必要。

清代公羊學的復興，可以上推江蘇武進常州學派的肇始者莊存與，意即梁任公引夏曾佑贈詩所云“璱人申受出方耕，孤緒微茫接董生”，有關清代公羊學的諸家論述及發展，鄭卜五在《乾嘉公羊學者對公羊學的發展成果析論》有清楚扼要的介紹：

> 公羊學復起於乾嘉時期的莊存與，其公羊學依循何休之義例，以《公羊》“內外”義的“夷狄入中國則中國之”來消靡當時滿漢間的對立矛盾。“內外”的議題一直延續到劉逢祿、宋翔鳳、凌曙，始終是乾嘉公羊學者所面對的現實問題。到了龔自珍、魏源時，清廷的疲弱，列強的跋扈，學者面臨著振衰起弊的時代關鍵，公羊學提供了“三世”義中“據亂、昇平、太平”之興革變易的理論基礎，引起晚清今文經學者熱烈的回響。……莊存與只將《春秋》經文做分類的說釋，孔廣森繼之以推合孟子，劉逢祿、宋翔鳳則用以釋解《論語》，而凌曙、龔自珍、魏源等更引入五

經及子籍……“經典釋義公羊化”是清代公羊學者發展公羊學的最大特色，也是產生晚清今文經風潮的主要因素。[①]

劉逢祿等常州今文學者，以徐彥疏解的何休《解詁》倡論公羊學，因為徐彥疏的關係，我們可以理解常州學者何以總是將董、何二人相提並論；然而，對於“兼採三傳”的莊存與而言，《方耕學案》（《清儒學案》卷73）提到莊氏“講筵《春秋》主公羊董子”，魏源在〈武進莊少宗伯遺書序〉也指明莊氏學術的特點是“崒乎董膠西之對天人”（《魏源集》，P237）；甚至如梁啟超氏引用夏曾佑贈詩所云：“璱人申受出方耕，孤緒微茫接董生”（《清代學術概論·二十二》，P64）。

筆者認為，這些特別類比“莊氏學術於董仲舒”的論述，絕非偶然。

（二）視莊存與為庸俗理學的代表人物

誠如周予同站在今古文對立的角度來質疑，莊存與究竟“是不是純粹的今文學家?”，研究清代學術，所謂“今文經”的定義，是採取漢代今古文學爭的說法，或是清人在學術上所謂之“經今文”，其義較於漢代已有所演繹？蔡長林《常州莊氏學術新論》是近年來有關莊氏學術最具代表性之一本著作（台灣大學中文所博士論文，2000）。他對於“莊存與的學術”有一番獨特的看法：

---

① 鄭卜五，《乾嘉公羊學者對公羊學的發展成果析論》，“清代乾嘉學者的治經貢獻”第二次學術研討會論文，中央研究院中國文哲研究所籌備處，2001年11月。

清代經今文學派的發展，可以歸納出兩條路向，籠統地給它們一個名稱的話，一者可稱為“偏向考證的今文學”，另一則可稱為“偏向義理的公羊學”。(蔡長林，《清代經今文學派發展的兩條路線》，《經學研究論叢》第一輯，1994，P228)

從今、古文經的立場觀之，存與之學理應是古文學的成分居多。至其《春秋正辭》，存與自述《春秋正辭》取材之原則曰：“舊典禮《經》，左邱多聞，淵乎《公羊》，溫故知新，《穀梁》繩愆，子夏所傳，拾遺補闕，歷世多賢。”(《春秋正辭·奉天辭》，頁二) 蓋存與於三《傳》明顯無所偏廢，而皆有所取，故曰：“皆以為短，而孰與繼其志乎?”是以楊鍾羲《春秋正辭提要》評之曰：“不似承其學者之排詆《左》、《穀》。”……是以《正辭》所欲探究者，乃《春秋》之精神，僅執《公羊》以視《正辭》，而目之為今文學家，筆者以為非真能原莊氏之意者。且學者以《正辭》為莊氏代表之作，個人以為乃是受制於晚清今文學立場之言論。……莊存與之著作，並非出於純粹研究經典，或出於純粹探討學問之樂趣。

然而，學界每因《正辭》之故，而推存與為晚清今文學之祖。個人以為，不論西漢或晚清，今文學家之尊今廢古，理應從政治角力的視野來觀察。(蔡長林，《論常州學派研究之新方向》，《中國文哲研究集刊》第二十一期，2002，P353)

> 與考據門徑大不相同的是，此類文士之所以博綜涉獵經史百家，泰半出於應付科舉考試之需求，而不是出於對學問純粹的興趣。他們當然重視經典，不過其經學或學術見解，強調的是運用性，故多發於詞章策論之中，而非汲汲探求經注詁訓之正解。對他們來說，運用經典的“論經”，比學術研究的“注經”要實際得多了。……莊存與正是朝文士經世儒學這一博雅文人傳統的最佳代表，研究莊氏之學理應從此入手。（蔡長林，《常州莊氏學術新論》，台北：台灣大學中文所博士論文，2000，P11—12）

蔡氏謂“偏向義理的公羊學”與“偏向考證的今文學”，將“公羊學”與“今文學”區隔開，或可再作討論；然筆者認為，這樣的持論正是反映出公羊學內部有二種方法論在相互纏鬥；如果不能進入春秋學的原典，或是公羊學的門徑，將無視於這二種方法論的糾葛，而逕以歷史側面來解讀公羊學家，那麼，對於公羊學家的誤解，甚至將產生另一種極端的貶抑。例如蔡長林、馮曉庭從“庸俗理學”來看待莊存與，甚至認為“莊存與在《春秋》經以及《公羊》學的詮釋與發揮方面，並沒有過人的貢獻”（馮曉庭，〈莊存與的《春秋》學述論〉，P5）。

馮曉庭在《莊存與的〈春秋〉學述論》認為：“莊存與關於《春秋》學的三部專著，都很有可能是教授皇子的講義，在當時實質的經世作用，高於經學的弘揚作用”，並指出：

> 仔細檢覈莊存與的《春秋》學相關著作，學者一定能

夠發現，莊存與在《春秋》經以及《公羊》學的詮釋與發揮方面，並沒有過人的貢獻。……面對如是的現象，學者倘若仍以傳統的觀點面對，無法就社會學、文化現象學、政治哲學等角度入手，必然無從發現莊存與在中國經學發展史上的確切地位，並且加以適當的評價。（馮曉庭，《莊存與的〈春秋〉學述論》，中研院文哲所“晚清時期常州學者的經學研究第二次學術研討會”會議論文，P12）

蔡長林也認為：“科舉儒學所陳設之‘庸俗理學’，乃儒學意識型態構成之最大成色”，被推為今文學之祖的常州莊氏學術，就是“科舉儒學”的典型，“貫串其著作的，是輔佐君王、強調致用的精神”，蔡氏主張“對科舉儒學重作價值思考，並以此角度釐清常州莊氏學術之內涵”。

學界研究莊氏之學，所慣用的晚清今文學理路，實有重新檢討的必要。因為就晚清今文學的研究範圍而言，主要表現在考證西漢十四博士之學，用以排斥以劉歆所發之孔壁古文為主的東漢經學，此點在莊存與的學術概念中並不存在；就晚清今文學的運用而言，主要是據《公羊》之微言大義以強調變法改制，此又非莊存與之所聞；至於認為莊存與以《公羊》義貫群經，恐亦非不易之論。莊存與雜舉五經，以論證其聖王天道則有之，如劉逢祿之以《公羊》統攝群經則無之。就學術立場與經說內涵而言，莊存與之論，確有為晚清今文學者所承襲；然就學術目的而言，莊存與與晚清今文學家之間，則可以謂途軌各異。（蔡長

林，《常州莊氏學術新論》，台北：台灣大學中文所博士論文，2000，P12）

以莊存與為例，學者多預設一“今文學派”之概念，作為認識及思考由莊氏開展而下的常州學術之研究前題。上溯此一“今文學派”前身，則為常州公羊之學，而常州公羊學的開創者，則是莊存與。在這樣的思考方式底下，順理成章地，莊存與成為晚清今文學之祖，而劉逢祿等人則承繼並發揮其今文學，影響了晚清康、梁援《公羊》於政改，而今文學派之名終底於成。

翻開近人著作，就筆者管見所及，於存與之定位，其論述模式頗多類此，或行文頗受此概念影響，彷彿莊存與的學術經說，用今文學這個概念來呈現，視之為“晚清今文學之祖”即可涵蓋過去。……必須指出的是，筆者（蔡長林）並未發現莊存與著作中，有基於今文學之立場或偏向今文學之論述。（蔡長林，《常州莊氏學術新論》，台北：台灣大學中文所博士論文，2000，P20）

猶如“公羊學”是否該如蔡氏所言，區隔於“今文經”之外，尚屬爭議；對於蔡氏所言“晚清今文學的研究範圍而言，主要表現在考證西漢十四博士之學，用以排斥以劉歆所發之孔壁古文為主的東漢經學”，並據此排除莊存與亦在今文學之外；對此，筆者亦持保留態度。筆者認為，晚清今文學的研究範圍，重點並不在漢代今、古文經博士學官的爭立問題，而是在更深刻的思考——“學問文章何以能經世？”不同於漢代的今文家，無論是明代的覆亡，或是西方武力的進逼，清代今文學家“皓首窮經”的生命情懷，不僅止於個人的科舉應試，而在於“從文編中找方法來振興與救亡”。清代今文學家的學術思想，也由此開展。所以，儘管何為“純粹的今文學家”仍然眾議嘵嘵，但是周予同仍然承認“常州學派開始於莊存與，奠基於劉逢祿”。葛兆光氏在《中國思想史》第一卷中說到：

> 關於今古文經學的爭論，更多的是其能否立於學官的問題，雖然他們之間有學術風格與技術上的不同，但是在漢代思想史的角度說，並不存在太重要的意義，今古文的學術之爭在思想史上產生實質性影響的，實際上是在清代。[1]

如果我們今日對於經學論題的議論，不在於經今文、古文版本的考據，而是在思想史實質意義的探討，那麼，對於行走南書房長達四十年的莊存與而言，莊氏《春秋》學“微言大義”的基本著眼點，應是放在“經典義旨”如何運用於經世治國，也就是對“經世事務”的關注上。

三、由“方法論”重新發現莊存與春秋學研究的重要視野

（一）莊存與春秋學方法論，對於董、何二種解經途徑的鎔裁

董仲舒的春秋學，遠早於漢代經學今古文之爭。其治學目標，以詮釋《春秋》經文義旨為目的。雖然董氏以公羊一系論者的解經觀點為基礎，卻不排斥他派《春秋》學者的意見，董仲舒治論《春

---

① 葛兆光，《中國思想史》第一卷，上海：復旦大學出版社，1998，P414 注 1。

秋》經義，出於公羊氏而不限於《公羊傳》，董仲舒治論《春秋》經義的材料，並不限於《公羊》傳文所論。追溯董氏論義釋理所依循的原始史料，我們可以發現，其中與《左氏春秋》的敘事頗有相合；在董仲舒的春秋學內容裏，也可以見到《穀梁傳》所釋解的經義，甚至與《穀梁傳》行文幾近相同的論理文句。即便是自云“從今文學以外的角度”研究莊存與的蔡長林，也承認：

何休在莊存與心目中的份量，是不能與董生相提並論的。雖《春秋正辭》所據者，以何休《公羊解詁》為主，然觀存與之意，乃以《公羊》之注，何休最古最完整之故。何休而外，亦不乏董生、《穀梁》及《左氏》之說。且存與有譏何休之言，而無駁董生之論，因為受制於《春秋》經傳充滿了天下分崩、喪亂敗德的記載，《春秋正辭》可謂存與昭示唐虞之聖德與大一統之盛業，以宣教皇子時的負面教材。且《味經齋遺書》所據於董生者，多董生符合皇家願望之陳，且高度集中在大一統之義的發揮。

存與於行文之間每帶董生語氣，尤喜援引董仲舒所言……且莊氏《春秋正辭》之重心，竊以為不在於孔子對非禮犯義之行的撻伐，而在於探尋孔子所行撻伐之根據，即堯、舜之道，三代之治也。如存與所云：“不知堯、舜、禹、湯、文、武、周公之行事，何以為法於天下後世？不知孔子作《春秋》，何以為王者之事？何以為樂道堯舜之道？”（蔡長林，《常州莊氏學術新論》，台北：台灣大學中文所博士論文，2000，P99）

三傳對事理的分析，各有其觀察角度和側重要項，以致所見各有專隅；“論點相異”，並非代表“論點對立”，有時，相異的論點，還能互為補充，相得益彰。

在董仲舒的春秋學裏，對於《春秋》經義的詮釋，“兼合三傳”而互相為用，為“會通三傳以取經義”作了明確的示範①。

莊存與會通三傳以取經義的作風，與董仲舒相合。那麼，其後清代公羊學諸家，以何休為大纛者，與莊存與所秉持之釋經方法，又有何異同呢？筆者以為，董、何二人“方法論”的釐清，將有助於理解清代公羊學內部理論脈絡之轉變。

（二）在“廟堂目的”之外，重審莊存與對“春秋學”內部理論之解讀與建構

筆者以為，學界至今對於莊存與春秋學有不同的看法，主要的糾葛便是，以“廟堂目的論”概括莊氏學術，致使其特殊之解經主張未獲重視，“方法論”的闕如，使得馮、蔡二人對莊存與學術所揭舉的研究方向，雖然一針見血地說出終身仕宦于皇家的“莊氏學術”所呈現的特質。但卻無益於公羊學內部脈絡、或者說是《春秋》學史上，例如莊存與之解經方法、莊存與如何主董子之說，又為何必須“秘不示人”等若干疑問之解決。

誠如陳平原對於現代學術所提出的建言：

---

① 有關董仲舒“會通三傳以取經義”之實例，以及董氏春秋學解經方法之運用，在春秋學史上所代表的意義與價值。詳見楊濟襄，《董仲舒春秋學義法思想研究》第二章，台灣師範大學國文研究所博士論文（周何教授指導），2001年。

將一切學問的評價標準，歸結為“拿證據來”，此等融合“科學精神”與“清儒家法”的迷思，頗有以實證史學一統天下的野心，章、熊所爭，似乎是胡氏（濟襄按：章太炎、熊十力、胡適）方法論的適應範圍，實則涉及對文化傳統的尊重、對研究對象的體貼，以及區分內面與外面（主觀與客觀）兩種不同言說。從外面描述，與從裡面體會，路徑不同，得出的結論必然迥異。本來，二者各有其不可替代的價值，可由于“科學”在本世紀中國學界的崇高地位，無法實證的“主觀之學”，明顯受到了壓抑。[①]

從“外在氛圍”與“學理内部”，研究的視野可能導致結論的迥異。例如，阮元在《莊方耕宗伯經說序》云：

宗伯踐履篤實，于六經皆能闡抉奧旨，不專專為漢宋箋注之學，而獨得先聖微言大義於語言文字之外，斯為昭代大儒。（《味經齋遺書》卷首）

對照於《清儒學案》莊氏之《春秋》學：

（莊方耕）講筵《春秋》則主公羊董子，雖略采左氏、穀梁氏及宋元諸儒之說，而非如何劭公所譏：“倍經任意，反傳違戾”。…（其學）要於《春秋》為最深，所學與當時

① 陳平原，《中國現代學術之建立·導言》，北京：北京大學圖書館，1998，P17。

講論，或枘鑿不相入，故所撰述皆秘不示人。通其學者僅門人邵晉涵、孔廣森、及子孫數人而已。（卷 73《方耕學案上》）

筆者認為，阮元所言，所謂“于六經皆能闡抉奧旨，不專專為漢宋箋注之學，而獨得先聖微言大義於語言文字之外，斯為昭代大儒”，從公羊學的方法論來看，恰恰指出，莊氏《春秋》學不重何休《解詁》條例，上接於西漢董生以義法解經之脈絡。

然而，蔡長林從“科舉儒學”的切入點，卻對於同樣的文獻有截然不同的詮釋：

常州莊氏所為經義策論，乃廟堂之學，至於吳、皖、揚所為考據之業，則在野之學，常州莊氏學術與當時學風之不相入，理應由廟堂儒學與在野儒學的差異思考之。……究其底蘊，實為文士與經生背景之異耳。這是可用以觀察清代學術的另一種角度。換句話說，清代學者的學術理念，在目的上有學問與用世之別；在型態上有注經與論經之分；在身分上有經生與文士之歧；而在政治地位上則有在朝與在野之異。（蔡長林，《論常州學派研究之新方向》，《中國文哲研究集刊》第二十一期，2002. 09，P344）

從“學問與用世”、“注經與論經”、“經生與文士”、“在朝與在野”，宏觀的剖析清代學術，確為的論；但是，以之來微觀某位學術家的學術立論，甚至試圖加以歸類論斷，就可能模糊了學者個人的特殊面貌。蔡氏所言之“庸俗理學”或許反映了科舉儒學的一個面向，但卻未必擲中今文家學問經世的核心標的，對於學術家思想理論的描述，也可能只是在外圍“隔靴搔癢”。

以《春秋正辭》來說，《春秋正辭》這部書是莊存與《春秋》三書中，最為歷來學者所重視的一部，全書分為“奉天辭”、“天子辭”、“內辭”、“二伯辭”、“諸夏辭”、“外辭”、“禁暴辭”、“誅亂辭”、“傳疑辭”九類。莊氏所謂的“正‘辭’”，是針對元代趙汸的《春秋屬辭》而發，在《春秋正辭．敘目》中，莊氏自云：

> 存與讀趙先生汸《春秋屬辭》而善之，輒不自量為隱括其條，正列其義，更名曰“正辭”，備遺忘也。以尊聖尚賢，信古而不亂，或庶幾焉。

趙汸的《春秋屬辭》通篇著墨於歸納《春秋》經傳之文字字例，對於書例的嚴守，精神類似於何休《解詁》，所不同之處在於——何氏《解詁》之文例架構於“三世說”之上，將文例依照“所見、所聞、所傳聞”三世，作規則性變化之詮釋；趙汸則不然，其歸納《春秋》字例，是將整本經傳之文字通篇打散，重新按“義旨”之歸類，試圖整理出經傳著述之“凡例”。相較於《春秋屬辭》對文字字例的注重，莊氏《春秋正辭》則以《春秋》之“義”為宗旨，九類“所正之辭”，完全是按照事義來區分。莊存與這種論經釋義的方式，不同於“註經體”之行文，而更類似於以“評論體”論述“《春秋》大義”的《春秋繁露》。更有甚者，莊氏寄與《正辭》一書“尊聖尚賢，信古而不亂”的期望，乃至於“奉天辭”之“奉天”二字，都與董仲舒在《春秋繁露·楚莊王》所云之“《春秋》之道，奉天而法古。故聖者法天，賢者法聖，此其大數也”完全相合。

有關莊氏《春秋》學之研究，當代學界多著重於莊氏《春秋正辭》一書，而較少論及《春秋舉例》與《春秋要指》。如果說《春秋正辭》一書是莊存與論“義”之大成，那麼，《春秋舉例》所列的十則條目，就是莊氏論《春秋》義法之總綱，而《春秋要指》則是針對“微言”寓義的文辭寫法，就書寫型態加以剖析。其中，最令筆者訝異之處，在於《春秋舉例》所列的十則條目：

一、“《春秋》貴賤不嫌同號，美惡不嫌同辭”。

二、“《春秋》辭繁而不殺者，正也”。

三、“一事而再見者，前目而後凡也”。

四、“《春秋》見者不復見也”。

五、“《春秋》不待貶絕而罪惡見者，不貶絕以見罪惡也”。

六、“貶絕然然罪惡見者，貶絕以見罪惡也”。

七、“擇其重者而譏焉”。

八、“貶必于其重者”。

九、“譏始，疾始”。

十、“書之重，辭之複，嗚呼不可不察，其中必有美者焉”。

十則條目皆為《公羊傳》之本文，各條目之下，莊氏分別抒發自己的議論。

這十則條目之撮列，以及莊氏的評論，與董仲舒所揭櫫的《春秋》義法竟然完全吻合。莊存與在《春秋要旨》云：

> 《春秋》之義，不可書則辟之，不忍書則引之，不足書則去之，不勝書則省之。辭有據正，則不當書者，皆書其可書，以見其所不可書；辭有詭正，而書者皆引其所大不忍，辟其所大不可……《春秋》非記事之史，不書多於書，

以所不書知所書，以所書知所不書。

所謂“不書多於書”，無論是從“‘所不書’知所書”、或是“以所書知‘所不書’”，董仲舒由“即事取義”得以見公羊家“不書”之義法，莊存與亦以“不可書、不忍書、不足書、不勝書”之“據正辭”和“詭正辭”來標示“春秋要旨”，怎可僅以“經義策論”一辭泛論莊存與“在《春秋》經以及《公羊》學的詮釋與發揮方面，並沒有過人的貢獻”，而認為“若仍以傳統的觀點面對，無法就社會學、文化現象學、政治哲學等角度入手，必然無從發現莊存與在中國經學發展史上的確切地位。”（馮曉庭，《莊存與的〈春秋〉學述論》，P12）

凡此種種，更讓筆者確信，莊存與之學術與歷史地位，有必要從他對“春秋學”內部理論之解讀與建構—亦即解經途徑的“方法論”上，再加以審慎與細密的研究。

四、結論

《清儒學案》提到孔廣森是莊存與的弟子，傳承莊氏之春秋學。然而孔氏主張“兼採三傳，以明經義”與何休之解經觀點不相同，孔氏甚至直言“三家之師，必故各異之，使其愈久而愈歧，何氏屢蹈斯失”；由孔廣森學術之深研而擴及清代學術史，筆者陸續發表《漢代古學在晚清公羊學的復甦——論孔廣森〈公羊通義〉的治經路線》、《〈春秋〉書法的常與變——論董仲舒、何休二種解經途徑所代表的學術史意義》諸篇論文，並歸結出：後世公羊學之解經途徑，無論是解經方法（對書例的立與破）、資料運用（對三傳之態度）、詮釋立場（對“微言大義”的標舉），至少可分為西漢董仲舒與東漢何休這二條脈絡。

徐彥疏何休《解詁》，特別牽合何休於董仲舒；晚清劉逢祿等常州學者，以徐彥疏解的何休《解詁》倡論《公羊》，總是將董、何二人混同等視，《清儒學案》描述"常州學派"劉逢祿、凌曙等人之學術時，便時而可見"探原董生，發揮何氏"、"董氏之所傳，何邵公之所釋"一類的文字，這種觀點一直影響到當代的《公羊》學研究，例如近人陳其泰氏在《清代公羊學》所言："莊存與是清代公羊學復興的代表人物。…接續了西漢董仲舒和東漢何休的公羊學說統緒"，也是這類觀點的反映。

然而，對於"兼採三傳"的莊存與而言，《方耕學案》（《清儒學案》卷 73）提到莊氏"講筵《春秋》主公羊董子"，魏源在〈武進莊少宗伯遺書序〉也指明莊氏學術的特點是"崒乎董膠西之對天人"（《魏源集》，P237）；甚至如梁啟超氏引用夏曾佑贈詩所云："璱人申受出方耕，孤緒微茫接董生"（《清代學術概論·二十二》，P64）；筆者認為，這些特別類比"莊氏學術於董仲舒"的論述，並非偶然。

馮曉庭在《莊存與的〈春秋〉學述論》一文中，比對《春秋正辭》文句發現，舉凡三傳載錄之經文各有岐異時，《春秋正辭》引用之經文竟有採用《左傳》、《穀梁傳》的情況，而非想當然爾的《公羊傳》。筆者認為，《方耕學案上》指出莊存與："講筵《春秋》則主公羊董子，略采左氏、穀梁氏及宋元諸儒之說"，是非常值得注意的線索。以往學界因為莊存與在常州公羊學中的地位，以及其後輩劉逢祿、宋翔鳳、凌曙等人，都被認為是"純粹的今文學家"（周予同語），致使關於莊存與春秋學之研究，多只是在何休以降，公羊學者遵循何氏《公羊經傳解詁》，所謂傳統公羊學的脈絡裡作討論，未曾注意到莊氏之學"主公羊董子"、"略采左氏、穀梁氏及宋元諸儒之說”這個部分。

莊存與“兼採三傳”的釋經風格，在莊氏之後，不見於劉逢祿，而見於孔廣森。但是“孔廣森與莊存與之師承關係，對孔氏學術見解之形成是否有關鍵性影響?”學界卻仍然普遍存疑。

楊向奎先生在《清儒學案新編（四）·巽軒學案》提到：“莊存與首先發現《公羊》，但沒有發現何休，孔廣森發現了何休，又偏離了何休，自有其三科九旨，遂使多變的《公羊》變作保守落後的《公羊》”(P92)。筆者認為，關於莊氏與何休，更為精準的說法應該是：莊存與“選擇了董仲舒，而沒有選擇何休”。姑且不論《公羊》是否如楊氏所言“變作保守落後的《公羊》”，這一連串由莊存與而下，晚清公羊學裡隱含之種種問題，的確因“方法論”的反省，使得儒學研究被看到了不同於以往的新命題。

馮曉庭氏認為莊存與關於《春秋》學的三部專著：“在《春秋》經以及《公羊》學的詮釋與發揮方面，並沒有過人的貢獻”、“可能是教授皇子的講義，在當時實質的經世作用，高於經學的弘揚作用”。蔡長林近年來投身常州莊氏之學的研究，他也指出：“科舉儒學所陳設之‘庸俗理學’，乃儒學意識型態構成之最大成色”，並主張“對科舉儒學重作價值思考，並以此角度釐清常州莊氏學術之內涵”(《常州莊氏學術新論》)。

筆者以為，馮、蔡二人以“經世”、“庸俗”對莊存與學術所揭舉的研究方向，雖然一針見血地說出終身仕宦于皇家的“莊氏學術”所呈現的特質。但有關於公羊學內部脈絡、或者說是《春秋》學史上，諸如莊存與之解經方法、莊存與如何主董子之說，又為何必須“秘不示人”等若干疑問，卻仍未解決。

支偉成《清代樸學大師列傳》描述“常州學派”為“自武進莊

方耕始治《公羊》……不落東漢以下，一門並承其緒。申受、于庭復從而張之，海內靡然”；以往學界對於“不落東漢以下”的理解，注意力多朝向漢學、宋學之別，以為莊氏講求微言大義，不走考據訓詁，即是“不落東漢”。而未曾著意於公羊學內部——西漢董生與東漢何休——同樣重視微言大義，解經方法卻已大不相同。

晚清今文經學學術譜系之種種糾葛，的確尚待釐清；本篇論文有別於以往學界對於莊存與學術之討論，而特別著眼於莊氏《春秋》學之解經途徑；從“方法論”上，探討莊存與和董、何二人學術之關係，除了對莊存與《春秋》學內涵尋求相應的理解，“方法論”的研究足資為“晚清經學”學術史，提供更具體明確的論據，也惟有透過“解經脈絡”之觀察，當代學者在從事《春秋》學研究時，才能同時兼具“經學”與“經學史”的立場，為經世自期的《春秋》學家，勾勒真實而貼切的面貌。

“禮”亡而後《春秋》作

高雄師範大學經學研究所　鄭卜五

提要：孔子認為政治上最高的理想是“天下為公”，宋儒胡安國的《春秋傳》指出：“隱公元年三月，公及邾儀父盟于蔑”，胡安國傳云：“《春秋》大義公天下，以講信修睦為事。而刑牲歃血，要質鬼神，非所貴也”①。（卷一）胡安國明確的指出《春秋》大義在於“天下為公”，要達到“天下為公”，則須綱正矩明，事理通曉，才能“是非分明”。戴君仁先生〈春秋在群經中的地位〉言：“胡氏拈出天下為公為《春秋》大義，不算附會。況《春秋》以明是非為主，是非之極至，必然歸于公。那麼，說明是非推衍到天下為公，也是理所應有”②（p7），戴君仁先生亦主張“《春秋》以明是非為主”，其極至“必然歸于公”，才是《春秋》之教。

---

① 《春秋傳》（宋）胡安國撰三十卷，明正統十二年司禮監刊本，臺北市：中央圖書館縮影室，1 捲盤式微捲；35 糎。

② 《春秋在群經中的地位》收入《春秋三傳研究論集》戴君仁等著，中華民國孔孟學會主編，台北：黎明文化事業出版，1981 年 1 月初版。

孔子編修《春秋》的目的，真如孟子所謂的“《詩》亡而後《春秋》作”嗎？而《春秋》的作用只是為了“褒貶諷譽”、“抑惡向善”為宗旨嗎？本文期盼釐清孔子編修《春秋》的真實目的，及《春秋》真正的作用為何？以回歸孔子編修《春秋》的實質意涵。

關鍵字：《春秋》 是非 禮 “《禮》亡而後《春秋》作”

一、從“三傳”引《詩》情形看《春秋》的性質

我們可以從“三傳”引《詩》情形來看《春秋》的性質到底為何！筆者檢視《穀梁》經傳全文，竟然沒有一個“詩”字，更不用說引《詩經》以闡《春秋》“大義”了。其次再檢視《公羊》經傳全文，僅得“經”中一見、“傳”中一見。

《公羊傳》襄公十三年經云：“夏，取詩。”《公羊傳》曰：“詩者何？邾婁之邑也。曷為不繫乎邾婁？諱亟也。”[①] （第 19—21 卷，p0252）

《經》中所記載的這個“詩”字，是地名，所以經云“夏，取詩”，而《公羊傳》注云“詩者何？邾婁之邑也”，這個“詩”是邾婁國的地名，所以在《公羊傳》中僅僅出現的這一個“詩”字，和《詩經》一點的關係也沒有，只是個“地名”而已。不但如此，在《穀梁》經傳中此條則為：《穀梁傳》襄公十三年經云：“夏，取寺。”所謂的取“寺”，是攻取“寺”這個地方，所以《穀梁傳》無注，因為“寺”只是指“寺”這個地方，所以《穀梁傳》連注都懶的注，可見《公羊傳》中的這個“詩”地，即是《穀梁》經傳中的“寺”

① 《春秋公羊傳注疏》，（漢）公羊壽傳，（漢）何休注，（唐）徐彥疏，臺北：藝文印書館，1993 年。以下所引《春秋公羊傳注疏》皆以《公羊傳》稱之，以下所引《公羊傳》內文，僅於引文之後標註頁碼。

地，是知《公羊傳》中的“詩”地與《詩經》毫無關係。《公羊傳》襄公十三年經云：“夏，取詩”與《穀梁傳》襄公十三年經云：“夏，取寺”，而《左傳》襄公十三年經云：“夏，取邿”，杜預注：“邿，小國也。任城亢父縣，有邿亭。”邿也是當地名。《公羊傳》、《穀梁傳》與《左傳》之所以有“詩”、“寺”與“邿”之差異，當是魯語與齊語的讀音不同，所產生的異字。[①]

然而在《左傳》中則徵引《詩經》以酬賓、言志、吟詠等的運用比比皆是，有一百四十處以上引用《詩經》的內容[②]，以規善、譬喻、讚頌、警示、說理、詠物等。《左傳》在隱公元年“鄭伯克段於鄢”中引《詩》曰“孝子不匱，永錫爾類”，是引《詩經》以規善；又《左傳》在桓公六年“齊侯欲以文姜妻鄭太子忽”，太子忽辭，人問其故，太子曰：“人各有耦，齊大，非吾耦也。”《詩》云：“‘自求多福’在我而已，大國何為?”是引《詩》以警示；《左傳》在襄公十四年“楚子囊將死遺言：‘必城郢’”，將死，不忘衛社稷，可不謂忠乎？忠，民之望也。《詩》曰“行歸於周，萬民所望”，是引《詩》以讚頌，《左傳》文中諸如此類，不勝枚舉。這種現象只是代表東周時期人與人接觸常引《詩經》以言事務或以表其志之功用。

如果就《春秋》經本身來看，僅有《公羊傳》中的《經》用過一次“詩”字，但只是作“地名”用，而《公羊傳》也是為了要注《經》所載記，所以也僅出現一次“詩”字以注地名。而在《穀梁傳》的經傳中則根本沒出現過“詩”字；而《左傳》經文中亦未見

① 詩，書之切；寺、邿，書之切，中古同音。“邿”當為地名之本字。

② 經查檢《左傳》共有一百四十五處引用《詩經》的內容。

詩字。這也透露出，從“三傳”引《詩》情形看《春秋》的性質[①]，《春秋》經的文本與《詩經》的關係並無關聯性[②]。

二、“《詩》亡然後《春秋》作”的商榷

歷來的學者都以孟子言“《詩》亡然後《春秋》作”，來說明孔子作《春秋》的目的，是因為《詩》的諷譽功能已經喪失，且已無採詩之官採詩以諷諫時政，因此孔子才會繼《詩》之亡而作《春秋》加以諷諫。如按孟子之言的前後文意來看，則孟子所言“《詩》亡然後《春秋》作”的原意，與後世學者引以稱說為孔子作《春秋》的目的，則尚有待釐清的必要，在《孟子·離婁下》云：

> 王者之跡熄而《詩》亡，《詩》亡然後《春秋》作，晉之《乘》、楚之《檮杌》、魯之《春秋》，一也。其事則齊桓、晉文，其文則史。孔子曰：“其義則丘竊取之矣。”[③]（p0145）

---

① 本節以“從‘三傳’引《詩》情形看《春秋》的性質”為標題，是以“引《詩》情形”而直接以統計學的比對方式來分析，標題所以不用“與《詩》關係”為標題，是為了避免討論《左傳》傳不傳經的千古糾纏問題。傳不傳經是西漢末，東漢初為了爭奪設立博士學官而引起的，今日之人不需要替古人去背這個糾纏不清的枷鎖，更不應該將自已活回東漢，三傳都是重要的知識寶庫，重要的是當如何粹取其精華精神，以為當世之用，讀書才是有用的。

② 若以孔子對《詩經》的看法，就《論語·泰伯》云“孔子曰：興於《詩》，立於《禮》，成於樂”所言“興於《詩》”是指《詩》有激盪內心澎湃的作用。《論語·季氏》對鯉言：“不學詩無以言”，是指《詩》有言志舒懷的功用。《論語·子路》云：“誦詩三百，授之以政，不達；使於四方，不能專對，雖多，亦奚以為。”是指《詩》是要用於應對進退的對答。

③ 《孟子注疏》，（漢）趙岐注，（宋）孫奭疏，臺北：藝文印書館，1993年。以下所引《孟子》內文，僅於引文之後標註頁碼。

這裡所謂的"《詩》亡然後《春秋》作"的《春秋》，是與"晉之《乘》、楚之《檮杌》、魯之《春秋》，一也"，排在一起的，可見孟子所言之"《詩》亡然後《春秋》作"的《春秋》，是指《詩》以載史的功能亡逸後，《詩》史的功能已被各國史記所取代，所以孟子對孔子講授的《春秋》底本之形式架構，也認為是一本"史"書[①]，當然不用懷疑，因為孟子說的很清楚"其事則齊桓、晉文，其文則史"，不過孟子用了一句伏筆"孔子曰：'其義則丘竊取之矣。'"，其實也可看出孔子取用魯國之"史事"加以釋解"禮義"之準則，以闡"王道"敦化的用心，將史料賦以"人文教化意義"的關懷，以口述闡明的方式來教導學生，這種"口述《春秋》"即是闡揚經世致用的史籍"經義"。

但是孟子所謂的"《詩》亡然後《春秋》作"是何指？真的是"《詩》亡"了，孔子才作《春秋》嗎？孟子這麼一說把很多人的思維全拉到《詩》的"諷刺"作用上去，而認為《春秋》就是孔子用以褒貶諷譽的，更有人將《春秋》視為"刑書"，當然這不能怪孟子，在這裡孟子只是要強調《春秋》"褒貶規善"的警示作用，所以《孟子·滕文公下》說：

昔者禹抑洪水而天下平，周公兼夷狄、驅猛獸而百姓

---

① 孔子用以教導學生的魯國近代史《春秋》，當是孔子編修過的教材底本，是根據魯史作"修正"而成的，這是孔子口述《春秋》的底本，而孔子學生個個所記載的孔子闡明《春秋》的口述，便是《公羊傳》、《穀梁傳》、《鄒氏》、《夾氏》等類的傳，即是孔子的《口述春秋》。

寧，孔子成《春秋》而亂臣賊子懼。《詩》云："戎狄是膺，荊舒是懲；則莫我敢承。"無父無君，是周公所膺也。我亦欲正人心、息邪說、距詖行、放淫辭，以承三聖者。豈好辯哉？予不得已也。能言距楊墨者，聖人之徒也。

在此段引文裡，孟子將大禹、周公、孔子三人所作的事，都說成鎮邪避魔的照妖鏡一般，其實孟子所要強調的是他對楊、墨的排拒，就如同禹、周公、孔子三人一樣的苦心，孟子最後才說出他最想說的話"豈好辯哉？予不得已也"。如果將孟子的"孔子成《春秋》而亂臣賊子懼"這一句話獨立出來看，孔子就變成掌握最後審判的上帝或天公了，其實這只是孟子運用的一句強烈形容辭罷了，孔子作《春秋》時可能根本沒有這樣想過吧！所以孟子認為《春秋》重在"諷譽"，也只是《春秋》的成份之一而已，《春秋》絕非旨在"諷譽"，因此"《詩》亡然後《春秋》作"，並非是《春秋》的最高宗旨。故《史記·太史公自序》言："《春秋》采善貶惡，推三代之德，褒周室，非獨'刺譏'而已也。"

太史公深恐世人誤解孔子作《春秋》的旨意，因此明白的表示《春秋》"非獨'刺譏'而已也"，其記事明經"采善貶惡"的目的，旨在恢復"王綱禮制"，太史公明確指出《春秋》旨在"推三代之德，褒周室"的"大一統"精神。

再回顧一下《孟子·離婁下》所言："王者之跡熄而《詩》亡，《詩》亡然後《春秋》作，晉之《乘》、楚之《檮杌》、魯之《春秋》，一也。其事則齊桓、晉文，其文則史。孔子曰：'其義則丘竊取之矣。'"(p0145) 已論說過，歷來的學者都以孟子"《詩》亡然後《春秋》作"，是孔子作《春秋》的主要原因，因為東周時《詩》的"諷譬”功能已經喪失，且已無採詩之官採詩以諷諫，因此孔子痛《詩》之諷諫功能亡失，而作《春秋》以繼《詩》之“諷諫褒貶”作用。

然而《史記·太史公自序》曰“夫《春秋》，上明三王之道，下辨人事之紀，別嫌疑，明是非，定猶豫，善善惡惡，賢賢賤不肖，存亡國，繼絕世，補敝起廢，王道之大者也”，究其根由仍然是為了教導學生，如何“處人事”、“行王法”、“敦心性”以培育人才，為社稷之用。

若以樸實的心態來看孔子編《春秋》的目的，當是用以教導學生“近代史觀”的教本，在教學中所舉的“史事”主要是為學生“解惑”，也要培養學生分辨的能力，尤其是對人事的複雜，人心的詭異，因此睿智的孔聖人，就要幫學生剖肌分理的指導學生如何“別嫌疑以定猶豫”，學生有正確的事理認知，才能洞澈讀歷史的意義，是在明白“王道的普化”及“人事的是非對錯”，接著還須舉證“史事”以證成“教化”之功，讓學生能自已明辨“是非善惡”，以完成“君子”的人格。如以實用的思維來看，孔子編《春秋》一則是教“近代史”用，再則是“別嫌疑以定猶豫”，三者是“明王道以辨人事”，四者是“借史事以論是非”，五者是“明是非以成君子”，最終的目的則在“論先王之道而明周、召之跡”，以達“王道之術”。所以在《孟子·離婁下》云：“其事則齊桓、晉文，其文則‘史’。孔子曰：‘其義則丘竊取之矣。’”孟子清礎的指出孔子作《春秋》，所記錄的“事”則如“齊桓、晉文”之行事史蹟；所以《春秋》的文本則是“史”書記錄的形式；至於“史”料中“三王之道”、“人事之紀”的“王綱禮制”之義，孔子則粹取其史事的“禮義”精神，引為經世致用的王道“經”義，以教導學生“王道之術”的教材。

孔聖人樸樸實實的運用魯國“近代史事”，來教導學生的“智能”與“品格”，將“歷史”賦予“哲理”的生命，將“史料”寄寓成“經典”的精神，孔子倡導遵循“王綱禮制”以明綱紀、行禮義、正民心、敦風俗來教化世人，方能“別嫌疑，明是非，定猶豫”，獎勵“善善、賢賢”，貶斥“惡惡、不肖”，欲振東周混亂世局，以期“補敝起廢”。孔子悲天憫人的關懷，存亡繼絕的胸襟，寓寄於教學之中，這種“濟倫常、舉廢禮、行王道、講學術”的風範，確實是後世學者之典範，值是萬世的“至聖先師”。

孔子把《春秋》當作教授學生的教材，將《春秋》中紀錄的許多政治事件，用以論議時事，是發明道義最好的事實依據。《公羊傳》所紀錄的那些“大義”其實都是孔子口授的話語，而那些所謂的“微言”即是《春秋》的文本，是孔子對學生說解字意時的手訂本字句，孔子一一的解說《春秋》文本的每一個字、每一個詞，應當如何理解，其“精神意義”在那裡，合不合“王綱禮制”；將“子弒其父”、“臣弒其君”的邪說暴行一一的指明出來，並且詳細的剖析其心理，將“人心深沉的隱瞞”攤在所有學生的面前，無怪乎孔子要說：“《春秋》，天子之事也”；是故孔子曰：“知我者，其惟《春秋》乎！罪我者，其惟《春秋》乎！”（《孟子・滕文公下》）。

另外尚須附帶一提的是，魯定公十三年（西元前497年）孔子五十五歲，《論語．微子》言：“齊人歸（饋）女樂，季桓子受之，三日不朝”，孔子對魯國專權大夫失望，遂去魯適衛。當孔子周遊列國未能得其用時，在魯哀公十一年（周敬王三十六年）（西元前484年）孔子六十八歲，季康子派公華、公賓、公林以幣迎孔子歸魯，孔子自去魯訪問列國諸侯，顛沛流離凡十四年，至此才算結束。歸魯後孔子致力於講學，闡揚六藝要義，培養學生德性、政事、言語、文學諸智能，以為出仕之用。史載魯哀公十四年《春秋》經云：“西狩獲麟”，《公羊傳》載：“孔子曰：吾道窮矣”，孔子七十一歲因獲麟而《春秋》絕筆，孔子卒於魯哀公十六年夏四月己丑日，享年七十三歲，葬於魯城北泗水邊，時當為周敬王四十一年。

孔子以魯國《史記》編為《春秋》以講授魯國的近代史，當非孔子六十八歲返魯後才開始修編。孔子三十四歲時在學業上已奠定了堅實的基礎，在此前後，便開始收徒講學，創辦民間私學教育，此期間教學的重點當重在“官制”、‘禮儀’的講述，這年孟僖子將死，囑其二子孟懿子與南宮敬叔向孔子“學禮”①。魯定公五年（周敬王十五年）（西元前 505 年）孔子四十七歲，六月，魯國季孫意如（季平子）卒，其家臣陽虎囚其子季孫斯（季桓子），而專權魯政。《論語·陽貨》言：陽虎欲見孔子，孔子不見，於是饋孔子豚，欲待孔子拜謝時以見孔子。孔子不想見陽虎，打聽得陽虎不在時方前往拜謝，但不巧在路上二人相遇。陽虎勸孔子出仕，孔子雖口頭上答應，但終不仕，反而退修《詩》、《書》、《禮》、《樂》，以教弟子，《史記·孔子世家》曰：“孔子以《詩》、《書》、《禮》、《樂》教弟子，

① 孟懿子就是孟孫氏的後代。他的父親是孟僖子仲孫貜。《春秋》昭公七年，《左傳》說，孟僖子將死，召其家臣，遺囑何忌從孔子學禮。是知懿子在孔門有弟子名分。但《弟子傳》裡沒有懿子，《論語》此章之注，只說懿子是魯大夫，不說是孔子弟子。《左傳》記此條於昭公七年，即公元前 535 年，是年孔子十七歲，故《世家》稱“孔子年十七”，“懿子及南宮敬叔往學禮焉”。但孟僖子卒於魯昭公二十四年二月，蓋《左傳·昭公七年》記孟僖子生病時，連帶敘述了他死時的話，太史公可能未做細查，以爲學禮之事即在此年。實際上，昭公七年，孔子年僅十七，而孟懿子及南宮敬叔尚未出生，學禮之事根本不可能（見崔述《〈史記〉言懿子、敬叔學禮于孔子年十七時之謬》，《洙泗考信錄》卷一）。故梁玉繩《史記志疑》稱：“此是史公疎處”。因孟僖子卒於魯昭公二十四年，是年孔子三十四歲，而南宮敬叔年僅十三歲。

蓋三千焉，身通六藝者，七十有二人，顏濁鄒之徒，頗受業者甚眾，孔子以文、行、忠、信。絕四：毋意、毋必、毋固、毋我”，來教導學生（p771），推行民間私人講學的風氣。《論語・述而》載孔子言：“不義而富且貴，於我如浮雲”，可見孔子在四十七歲尚未周遊列國時，已經為了授徒而編修《詩》、《書》、《禮》、《樂》等教材，此時孔子是否有以《易》與《春秋》教學則無明文記載，但六藝之學為當時的普遍學科，孔子亦當採用，而孔子以魯國《史記》用為講授近代史的《春秋》教材，亦當於此時即已開始，經過周遊列國的經歷及考察，則不斷賦予《春秋》教材豐富的內涵，當孔子自衛返魯後才再作一次總修編，以作為教學之用，孔子七十一歲因獲麟而《春秋》絕筆。

三、孔子鑑古開新，“徙義”、“復禮”、訂《春秋》

“六經”是儒家最提倡的典籍，也是中華文化精神之依託，孔子周遊列國，未能伸展其志，在《論語・述而》云：“德之不修，學之不講，聞義不能徙，不善不能改，是吾憂也”，因此夫子自衛國返魯，重新編修六經以教學，《史記・孔子世家》云：“孔子之時，周室微而《禮》、《樂》廢，《詩》、《書》缺。追蹤三代之禮，序《書傳》，上紀唐虞之際，下至秦穆，編次其事。”故知孔子處於周王朝衰頹的時期，周室所建立的“禮樂”制度已經走入頹廢之境，周室的武功不振，文治不修，造成《書傳》殘缺，歌《詩》佚亡，孔子不忍文化沉淪，因此“追蹤三代之禮”，取自“唐虞之際，下至秦穆”之時，“編次其事”，排列其序以修訂成《書傳》。

《史記・太史公自序》也說：“幽厲之後，王道缺，禮樂衰，孔子修舊起廢，論《詩》、《書》，作《春秋》，則學者至今則之。”是知孔子是因“王道缺，禮樂衰”而“修舊起廢”，編修了《詩》、《書傳》與《春秋》。《史記·孔子世家》云：“孔子之時，周室微而《禮》、《樂》廢，《詩》、《書》缺。追蹤三代之禮，序書傳，上紀唐虞之際，下至秦繆，編次其事……故《書傳》、《禮記》自孔氏。”(p741)，是說明孔子曾編次《書傳》、《禮記》二書。《孔子世家》又云：

孔子語魯大師：“樂其可知也。始作翕如，縱之純如，皦如，繹如也，以成”、“吾自衛反魯，然後樂正，雅頌各得其所”。古者詩三千餘篇，及至孔子，去其重，取可施於禮義，上采契、后稷，中述殷周之盛，至幽厲之缺，始于衽席，故曰：“關雎之亂以爲風始，鹿鳴爲小雅始，文王爲大雅始，清廟爲頌始”。三百五篇孔子皆弦歌之，以求合韶武雅頌之音。禮樂自此可得而述，以備王道，成六藝。[1](p742)

又《史記·儒林列傳》云：

太史公曰：余讀功令，至於廣厲學官之路，未嘗不廢書而嘆也。曰：嗟乎！夫周室衰而關雎作，幽厲微而禮樂

① 見《史記·孔子世家》卷四十七第十七。《史記會注考證》，（漢）司馬遷撰，（劉宋）裴駰集解，（唐）司馬貞索隱，（唐）張守節正義，（日本）瀧川龜太郎注，臺北：宏業書局有限公司，1992年。以下所引《史記》內文，僅於引文之後標註頁碼。

壞，諸侯恣行，政由彊國。故孔子閔王路廢而邪道興，於是論次《詩》、《書》，修起《禮》、《樂》。適齊聞韶，三月不知肉味。自衛返魯，然後樂正，雅頌各得其所。世以混濁莫能用，是以仲尼干七十餘君無所遇，曰“苟有用我者，期月而已矣”。西狩獲麟，曰“吾道窮矣”。故因史記作《春秋》，以當王法，其辭微而指博，後世學者多錄焉。[①]（p1253）

太史公更清楚地指出周室衰微“諸侯恣行，政由彊國”，孔子憂憫王道廢馳而邪説紛興，因此“去其重，取可施於禮義”者，“編《詩》、《書》，正《禮》、《樂》，修《春秋》”，更認為五經都是經由孔子所編修而成，太史公並記載孔子“適齊聞韶”陶然於“韶樂”之中，而三月不知肉味，且於從衛返魯後，將雅頌的篇章作編序，“禮樂自此可得而述，以備王道，成六藝”，使得樂章的使用功能各得其正。

因世事混濁，諸國莫能採用孔子的治術，縱然孔子認為採用他的方法治國，只要一個月就能見其績效，但是孔子“干七十餘君”仍未遇到知音的國君。又見“西狩獲麟”認為道以窮矣，便依據魯國《史記》編訂王綱而成《春秋》，以施於荏蓆，後世學者多以孔子《春秋》為教學藍本。由《史記》的講述可以得知孔子編修五經的幾個因由：

（一）因周室衰頹，禮崩樂壞，詩書散缺，所以孔子編修之。

① 見《史記·儒林列傳》卷一百二十一第六十一，p1253。

（二）孔子干七十二君無所遇，自衛返魯，恐其道之窮，遂發奮編修典籍。

（三）回到魯國孔子以教書授徒為業，總得有一套教本，以便於教學，因此編修六藝典籍。

（四）孔子教學《詩》、《書》、《禮》、《樂》、《易》都有典籍可取用[①]，但孔子回到魯國教書，當然是教魯國“史記”的《春秋》最為適當，孔子便截取魯隱公之後，到他生活期間的魯哀公之“近代史”來教導學生，這樣的安排當然是最適當的，有時講到國際大事時，需要參考百二十國寶書來相互證成，即是《春秋》成書之一因。

（五）孔子晚年，學生顏回、子路相繼而亡，引起孔子莫大的傷痛，又因“西狩獲麟”，讓孔子深感“道窮”，“故因史記作《春秋》，以當王法”來講述“禮義”準則，而“其辭微而指博”，因此後世的學者多學習這種《春秋》的義法。

太史公認為《春秋》最主要的目的在於“以當王法”，所謂的“以當王法”即是“公正”的分辨“是非”，以作為施政天下的法則。

《莊子·天下》篇有云：

> 古之人其備乎！配神明，醇天地，育萬物，和天下，澤及百姓，明於本數，係於末度，六通四辟，小大精粗，其運無乎不在，其明而在數度者，舊法世傳之史尚多有之。其在於《詩》、《書》、《禮》、《樂》者，鄒、魯之士搢紳先生多能明之。《詩》以道志，《書》以道事，《禮》以道行，

① 孔子之時《尚書》仍無定本。

《樂》以道和，《易》以道陰陽，《春秋》以道名分。其數散於天下而設於中國者，百家之學，時或稱而道之。(p1066)①

《莊子・天下》篇則認為古人做事完備，無論“六通四辟，小大精粗”都能“明於本數，係於末度”，詳詳細細的保存在“舊法世傳之史”當中，將這些先人智慧的結晶，“其運無乎不在，其明而在數度者”巨細靡遺的記載於史冊之中。而先人遺留下來的智慧在《詩》、《書》、《禮》、《樂》者，“鄒、魯”的士紳們“多能明之”，《詩》是言“志”的書籍，《書》是說“事”的書籍，《禮》是教人如何“行儀”的書籍，《樂》是要能“和暢”性情的陶冶，《易》是說明陰陽消長的變化，而《春秋》則是在“正名”份之“是非”，《春秋》經由“屬辭比事”，所以能“上明三王之道，下辨人事之紀”。這些典籍溥傳於天下，中國百家之學也時常稱說五經的道理，可知在先秦之前，六藝教材是被選為士子讀書的共同課業。

《莊子・天下》篇先言《詩》、《書》、《禮》、《樂》四者是鄒、魯搢紳常備的教材，莊子在說明各書的用途時才又把《易》與《春秋》拉進來，可見《易》與《春秋》這二種教材並無制式的教本，可能各家教學時，所採用的各有不同版本。莊子的舉措是可理解的，當時《易》有周易、連山、歸藏，“史”有“魯之春秋、晉之乘、楚之

---

① 《莊子集釋》，（周）莊周撰，（清）郭慶藩集釋，王孝魚整理，臺北：木鐸出版社，1983 年，以下所引《莊子》內文，僅於引文之後標註頁碼。（又《莊子集釋》，（周）莊周撰、（清）郭慶藩集釋，臺北：河洛圖書出版社，1980 年。又《莊子》，郭象注，台北：藝文，1983 年。）

檮杌”，各國教導歷史當以本國為主，並無可厚非。

荀子也是敬愛這套“六藝教材”，在《荀子·勸學》中特別稱許其功能，他說：“學莫便乎近其人。《禮》、《樂》法而不說，《詩》、《書》故而不切，《春秋》約而不速。方其人之習君子之說，則尊以遍矣，周於世矣。故曰：學莫便乎近其人。”① (p0008) 荀子在此沒談到《易》的教材，《易》與卜筮有關，《周易》十翼緣孔子以言義理，在《論語》中孔子幾乎沒談到《易》② 之意涵，從上可知孔子確實編修過“五經”是無庸置疑的事。

所以《莊子·天運》云：孔子謂老聃曰：“丘治《詩》、《書》、《禮》、《樂》、《易》、《春秋》六經，自以為久矣，孰知其故矣；以干者七十二君，論先王之道而明周、召之跡，一君無所鉤用。”(p0531) 莊子引用孔子與老子之對話中，明確的指出孔子“治”六藝之學已經很久，所以能深知六經之旨意，在於“論先王之道而明周、召之跡”，然而干七十二君，竟然無一君肯採用“王道之術”。莊子所謂孔子“治”六經，“治”當指“研習整理”六經，更詳細的顯現出孔子與六經的關係，是以粹取六藝中“王道之術”的精神，欲以行諸於當世。

四、《春秋》功能之旨在“明是非、別善惡”

《史記·太史公自序》載：

---

① 《荀子集解》(周) 荀卿撰，(清) 王先謙集解，臺北：藝文印書館，1994 年，以下所引《荀子》內文，僅於引文之後標註頁碼。

② 《論語·述而》“假我數年，五十以學《易》(一本作“亦”)，可以無大過矣”，就只有這樣而已。《論語注疏》(魏) 何晏注、(宋) 邢昺疏，臺北：藝文印書館，1993 年。以下所引《論語》內文，僅於引文之後標註頁碼。

> 上大夫壺遂曰："昔孔子何為而作《春秋》哉?"太史公曰："余聞董生曰：'周道衰廢，孔子為魯司寇，諸侯害之，大夫壅之。孔子知言之不用，道之不行也，是非二百四十二年之中，以為天下儀表，貶天子，退諸侯，討大夫，以達王事而已矣。'子曰：'我欲載之空言，不如見之於行事之深切著明也。'夫春秋，上明三王之道，下辨人事之紀，別嫌疑，明是非，定猶豫，善善惡惡，賢賢賤不肖，存亡國，繼絕世，補敝起廢，王道之大者也。"(p1337)

上大夫壺遂問太史公："孔子何為而作《春秋》?"太史公認為孔子編修《春秋》有其寓義，所以引董仲舒之言以說釋《春秋》成書之始末，董仲舒認為"周道衰廢，孔子為魯司寇，諸侯害之，大夫壅之"，而孔子深知他所提倡的"忠恕"之"仁"道，難於施行於天下，所以孔子編修魯史"是非二百四十二年之中，以為天下儀表"，將天道、王法、人倫都含蓋其中，董仲舒並引孔子的話說"子曰：'我欲載之空言，不如見之於行事之深切著明也。'"董仲舒更詳細說明孔子之意，他說"夫春秋，上明三王之道，下辨人事之紀，別嫌疑，明是非，定猶豫，善善惡惡，賢賢賤不肖，存亡國，繼絕世，補敝起廢，王道之大者也"。太史公指出：董仲舒認為孔子在當魯司寇時，已深確的感受到"周道衰廢"，諸侯專權，大夫用事，孔子知道欲行王道教化已經"言之不用，道之不行"，以其載空言於世，不如將魯國史記"二百四十二年之中"能作為借鑑的"是非"曲直，"見之於行事之深切著明"者，口授於生徒，做為學生們出仕準則的"天下儀表"，以期學生們施行"王道"的教化。

太史公特別強調孔子編修《春秋》目的，旨在“明是非、別善惡”，將二百四十二年之中，魯國發生的重要事件，一一的釐清其“是非”“善惡”，將好的典範，作為“天下儀表”的“禮則”，以濟“周道衰廢”之鄙，以期王道之大化。

太史公認為六藝之書各有其效能及功用，如何去掌握六藝典籍所發揮的功效，正是孔子及先輩們教導學子的旨意。《史記·太史公自序》言：

> 《易》著天地陰陽四時五行，故長於變；《禮》經紀人倫，故長於行；《書》記先王之事，故長於政；《詩》記山川谿谷禽獸草木牝牡雌雄，故長於風；《樂》樂所以立，故長於和；《春秋》辨是非，故長於治人。是故《禮》以節人，《樂》以發和，《書》以道事，《詩》以達意，《易》以道化，《春秋》以道義。撥亂世反之正，莫近於《春秋》。《春秋》文成數萬，其指數千。萬物之散聚皆在《春秋》。《春秋》之中，弒君三十六，亡國五十二，諸侯奔走不得保其社稷者不可勝數。察其所以，皆失其本已。

六藝之學：《易》是載明“天地、陰陽、四時、五行”的現象界萬物生態之和諧，以通於掌握變化徵兆的最好契機，故“《易》以道化”；《禮》是“經紀人倫”講究人際關係的良好互動，最適合於應對進退的人事推行，“故《禮》以節人”；《書》是記載“先王之事”的典範事蹟，對施政事物的處理能作為前車之借鑑，故“《書》以道事”；《詩》廣泛記錄“山川、谿谷、禽獸、草木、牝牡、雌雄”的名目與特性，接近民眾生活的體驗，最適合民風習俗的教化，故

“《詩》以達意”；《樂》是引導性情舒發的節度，也是樂觀進取精神的建立，最適合民眾情緒的疏導及調和，故“《樂》以發和”；《春秋》是辨別“是非”曲直，判斷合不合當時“禮儀”規範的行事，洞察事件存心動機的真偽，事理對錯的準據，最適宜培養民眾真誠耿介的人生態度，讓民眾能“上明三王之道，下辨人事之紀，別嫌疑，明是非，定猶豫，善善惡惡，賢賢賤不肖”，使人心光明正大，才能造就“存亡國，繼絕世，補敝起廢”的棟樑人才，“故長於治人”，所以“《春秋》之教”是“王道之大者也”，因為《春秋》最提倡社會倫常之“禮”義。所有“萬物之散聚皆在《春秋》”書中，可以得到借鏡，所以《春秋》之中記載著“弒君三十六，亡國五十二，諸侯奔走不得保其社稷者，不可勝數”①，這些弒殺亡國的諸侯君臣，都因邪惡動機的行事，及對事理“是非”的混淆不明，喪失自身的定位“禮”份，才會招來滅絕的災禍，所以太史公感慨的說“察其所以，皆失其本已”，這些弒殺亡國的諸侯君臣所喪失的“本”為何呢？察其所以，全在於失其“禮”則本份，才會社稷不保，弒殺流亡。可見《春秋》二百四十二年間，弒君、亡國的事件很多，皆是政治家們喪失了“禮義”之本，所引起的禍端。所以太史公明確指出《春秋》的奧旨在“《春秋》以道義。撥亂世反之正，莫近於《春秋》”。

《論語》中言：孔子說在聽別人諍訟時，文辭可以與和別人共

① 清儒梁玉繩根據《春秋》經傳的記載，重新計算，則是弒君三十七，亡國四十一，與《史記·太史公自序》數目略有出入，不論如何計算《春秋》二百四十二年間，弒君、亡國的事件很多，皆是政治家們喪失了“禮義”之本，所引起的禍端。

享，唯獨至於《春秋》，當“是非”嚴明，一絲不苟。因此孟子認為《春秋》“筆則筆，削則削，子夏之徒不能贊一辭”。而孔子的學生只能“弟子受春秋”領受《春秋》的旨趣，所以孔子說：“後世知丘者以春秋，而罪丘者亦以春秋”。呂大圭《春秋五論》之論一曰：

> 是故唐虞三代之上，天理素明，人心素正，“是非”善惡之論素定，則人之為不善者，又不待刑罰加之，刀鋸臨之，而自然若無所託足於天地間者。世衰道微，天理不明，人心不正，是非善惡之論幾於倒置，然後亂臣賊子，始得以自容於天地之間，而不特在於禮樂征伐之無所出而已也。孔子之作《春秋》也，要亦明是非之理以詔天下與來世而已。“是非者，人心之公理”，而聖人因以明之，則固自有犂然當乎人心者。彼亂臣賊子聞之，固將不懼於身，而懼於心；不懼於明，而懼於暗；不懼於刀鋸斧鉞之臨，而懼於倏然自省之頃；不懼人欲浸淫日滋之際，而懼於天理一髮未亡之時。此其扶天理遏人欲之功，顧不大矣乎！①

呂大圭認為在唐虞三代以前，天理人心，素明素正，人人對“是非善惡”的觀念都有共同的體認，人們只要行事不對，不用等待刑法刀鋸的處罰，就難以立足於天地之間。但到了後世，道德倫常衰微，“天理不明，人心不正”，“是非善惡”的判斷幾乎倒置，這樣

---

① 《春秋五論》，（宋）呂大圭撰一卷，清真州吳氏傳鈔范氏天一閣藏本，臺北市：中央圖書館縮影室（1 捲盤式微捲，35 糎）。又《春秋五論》一卷，（宋）呂大圭撰，上海古籍出版社，1987。

一來那些“亂臣賊子”，才能苟存於天地之間，這已經無關於周室的衰微，“而不特在於禮樂征伐之無所出而已也”。

呂大圭認為孔子之作《春秋》，主要在“明是非之理”，而期盼“以詔天下與來世而已”。呂大圭特別提出“是非者，人心之公理”，公理自在人心，而這個“公理”是經過“禮樂熏陶”，“法則規範”出來的社會共同認知，聖人通曉“禮”、“法”教化人心之所同然者，因此修編《春秋》以“明是非”、正人心。雖然那些亂臣賊子隱身於法律之後，能躲避刀鋸斧鉞的刑責，但難逃於內心的譴責，這正是孔子編《春秋》以“扶天理遏人欲之功”，因此孔子編《春秋》以“別嫌疑，明是非，定猶豫”，教民釐清“善善惡惡，賢賢賤不肖”，是為世世代代“存亡國，繼絕世，補敝起廢”的最佳典籍，所以呂大圭認為《春秋》之教的功績非常偉大。

呂大圭之論，甚為精卓，和董仲舒的辨“是非”，可謂千載同心。可見《春秋》旨在“明是非”。那麼“是非”的準則為何呢？要以何來辨別“是非”呢？孔子的心中當然要有一把“人心之所同然”的尺。

五、“禮”：為“是非”判定的準則

周朝自周公定禮樂，改制度，以“井田”及“宗法”推行於全國，諸侯接奉“禮樂宗法”制度為行事規範，然而到了孔子之時，周室衰微，禮亂樂崩，孔子為了教導學生，施行王道之政，明辨事理的“是非”，首先要糾正世風的“潛禮亂制”，取魯國二百四十二年間的事件，做為教導近代史的史料，而賦於“禮樂宗法”的倫常精神，編修《春秋》以辨天下邪正之“是非”。蘇軾《東坡全集》《春秋定天下之邪正論》曰：

為《穀梁》者曰：成天下之事業，定天下之邪正，莫善於《春秋》，請因其說而極言之。夫《春秋》者，“禮”之見於事業者也。孔子論三代之盛，必歸於“禮之大成”，而其衰必本於“禮之漸廢”。君臣、父子、上下莫不由“禮”而定其位，至以為“有禮則生，無禮則死”，故孔子自少至老未嘗一日不學禮而不治其他，以之出入周旋，亂臣強君莫能加焉。知天下莫之能用也，退而治其紀綱條目，以遺後世之君子，則又以為不得親見於行事，有其具而無其施，設措置之方，於是因魯《史記》為《春秋》，一斷於“禮”，凡《春秋》之所褒者，“禮”之所與也；其所貶者，“禮”之所否也。《記》曰：“禮者所以別嫌明疑，定猶豫也”，而《春秋》一取斷焉。故凡天下之邪正，君子之所疑而不能決者，皆至於《春秋》而定。非定於《春秋》，定於“禮”也。故太史公曰：“《春秋》者，禮義之大宗也”。為人君父而不知《春秋》者，前有纔而不見，後有賊而不知；為人臣子而不知《春秋》者，守經事而不知其宜，遭變事而不知其權。夫“禮”義之失，至於君不君、臣不臣、父不父、子不子，其意皆以善為之而不知其義，是以被之空言而不敢辭，夫邪正之不同也，不啻若黑白，使天下凡為君子者，皆如顏淵，凡為小人者皆如桀跖，雖徵《春秋》，天下其孰疑之，天下之所疑者，邪正之間也。其情則邪而其迹若正者，有之矣！其情以為正，而不知其義以陷於邪者，有之矣！此《春秋》之所以丁寧反覆於其間也。宋襄公疑於仁者也，晉荀息疑於忠者也，襄公不脩德，而疲弊其民以求諸侯，此其心豈湯武之心也哉，獨至於戰則曰：

不禽二毛不鼓不成列，非有仁者之素，而欲一旦竊取其名以欺後世，苟《春秋》不為正之，則世之為仁者相率而為僞也，故其書曰：冬十一月乙巳朔，宋公及楚人戰于泓，宋師敗績，《春秋》之書戰，未有若此其詳也，君子以為其敗固宜，而無有隱諱不忍之辭焉。荀息之事君也，君存不能正其違，浸又成其邪志而死焉，荀息而為忠，則凡忠於盜賊死於私暱者皆忠也，而可乎？故其書曰：及其大夫荀息不然，則荀息孔父之徒也而可名哉？①

蘇軾認為一些研究《穀梁傳》的人常說："成天下之事業，定天下之邪正，莫善於《春秋》"，蘇軾認為這句話相當有道理，特別闡明何以《春秋》能"成天下之事業，定天下之邪正"。蘇軾〈春秋定天下之邪正論〉精確的指出《春秋》所貴者"禮"，而離"禮"則無以言《春秋》，所以他說："定天下之邪正，莫善於《春秋》"，而且"禮"是推動社會，平準人心的要務，蘇軾認為："夫《春秋》者，禮之見於事業者也"，《春秋》是推展"禮"的事業，五倫綱常"莫不由禮而定其位"，因此"有禮則生，無禮則死"，而且孔子每天所奉行的也是這個"禮"，《論語·學而》篇孔子言："禮之用，和為

① 宋英宗在藩邸聞蘇軾名，欲以唐故事召入翰林，宰相韓琦認為不可開此之例。英宗欲召試秘閣，韓琦仍然認為不可。便試以二論《孔子從先進論》及《春秋定天下之邪正論》，還是都被列入三等，只得值史館。三月，子由出為大名府推官。五月二十八 日，妻王弗病卒於京師，年二十七，是時東波年三十歲。（宋）蘇軾《東波全集》一一五卷，附宋史本傳，東坡先生墓誌銘一卷，東坡先生年譜一卷，（宋）蘇軾撰，（宋）蘇轍撰，（宋）王宗稷撰，台北市：台灣商務，1983。又《東波全集》一一五卷。上海市：上海古籍出版社，1987。

貴，先王之道斯為美，小大由之，有所不行，知和而和，不以禮節之，亦不可行也。”所以蘇軾認為“《春秋》，一斷於‘禮’，凡《春秋》之所褒者，‘禮’之所與也；其所貶者，‘禮’之所否也”，蘇軾將《春秋》之要義，闡明的淋漓盡致，可謂孔聖之知音人。

蘇軾特別指出《禮記》所說：“禮者，所以別嫌明疑，定猶豫也”①，也是《春秋》取斷“是非”的準則。“是非”是族群部落中人心之所同然的道理，而“禮”則是釐清親疏遠近，善惡曲直的公器。《禮記·曲禮上》：“夫禮者所以定親疏，決嫌疑，別同異，明是非也。禮，不妄說人，不辭費。禮，不踰節，不侵侮，不好狎。修身踐言，謂之善行。行修言道，禮之質也。”（p0013），“禮”是“定親疏，決嫌疑，別同異，明是非”的最佳尺度，所以“禮”要做到“不踰節，不侵侮，不好狎”，“禮”的本質是在正人心、循規矩，以達“修身踐言”、“行修言道”的安和社會。《貞觀政要》中尚書八座與禮官定議曰：“臣竊聞之，禮所以決嫌疑、定猶豫、別同異、明是非者也，非從天下，非從地出，人情而已矣。人道所先，在乎敦睦九族。九族敦睦，由乎親親，以近及遠。親屬有等差，故喪紀有隆殺，隨恩之薄厚，皆稱情以立文。”② 也是明白的說明“禮”所以能

① 清·阮元《禮記·曲禮上》《十三經注疏》，台北：藝文印書館，p0013。

② 貞觀十四年，太宗謂禮官曰：“同爨尚有緦麻之恩，而嫂叔無服，又舅之與姨，親疏相似，而服之有殊，未為得禮，宜集學者詳議。”尚書八座與禮官定議曰：“臣竊聞之，禮所以決嫌疑、定猶豫、別同異、明是非者也，非從天下，非從地出，人情而已矣。人道所先，在乎敦睦九族。九族敦睦，由乎親親，以近及遠。親屬有等差，故喪紀有隆殺，隨恩之薄厚，皆稱情以立文。”（《貞觀政要》文史第二十八）

“决嫌疑、定猶豫、别同異、明是非”，全在於“因人情以制禮”，人際關係的和諧所先在於“敦睦九族”，由近而遠的推恩，親屬的等差，喪紀的隆殺，全都是隨著恩情的薄厚而立其禮份，因是“禮”才能分辨事理的“倫常紀綱”，故凡天下的“邪正”，君子之所疑惑而不能決定的，都以《春秋》的事例來判定。蘇軾認為“非定於《春秋》，定於‘禮’也”，《春秋》事例是天下的“邪正”的準則，而“禮”又是判定《春秋》事例的是非準據，所以“禮”才會《春秋》奉行的目的。蘇軾更引《史記·太史公自序》所載：“《春秋》者，禮義之大宗也”。以說明《春秋》是最強調“禮之義”的正統書籍。蘇軾又引太史公言：“為人君父而不知《春秋》者，前有纔而不見，後有賊而不知；為人臣子而不知《春秋》者，守經事而不知其宜，遭變事而不知其權。”都是不知《春秋》之故。

蘇軾並且認為：若喪失“禮”義，將會造成君不君、臣不臣、父不父、子不子的狀況，因為邪正的不同，不像黑白那樣容易的分野，邪正之間有時“其情則邪而其迹若正者，有之矣!”同樣的“其情以為正，而不知其義以陷於邪者，有之矣!”所以才要有像《春秋》那樣，不斷的反覆叮嚀，以申說其“邪正”者，而“禮”以斷其“是非”之真偽。

《史記·太史公自序》亦曰：

> 故易曰“失之豪釐，差以千里”。故曰“臣弑君，子弑父，非一旦一夕之故也，其漸久矣”。故有國者不可以不知《春秋》，前有讒而弗見，後有賊而不知。為人臣者不可以不知《春秋》，守經事而不知其宜，遭變事而不知其權。為人君父而不通於《春秋》之義者，必蒙首惡之名。為人臣

子而不通於《春秋》之義者，必陷簒弑之誅，死罪之名。其實皆以為善，為之不知其義，被之空言而不敢辭。夫不通禮義之旨，至於君不君，臣不臣，父不父，子不子。夫君不君則犯，臣不臣則誅，父不父則無道，子不子則不孝。此四行者，天下之大過也。以天下之大過予之，則受而弗敢辭。故《春秋》者，禮義之大宗也。夫禮禁未然之前，法施已然之後；法之所為用者易見，而禮之所為禁者難知。”(p1337)

太史公認為任何的事務，明白其“是非”曲直是最重要的事。好比《易》經所說“失之毫釐，差以千里”，所以明白“禮”的分際是非常重要的事。因此“有國者不可以不知《春秋》”、“為人臣者不可以不知《春秋》”、“為人君父而不通於《春秋》之義”、“為人臣子而不通於《春秋》之義”，所以“不通禮義之旨”，則將君不君，臣不臣，父不父，子不子，“禮”能禁於未然之前，而“法”只能施於已然之後，是知《春秋》之義的重要在於防犯未然，所以說“《春秋》者，禮義之大宗也”，因此筆者認為孔子之編修《春秋》重在推行“禮義”，而非繼《詩》亡的“諷譽”而已，是言：“禮亡而後《春秋》作”。

六、結語

本文是根據《史記》之《太史公自序》、《孔子世家》、《儒林列傳》與董仲舒《春秋繁露》、蘇軾《春秋定天下之邪正論》及呂大圭《春秋五論》所言的孔子《春秋》的性質為論證基礎，透過(1)“從‘三傳’引《詩》情形看《春秋》的性質”以統計分析的方式為舉證的依據；(2)"'《詩》亡然後《春秋》作'的商榷"以釐清後人對孟子"《詩》亡然後《春秋》作"的誤解做說明；(3)"孔子'徙義復禮'成《春秋》"的編修原因作探討；(4)舉證分析"《春秋》功能之旨在'明是非、別善惡'"為目的；(5)"'禮'：為'是非'判定的準則"，由以上五個步驟的論述，來證明"'禮'亡而後《春秋》作"是孔子編修《春秋》的主要用意。

《史記·太史公自序》說："幽厲之後，王道缺，《禮》、《樂》衰，孔子修舊起廢，論《詩》、《書》，作《春秋》，則學者至今則之。"是知孔子是因"王道缺，《禮》、《樂》衰"而"修舊起廢"編次了《詩》、《書傳》、《禮》與《春秋》。

太史公更清楚地指出周室衰微"諸侯恣行，政由彊國"，孔子憂憫王道廢而邪說興，因此"編《詩》、《書》，正《禮》、《樂》，修《春秋》"，五經都是經由孔子所編修而成。《史記·孔子世家》言"三百五篇孔子皆弦歌之，以求合韶武雅頌之音。禮樂自此可得而述，以備王道，成六藝。孔子晚而喜易，序彖、繫、象、說卦、文言，讀易韋編三絕，曰：假我數年，若是我於易則彬彬矣。孔子以《詩》、《書》、《禮》、《樂》教弟子，蓋三千焉，身通六藝者，七十有二人"①。(p771)由《史記》的講述可以得知孔子編修經籍的幾個因由：(一)因周室衰頹，《禮》崩《樂》壞，《詩》、《書》散缺，所以孔子編修之以得其正。(二)孔子干七十餘君無所遇，自衛返魯，恐其道之窮，遂發奮編修六藝典籍，做為解說"王法"的依據。(三)回到魯國後孔子以教書授徒為業，總也得有一套教本，以便於"始

① 見《史記·孔子世家》卷四十七第十七。

于衽席”的教學範本，因此編修六藝典籍。

《莊子·天下》有云：

> 古之人其備乎！配神明，醇天地，育萬物，和天下，澤及百姓，明於本數，係於末度，六通四辟，小大精粗，其運無乎不在，其明而在數度者，舊法世傳之史尚多有之。其在於《詩》、《書》、《禮》、《樂》者，鄒、魯之士搢紳先生多能明之。《詩》以道志，《書》以道事，《禮》以道行，《樂》以道和，《易》以道陰陽，《春秋》以道名分。其數散於天下而設於中國者，百家之學，時或稱而道之。[①]（p1067）

《莊子·天下》篇先言《詩》、《書》、《禮》、《樂》四者是鄒、魯搢紳常備的教學教材，莊子在說明各書的用途時，又提出《易》與《春秋》的學習功能，可見《易》與《春秋》這二種教材，並非有固定的通行本。莊子的舉措是可理解的，當時《易》有周易、連山、歸藏，“史”有魯之春秋、晉之乘、楚之檮杌，各國講述歷史當以本國史例為主，且以近代發生的史事，做為教化“人事、王法”的依據，才能契合各國教學之所需。

孔子教學的教材《詩》、《書》、《禮》、《樂》、《易》都有版本可取用，但孔子回到魯國教書，當然是以魯國“史記”的歷史事務來教學生，孔子以魯國史記，即是莊公七年《公羊傳》所言的“不修

---

① 《莊子集釋》，（周）莊周撰，（清）郭慶藩集釋，王孝魚整理，臺北：木鐸出版社，1983 年。

《春秋》”作底本，再編修成《春秋》作為孔子教導“近代史”的教材，則最為適當。孔子便截取魯隱公之後，到他生活期間的魯哀公之“近代史事”來教導學生，這樣的安排當然是最適當的，有時孔子講到國際事務時，也需要參考其它百二十國寶書來相互證成。

《春秋》託事以“明是非”，而“是非”判定的準則，即是以周王朝所制訂的“禮樂宗法”為王綱制度的準據，所以“禮”是《春秋》判斷“是非”的依據，也是孔子編修《春秋》“以當王法”的旨義所在，因此《史記·太史公自序》引董仲舒言，認為：“《春秋》者，禮義之大宗也”，清礎的指出《春秋》是最能發揚“禮義”的正統典籍，也成了後世“多所錄焉”的準據。

周王朝到了孔子時，雖然周室衰微，禮亂樂崩，孔子仍然認為當遵奉周王朝的“禮樂宗法”制度，作為行事規範的準則，孔子為了教導學生，施行王道之政，明辨事理的“是非”，首先當糾正世風的“潛禮亂制”，因此取魯國史記二百四十二年間的事件，做為教導學生“近代史”的史料，而賦於“禮樂宗法”的倫常精神，編修《春秋》以辨天下邪正之“是非”。而其目的除了教書外，最重要的在於恢復周王朝的“禮”制，因此“禮”才是《春秋》闡揚的宗旨，三傳在判定事件的“是非”時，就都以“禮也”、“非禮也”來作為行事的準據，因此筆者斷言，孔子是因“禮”亡而後《春秋》作。

“禮亡而後《春秋》作”的思維，並不是要顛覆孟子所謂的“《詩》亡而後《春秋》作”，只是要尋找出孔子編修《春秋》的原意，以釐清後世對孟子所言的斷章取義用法。“禮亡而後《春秋》作”的思維並非筆者所創，前賢如董仲舒《春秋繁露》已言，“《春秋》者，禮義之大宗也”，太史公亦主張此說，蘇軾更詳細的申論孔子“因魯《史記》為《春秋》，一斷於‘禮’”的論述，只是前賢們未直接說出“禮亡而後《春秋》作”而已。

參考書目：

《清代學術概論》，梁啟超，臺北：中華書局，1956 年 8 月。臺北：臺灣商務出版社，1966 年。臺北：華正，1984 年。

《史記會注考證》，瀧川龜太郎，臺北：藝文，1972 年。

《董仲舒與西漢學術》，李威熊，臺北：文史哲，1978 年。

《董仲舒》，韋政通，臺北：東大圖書，1986 年。

《董學探微》，周桂鈿，北京：北京師範大學，1989 年。

《董仲舒思想研究》，華友根，上海：社會科學院，1992 年。

《春秋繁露今註今譯》，賴炎元，臺北：商務，1996 年。

《三禮研究論集》，李曰剛等，臺北：黎明，1981 年。

《春秋三傳研究論集》，戴君仁等，臺北：黎明，1981 年。

《周代禮俗研究》，常金倉，臺北：文津，1993 年。

《中國禮俗史》，王貴民，臺北：文津，1994 年。

《中國古代禮儀制度》，朱筱新，臺北：商務，1994 年。

《中國近代思想史論》，王爾敏，臺北：華世，1977 年。

《清代思想史》，陸寶千，臺北：廣文，1978 年。

《中國近代哲學史》，候外廬，北京：人民出版社，1978 年。

《清儒學案》，徐世昌，臺北：世界，1979 年。

《春秋三傳比義》，傅隸樸，臺北：商務，1983 年。

《清末的公羊思想》，孫春在，臺北：商務，1985 年。

《中國經學史》，馬宗霍，臺北：商務，1986 年。

《清代學術史研究》，胡楚生，臺北：學生，1988 年。

《春秋公羊傳要義》，李新霖，臺北：文史哲，1989 年。

《春秋學史》，趙伯雄，濟南：山東教育出版社，2004 年。

《論語訓》，王闓運，湘綺樓全集二十六種，1923 年長沙刊本。

《經學通論》，皮錫瑞，北京：中華書局，1956 年。

《中國近三百年學術史》，梁啟超，臺北：中華書局，1956 年 8 月。

《中國近三百年學術史》，錢穆，北京：人民出版社，1956 年 8 月。臺北：台灣商務印書館，1987 年。

《中國早期啟蒙思想史》，侯外廬，北京：人民出版社，1956 年 8 月。

《從公羊學論春秋的性質》，阮芝生，台大文史叢刊之二十八，1969 年 8 月。

《春秋吉禮考辨》，周 何，嘉新水泥公司文化基金會研究論文第 101 種，1970 年 10 月。

《春秋三傳傳禮異同考要》，李崇遠，嘉新水泥公司文化基金會研究論文第 106 種，1970 年 10 月。

《中國學術思想變遷之大勢》，梁啟超，臺北：台灣中華，1971 年。

《經學歷史》，皮錫瑞，臺北：藝文，1974 年。上海：上海古籍出版社，1995 年。

《清代經今文學術》，李新霖，台灣師範大學國文研究所碩士論文，1975 年。

《春秋公羊通義》（重編皇清經解本），孔廣森，臺北：漢京文化事業公司，1979 年。

《清儒學案》，徐世昌，臺北：世界書局，1979 年 4 月。

《公羊傳的政治思想》，簡松興，台灣師範大學國文研究所碩士論文，1979 年 6 月。

《經學通論》，王靜芝，臺北：國立編譯館，1982 年。

《漢代春秋折獄之研究》，黃源盛，中興大學法律學研究所碩士論文，1982 年 5 月。

《清代思想史》，陸寶千，臺北：廣文，1983 年。

《十三經概論》，蔣伯潛，上海：上海古籍，1983 年 4 月。

《春秋三傳比義》，傅隸樸，臺北：台灣商務印書館，1983 年 5 月。

《春秋大義價值標準之研究》，吳蓮慶，中國文化大學哲學研究所博士論文，1985 年 6 月。

《清末的公羊思想》，孫春在，臺北：台灣商務印書館，1985 年 10 月。

《孔子政治思想論原：以公羊學為基點之研究》，胡元輝，政治大學政治研究所碩士論文，1985 年 6 月。

《清代樸學大師列傳》，支偉成，湖南：嶽麓書社，1986 年。

《春秋要領》，程發軔，臺北：東大，1989 年 4 月。

《何休春秋公羊解詁研究》，張廣慶，台灣師範大學國文研究所碩士論文，1989 年 5 月。

《春秋公羊傳要義》，李新霖，臺北：文津，1989 年 5 月。

《大一統與儒家思想》，楊向奎，長春：中國友誼，1989 年 6 月。

《清代人物傳稿》（上、下），林增平主編，瀋陽：遼寧人民出版社，1990 年。

《春秋史論集》，張以仁，臺北：聯經，1990 年 1 月。

《中國經學史的基礎》，徐復觀，臺北：學生，1990 年 7 月。

《漢代春秋學研究》，馬 勇，成都：四川人民，1992 年。

《公羊學的一統論》，陳素華，輔仁大學中國文學研究所碩士論文，1992 年 6 月。

《公羊傳的正名思想》，陳登祥，輔仁大學中國文學研究所碩士論文，1992 年 6 月。

《中國經學史論文選集》，林慶彰編，臺北：文史哲，1992 年 10 月。

《春秋大事表》，顧棟高，北京：中華，1993 年 6 月。

《春秋復始》，崔適，（續修四庫全書一三一冊，經部春秋類），上海：古籍，1995 年。

《春秋三傳綜合研究》，浦衛忠，（1990 中國社會科學院博士論文），臺北：文津，1995 年 4 月。

《兩漢經學史》，章權才，臺北：萬卷樓，1995 年 5 月。

《公羊學引論》，蔣慶，瀋陽：遼寧教育，1995 年 6 月。

《淩曙公羊禮學研究》，鄭卜五，高雄師範大學國文學系博士論文，1997 年 2 月。

《清代公羊學》，陳其泰，北京：東方出版社，1997 年 4 月。

《劉逢祿及其春秋公羊學研究》，張廣慶，台灣師範大學國文研究所博士論文，1997 年 6 月。

《儒學發展的宏觀與透視—新加坡 1988 年儒學群英會紀實》，杜維明編，臺北：正中，1997 年 7 月台初版。

《熊十力春秋外王學研究》，林世榮，中央大學中國文學研究所博士論文，1999 年 6 月。

《胡安國春秋傳與公羊傳之比較研究》，鄭丞良，中國文化大學史學研究所碩士論文，1999 年 6 月。

《中國學術思想史論叢》，錢穆，臺北：東大，1999 年 7 月。

《新譯春秋穀梁傳》，周何，臺北：三民，2000 年 4 月。

期刊論文：

殷熙仲，《公羊春秋三世說探源》，《中華文史論叢》第四輯，北京中華書局，1963 年 10月。

阮芝生，《從公羊學論春秋的性質》，臺北：臺灣大學文學院刊，1969 年。

林麗雪：《董仲舒的人性論》，《孔孟月刊》十四卷四期，1975 年 12月。

洪廷彥，《評春秋公羊解詁》，《上海圖書館建館三十周年紀念論文集》，上海圖書館印行，1983 年 8 月。

高明、周何，《春秋研究》，《孔孟月刊》十九卷十一期 1981 年 7 月。

張以仁，《孔子與春秋的關係問題商榷》，《中央研究院第二屆國際漢學會議》（手稿影印本），1986 年 12 月。

楊樹藩，《董仲舒的政治思想》，《國立政治大學學報》第二期，1950 年 12 月。

潘重規，《春秋公羊疏作者考》《學術季刊》四卷一期，1955 年 9 月。

賴炎元，《董仲舒的仁義學說》《孔孟月刊》第五卷，第二期，1966 年 10 月。

戴君仁，《漢武帝抑黜百家非發自董仲舒考》《孔孟學報》第 16 期，1968 年 3 月。

戴君仁，《董仲舒不說五行考》《中央圖書館館刊》新二卷二期，1968 年 10 月。

戴君仁，《董仲舒對策的分析》《大陸雜誌》第四十二卷第六期，

1971年3月。

陳　槃，《春秋經與魯舊史》（上、下）《中央日報》1957.4.30；及《學人文史叢刊》2（1959）

潘重規，《春秋公羊疏作者考》《學術季刊》第四卷一期，1962年9月。

陳　槃，《春秋公羊傳辨義》《學術季刊》五卷二期，1967年12月，頁25—37。

阮芝生，《從公羊學論春秋的性質》《臺大歷史研究所》1968年。

鍾彩鈞，《劉逢祿公羊學概述》《第一屆清代學術研討會》高雄：中山大學，1979年。

錢　穆，《中國史學名著——〈春秋〉》，《文藝復興月刊》第2卷第1期。

鄭良樹，《〈春秋事語〉校釋》，《竹簡帛書論文集》，北京：中華，1982年。

呂紹綱，《何休公羊“三科九旨”淺議》，《人文雜誌》，1986年第2期。

周　何，《穀梁傳的仁義觀》，《教學與研究》第十二期，1990年6月。

劉家和，《〈史記〉與漢代經學》，《中國經學史論文選集》上冊，臺北：文史哲，1992年10月。

章權才，《論兩漢經學的流變》，《中國經學史論文選集》上冊，臺北：文史哲，1992年10月。

張廣慶，《從〈春秋公羊解詁〉論何休對賈逵之反擊》，《經學研究論叢》第三輯，臺北：聖環，1995年4月。

姜廣輝，《儒學是一種“意義的信仰”——儒家禮儀與禮義關係再認識》，《第一屆台灣儒學研究國際學術研討會論文集》（上），成大中文系主編，1997 年 6 月。

鄭卜五，《董仲舒與何休對三統、三世、內外說之比較析論》，《政治大學第二屆漢代文學與思想學術研討會論文集》，政治大學中國文學系編印，1999 年 7 月，P171～193.

鄭卜五，《常州公羊學派“經典釋義公羊化”學風探源》，《“乾嘉學者的義理學”研究論文集》，中央研究院中國文哲研究所，2002 年 6 月。

胡楚生，《史法與經例——比較錢大昕及劉逢祿兩篇〈春秋論〉中之見解》，《常州學者的經學研究》，中央研究院中國文哲研究所，2002 年 12 月。

“高宗谅阴三年不言”小考

东京学艺大学 井之口哲也

一、序言

《论语·宪问篇》写道：

子张曰：“《书》云‘高宗谅阴三年不言’，何谓也?”子曰：“何必高宗，古之人皆然，君薨，百官总己，以听于冢宰三年。”①

根据孔子的话，并不仅限于“高宗”，在旧君薨后，新君服丧，所有官吏各司其职，“冢宰”在“三年”中对政治负责。通过以上的文字，尽管可以理解有关服丧期间的政治体制，但是为何仅针对

---

① 现存最古老的《论语》定州汉墓竹简《论语》中，相当于宪问篇的一处（根据河北省文物研究所、定州汉墓竹简整理小组《定州汉墓竹简 论语》[文物出版社，一九九九年七月] 的释文）中写有：

……曰，《书》云“□□□音，三年不言。”何谓也。子曰，何〔必三〕……薨，百官总己，以听于塜宰……

“高宗”提起了“三年不言”这个说法？

本稿旨在对“高宗谅阴三年不言”进行考察。

二、关于《书》的“高宗谅阴三年不言”

实际上在现今流传的《尚书》中并无“高宗谅阴三年不言”一文。唯一作为相类似的语句，在《尚书·无逸篇》中写道：

周公曰：“……其在高宗，时旧劳于外，爰暨小人。作其即位，乃或谅阴三年不言。其惟不言，言乃雍，不敢荒宁。嘉靖殷邦，至于小大，无时或怨。肆高宗之享国，五十有九年。……”①

从现今的《尚书》中，不能确证当时的《尚书》中有“高宗谅阴三年不言”一文。

由此，调查了战国秦汉时代的原始资料之后，发现数例作为当时《尚书》的语句而引用“高宗谅阴三年不言”的例子。例如，在《礼记·丧服四制篇》中有如下记载道：

> 始死，三日不怠，三月不解，期悲哀，三年忧，恩之杀也。圣人因杀以制节，此丧之所以三年。贤者不得过，不肖者不得不及，此丧之中庸也，王者之所常行也。《书》曰“高宗谅阴三年不言”，善之也。王者莫不行此礼，何

① 虽为伪古文，在《尚书·说命上篇》中记有：

王宅忧，亮阴三祀，既免丧，其惟弗言。群臣咸谏于王曰：“呜呼，知之曰明哲，明哲实作则。天子惟君万邦，百官承式。王言惟作命，不言，臣下罔攸禀令。”王庸作书以诰曰：“以台正于四方，惟恐德弗类。兹故弗言，恭默思道，梦帝赉予良弼。其代予言。”

以独善之也？曰：高宗者武丁，武丁者，殷之贤王也。继世即位而慈良于丧。当此之时，殷衰而复兴，礼废而复起，故善之。善之，故载之《书》中而高之。故谓之高宗三年之丧，君不言。《书》曰“高宗谅阴三年不言”，此之谓也。

《尚书大传·说命篇》写道：

《书》曰“高宗梁暗三年不言”，何为梁暗也。传曰：“高宗居凶庐三年不言，此之谓梁暗。”子张曰：“何谓也?”孔子曰：“古者，君薨，世子听于冢宰三年。”不敢服先王之服，履先王之位，而听焉以民臣之义，则不可一日无君矣。不可一日无君，犹不可一日无天也。以孝子之隐乎，则孝子三年弗居矣。故曰“义者彼也，隐者此也”。远彼而近此，则孝子之道备矣。

《春秋繁露·竹林篇》中记载有：

《书》曰“高宗梁暗三年不言”，居丧之义也。

从以上的例子来看，可以知道在当时的《书》中，似乎有“高宗谅阴三年不言”的语句①。

这样，虽然“高宗谅阴三年不言”是以当时的《尚书》为典故引用的语句，但在战国秦汉时代的原始资料中，也有很多例子有虽然引用但并不明示其为《尚书》的语句的情况。例如，在《吕氏春秋·重言篇》中：

> 二曰，人主之言，不可不慎。高宗，天子也。即位谅暗三年不言。卿大夫恐惧患之，高宗乃言曰：“以余一人正四方，余惟恐言之不类也。兹故不言。”古之天子，其重言如此。

《礼记·坊记篇》中写有：

> 《论语》曰，三年无改于父之道，可谓孝矣。高宗云，

---

① 作为“高宗谅阴三年不言”的部分缺省的语句例，在《礼记·檀弓下篇》中：

子张问曰：“《书》云‘高宗三年不言，言乃欢’，有诸？”仲尼曰：“胡为其不然也。古者，天子崩，王世子听于冢宰三年。”

在《汉书·师丹传》中有记载道：

上少在国，见成帝委政外家，王氏僭盛，常内邑邑。即位，多欲有所匡正。封拜丁、傅，夺王氏权。丹自以师傅居三公位，得信于上，上书言：“古者，谅暗不言，听冢宰，三年无改于父之道……”书数十上，多切直之言。

《白虎通·爵篇》中有道：

王制曰：“夫丧三年不祭，唯祭天地社稷，为越绋而行事。”《春秋》传曰：“天子三年然后称王”者，谓称王统事发号令也。《尚书》曰：“高宗谅阴三年”，是也。

三年其惟不言，言乃欢。

《史记·殷本纪》中记有：

帝小乙崩，子帝武丁立。帝武丁即位，思复兴殷，而未得其佐。三年不言，政事决定于冢宰，以观国风。

《史记·鲁周公世家》中有：

其在高宗，久劳于外，为与小人，作其即位，乃有亮暗，三年不言，言乃欢，不敢荒宁、密靖殷国，至于小大无怨，故高宗飨国五十五年。

《淮南子·泰族篇》中有：

高宗谅暗三年不言，四海之内，寂然无声，一言声然，大动天下。

《汉书·王吉传》中记有：

久之，昭帝崩，亡嗣，大将军霍光秉政，遣大鸿胪宗正迎昌邑王。吉即奏书戒王曰："臣闻高宗谅阴三年不言。今大王以丧事征，宜日夜哭泣悲哀而已，慎毋有所发……"

在《论衡·儒增篇》中有记载道：

> 高宗谅阴三年不言。尊为天子不言，而其文言“不言”，犹疑于增。

从上述的例子中我们可以说明的是，“高宗谅阴三年不言”脱离了《尚书》而独立成为常用语句被引用。作为原因，可以说是由于比起《尚书》，《论语》更作为基础性的素养教材而被广为学习①。“高宗谅阴三年不言”这句话，即使是没有学过《尚书》的人，也会通过《论语》的学习，而将其认识为《书》中的语句。所以，这“高宗谅阴三年不言”就有可能通过《论语》的学习，作为基础知识而为众多的学习者所共享，其结果就是作为常用语句而被引用。

三、冢宰的职务

新君服丧的“三年”期间，由“冢宰”来主持政治。这里，我们来确认一下有关“冢宰”原来担任的职务，以及为何其能在新君服丧的“三年”期间主持政治。

《周礼·天官冢宰第一》中写道：

> 惟王建国，辨方正位，体国经野，说官分职，以为民极，乃立冢宰，使帅其属，而掌邦治，以佐王均邦国。

在篇题的贾公彦疏所引郑玄之说（《三礼目录》）中，有说明

---

① 东晋次《后汉时代的政治与社会》（日本·名古屋大学出版会，一九九五年十一月）的第三章《儒学的普及与知识阶层的形成》。

如下：

> 郑目录云，象天所立之官。冢者，大也。宰者、官也。天者统理万物，天子立冢宰使掌邦治，亦所以总御众官，不使主一官之事也。

另外，何晏的《论语集解》中，作为有关《论语·宪问篇》中的“以听于冢宰三年”一处的孔安国的说法，引用了如下语句：

> 孔曰，冢宰，天官卿，佐王治者三年，丧毕，然后王自听政。

在针对《礼记·檀弓下篇》中的一文“仲尼曰，胡为其不然也。古者，天子崩，王世子听于冢宰三年。”的郑玄的注中，写道：

> 冢宰，天官卿，贰王事者。三年之丧，使之听朝。

并且，虽为伪古文，但在《尚书·周官篇》中也有记载：

> 冢宰掌邦治，统百官，均四海。

由此，我们可以明白“冢宰”在“王”（新君）服丧的“三年”间，担任的是辅佐其政治的职务。

但另一方面，在《礼记·王制篇》中写道：

> 冢宰制国用，必于岁之杪。五谷皆入，然后制国用，用地小大，视年之丰耗，以三十年之通制国用。量入以为出。祭用数之仂。丧三年不祭，唯祭天地社稷，为越绋而行事。丧用三年之仂。

由此，可以看出“冢宰”所担任的是管理运用国家预算的职务，在新君服丧期间并不进行祖先的祭祀，而仅仅进行“天地社稷”的祭祀。

不矛盾地理解上述记载的话，是否就是“冢宰”通常担任的是管理与运用国家预算的职务，仅仅在“王”服丧的“三年”间，作为“王”的代理主持政治？如果真的如此，为何运营国家预算的人可以够资格成为“王”的代理人？只能考虑为紧握着国家财政就等于掌握着国家权力。但是，这并不等于此期间的政治是“冢宰”的独裁政治，“冢宰”仅仅是彻底地辅佐新“王”，对新“王”的政治体制构筑作出贡献。

四、为什么高宗“三年不言”

从另一角度来思考“高宗谅阴三年不言”的话，为何仅仅针对高宗有“三年不言”的要求。并不仅限于高宗，这为期“三年”的“谅阴”（服丧），当然应该要求其他的“王”也同样做到。但是为何仅为高宗，并且为何为“三年不言”？作为思考的线索，我们来看一下下述《国语·楚语上》中的记载：

> 灵王虐，白公子张骤谏。王患之，谓史老曰：“吾欲已子张之谏，若何？”对曰：“用之寔难，已之易矣。若谏，

君则曰：‘余左执鬼中，右执殇宫，凡百箴谏，吾尽闻之矣，宁闻他言。’”白公又谏，王如史老之言。对曰：“昔殷武丁能耸其德，至于神明，以入于河，自河徂亳，于是乎三年，默以思道。卿士患之，曰：‘王言以出令也，若不言，是无所禀令也。’武丁于是作书，曰：‘以余正四方，余恐德之不类，兹故不言。’如是而又使以象梦旁求四方之贤，得傅说以来，升以为公，而使朝夕规谏，曰：‘若金，用女作砺。若津水，用女作霖雨。启乃心，沃朕心。若药不瞑眩，厥疾不瘳。若跣不视地，厥足用伤。’若武丁之神明也，其圣之睿广也，其智之不疚也，犹自谓未乂，故三年默以思道。”

如果将“思道”的“道”理解为政治的话，这“三年默以思道”是否就意味着“武丁”（高宗）沉默三年思考有关今后的国家的政治。以此处的《国语·楚语上》的记述或者是前文引用的《吕氏春秋·重言篇》中的“人主之言，不可不慎”，以及《史记·殷本纪》的“思复兴殷”为根据，李民与杨华认为当时的情况是武丁自即位始三年不行政治而静观周围之实情[①]。

此外，关于高宗其“三年不言”的理由，郭沫若与白川静基于

---

① 李民《高宗“亮阴”与武丁之治》（《历史研究》1987年第二期）、杨华《〈谅暗不言〉与君权交替——关于〈三年之丧〉的一个新视角》（杨华《新出简帛与礼制研究》，台湾古籍出版有限公司，2007年4月）。

甲骨文研究指出，其原因在于高宗的语言障碍[①]。但是，高宗即便真有语言障碍，将高宗的“三年不言”仅仅作为语言障碍而理解的话，未免将其含义缩小化了。

《书》中的“高宗谅阴三年不言”的表达，本来确应有其含义，但是由于后世的各种解释，其含义被扩大后却让我们无法找出它的本意，高宗服丧成为君主的再合适不过的典范了。其原因，就像白川静所说的，可以将其归纳为由于《论语·宪问篇》中的孔子的解释加上将其奉为金科玉律的儒者的议论。如果未被《论语·宪问篇》所引用，而仅为《书》中的语句的“高宗谅阴三年不言”，可能并不会如此广泛、长久地为人们所接受。

五、结语

本文并未能讨论所谓的“三年之丧”的问题。这是由于有关“三年之丧”的问题，必须与丧礼一同考虑，会将问题复杂化。作为本文的续篇，将其定作今后的课题。

---

① 郭沫若《驳〈说儒〉》（郭沫若《青铜时代》，人民出版社，1954 年 6 月）、白川静《孔子传》（日本·中央公论社，1991 年 2 月/《白川静著作集六：神话与思想》，日本·平凡社，1999 年 11 月）。

当代儒学范式

——一个初步的儒学改革方案

中国社会科学院哲学研究所 郭 沂

内容提要：儒学虽历经了多种学术形式，但其基本范式可归结为二，即原始儒学和宋明理学。当前儒学发展的使命是建构历史上第三个儒学范式，即当代儒学范式。儒学范式有三大支柱，一是道统论，二是核心经典系统，三是哲学体系。其中，道统论是儒学范式的宗旨，核心经典系统是儒学范式的依据，而哲学体系是儒学范式的实际载体。一个儒学范式的道统论与核心经典系统，是这个范式之下各种哲学体系的共同基础和前提。本文以原始儒学和宋明理学两个范式为背景，尝试性地探讨了当代儒学范式的道统论和核心经典系统。指出，大道兴于对天人之际的追究。而究天人之际，则既可自上而下地“推天道以明人事”，又可自下而上地“究人事以得天道”。由此形成了道之两统，可分别称之为天人统和人天统。宋明理学的历史使命是站在儒学的立场上回应佛教心性之学的严峻挑战，故挺立思孟为代表的天人统，提出道统学说，正是为了满足当时的现实需要。而道之另统，即人天统蕴藏着非常丰富的科学与民主的基因，是我们建构当代新儒学、回应西学挑战的宝藏。所以，担当两系道统，仰受千古圣脉，是建构当代新儒学的根本宗旨。作为前两个儒学范式最主要的确立者，孔子和朱子都将建构儒家核心经典系统作为基础性工程，孔子创建了六经系统，朱子将以五经为核心的传统经学，改造为四书五经系统。朱子的核心经典系统反映了他的立场和时代需要，但对于建构当代新儒学来说，已经有很大的局限性。本文认为，现存儒学奠基期最重要的经典可新编为七，总称“七典”，与五经合称“五经七典”。

绪论 转换范式——儒学当代发展的使命

时代呼唤着新的儒学体系，儒学面临着突破。

那么，儒学将以什么方式突破？在整个儒学演变的脉络中，我们处在什么位置上？当代儒学发展的任务是什么？怎样建构新的儒学体系？对于这些举世关注的问题，学者们给予了不同的回答。

牟宗三将中国儒学史分为三期，自孔孟荀至董仲舒为第一期，宋明儒学为第二期，现代新儒学为第三期，即“吾人今日遭遇此生死之试验，端视儒学之第三期发扬为如何”[①]。儒学第三期发展的使命是“三统并建”：“一、道统之肯定，此即肯定道德宗教之价值，护住孔孟所开辟之人生宇宙之本源。二、学统之开出，此即转出‘知性主体’以融纳希腊传统，开出学术之独立性。三、政统之继续，此即由认识政体之发展而肯定民主政治为必然。”[②] 牟宗三又将这种“三统并建”说归结为“内圣开出新外王”。所谓“内圣”，即

① 牟宗三：《道德的理想主义》，第1—2页，台湾学生书局，1985年。

② 牟宗三：《道德的理想主义·序》。

传统儒家的心性之学，用牟宗三的话说就是“道德良知”，相当于“道统之肯定”。所谓“新外王”，就是科学和民主，分别相当于“学统之开出”和“政统之继续”。至于“内圣”何以开出“新外王”，牟宗三又创“道德良知自我坎陷”之说，谓道德良知经过自我限制、自我否定，自觉地从德性主体转出知性主体，即从道德良知（内圣）开出科学和民主（新外王）。不过，此说隐晦曲折，甚为牵强，为已不少学者所诟病。可以说，牟宗三“内圣开出新外王”的努力没有获得成功。

其后，杜维明对牟宗三关于儒学第三期发展的观点有所修正。首先，出发点不同。牟的出发点是“吾人今日遭遇此生死之试验”一语所隐含的儒学的自救和护教。而杜维明则说：“对西方现代文明所提出的挑战作出创造性的回应正是儒学第三期发展的起点。”[①]其次，内容不同。牟以“内圣开出新外王”为基本内容，也就是说来自西方的资源主要是民主和科学。杜认为，除了民主和科学之外，第三期儒学还要回应西方思想三个层面的挑战，第一是超越精神的层次，也就是基督教所代表的文化方向；第二是社会的层次，是社会建构的问题；第三是心理的层次，主要是弗洛伊德古典心理学及继之而起的心理分析学[②]。最后，也是最重要的一点，二者的断代时间不同。牟认为现代新儒学已经属于儒学的第三期发展，而杜所讨论的是“儒学第三期发展的前景”、“儒学第三期发展的可能性”。就是说，第三期至今并没有到来。在他看来，“儒学第三期的发展，大

① 《杜维明文集·自序》，武汉出版社，2002年。

② 《杜维明文集》第一卷，第580页。

概至少也得100年后才能看出某些比较明显的迹象”。[①]

李泽厚在对牟宗三和杜维明的“三期说”提出了尖锐批评之后提出了“儒学四期”说：“孔、孟、荀为第一期，汉儒为第二期，宋明理学为第三期，现在或未来如要发展，则应为虽继承前三期，却又颇有不同特色的第四期。”他认为，第四期儒学的发展至少需要从马克思主义、自由主义和存在主义以及后现代主义吸收营养和资源，其主题将是“人类学历史本体论”。[②]

成中英则提出了“儒学发展五阶段论”。首先是儒学发展的原初阶段，从古典儒学到汉代儒学为第二阶段，宋明新儒家为第三阶段，清代为第四阶段，现代新儒家为第五阶段。他指出，第五阶段的发展“必须面对中西方或东西方的两大文化体系进行理解与把握，以切入知识与行为双向的全面整合与逐步融合”。另外，成中英还在其“本体诠释学”的基础上提出了“新新儒学”这个概念。他说：“第五阶段中新新儒学的兴起在面对当代新儒家的盲点与弊执而进行再启蒙并回归原点而再出发。此有两重点：重点之一在掌握自我以掌握宇宙本体，掌握宇宙本体以掌握自我。……重点之二在掌握天人一体的整体以面对现实，以发现问题、分析问题、解决问题。”他认为，新新儒学既要体现中国古典性，又要体现西方现代性[③]。

以上诸说是从不同角度对儒学发展史的分期，各有其理据，也各有其不足。三期说虽突出了儒学理论系统的建构，但忽略了儒学

---

① 《杜维明文集》第一卷，第566页。

② 李泽厚：《说儒学四期》，见《己卯五说》，三联书店，2003年。

③ 成中英：《第五阶段儒学的发展与新新儒学的定位》，《文史哲》2005年第五期。

发展演变的完整过程；四期说和五期说虽表达了儒学发展演变的完整过程，但不足以显示儒学理论框架的转换。

自上世纪90年代初以来，笔者坚持“就哲学自身发展的内在规律而言”，“中国哲学的发展大致经历了两个大的阶段，从中国哲学的产生至玄学为第一阶段，从佛学到理学为第二阶段。主要根据是，这两个阶段哲学的内在结构有着根本的不同。”“第一阶段哲学的内在结构大致可以分为三个层面：天道论、人性论和人心论。”到了第二阶段，“不但过去居于第三层面的心上升到最高层面，而且过去并不占重要地位的理也上升到最高层面。”依这种观念，儒学的发展也可相应地分为两期，即先秦汉唐为第一期，宋明以后为第二期。至于以熊十力、冯友兰、牟宗三等为代表的现代新儒学，则仍然属于儒学第二期，乃是理学的余音回响。我之所以这样说，是因为这些现代新儒家“尽管在不同程度上受到西方思想的影响，但这种影响不足以使其哲学的基本结构与宋明理学区别开来”，“熊十力、牟宗三承陆王之遗风，冯友兰则接程朱之余绪”。[①] 至于中国哲学的前景，“首先是西方哲学传入并在中国扎根，然后是西方哲学影响并改变中国哲学的内在结构”。[②] 不难看出，这种看法试图兼顾儒学的理论建构和发展过程，与以上诸家之说有所不同，但主要思路与三期说尤其经过杜维明改造的三期说十分吻合。

---

① 笔者在九十年代初的博士论文提出的这种见解，同后来李泽厚先生所提出的“现代新儒家”就是“现代宋明理学”的说法不谋而合。李说见《世纪新梦》第109页，安徽文艺出版社，1998年。

② 参见郭沂：《尽心·知性·知天——老庄孔孟哲学的底蕴及其贯通》第1—2页，复旦大学研究生毕业论文，1993年4月印行；《郭店竹简与先秦学术思想》第43—44页，上海教育出版社，2001年2月。

笔者认为，如果从学术形式和思想范式两个角度来考察儒学发展之路，可能更容易看清问题的实质。大致地说，在两千五百年的历史长河中，儒学虽然历经原始儒学、汉唐经学、宋明理学、清代朴学和现代新儒学五种学术形态，高潮迭起，异彩纷呈，但其基本的思想范式可归结为二，即原始儒学和宋明理学，前者制约着汉唐儒学之规模，后者则决定了宋以后儒学之路向。换言之，先秦以降为先秦原始儒学的延伸，宋明以降至今为宋明理学的延伸。当今儒学发展的使命，不仅仅是建构第六种学术形式，更为重要的是建构第三个儒学范式。相对于原始儒学范式和宋明儒学范式，我们可称之为当代儒学范式。

毋庸讳言，这其实是从另一个角度进一步确认了上述笔者有关儒学分期的看法。儒学的第一范式和第二范式，分别相当于儒学发展的第一期和第二期，而儒学的第三期发展事实上就是建构第三个儒学范式。

儒学乃忧患之学，故其新范式必生于重大的社会危机。春秋末年，周室衰微，王命不行，列国内乱，诸侯兼并，生灵涂炭，礼坏乐崩。孟子谓："世衰道微，邪说暴行有作，臣弑其君者有之，子弑其父者有之。"（《孟子·滕文公下》）《庄子》谓："天下大乱，贤圣不明，道德不一。"（《庄子·天下》）当此华夏文明生死存亡关头，孔子挺身而出，力挽狂澜。他聚徒而教，整理六经，以"仁"释"礼"，以"易"立"仁"，从而开创儒家学派。

两汉之际，佛教东来，日渐流行，至隋唐时期，已成燎原之势，代儒学而独尊于天下，由此导致了严重的社会危机。正如钱穆所说："自唐中晚之际，……社会上乃只充斥着诗人与佛教信徒。佛教信徒终不免带有出世性，诗人则终不免带有浪漫性，于是光明灿烂盛极一时之大唐时代终不免于没落，而且没落到一个不可收拾的地步。五代在中国史上乃成为一段最黑暗时期。其时真所谓天地闭，贤人隐。”① 在此背景下，前有唐代韩愈之排佛，后有北宋五子之兴儒，而朱子崛起于南宋，收北宋以来理学之功，集周孔以下学术思想之成，理学作为一种新的儒学范式得以完善和确立，并为社会所接受。从此，儒学恢复了其在中国文化中的主导地位。

鸦片战争以后，西学开始流行于中国。进入20世纪，欧风美雨迅速主导我中华，而儒学几乎成了封建专制、保守僵化、腐朽落后的代名词。作为两千年来中国人的主要信仰载体，儒学的危机，导致了极度的信仰危机，而信仰危机又必然导致严重的社会危机。信仰是人类最高的价值追求，是精神的寄托，是心灵的慰藉，是生活的向导。一个人一旦失却信仰，他的精神会变得萎靡，他的心灵会变得空虚，他的生活会变得迷惘。当今社会，物质文明可谓高度发达，但是人们精神生活质量却令人担忧。另一方面，信仰危机必然导致见利忘义，物欲横流。“天下熙熙，皆为利来；天下攘攘，皆为利往”，不正是现代社会的写照吗？其结果是道德败坏，犯罪猖獗，社会混乱。因而，欲挽救社会，必先再塑信仰；欲再塑信仰，必先重建儒学。

其实，进入现代社会以后，儒学就面临着改革，但由于种种因素的干扰，这场改革一直没有顺利进行。这场改革，从人类文明的发展趋势看，是一个现代化过程，其性质类似于文艺复兴时期的宗教改革；从儒学自身的演变历程看，是一次范式的转换，其性质类

① 钱穆：《朱子新学案》（上），第7页，巴蜀书社，1986年。

似于宋明理学对儒学范式的重建。当年佛教在精神文化领域的挑战导致了儒学由第一范式到第二范式的转换。相比之下，当代儒学所面临的西学的挑战是全方位的，像现代新儒家那样仅在原有范式之内进行修修补补，已经无济于事了。所以建构原始儒学和宋明理学以来的第三种儒学范式，关系到未来中国人的生存方式，关系到在全球化时代中华民族能否一如既往地屹立于世界民族之林，应该是当今有责任心的知识分子的头等大事，是今日中国的当务之急！

当代儒学范式，或者说第三个儒学范式之建构的使命和方向应该是：回应现代化和全球化的时代挑战，以儒学的基本精神为本位，回归先秦原典，整合程朱、陆王、张（载）王（船山）三派，贯通儒、释、道三教，容纳东西方文明尤其西方哲学，建构一套新的哲学体系和社会学说，以解决当今社会面临的种种问题，并为未来世界开出大同盛世。这将是一项长期的和艰巨的任务。

儒学范式有三大支柱，一是道统论，二是核心经典系统，三是哲学体系。三者的共同转换，意味着儒学范式的转换。其中，道统论是儒学范式的宗旨，核心经典系统是儒学范式的依据，而哲学体系是儒学范式的实际载体。可以说，哲学体系既是核心经典系统的延伸，又是道统论的落实。打个比方，核心经典系统和道统论所提供的是一个平台，而一个个哲学体系就是建筑在这个平台之上的一座座亭台楼阁。也就是说，在这个平台上建构什么样的哲学体系，那是因人而异的。正因如此，不管在儒学发展的第一期还是第二期，都曾出现了众多的哲学体系。这些哲学体系尽管都独具风骚，风格各异，但也都打上了它们所从属的那个时期的烙印。这个烙印便是范式的标记，是其所属于的那个范式的核心经典系统和道统论赋予的。儒学发展的第一期和第二期哲学内在结构的不同，事实上就反映了范式的不同。这就是说，一个儒学范式的道统论与核心经典系统，是这个范式之下各种哲学体系的共同基础和前提。下面就以原始儒学和宋明理学两个范式为背景，尝试性地探讨一下当代儒学范式的道统论和核心经典系统。

上篇 天人统与人天统——当代儒学范式的道统论

道统是儒家核心价值理念的结晶，也是儒家发生发展的根本宗旨。不同的道统观，往往反映了不同的价值取向。所以，道统观在很大程度上决定了儒学发展的基本方向。

儒家道统思想源远流长。从《论语》看，孔子已敏锐地觉察到尧舜以降的道统之存在。《尧曰》首章载："尧曰：'咨！尔舜！天之历数在尔躬，允执其中。四海困穷，天禄永终。'舜亦以命禹。"（《论语·尧曰》）这是对尧舜禹道统传承的最明确而生动的表述。大禹之后，后世学者所公认的道统传承者汤、文、武、周公，在《论语》中也有踪迹可寻。孔子弟子子夏将汤与舜并举，称"富哉言乎！舜有天下，选于众，举皋陶，不仁者远矣。汤有天下，选于众，举伊尹，不仁者远矣。"（《颜渊》）当卫公孙朝问向子贡请教"仲尼焉学"的问题时，子贡回答说："文武之道，未坠于地，在人。贤者识其大者，不贤者识其小者，莫不有文武之道焉，夫子焉不学，而亦何常师之有？"（《子张》）孔子所孜孜不倦学习的正是文武之道。至于周公，更是孔子连做梦都在追求的精神导师："甚矣吾衰也！久矣吾不复梦见周公！"（《述而》）文、武、周公之后，大道不彰，圣人不出，礼坏乐崩。当此之时，孔子挽狂澜于既倒，扶大厦之将倾，担当起传承道统的历史重任："子畏于匡。曰：'文王既没，文不在兹乎？天之将丧斯文也，后死者不得与于斯文也；天之未丧斯文也，匡人其如予何！'"（《子罕》）朱熹《论语集注》注曰："道之显者谓之文，盖礼乐制度之谓。……言天若欲丧此文，则不必使我得与于此文；今我既得与于此文，则是天未欲丧此文也。天既未欲丧此文，则匡人其奈我何？"文王既没，大道在我！面对死亡威胁，这份自信，这份从容，这份豁达，唯孔子为能。

孔子晚年"学《易》"以后，又进一步将道统的源头追溯到伏羲。他说："古者包牺氏之王天下也，仰则观象于天，俯则观法于地，观鸟兽之文与地之宜，近取诸身，远取诸物，于是始作八卦，以通神明之德，以类万物之情。作结绳而为网罟，以佃以渔，盖取诸《离》。包牺氏没，神农氏作，斫木为耜，揉木为耒，耒耨之利，以教天下，盖取诸《益》。日中为市，致天下之民，聚天下之货，交易而退，各得其所，盖取诸《噬嗑》。神农氏没，黄帝、尧、舜氏作，通其变，使民不倦，神而化之，使民宜之。《易》穷则变，变则通，通则久。是以'自天祐之，吉无不利'。黄帝、尧、舜垂衣裳而天下治，盖取诸《乾》、《坤》。"（《系辞下》）于是，伏羲、神农、黄帝、尧、舜、禹、汤、文、武、周公，再加上孔子本人的传道谱系已大致勾画出来了。另外，在《大戴礼记·五帝德》中，宰我曾经向孔子请教黄帝、颛顼、帝喾、尧、舜五帝之事，孔子不但依次作了答复，而且还说到"禹、汤、文、武、成王、周公，可胜观也"，这也是以道统传承为根据的。

孔子之后，重新确认道统并以传承道统为己任的，是孟子。他说："由尧舜至于汤，五百有余岁；若禹、皋陶，则见而知之；若汤，则闻而知之。由汤至于文王，五百有余岁，若伊尹、莱硃，则见而知之；若文王，则闻而知之。由文王至于孔子，五百有余岁，若太公望、散宜生，则见而知之；若孔子，则闻而知之。由孔子而来至于今，百有余岁，去圣人之世若此其未远也，近圣人之居若此其甚也，然而无有乎尔，则亦无有乎尔？”（《孟子·尽心下》）又说：“五百年必有王者兴，其间必有名世者。由周而来，七百有余岁矣，以其数，则过矣；以其时考之，则可矣。夫天未欲平治天下也；如欲平治天下，当今之世，舍我其谁也？”（《孟子·公孙丑下》）孟子的意思是清楚的：尧、舜、禹、汤、文王、孔子之后，真正能够担当道统的，“当今之世，舍我其谁也”！

但是，战国末期大儒荀子并不买孟子的账，他在《性恶》篇对孟子的性善论进行了猛烈的批判，显然是把孟子排除在道统之外的。不过，荀子对孔子以前的道统体认，却与孟子并无二致。他说：“先王之道，则尧、舜已”（《大略》）；“今夫仁人也，将何务哉？上则法尧、禹之制，下则法仲尼、子弓之义，以务息十二子之说”（《非十二子》）。在《成相》篇，荀子又像晚年孔子那样将道统追溯到伏羲：“文、武之道同伏戏。由之者治，不由者乱何疑为？”在这些论述中，荀子心目中从伏羲、尧、舜、禹、文、武为代表的早期圣王到孔子的道统谱系隐然可见。作为一代儒学大师，荀子虽然没有说出“当今之世，舍我其谁也”的豪言壮语，但他显然是以传承道统为己任的。一方面，在孔子之后众儒中，荀子只将业师子弓列入道统谱系，他本人自然就成了道统谱系的延伸。另一方面，荀子对“道”作了界定：“道也者，何也？曰：礼义、辞让、忠信是也。”（《彊国》）其中，“礼”是关键：“礼者，人道之极也。”（《荀子·礼论》）这同孟子以“仁”为四德之首，是大异其趣的。在荀子看来，所谓圣人，便是道的最高体现：“圣人者，道之极也。”（《礼论》）如所周知，荀子思想的核心概念便是作为“人道之极”的“礼”。这样，荀子对道统的担当，已不言自明了。

到了唐代，韩愈以明确提出道统论而成为理学的先驱之一。他说：“斯吾所谓道也，非向所谓老与佛之道也。尧以是传之舜，舜以是传之禹，禹以是传之汤，汤以是传之文、武、周公，文、武、周公传之孔子，孔子传之孟轲。轲之死，不得其传焉。荀与扬也，择焉而不精，语焉而不详。”（《韩昌黎全集》卷十一）不难看出，韩愈的道统论是以孟子的说法为蓝本的，只是表达得更加清晰和完整而已。值得注意的是，在谈及孟子师承的时候，韩愈虽承认孟子之学传自子思、曾子，但他并没有因此将二子纳入传道谱系，而坚持孔子之后唯孟子得道统真传：“孟轲师子思，子思之学，盖出曾子。自孔子没，群弟子莫不有书，独孟轲氏之传得其宗。……故求观圣人之道，必自孟子始。”（《韩昌黎全集》卷二十《送王秀才序》）

朱子明确地提出了“道统”这个概念，但其道统论与韩愈有显著不同。一是像晚年孔子那样将道统追溯到伏羲：“盖自天降生民，则既莫不与之以仁义礼智之性矣。然其气质之禀或不能齐，是以不能皆有以知其性之所有而全之也。一有聪明睿智能尽其性者出于其间，则天必命之以为亿兆之君师，使之治而教之，以复其性。此伏羲、神农、黄帝、尧、舜，所以继天立极，而司徒之职、典乐之官所由设也。”（《大学章句序》）

二是将曾子、子思等纳入传道谱系。在孟子和韩愈看来，孔孟之间的“百有余岁”，道统中断，至孟子才独得其宗。但朱子却认为，此“百有余岁”，道统代有传人，未曾中断，而曾、思二子，正是连接孔孟之间道统的桥梁。朱子相信，曾子和子思传道之迹分别见于《大学》、《中庸》：《大学》之“经一章，盖孔子之言，而曾子述之。其传十章，则曾子之意而门人记之也”（《大学章句序》）；

“《中庸》何为而作也？子思子忧道学之失其传而作也。”（《中庸章句序》）由此，朱子重建了道统传承谱系：“夫尧、舜、禹，天下之大圣也。以天下相传，天下之大事也。以天下之大圣，行天下之大事，而其授受之际，丁宁告戒，不过如此。则天下之理，岂有以加于此哉？自是以来，圣圣相承：若成汤、文、武之为君，皋陶、伊、傅、周、召之为臣，既皆以此而接夫道统之传，若吾夫子，则虽不得其位，而所以继往圣、开来学，其功反有贤于尧舜者。然当是时，见而知之者，惟颜氏、曾氏之传得其宗。及曾氏之再传，而复得夫子之孙子思，则去圣远而异端起矣。子思惧夫愈久而愈失其真也，于是推本尧舜以来相传之意，质以平日所闻父师之言，更互演绎，作为此书，以诏后之学者……自是而又再传以得孟氏，为能推明是书，以承先圣之统，及其没而遂失其传焉。”（《中庸章句序》）在这里，朱子将皋陶、伊尹、傅说、召公以及颜子、曾子、子思纳入传道谱系，为前人所未及。对孔孟之间的道统传承链环，朱子弟子黄榦《朱先生行状》有更简明的表达：“窃闻道之正统，待人而后传。自周以来，任传道之责，得统之正者，不过数人，而能使斯道章章较著者，一二人而止耳。由孔子而后，曾子、子思继其微，至孟子而始著。”[①] 他将传承道统者分为两类，一是“任传道之责，得统之正者”，二是在此基础上进一步“能使斯道章章较著者”，二者当为传道和弘道之别。在他看来，曾子和子思属于前一类，孔子和孟子属于后一类。

尽管道统是真实存在的，但由于各种主客观原因，人们对道统

---

① 见《朱子全书》第二十七卷第566页，上海古籍出版社、安徽教育出版社，2002年。

和传道谱系的看法却见仁见智，故孔子、孟子、韩愈和朱子的道统观皆不尽相同。自朱子之没，又八百有余岁了。时过境迁，我们今天也很难全盘接受朱子的道统观。

大道兴于对天人之际的追究。在古人看来，万物由天所生，而天道实为宇宙之大法，人事之准则，故天、人之间息息相通。正因如此，如欲究天人之际，则既可自上而下地“推天道以明人事”，又可自下而上地“究人事以得天道”。这正是往圣先哲究天人之际、探大道之奥的两种基本途径和方式。由此形成了道之两统，我分别称之为天人统和人天统，或曰天人道和人天道。

此道之两统，已清晰地呈现于六经。清人章学诚曾经这样区分《易》和《春秋》之别：“《易》以天道而切人事，《春秋》以人事而协天道。”（《文史通义·易教下》）后来，梁启超更将这两种思维方式追溯到祝、史二职，并以之论衡六经。他把春秋以前称为中国学术思想的胚胎时代，认为其时掌握学术之关键者就是祝和史：“一曰祝，掌天事者也……祝之职亦有二：一曰司祀之祝，主代表人民之思想，以达之于天，而祈福祇者也……二曰司历之祝，主揣摩天之思想，以应用于人事者也……盖司历之祝所主者凡三事：一曰协时月正日以便民事也，二曰推终始五德以定天命也，三曰占星象卜筮以决吉凶也。”“二曰史，掌人事者也。吾中华既天、祖并重，而天志则祝司之，祖法则史掌之。史与祝同权，实吾华独有之特色也。重实际故重经验，重经验故重先例，于是史职遂为学术思想之所荟萃。……六经之中，若《诗》，若《书》，若《春秋》，皆史官之所职也；若《礼》，若《乐》，亦史官之支裔也。……而史之职亦时有与祝之职相补助者。盖其言吉凶祸福之道，祝本于天以推于人，史鉴于祖以措于今。……要而论之，则胚胎时代之学术思想，全在天人相与之际；而枢纽于两者之间者，则祝与史皆有力也。”①

综二氏之说，我们可以得出结论：在六经中，《易》代表祝的传统，其究天人之际的主要方式为“以天道而切人事”或“推天道以明人事”，属于天人道统；《诗》、《书》、《礼》、《乐》、《春秋》代表史的传统，其究天人之际的主要方式为“以人事而协天道”或“究人事以得天道”，属于人天道统。

我曾说过：“心性论实乃中国哲学之根蒂、中国文化之命脉，其中又以人性论更为根本。……德和欲分别代表人之为人的本质与人生而即有的本能，可分别归之于宋人的义理之性与气质之性。二者及其相互关系，不但是先秦人性论的核心问题，也是整个中国传统人性论的核心问题。”② 那么，德欲之际和天人之际的关系是什么呢？我以为，自殷周之际，究天人之际的主要目的，就在于化解德欲冲突的问题。欲为天生，德为人事，德欲之际，岂非天人之际？所以，中国哲学的元问题和本质特征，是究天人之际，化德欲冲突。其所要解决的，是人之为人的问题。由此元问题，大道得以化成，得以闳深。

究天人之际的两种基本思维方式，决定了六经化德欲冲突的途径有别。大《易》推天道以明人事，强调天命，或者说天对人的赋予，其天人关系是内在的，包孕着性善论的机缘。《诗》、《书》、《礼》、《乐》、《春秋》由人事以究天道，强调敬德祈命，注重德行和礼乐教化，其天人关系是外在的，持自然人性论。其“性”就是欲

① 梁启超：《论中国学术思想变迁之大势》。

② 郭沂：《德欲之争——早期儒家人性论的核心问题与发展脉络》，《孔子研究》2005年第5期。

望、本能，也就是宋人所说的气质之性。当时人性论的核心，可以归结为以“德”御“性”，包括以“德”“节性”和以“德”“厚性”两个方面。也就是说，古人已经认识到作为情欲的“性”有积极、消极之辨，或善、恶之别。积极或善的“性”需以“德”“厚”之，而消极或恶的“性”需以“德”“节”之。在当时，“德”为善的行为，是外在的①。

寄寓于六经的道之两统是怎样作用于孔子的呢？

孔子上承夏商周文明之精华，下开两千年思想之正统，无疑是道统传承的枢纽性人物。关于孔子与六经的关系，学者们多着墨于孔子是否和如何整理六经之类的问题上。其实，更为重要的是，孔子思想亦源于六经，他正是借助六经来传承大道和创建儒家学派的。换言之，就思想而言，儒家实起源于六经。

严格地讲，儒学的起源和儒家的起源是相互关联的两个问题。《汉书·艺文志》说：“儒家者流，盖出于司徒之官，助人君顺阴阳明教化者也。游文于六经之中，留意于仁义之际，祖述尧、舜，宪章文、武，宗师仲尼，以重其言，于道最为高。”“儒家者流，盖出于司徒之官”，谓被称为“儒家”的这个群体，出于从事司徒这个官职的人士，所谈的是“儒家”的起源问题。而“游文于六经之中”，谓儒家以六经为立论根据，也就是说其学说本于六经，所谈的是“儒学”的起源问题。

数年前，笔者曾指出孔子思想有一个“下学而上达”的发展演变过程，这个过程可分为三个阶段，即由礼学而仁学进而易学，这

---

① 说详郭沂：《从“欲”到“德”——中国人性论的起源与早期发展》，《齐鲁学刊》2005 年第 2 期。

三个阶段分别属于孔子的早年、中年、晚年[①]。现在看来，这个基本框架虽然成立，但这种表述显得过于简单和生硬，没有充分地揭示出孔子思想的丰富内涵和深厚底蕴，也没有有效地展现其生动性和延绵性，就像虽然描绘出了一座宫殿的轮廓，但没有反映出其富其美其辉煌一样。经过几年的思考和沉潜，我将孔子思想及其三个发展阶段重新表述为：以“礼”为核心的教化思想、以“仁”为核心的内省思想和以“易”为核心的形上学思想。

这三个阶段也意味着孔子思想的三个组成部分。但这三个部分或阶段之间并不是截然分开和相互独立的，更不是相互抵触的，而是递次包容、交互渗透的关系，即一方面，以“仁”为核心的内省思想包容以“礼”为核心的教化思想，而以“易”为核心的形而上学思想又包容以“礼”为核心的教化思想和以“仁”为核心的内省思想；另一方面，三者之间也是交互渗透的。也就是说，当孔子思想发展到第二阶段，第一阶段以“礼”为核心的教化思想便从属于以“仁”为核心的内省思想，而当发展到第三阶段，第一阶段以“礼”为核心的教化思想和第二阶段以“仁”为核心的内省思想又都从属于以“易”为核心的形而上学思想。据此，孔子思想的核心是变动的，即由“礼”而“仁”而“易”。当然作为一个整体，孔子思想是以“易”为核心的。在这三个核心中，“礼”是外在的，“仁”是内在的，而“易”是至高无上的。因而，这个“下学而上达”的过程包含由外入内和自下而上两个转折。

我们虽然把孔子核心思想由“礼”而“仁”，再由“仁”而

---

① 郭沂：《郭店竹简与先秦学术思想》第三卷第二篇，上海教育出版社，2001年。

“易”的过程分别称作“由外入内和自下而上两个转折”，但事实上，这两次转折都是逐渐的和自然而然的，经过量的不断积累，才最终实现质的突破，从而完成过渡。

礼，就像人们所公认的那样，是一套外在的社会道德规范。我想，孔子最初对礼的理解也不过如此。但在现实生活中，孔子体会到，仅仅靠外在的道德规范是远远不够的，必须辅之以内在的心理要求。于是，孔子又致力于人内在的东西，深究内省之学，试图使之服务于礼，将内在的心理要求和外在的道德规范统一起来。不过，随着孔子内省之学向纵深发展，他的重心逐渐地发生了倾斜，终于掂出了“仁”这个范畴，从而实现了由“礼”到“仁”的过渡。

礼也好，仁也好，都处在形而下的层面，与同时代的老子哲学相比，缺少像“道”这样一个至高无上的形而上学根基。孔子晚年开始致力于形而上学的探索，这还要从他学《易》说起。孔子在周游列国期间，诸事不顺，到处碰壁，显得力不从心。在这种情况下，大约在五十六七岁至六十期间，孔子不得已搬起了《周易》，试图通过占筮来决定未来的吉凶祸福，并引发了对这部经典的浓厚兴趣，以至于“读《易》，韦编三绝”[①]。根据帛书《要》等有关文献，并结合当时的历史场景，我们可以设想，孔子“学《易》”过程当经历了四个阶段或四个境界。孔子对《易》的兴趣，起初和人们一样，只是在于占筮之用。这是第一境界。第二境界是由“不安其用而乐其辞”，而发现《周易》中含有“德义”的“古之遗言”。此“德义”当属礼、仁之类的道德思想。在第三境界，孔子体会出“《易》之

① 说详郭沂：《郭店竹简与先秦学术思想》第二卷第一篇《孔子与〈周易〉》。

道”、“《易》道”，主要为“天道”、“地道”和“人道”。在第四境界，孔子创造性地提出了“易”这个最高形而上学范畴。这标志着孔子“易”本体论的建立，也标志着从“仁”到“易”过渡的完成。这就是说，保存于今、帛本《易传》的孔子易说中，许多“易”字为孔子的最高概念，而不是通常所认为的《易》之书①。

我们知道，在早年，“孔子以《诗》、《书》、《礼》、《乐》教”，“晚而喜《易》”，又“因史记作《春秋》”。其实，这种经历和孔子思想的演变存在着异乎寻常的关系。

在“学《易》”以前，也就是在孔子思想发展的早期和中期，孔子主要继承了《诗》、《书》、《礼》、《乐》之人天道统，持自然人性论和礼乐教化观。《论语》中出现了两个“性”字，其中一个是孔子本人说的：“性相近也，习相远也。”（《阳货》）如何理解这个“性”字？朱子引程子曰：“此言气质之性，非言性之本也。”朱子本人也说：“此所谓性，兼气质而言者也。气质之性，固有美恶之不同矣。然以其初而言，则皆不甚相远也。但习于善则善，习于恶则恶，于是始相远耳。”（《论语集注》）看来，人人之性，并不相同，只是相近，且后天习染可以改变“性”。在这里，“性”与“习”是相对的；就是说，与后天的习染相比较，先天的个性还是相近的。孔子接着说了一句话，不可忽视：“唯上知与下愚不移。”“上知”与“下愚”是两种个性。拿这两种情况来看，同样属“上知”的一些人或同样属“下愚”的一些人，虽然其个性是分别相近的，但其后天习染却会相当不同。

---

① 郭沂：《从早期〈易传〉到孔子易说》，原载《国际易学研究》第3辑，华夏出版社1997年版，后收入《郭店竹简与先秦学术思想》第二卷第一篇。

当然，孔子也没有忽视欲望这一气质之性的重要内容。大家都知道孔子和颜渊关于克己复礼的那段著名对话。其文曰："颜渊问仁。子曰：'克己复礼为仁。一日克己复礼，天下归仁焉。为仁由己，而由人乎哉！'颜渊曰：'请问其目。'子曰：'非礼勿视，非礼勿听，非礼勿言，非礼勿动。'"所谓"克己"，其实指克除私欲。所谓"非礼勿视"等，即是指以礼节欲、以德节欲。但是，孔子并非不分青红皂白地否定一切欲望。他说："富而可求，虽执鞭之士，吾亦为之。如不可求，从吾所好"（《述而》）；"富与贵，是人之所欲也，不以其道得之，不处也。"（《里仁》）对于富贵之"欲"，是可以追求的，只不过要得之有道。否则，"不义而富且贵，于我如浮云"（《述而》）；"放于利而行，多怨。"（《里仁》）一种欲望是否可以追求，要看它是否符合"义"、符合"德"。

孔子没有明确地说性是善的还是恶的，但从其具体论述来看，似乎有善的一面，如"肆"、"廉"、"直"等等；也有恶的一面，如"荡"、"忿戾"、"诈"等等。另外，符合"义"的欲望应该是善的，否则是恶的。

所以，我以为在早期和中期，孔子对"性"的理解，基本上维持了传统的观念。"礼"和"德"一样，也是外在之物，所规定的当然也是作为欲望、本能的气质之性。

与"礼"和"德"不同的是，"仁"是一种自觉的内在要求，那么是否我们可以说在中期孔子的人性观已经冲破了传统的羁绊了呢？不可。以笔者的理解，孔子之"仁"就是人心对生命的珍惜、热爱与尊重，包含对自我、对父母兄弟和对所有人生命的珍惜、热爱与尊重三个由近及远的层面[①]。所以，孔子的仁学本质上属于心学，而不是性学。换言之，在第二阶段，孔子尚未以“仁”为“性”，甚至尚未以“仁”为人与生俱来的、人之为人的本质。

孔子晚年“学《易》”后，将重点转向继承和发扬《易》之天人道统，并创造性地提出了义理之性和性善的理念。

今、帛书《易传》中孔子易说所体现的晚年孔子则进一步以包括仁、义在内的“德”为“性”，从而完成了对传统人性论的根本转化。这实为义理之性之渊源、性善说之滥觞。以“德”即人的本质界定人性，是中国人性论成熟的标志[②]。和老子一样，晚年孔子也是通过宇宙生成论来探索人性的秘密。晚年孔子是这样来阐述其宇宙生成论的：“易有太极，是生两仪，两仪生四象，四象生八卦，八卦定吉凶，吉凶生大业。”（《系辞》上）在这种宇宙生成过程中，“易”是如何作用于天地万物的呢？孔子说：“乾坤，其易之蕴邪？乾坤成列，而易立乎其中矣。乾坤毁，则无以见易。易不可见，则乾坤或几乎息矣。”（同上）又说：“天地设位，而易行乎其中矣。成性存存，道义之门。”（同上）《易》以乾坤喻天地。故这里的“乾坤”、“天地”实为“两仪”。从这两段引文看，“易”中具有创生功能的“太极”生出天地以后，“而易立乎其中矣”，“而易行乎其中矣”，即“易”也随之存在于天地之中了。这种思路颇似老子的“譬道之在天下也，犹小谷之于江海也”。这样，也可以将孔子的“易”相应地分为“本原易”和“次生易”两类，就像将老子的“道”分为“本原

① 说详郭沂：《郭店竹简与先秦学术思想》，第570—572页。

② 说详郭沂：《从“欲”到“德”——中国人性论的起源与早期发展》，《齐鲁学刊》2005年第2期。

道”和“次生道”两类一样。和老子不同的是，孔子径直地将存在于天地之中的“易”称为“性”。所谓“成性存存，道义之门”，是说这种存在于天地的“易”，即次生易实际构成了“性”，并成为各种“道义”的根源。

孔子思想的丰富内涵和深厚底蕴为孔子之后儒学的分化提供了条件。一位思想巨人之后，其后学们各执一端加以发挥，甚至导致学派分化，是世界思想史上的普遍现象，孔子之后的儒家正是如此。

进入战国，儒家开始分化为两系。一系承《诗》、《书》、《礼》、《乐》、《春秋》之人天统和孔子早期思想，本之以圣人之教化，从而论性情之原，礼乐之生，可谓之教本派。此派创自公孙尼子，继之以郭店简《性自命出》、《内业》，集成于荀子，而子夏实为其先驱。另一系承《易》之天人道统，融合孔子中晚期之思想，本之以天命之善性，从而论情心之变，教化之功，可谓之性本派。此派创自子思，集成于孟子，而曾子乃其前奏。《中庸》曰：“君子尊德性而道问学。”性本派侧重“尊德性”，而教本派侧重“道问学”。两派的学术思想路径虽然不同，但都是道统的承担者。

不过，秦汉以后，两派的历史命运完全不同。性本派，确乎像韩愈所说，“轲之死，不得其传焉”。而教本派，经过董仲舒的发展改造，却一直是汉唐传统思想的正宗，浩浩汤汤，未尝中断。其流弊，在于由教化儒学演变为政治儒学，自不待言。

可见，韩愈以后的理学家们只注意到了道之天人统，并由此只承认以思孟为代表的性本派是道统的继承者，而完全没有发现道之人天统，并因而无视教本派同样继承道统的事实，甚至贬之曰“荀与扬也，择焉而不精，语焉而不详”。尽管如此，在事实上，宋明理学不但遥绍早已中断的思孟道统（天人统），而且也继承了荀扬道统

（人天统）。张载天命之性和气质之性二元论的提出，意味着将道之两统纳入到一个统一的思想体系中。

不过，理学家们对天人统和性本派的青睐和对人天统和教本派的忽视，并不是因为他们缺乏学术修养，而是有其深刻的历史根源的。余敦康曾经指出，从汉代开始，儒学的发展偏于外王而忽视内圣，以致在心性之学的研究上毫无建树。在某种意义上，蕴含于孔孟儒学中的许多关于塑造理想人格的重要内容也失传了。但是，一旦礼法名教社会产生了严重的异化，追求外在事功的道路被堵塞，迫使人们不得不退回到内心世界去寻找精神支柱，儒学这才真正显露危机。同佛教的那一套系统完备的心性之学相比，不仅汉唐经学存在着严重的缺陷，连孔孟儒学也相形见绌[①]。这就是说，宋明理学的历史使命是站在儒学的立场上回应佛教心性之学的严峻挑战，而在传统儒学中，具有比较丰富的心性论资源，可以开发出来与佛教心性论相抗衡的，正是思孟学派。所以，挺立思孟，提出道统学说，正是为了满足当时的现实需要。

我们现在建构当代新儒学所面临的形势和任务，同宋明理学极其相似。唐宋之际以前，佛教盛行，儒门淡泊，收拾不住，已经持续了几个世纪了。儒学能否起死回生，就在于它能否有效地回应佛教的挑战，结果宋明理学家们成功了。一个多世纪以来，欧风美雨，席卷神州，儒学重新被时代所抛弃，大有收拾不住之势。因而，儒学能否再次崛起，关键在于它能否像当年回应佛教的挑战那样有效地回应西学的挑战。

① 余敦康：《内圣与外王的贯通》，第269—272页，学林出版社，1997年。

牟宗三试图在儒家思想中开出新外王的尝试何以未获成功？根源就在于他没能跳出宋明理学所提出的那个道统的藩篱！依我看，以思孟为代表的天人之统或心性之统，民主和科学的基因是有限的，从中是很难开出新外王的。

如果说宋明理学所要回应的是佛教心性论的话，那么当代新儒学所要回应的就是西方文化中的民主和科学。在这一点上，牟宗三的确抓住了要害。我们要像宋明理学家们从儒学元典中挖掘心性论的资源那样，从儒学元典中开发民主和科学的资源。在这一点上，牟宗三也是正确的。问题是，他宋明理学道统论的影响，找错了对象。

那么，传统儒学中有没有民主和科学的资源呢？许多人表示怀疑，但我的回答是十分肯定的，它主要存在于道之另统，即人天统中。尤其从公孙尼子到荀子的战国教本派，蕴藏着非常丰富的科学与民主的基因，是我们建构当代新儒学、回应西学挑战的宝藏。当然，除了儒家之外，其他中国传统学术思想系统中也含有大量科学与民主的信息，而以中医学为代表的中国传统科技，更是世界科技之林的奇葩。所有这一切，和西方的科学与民主一样，都是我们可加以评判继承，并用来建设中国当代科学与民主的宝贵资源。

值得特别强调的是，我们在借鉴西方经验的前提下从传统资源中开出的民主和科学，是一种既不同于西方又超越于西方、既能尽量避免西方之流弊又能有效回应西方的新型的民主和科学系统。它之于西方的民主和科学，犹如宋明理学的心性论之于佛教心性论。

所以，我们建构当代新儒学，不但要接续天人之统，也要继承人天之统。二统如鸟之两翼，车之两轮，缺一不可。担当两系道统，仰受千古圣脉，是建构当代新儒学的根本宗旨。

下篇　五经七典——当代儒学范式的核心经典系统

经以载道，道赖经传。经典从来就是儒家道统的承载者，是儒家立论的依据，是儒学发生发展的源头活水。所以，作为原始儒学和宋明理学这两个范式的最主要的确立者，孔子和朱子构筑各自儒学范式的路径虽然存在这样和那样的差别，但有一点是共同的，就是他们都将建构儒家核心经典系统作为基础性工程。

孔子之时，周室微而礼乐废、《诗》《书》缺，于是孔子论次《诗》《书》，修起《礼》《乐》。晚年又整理《周易》，并因史记作《春秋》，从而创建了六经系统。先王先圣们的传道之迹见于六经，而孔子之确立六经作为儒家核心经典系统，实为传道也。孔子自称"述而不作"。但事实上，孔子是寓"作"于"述"，就是说他是借解释发挥六经来建立自己的儒学体系的。

秦火以后，《乐经》不存，故汉武帝只立《诗》、《书》、《礼》、《易》、《春秋》五经博士，五经遂成汉唐传统经学的核心。至东汉，增《论语》、《孝经》为经，连同五经，合称"七经"。据皮锡瑞《经学历史》，"唐分三《礼》、三《传》，合《易》、《书》、《诗》为九"，称"九经"。据宋代晁公武《郡斋读书志》，唐文宗太和年间，复刻"十二经，立石国学"。所谓"十二经"，即"九经"外加《论语》、《孝经》、《尔雅》。及宋代，随着孟子地位的提高，《孟子》一书又被列入经，遂有"十三经"之称。这些儒家核心经典系统皆以五经为核心，皆由六经系统演化而来，故可归为六经系统。

朱子对经学的最大贡献，是根据他对道统的重新确认，将上述以五经为核心的传统经学，改造为四书五经系统，并将重心由五经转移到四书。对此，钱穆早有定评："《语》、《孟》、《学》、《庸》四书并重，事始北宋。而四书之正式结集，则成于朱子。朱子平日教人，必教其先致力于四书，而五经转非所急。故曰：'《语》、《孟》功夫少，得效多；六经功夫多，得效少。'其为《语》、《孟》集注，《学》、《庸》章句，乃竭毕生精力，在生平著述中最所用心。朱子卒，其门人编集《语类》，亦四书在先，五经在后。《语类》一百四十卷，四书部分共占一百五十一卷，当全书篇幅三分之一以上。五经部分二十九卷，不及四书部分篇幅之半。其他《语类》各卷，涉及四书，亦远胜其涉及五经。亦可谓宋代理学，本重四书过于五经，及朱子而为之发挥尽致。此后元明两代，皆承朱子此一学风。清儒虽号称汉学，自擅以经学见长，然亦多以四书在先，五经在后。以孔孟并称，代替周孔并称。虽有科举功令，然不得以科举功令为说。则朱子学之有大影响于后代者，当以其所治之四书学为首，此亦无可否认之事。"①

就这样，随着孔、曾、思、孟道统的确立，《论语》、《大学》、《中庸》、《孟子》四书系统也形成了。朱子的理学体系博大精深，代表着中国哲学的又一个高峰。它不但源于四书五经，而且在一定程度上可以说是对四书五经的诠释、发挥、发展。

不过，朱子所建立的四书五经系统，虽主导中国思想达六、七百年之久，但自鸦片战争以来，中国和世界已经发生了巨大变化，这个儒家核心经典系统已经不能满足我们时代的需要了。也就是说，重构儒学核心经典系统，即建立第三个儒家核心经典系统，仍然应

① 钱穆：《朱子新学案》，第1355—1356页，巴蜀书社，1986年。

该是第三个儒学范式的基础性工程。

我所理解的儒家核心经典系统应该指儒学孕育和奠基时期最重要的儒学经典。五经为孔子所手订，乃夏商周三代的文化积淀，隐含着中国文化基因，孕育着儒家生命，其经典地位是不可动摇的。从孔子到孟荀，为儒学的奠基期。这个时期的儒学，群星灿烂，学派林立，著作迭出，繁荣之至，世称显学。朱子从中选出《大学》、《论语》、《孟子》、《中庸》构成四书，反映了他的立场和时代需要。但对于建构当代新儒学来说，这个四书系统是有很大局限性的。

根据上文对儒家道统的重新判定，愚见以为，现存儒学奠基期最重要的经典可新编为七：《广论语》、《子思子》、《公孙尼子》、《性自命出》、《内业》、《孟子》、《荀子》，总称“七典”，与五经合称“五经七典”。也就是说，作为两系道统集大成者的孔子之下，《子思子》和《孟子》属天人统和性本派，《公孙尼子》、《性自命出》、《内业》和《荀子》归人天统和教本派。笔者试图在六经系统和四书五经系统的基础上，将儒家核心经典系统重构为“五经七典”系统。

一个世纪以来，随着考古资料的不断出土，人们对先秦文献的认识已经发生了翻天覆地的变化。一方面，这些简帛资料使许多佚失两千余年的先秦典籍重见天日；另一方面，根据这些资料，学者们进而重新审查传世文献，得出了与前人不同的判断。近期引起学术界巨大震动的主要有七十年代出土的长沙马王堆汉墓帛书、九十年代出土的郭店楚墓竹简和最近公布的上海博物馆藏战国楚简。这几批简帛资料涉及先秦儒家的尤多，可以说从根本上改变了先秦儒家文献的版图。这一切，恐怕是八百年前的朱子连做梦也想不到的。

据《汉书·艺文志》：“《论语》者，孔子应答弟子、时人及弟子相与言而接闻于夫子之语也。当时弟子各有所记，夫子既卒，门人相与辑而论撰，故谓之《论语》。”《论语》集孔子言论之精粹，确为研究孔子最重要的史料，也是中国人最神圣的经典。然而，孔子弟子三千，登堂入室者七十有二，故当时一定有大量记录孔子语的笔记。而孔子去世后，后学即分化，故所谓“夫子既卒，门人相与辑而论撰”，一定只是各小集团之内的事情。由此可知，当时一定存在许多结集孔子言行录而成的《论语》类文献。当然，各小集团在结集孔子言行录的时候，是以自己的特点和兴趣进行取材的。今本《论语》特别注重道德修养。由此可以推知，此书主要是由孔子德行科的弟子门人结集的。

那么，《论语》之外那些《论语》类文献的下落如何呢？它们并没有完全从历史上消失。在现存西汉以前的文献中，常常见到集中记载孔子言行的文字，从上下文看，绝非私家著作的征引。这就是《论语》类文献的佚文，其史料价值与《论语》不相上下。如今本和帛书本《易传》中的有关文献、《孝经》、定县竹简《儒家者言》和《哀公问五义》、《荀子》中的有关文献、大小戴《礼记》中的有关文献、《孔子家语》和《孔丛子》中的有关文献以及最新出土的郭店楚墓竹简和上海博物馆藏战国楚竹书中的有关文献等①。

这里特别值得强调的是孔子与《周易》的关系以及《易传》中的孔子遗教。孔子与《周易》的关系是中国学术史上最大的悬案之一。笔者经过详细的考察证实，确如《论语》、《史记》、《汉书》、

① 说详郭沂：《〈论语〉源流再考察》，《孔子研究》1990年第4期；《再论原始〈论语〉及其在西汉以前的流传》，《中国哲学史》1996年第4期；《郭店竹简与〈论语〉类文献》，见《郭店竹简与先秦学术思想》，上海教育出版社，2001年。

《要》等文献所言，“孔子晚而喜《易》”，时间在他五十六七岁前后。由于孔子之喜好《周易》以致达到着迷的程度，所以他留下了大量关于《周易》的言论，其中的一部分一直保存到现在，主要见于今本和帛书《易传》。鲜为人知的是，孔子晚年（很可能在六十八岁返鲁之后）不但曾对成于他之前的几种《周易》文献进行过系统整理和研究，而且还为之作序。今本《易传》的材料大致可以分为两类。一类为孔子之前的《周易》文献，我称之为早期《易传》，包括《彖》、《象》二传全部，《说卦》前三章之外的部分和《序卦》、《杂卦》全部、《乾文言》的第一节。另一类为孔子易说，即其余的部分。至于帛书《易传》，皆属孔子易说。今、帛本中的这些孔子易说和其他西汉以前古书中连续记载的有关孔子的文献一样，亦非假托，当为《论语》类文献[①]。

因此，只有综合研究《论语》类文献，才可能更全面地了解孔子思想。这样一来，将今本《论语》和其他《论语》类文献合编成一本《广论语》，也就变得理所当然了。

战国末期的韩非子在其名著《显学》篇告诉我们，自孔子死后，儒家有八派之多，其繁荣景象，不难想见：“自孔子之死也，有子张之儒，有子思之儒，有颜氏之儒，有孟氏之儒，有漆雕氏之儒，有仲良氏之儒，有孙氏之儒，有乐正氏之儒。”近人蒋伯潜《诸子通

① 说详郭沂：《孔子学易考论》，《孔子研究》1997 年第 2 期；《从早期〈易传〉到孔子易说》，《国际易学研究》第 3 辑，华夏出版社，1997 年；《〈易传〉成书若干观点平议》，《齐鲁学刊》1998 年第 3 期；《孔子与〈周易〉》，见《郭店竹简与先秦学术思想》，上海教育出版社，2001 年。

考》亦不无感慨地说："战国初，为儒家全盛时期。"[①] 然而，正如顾炎武《日知录》卷十三《周末风俗》所说："显王三十五年丁亥之岁，六国以次称王，苏秦为从长。自此之后，事乃可得而纪。自《左传》之终以至此，凡一百三十三年，史文阙轶，考古者为之茫昧。"在儒学发展史上，这段空白正相当于孔孟之间。由于文献不足，人们对这个被称为"全盛时期"的儒学所知甚少，以致当今的大部分中国哲学史和中国儒学史著作，略过孔孟之间的历史空白，从孔子直接跳到孟子。这不能不说是一个令人十分遗憾的事情。谁也预料不到，郭店楚墓竹简的出土为揭开孔孟之间的儒学这个历史之谜提供了契机。

首先，这批竹简让所谓"子思之儒"终于露出了庐山真面目。

当今学者对子思著作在历史上的流传情况所知甚少，误解甚多。我考察的结果是，从先秦至南宋，子思名下的这部著作先后出现过三种传本，分别代表其演变的三个阶段。第一阶段为先秦至刘向校书前的《中庸》四十九或四十七篇，是为祖本；第二阶段为《汉志》所著录的"《子思》二十三篇"，是为新编本；第三阶段为《隋志》和《唐志》所著录的《子思子》七卷，是为重辑本。

那么，子思书的原始状态如何呢？我认为，子思书本来至少包括三类文献。第一类是子思所记孔子言论，包括原本《中庸》（今本《中庸》基本上由两部分构成，以孔子语单独成章的部分为本来的《中庸》，另一部分为子思的一篇佚文，姑名之曰《天命》）、《表记》、《坊记》、《缁衣》四篇，它们属于《论语》类文献。梁时的沈约早就

① 蒋伯潜：《诸子通考》，第110页，浙江古籍出版社，1985年。

说过这四篇出自《子思子》。另外郭店楚简《穷达以时》可能也属于这一类。第二类为子思的著作，包括《五行》、《天命》和《大学》。另外，现存古籍中可能还保存了一些子思著作的佚文，例如《淮南子·缪称训》的主体部分很可能就是子思书《累德篇》的佚文。第三类为子思门人所记子思言行。这一类或属于子思书，或散见于其他典籍，这正如孔子门人所记孔子言行或见于《论语》，或散见于群书。郭店简《鲁穆公问子思》为鲁穆公和子思的对话，当为子思门人所记，它很可能也属于子思书中的一篇①。

这样，将上述原子思书残卷辑录在一起，新编《子思子》一书，就显得十分必要了。

其次，这批竹简提供了探索儒家八派之"孟氏之儒"的新途径。

王瑷仲说："孟氏之儒当谓孟子门下。《史记·儒林传》云：'孟子、荀卿之列，咸遵夫子之业而润色之，以学显于当世'，则其授受之广可知。《圣贤群辅录》曰：'孟氏传书，为疏通致远之儒。'赵岐称孟子通五经，尤长于诗书，则《群辅录》谓传书或有所本。"② 郭沫若也说："孟氏自然就是孟轲，他是子思的私淑弟子。"但是，韩非子在这里谈论的是"自孔子之死也"、"自墨子之死也"的儒、墨

---

① 说详郭沂：《〈中庸〉成书辨证》，《孔子研究》1995年第4期；《〈大学〉新论——兼评新儒家的有关论述》，《新儒家评论》第2辑，中国广播电视出版社，1995年；《郭店竹简与子思学派及其文献》，见《郭店竹简与先秦学术思想》第二卷；《子思书再探讨——兼论〈大学〉作于子思》，《中国哲学史》2003年第4期；《〈淮南子·缪称训〉所见子思〈累德篇〉考》，《孔子研究》2003年第6期。

② 转引自陈奇猷：《韩非子新校注》下册，第1126页，上海古籍出版社，2000年。

两家的情况，而三墨皆墨子直传弟子，故八儒的时代离“孔子之死”亦当不远。从年龄上看，孟子应为第五代儒家。但在我看来，八儒多属孔子弟子和再传弟子，最晚也不超过三传弟子，正处在孔孟之间。

那么，韩非子所提到的“孟氏”到底是谁呢？我们可以从有关思孟关系的纷争中找到一些线索。汉代以来，学者们或认为孟子学于子思本人，或主张学于子思之弟子。根据笔者的新考，子思年九十二，生活在公元前504—403年之间，但这仍不能与孟子时代相接，而多种典籍中有关孟子受业于子思的说法乃至有关子思、孟轲相见的记载又难以置疑。实际情况是：孟子虽然深受子思及其门人的影响，并与之构成思孟学派，但他既非受业于子思，亦非受业于子思门人。《子思子》、《孔丛子》等书所载的那位姓孟、名轲、字子车的儒者，并不是孟子，而是一位与孟子同姓名的子思弟子。有关孟子受业于子思的说法皆由此衍生，有关孟子受业于子思门人的说法都是由思孟时不相值的事实和《史记》衍文的影响所导致的误解[①]。

这位孟子车并非等闲之辈，而是先秦时期的卓越思想家。早在幼年第一次拜见子思的时候，他就深得子思的器重和高度评价：“言称尧舜，性乐仁义，世所希有也。”（《孔丛子·杂训》）孟子车既为“世所希有”的大儒，那他一定有相当的著述。然而，随着他的名字为后来同姓名的孟子所掩盖，其著作也丧失殆尽。值得庆幸的是，郭店儒简的出土，为追寻孟子车佚文提供了可能。窃以为，郭店简

---

① 郭沂：《孟子车非孟子说——思孟关系考实》，《中国哲学史》2002年第3期。

中的《性自命出》、《成之闻之》、《六德》、《尊德义》、《唐虞之道》、《忠信之道》六篇，很可能就是孟子车的遗著，而孟子车可能即为《显学篇》之“孟氏之儒”。在儒学八派中，孟子车是辈分最晚的一位，也是唯一的孔子三传弟子。

如果这种推断不误，那么我们就可以顺理成章地将上述六篇郭店简合编成一书，并按先秦古书惯例，名之曰《子车子》。为谨慎起见，暂以其中的核心文献《性自命出》总其名。

在儒家八派中，有著作传世的还有“孙氏之儒”。

关于“孙氏之儒”，自清代就有荀子和公孙尼子二说。顾广圻曰：“孙，孙卿也。《难三篇》云：‘燕子哙贤子之而非孙卿。’”[①] 皮锡瑞说：“刘瓛以《缁衣》为公孙尼子所作，沈约以《乐记》取《公孙尼子》，或即八儒之公孙氏欤?”[②] 其后二说并行，如日人津田凤卿曰：“‘孙’上恐脱‘公’字。《汉书·艺文志》《公孙尼子》二十八篇，注七十子弟子。《太平御览》引公孙尼子。一曰‘恐公孙丑也’。或曰指孙卿子，非。”梁启超曰：“孙氏即孙卿。或指孙氏为公孙尼子，恐非。”[③] 陈奇猷曰：“此孙氏以指公孙尼子为是。盖本篇乃诋儒者，谅韩非子不致诋毁其师。且韩非对其师颇爱护，《难三篇》云：‘燕子哙贤子之而非孙卿，故身死为戮。’燕子哙非孙卿，韩非即出此愤慨语，岂在此又指其师而诋之，于理不合。且公孙氏本可省为孙氏，王先谦《荀子集解》卷首云‘孙卿者，盖郇伯公孙之后，以

① 转引自陈奇猷：《韩非子新校注》第1127页。

② 皮锡瑞：《经学历史》第27页。

③ 二家之说皆转引自陈奇猷《韩非子新校注》第1127页。

孙为氏也’，即其例。《圣贤群辅录》云‘公孙氏传易’，当即此人。”[①] 今按，荀子的时代离“孔子之死”实在太远，“孙氏”当以公孙尼子为是。公孙尼子系子夏弟子，卓然大儒，堪称一派。

《汉书·艺文志·诸子略》儒家类载有《公孙尼子》二十八篇。这部经刘向整理“定著”的二十八篇本《公孙尼子》流传时间并不长，大概在汉魏之际就佚失了。《隋书·经籍志》子部儒家类著录有《公孙尼子》一卷。很可能在二十八篇本佚失以后，有心人将其佚文辑在一起，而篇幅又不大，不足以分卷，故合为一卷。因而，一卷本的出现，从侧面说明二十八篇本在隋以前确已亡佚。这部一卷本，在宋以后又亡佚了。

二十八篇本和一卷本《公孙尼子》虽然皆已散佚，所幸的是其若干佚文保存至今，其中最重要的就是今本《礼记》中的《乐记》篇。

关于公孙尼子的其他著作，陆德明《经典释文·序录》曾说，“《缁衣》是公孙尼子所制。”其《礼记音义》又说：“《缁衣》，郑诗，美武公也。刘瓛云：‘公孙尼子所作也。’”但按照沈约的说法，“《中庸》、《表记》、《坊记》、《缁衣》，皆取《子思子》。”[②] 清人黄以周考证道：“《文选注》引《子思子》有‘民以君为心’一事，‘昔吾有先正’一事。《意林》载《子思子》有‘小人溺于水’一事。则《缁衣》篇出自《子思子》明矣。《释文》引刘瓛说《缁衣》公孙尼子所作，不足据也。”[③] 看来，《缁衣》为《子思子》的一篇，是完全可以

---

① 陈奇猷：《韩非子新校注》，第1127页，上海古籍出版社，2000年。

② 见《隋书·音乐志》。

③ 黄以周辑解：《子思子·内篇》卷四。

肯定的。它是否也曾出现在《公孙尼子》中呢？这种可能性也是不能排除的。此篇所记悉为孔子言论，属《论语》类文献，既非子思手著，亦非公孙尼子亲撰。和其他许多《论语》类文献一样，它为不同古书所共采，是完全可能的。

在《公孙尼子》二十八篇中，除了《乐记》和可能的《缁衣》外，可考的篇名还有《春秋繁露·循天之道篇》所提到的《养气》篇。另外，马国翰《玉函山房辑佚书》还辑有不可考篇名的《公孙尼子》佚文十二条。除了马氏辑本外，洪颐煊也曾辑录过一本《公孙尼子》，在《问经堂丛书》中[①]。

准此，有必要在马、洪二氏辑本的基础是重新校订《公孙尼子》一书。

《汉书·艺文志》儒家类有“《内业》十五篇”，注曰“不知作书者”。著名的《管子》四篇即《心术》上下、《白心》、《内业》，实为其佚篇。论者多以为此四篇为道家著作。其实，四篇虽多用道家概念，但价值取向却是儒家的，当然为儒家著作。

除了“自孔子之死也”这个时间范围外，韩非子提出儒家八派的学术标准，在我看来可以用司马迁的“究天人之际”和“成一家之言”二语来表达。也就是说，只有建构了一套独特的哲学体系的早期儒者，才可以入选儒家八派。既入选八儒，当各有著作。虽然我们现在只能读到子思之儒、孟氏之儒和孙氏之儒的著作残卷，但我们仍能从中领略其哲学体系之大概。至于其他五派的哲学体系，因其著作无存，我们就很难详细推测了。曾子、子夏和子游等当时

---

① 说详郭沂：《公孙尼子其人其书及其学术谱系》，待刊。

很有影响的儒家派别之所以未列八儒，并不是韩非子的疏忽，而是在他看来，这些儒学流派未尝建立起自己的哲学体系，故不符合入选条件。

“究天人之际”、“成一家之言”，仍然应该是我们今天建构儒家核心经典系统的入选标准。我认为，上面讨论的《广论语》、《子思子》、《性自命出》、《公孙尼子》、《内业》以及传世的《孟子》和《荀子》这七部先秦儒家经典，都是符合这个标准的。

总之，两脉道统，见于“五经”，存于“七典”，比量齐观，庶几可得大道之全矣。出于对道统的不同看法，唐代以前的经传中，常以周孔并称；唐宋之际以后，代之以孔孟并称；现在看来，以周孔孟荀并称，或许有更强的概括性。

我之所以将《论语》等七部原始儒家最重要的著作称为“典”，而没有像四书五经系统那样称为“书”，是因为“典”指可以作为典范的最重要的“书”，与“经”字相当，地位远远高于“书”。《书·五子之歌》“明明我祖，万邦之君，有典有则，贻厥子孙”孔传：“典，谓经籍。”汉王符《潜夫论·赞学》曰：“是故索物于夜室者，莫良于火；索道于当世者，莫良于典。典者，经也，先圣之所制。”《论语》等七部书，正是照亮人类精神世界的火炬，正是“索道于当世”的向导，故谓之“典”。而“书”，指装订成册的著作，是普通名词。其实，朱子本来称《论语》等四部书为“四子”。《朱文公文集》卷八二有《书临漳所刊四子后》一篇。《朱子语类》卷一〇五：“四子，六经之阶梯；《近思录》，四子之阶梯。”称“子”，乃因孔、曾、思、孟皆为先秦诸子。虽然他也将《论语》等合称为“四书”：“如《大学》、《中庸》、《语》、《孟》四书，道理粲然，人只是不去看。若理会得此四书，何书不可读，何理不可究，何事不可处”

（《朱子语类》卷一四），但从行文看，“四书”二字不过指“四部书”，尚非专用名词。朱子对《大学》、《中庸》的注释称“章句”，对《论语》、《孟子》的注释称“集注”，后人合称之为《四书章句集注》。故“四书”之称，盖出于后人，不一定符合朱子的本意。

上引钱穆之说，谓朱子之重四书远胜于五经，这也是其后学列四书于五经之前的原因。今五经七典之序，非重五经而轻七典之谓也，只是考虑到一方面在时代上五经早于七典，另一方面在人们用语习惯上“五”先于“七”也。至于七典在五经七典系统中的地位，大致与四书在四书五经系统中的地位相当。

诚然，我们今天建构当代新儒学，不但要回归先秦元典，而且还要继承历代大儒的思想，他们都是道统的承担者。其中最值得重视的有董仲舒、周敦颐、邵雍、张载、程颢、程颐、朱熹、陆九渊、王阳明、王夫之、戴震、熊十力、冯友兰、牟宗三等人。这是特别需要说明的。

儒学“成己成物”思想的现代价值

高丽大学　尹丝淳

本文摘要：儒学思想中极为重要的“成己成物”思想，在“中庸”论述“诚”思想体系时曾被谈及。“诚者非成己而已也，所以成物也。成己，仁也；成物，知也。性之德也，合外内之道也。”说的就是这个意思。

“诚”的字面意思是真诚、诚实、真实。顺着“诚”的这一层意思就能理解“成己成物”思想了。

首先，立足于“真实”这一意思，在认识的层面上进行理解。基于人性中对真实的忠诚感，人自身的感觉中“自我意识的觉醒”是“成己”的源泉。这样的真实性可以使人们获得（这里“物”，总指他人和他物）“有关他人和他物正确的知识”。这就是“成物”的源泉。

接下来，是由诚实性衍生出的层面。人一旦发挥其诚实性，就会激发提升自身“人格的自我”。这正是“成己”的另一个层面。高尚的人格不但是指人人性化地对待他人，进一步来说是以对他人的爱心为基础，善意照顾他人，施以“仁性”。正是以上这一点使社会中人与人之间的联系成为“和谐共生的关系”。这是“成物”的又一好处。诚实的人，对作为他物的自然，也会推衍其人性，以“爱物”的态度待之。这样做能够帮助自然维持孕育万物的平衡，使人与自然成功的维持“造物的共生”。这便是“成物”的终极境界了。

这样看来，这一思想不仅仅考虑人与人的关系，同时考虑自我、自然以及人与人之间的关系。从这一点上来看，是有别于其他的儒学思想的。而且，这一思想以基于“诚”和人性的人格养成为基础，具有社会伦理和生态环境伦理都力图解决的“人人、人物同和的特征”。因而，在现代这一思想也应是被充分予以认可的思想。

关键词： 诚　自我　他人　他物　人与人的关系　自然环境　和谐　共生

一、儒学思想

众所周知，儒学，相映于其治学的目标，有着几种思想。其中最要重要的思想是“博施众济”。孔子曾指出，尧舜也不曾充分达到此种境界[①]。正因为这一思想境界在史上从未被达成，更加强化了其作为思想的特征。

要博施什么才能解救众生呢？只有回答了这一问题，才能明确的理解这一思想的内容。就尧舜的治世之道来看，改善众生的“经济条件”，使其免于贫困，比其他任何都贴近这一思想的核心内容。在理念上，从尧舜的“无为之治”升华而来的“德治”具有免除百姓生计之苦的效果，这可以认为是这一思想的主要内容。

在这样的思想体系下，孔子哲学意义上的博施的内容可以认为

---

① 《论语·雍也》。

是以爱民为本的“仁的精神”。在这里，德治则正是源于仁治。而从孔子强调自己不具备博施众济能力这一点来看，我们可以推测孔子认识到就人的精神境界是无法达成救济众生的结果的。因而，孔子提出的“修己安人”，较博施众济而言是实现可能性较高的思想。[①]

至此，儒学在博施众济思想中表达的理想，使其超出了学术思想的范围，成了世界宗教思想的一员，而其在修己安人思想中指出的观点排除了宗教思想中缥缈而无所指的特征，又使儒学成为一门指导现实道德规范以及政治统治的治世之学。《礼记》中所提到的大同社会[②]，正是不论统治者还是被统治者都理想化的实践“修己安人”而构建的社会。《大学》所提到的“明明德”“亲民”的思想实际上是和修己安民相一致的。由此，我们可以在一定程度上推断修己安民思想在儒学思想中所占据的地位。

在《中庸》中，儒学的指导思想以较为不同的形态得以表达，那就是所谓“成己成物”的思想，其在根本上将“成就自己”和“成就他人”统一了起来。这一思想虽然和修己安民有着紧密的联系，但实际上是两种有相当大区别的儒学思想。修己是和成就自我相关的，而安民经常被用于治人，是指通过实行政策等方式使已经存在的他人得以安定的生活。因此，修己和安人各自分别和成己成物很相似。但不论是对己对人，成己成物和修己安人不同，其目标并非限定在“安定”上，而是以“自我和他物的终极境界”为目标的。这正是成己成物的意义之所在。本文正是基于这一点，试图从现代的视角发掘这一思想新的价值。

---

① 《论语·宪问》。
② 《礼记·礼运》。

二、《中庸》中的“诚”思想

成己成物的思想出自《中庸》，为了能够正确理解该思想，我们首先要了解《中庸》中的“相关思想”。而为了理解《中庸》，我们首先应该设身处地地思考著书时的思想背景。

如大家所熟悉的，《中庸》的作者被认为是子思。虽然我们不能排除其中一部分是子思的思想，但我们不能认为全书是由子思一个人著撰的。其根据是《中庸》的思想体系包括以“天”为终极象征的和以“诚”为终极“天道”象征的两个不完全一致的思想体系。本人同意学界考证，本书综述了子思一系思想家思想成果。

此书被认为成书于战国时代之后，其中所论述的思想已有了相当大的发展，特别是比起孟子的思想有了进一步发展。例如，说明人本性由来的“天命之谓性”，讨论道德和本性关系的“率性之谓道”，以及由“尽心”“知性”进一步发展而来的“尽性”，还有被极力强调的“尽性”的方法所谓“诚”，这些都是比孟子思想更进一步的，更为具体化的思维。

孟子主张的“天不言”，通过将“天心”还原为“民心”，否定了“天”。而《中庸》认为“天”正是存在于人心中的“性”或者是“天命”。《中庸》中所体现的“天”观，在人格化上更进一步的否定了“天”。“成己成物”思想背景中，像这样“人性化的否定”的存在，也是值得瞩目的思想倾向之一。

《中庸》比孟子思想更为进步的原因很可能是，此书既受到了孔子思想的影响，又受到了孟子思想的影响。我们前面提到的《中庸》思想中的几点，是以孟子思想中的性善说为前提，将“存心养性”的思维进一步发展而得出的结论。这也证明《中庸》的比孟子思想有着进一步的发展。特别是，《中庸》中“尽性”和孟子思想中论“性的形成”的“养性”或者论“性的认识”的“知性”不同，包含了表现“性”的“实现”的思维。这可以看作是《中庸》对“性”论进一步发展的具有代表性的一点。当然，笔者也同意学界中《中庸》著书于战国时代以后的秦汉时代的考证。

在另一方面，比起以上提到的思想，还有与成己成物更加紧密相关的其他思想。这就是居于《中庸》思想核心的“诚”思想。成己成物思想本身就包含“诚”思想的部分。这一点在“诚者非成己而已也，所以成物也。成己，仁也；成物，知也”[1] 之中谈及了。因此，只有首先了解“诚”思想，才能够充分的理解以上内容。

在《中庸》中对“诚”的论述非常的复杂。例如，“诚者天之道也，诚之者人之道也……圣人也，诚之者择善而固执之者也。”[2]“诚者物之终始，不诚无物，是故君子诚之为贵。”[3]。“唯天下至诚，为能尽其性；能尽其性，则能尽人之性；能尽人之性，则能尽物之性；能尽物之性，则可以赞天地之化育；可以赞天地之化育，则可以与天地参矣。”[4] 这些都是具有代表性的谈论“诚”的内容。这些主要是论及“诚”的特征以及“效果”的内容。

---

① 《中庸》，25 章，“誠者非自成己而已也，所以成物也．成己仁也，成物知也。”

② 《中庸》，20 章，“诚者天之道也，诚之者人之道也……圣人也，诚之者择善而固执之者也。”

③ 《中庸》，25 章，“诚者物之终始，不诚无物，是故君子诚之为贵。”

④ 《中庸》，22 章，“唯天下至诚，为能尽其性；能尽其性，则能尽人之性；能尽人之性，则能尽物之性；能尽物之性，则可以赞天地之化育；可以赞天地之化育，则可以与天地参矣。”

那么“诚”是指什么，又应该怎样表达呢？为了解决以上问题，我们首先要思考“诚”的意思。“诚”最基本的意思是“真诚”或者是“诚实”以及“真实”。因此，其深层意思是“诚实、真实而无虚假”。程朱称此为“真实无妄”[①] 在这个意义上是妥当的。诚实或者真实无妄实际上是对行为的评价，也就是说是体现社会伦理的。

在理解了“诚”的意义的前提下，让我们来讨论“诚”的特征。“诚”是论天道和人道之关系的理论，是源自认为作为自然原理的天道和人应“效仿的原理”是相一致的，即天人合一思想。“诚”思想正是将《周易》中所说的天道“元亨利贞”[②] 利用现实性的原理进行分析，而得到的伦理价值观。换句话说，天道为诚，是指将自然法则的不变性依托于人的诚实性，来体现伦理原理的思想。《中庸》中的“诚论”不仅包括人的行动，还包括宇宙、自然，从主观的角度进行伦理思考是其独特特征。就此“诚论”不但具有道德修养论的特点，同时也包含了道德修养论所不具的观点。

接下来，让我们来讨论诚的“效能”。“誠者物之終始，不誠無物.”是同认识相关的言论。从这一点来看，认为诚是认识事物的基本条件，这样的主张是成立的。

与此相应的“唯天下至诚，为能尽其性；能尽其性，则能尽人之性；能尽人之性，则能尽物之性；能尽物之性，则可以赞天地之化育；可能赞天地之化育，则可以与天地参矣。”正是将这种“效能”最大化的三才论的表述。这是说诚的终极效能是使作为人的自我和作为天的自然达到完全合一的境界。《中庸》中就是通过这些文

① 《中庸章句》，第 20 章。

② 《周易》，乾卦。

字，作者描述了诚的极致便是这样的境界了。“由诚而至天人合一”正是《中庸》的一大特征。

三、作为“诚”思想基础的“成己成物”

我们要了解成己成物中“己”和“物”究竟是指什么。己，当然是指人“自己，即自我”。“物”则是由世间原本开始指一切一般事物。从这一点来看，“物”是对“他人、他物”的总称。因此，成己，就是成就自我；成物，就是成就他人和他物。

但是，至此，“成”成就的意思还不是很明确。在此，首先应思考“不誠無物”的命题。如前面所说，“诚”是指人们从根本上正确认识事物的前提。事实上，“诚”的基本含义中有“真实”的意思。认识的层面可以看作是“诚”所具有的真实性相关的层面。

从这个角度来看，“成”，成立，与内是指使人具有自我意识以及自我感受；于外是指使人能够正确认识他人他物。《中庸》“成己，仁也”就是对这层意思的说明。但是“诚”的原意是否除了“真实”还有真诚、诚实的意思呢？如果是这样，那么“成”是否不应止于人是层面上的应用呢？《中庸》中也谈到“成己”是与和自我无关的“仁”相联系的。因此，仅在认识层面上理解成己成物是不够的。

为了离开认识层面理解这一概念，我们应进一步挖掘“诚”的意义。接下来，要在感性层面上“诚实”意义基础上理解这一概念。“诚”这一层面上的应用可以从《大学》中“诚意”的意义上追其线索。“诚意”不单单是使意识真实，更使意念端正。正是“诚意”防止作为意识源泉的意念堕落，防止“邪念”滋生。

这里讨论意念端正的原因，是由个人行动而形成的与他人的关系。极力主张重视与他人的关系以及关系的对应性的儒家思想家正是孔子。孔子在分析“爱人”中包含的“仁”[1]的意义之后，指出了“仁”实行的具体方法是“克己复礼”，即“恕”[2]。具体来说，孔子认为个人与他人融洽相处的关键，并非其他而是个人对他人的善意的“配虑”。“成己仁也”正是表达这个观点的。

为了能够善意的配虑他人，则必须意念端正。而“成己”正是达到以上境界的心理前提。在这一层面上，“成己”已超越了人从生物角度认识自我的境界，也就是说超越了生物层面上的认识，将自我塑造为“一个人格体”，即将自我塑造为新的“独特的自我”，将自我的人格形成提高到了质的层面。作为“诚”思想基础的“成己”的意义正在于此。

在“我”作为一个人格体来对待他人时，“我”自然会把他人作为一个人格体来看。那么“我”就会给他人以“人格的感化”。这种感化要与由“成己”阶段延续而来的“爱人之情”即善意的关怀他人的行为相配合，才能获得好的效果。这说明“成己”最终将达成社会层面上，个人与他人总存的“和谐共生”的理想。在这样的情况下，在“成己”的作用下，最终“成物”开始了。

这里，作者使用“开始”一词的原因在于“成物”中的“物”不但指“他人”，还包括“他物”以及“对待他物的方式”。以“诚”对待他物，就不会随便无意义的对待他物。有意义的，或者寻找其意义去对待他物。这样的意义，当然是指“与我相关的价值”。

他物和个人存在有意义的关系正是源自孔子和孟子极力主张的“仁性的扩充”，即，“仁”的本质是爱人的本性，将其提升至“爱

① 《论语·颜渊》。

② 《论语·雍也》及《论语·卫灵公》。

物"的心。[①] 就是说，由"诚"，"成己"阶段延续而来的"仁性"，将其提升到爱自然他物的阶段（这一点宋代思想家程颢和朱熹有更为本质的论述[②]，这里尚无须借用。）

这样，其结果是开启了通往人与他物"自然的和谐共存"的门。通过与自然的亲近，是人和自然能够成功的达成"和谐共生"的状态。"成物"的境界就在于此，而这也是"成己成物"的最终境界。个人与他人、他物和谐融洽，这就实现了其有意义的价值。

总的来说，"成己成物"是使个人成为一个独立的人格体，通过其行动形成和睦的社会环境，并与自然和谐相处。"成己成物"正是只有达到这样的境界才能充分实现其儒学思想的价值。

四、成己成物的现代含义

成己成物思想虽然看起来十分的平实简单，但知其内容，与其他的儒家思想相比有着其独特的一面。特别是在协调他人、他物的他者与自我的关系上，与其他思想有所不同。"博施众济"、"修己安人"（明明德亲民）等虽然可以不限时间的普遍适用，但只限于个人与他人构成的社会范围内。而相对的，"成己成物"不仅考虑他人，还考虑他物自然，超越了社会的界限，使思想的适用范围扩张到了整个物质世界。

人们一般用"天地"来称呼自然。而天地，正是我们生存必需不可或缺的环境因素，无视环境人也无法实现美好的生活。无视自然环境，实际上就是对我们"生命的根本和持续"无知无觉。而无

---

① 《孟子·尽心上》。

② 程颢认为"仁"是"生意"，而朱熹认为"仁"是"生物之性"，将仁的扩充认为是"物我一体"。

视这一点，去追求美好的生活，无疑是舍本逐末的行为。因此，成己成物思想的价值就在于，在同时考虑社会和自然的范围内追求理想的生活。

天地于人的重要性，远在古代的儒家思想中就以“三才”思想中得以体现。而这种传统的三才思想，在《中庸》中得以继承并发扬，以与“诚”相关的“成己成物”思想的形式得以重生。

“诚”的字义和“真”有相通之处，这一层意义用于将“诚”上升为天道。“真是”与天道的本质是相似的。这与辩证的对待实事的态度也不无关系。但是，“审实求是”是指，将“真实”认定为人类社会的真实，并将其意真实的态度加以运用，这则是与“真实”本身无关的，人的事。而这人的事，没有“诚实的态度”是不能达成的。将真实认定为真实，并以真实的态度加以应用所必需的，是不掺虚伪的诚实的态度。《中庸》中将“诚之”称为人道的原因便在这了。成己成物的思想在根本上运用了“诚”，真实和诚实两重含义。

通过以上的思考，我们发现成己成物思想实际上和过去朴素的“三才”思想中的“天人合一”是不同的。“成己成物”是以诚实的态度效仿天道，并将其转化为人道。在这一点上是具有独创性的思想。于此，由“仁”之“爱人”及“爱物”，以“诚”为基础的“成己成物”思想，最终达到了“物我合一”的境界。

论以人格为基础的道德品行，则容易轻视生命与自然环境；重视生命与自然环境，则会轻视道德品行，这两种偏颇现象的存在并不奇怪。而现今，注重社会伦理而轻视声带环境，或者竭力呼吁保护生态环境而忽视社会伦理的现象比比皆是。两者兼顾，去两者之平衡才是现今社会所面临的课题。这样理解这个课题的话，儒学的“成己成物”思想则兼顾了这两个方面，与现代也是极具价值的思想。

成己成物思想以“诚意”与“仁性”的人格形成为基础，具有人人、人物同和的特性。而此特性是为了同时解决社会伦理与生态环境伦理的矛盾而存在的。因此，成己成物思想于现代社会的价值也是值得肯定的[①]。换句话说，《中庸》中与“诚”相联系的成己成物思想，通过挖掘其人—人、人—物同和的特征，该思想具有于现代社会的新的附加价值。

参考文献：

丁大铉，《多元主义时代和对应价值》，梨花大学出版社，2006.

尹丝淳，《朝鲜时代诚理学的研究》，高丽大学 民族文化研究院，1998.

尹丝淳，《新实学思想论》，Yemoon 书院，1996.

尹丝淳，《我的 哲学思辨記》，韩国哲学学会 50 年，哲学和现实社，2003.

① 丁大铉教授主张该思想同多元主义时代有效的利用价值相关，也是极具创意的想法。（丁大铉著《多元主义时代和对应价值》，梨花大学出版社）

第三编 儒家伦理与宗教问题

先秦儒家关于道德品性的思考

华东师范大学 周 山

一、为仁：道德品性的最高境界

如果说，“礼”是孔子继前人之说，“仁”则是对“礼”的补充和深入，是孔子对周礼的一种发展。

礼是关于人的行为规范的一系列准则，是可以看得清说得明的规章制度，是一种形式。礼如同一把尺子，可以度量人的行为是否与之相符。相对于礼，仁是一种内容，是人的一种特殊内涵，是人经过努力之后达到最高境界的道德品性。所以，仁存在于人，虽然可以通过他的言行举止得以体现，却不同于礼之于人那样可以直截了当地确认和表达。《论语·公冶长》记述了这样一件事：“孟武伯问：‘子路仁乎？’子曰：‘不知也。’又问。子曰：‘由也，千乘之国，可使治其赋也，不知其仁也。’‘求也何如？’子曰：‘求也，千室之邑，百乘之家，可使为之宰也，不知其仁也。’‘赤也何如？’子曰：'赤也，束带立于朝，可使与宾客言也，不知其仁也。'"子路、冉求、公孙赤三人，是孔子最亲近的学生，孔子对这三个人的才能，了如指掌：子路善治军，冉求善治政，公孙赤善交际。然而，孔子却不能确认这三位学生的道德品性是否达到了仁这一境界。由此可见，对于一个人的仁的认定，是极其困难的。在他的心目中，只有三个人可以称为仁人，一是微子，二是箕子，三是比干，都是早已作古的殷代人。

孔子讲仁，是讲"为仁"，主要在三个方面：一是人的"为仁"基础，二是"为仁"的方法，三是"为仁"的作用。

1. "为仁"的基础，在人的品性。根据人的品质差异，大致分为"近仁"与"鲜仁"两种类型。近仁，亦即与仁的距离近，这是"为仁"的基础，是通过"为仁"最终成仁的必要条件。"近仁"的品性，未必一定能"成仁"，但是若无"近仁"的品性，就一定不会"为仁"而至"成仁"。什么样的品性属于"近仁"类型呢？孔子认为："刚毅木讷，近仁。"（《论语·子路》）意思是，具有刚强、果断、质朴、谨慎这四种品性的人，接近于仁。

正直是"近仁"的另一品性。鲁国有一位名叫微生高的人，素有正直之名。"或乞醯焉，乞诸其邻而与之。"（《论语·公冶长》）意思是，有人向他讨醋，他家里没有，就向邻居家里讨了醋转给那人。孔子认为，微生高这个人并不真实。

刚毅木讷、正直为什么能"近仁"？因为具有这些品性的人，都没有私欲。一个人若有私欲，就不可能刚强不屈。孔子曾叹息："吾未见刚者。"有人便举例说孔子的学生申枨具有刚强的品性。孔子立即反驳："枨也欲，焉得刚？"（《论语·公冶长》）意思是，申枨有私欲，怎么可能刚强？微生高明明自己家里没有醋，却不直言相告，而是向邻居讨醋再转给向他讨醋的人，也是因为他有掠美市恩的私欲在作怪。

微生高的不直，不是因为他家里没醋却偏做出有醋的样子，而是因为他向邻居讨了醋再转给向他讨醋的人的行为，不合乎情理。所谓“直”即真实，是指发自内心的思想真实，是指怎么想就怎么说，至于所想是否符合客观实际，则是认识问题。也就是说，即便你的认识是错误的，但是只要说的话反映了你的真实想法，就符合“直”的标准。有一次，叶公跟孔子说：“吾党有直躬者，其父攘羊，而子证之。”意思是，我家里有个做事正直的人，他的父亲偷了人家的羊，他就去官府告发了他的父亲。孔子告诉叶公：“吾党之直者异于是。父为子隐，子为父隐，直在其中矣。”（《论语·子路》）父亲为儿子隐瞒，儿子为父亲隐瞒，正直就在这相互隐瞒中。在孔子看来，儿子告发父亲的劣迹，并不是出自他的真心，也不顺乎常理，所以看似正直的举动，实在是对真实愿望的一种扭曲。与此恰恰相反，隐瞒至亲的劣迹，恰恰反映了他的真实想法，也顺乎人之常情。因此，“父为子隐，子为父隐”，恰恰反映了人性的真实；而人性的真实，便是“为仁”的基础。

当然，从法律的角度而言，无论父为子隐还是子为父隐，都是一种过错，不仅不值得提倡，还应受到相应的惩处。但是，从人性角度来看，通过这种过错的分析，可以看到一个人的真实品性，又未尝不是一件好事。所以，孔子说：“人之过也，各于其党；观过，斯知仁矣。”（《论语·里仁》）意思是，人的过错，各有类别，通过对各种类别的过错的观察，可以知道这些人与仁的距离的远与近。

那么，究竟哪些人与仁的距离比较远，很少能转化为仁的呢？“巧言令色”是最令孔子切齿的：“巧言令色，鲜矣仁！”（《论语·学而》)“巧言、令色、足恭,左丘明耻之,丘亦耻之。匿怨而友其人,左丘明耻之,丘亦耻之。”(《论语·公冶长》)巧言令色,与刚毅木讷正好相反,察言观色、善于辞令,肉麻地取悦别人,甚至明明心里怨恨对方,表面上却装出一副友善的样子,这种人,不仅撰写《春秋》的大学者左丘明认为可耻,孔子也直斥其可耻。为什么这种品性可耻,为什么具有这种品性的人远离“仁”?原因就在于不直,即这种行为不是真实情感的直接表达,而是以假象示人,实现自己的私欲。

孔子用直与不直作为尺子,衡量一个人距离“仁”的远近的思想,上承《周易》,也与老聃的思想有关系。《周易·坤》六二爻辞:“直、方、大,不习无不利。”认为具备了直率、方正、宽容这三种品性,即便不用学习也能畅通无滞。在这三种品性中,直居首位,可见“直”于人的道德修养何等重要。“刚毅”之所以能“近仁”,是因为无私欲;若有私欲,如其学生申枨,“焉得刚”?这一思想,与老聃的“无欲则刚”思想完全一致。“巧言令色”为可耻,也与老聃的“善言不信”之意相似。

2. 孔子谈“仁”,最多的是关于“为仁”的方法。“能近取譬,可谓仁之方也已。”譬式推理,即由已知类推未知的方法,是华夏思维的主要方法。“为仁”,也理所当然要采用“譬”式方法;取譬的材料,是从最近处着手;最近处是什么?是自己。“夫仁者,己欲立而立人,己欲达而达人。”(《论语·雍也》)自己想立的业,也帮助别人立;自己想达到的目标,也帮助别人达到。这种推己及人的胸怀,便是仁人的胸怀。按照这一胸怀去行事,就是“为仁”。当然,这种以己所欲推及他人所欲,并帮助他人实现所欲的“为仁”,会受到个人能力的局限,亦即一个人的“为仁”能力,总是有限的。子贡曾问孔子："如有博施于民而能济众，何如？可谓仁乎？"意思是，如果能够广泛地周济民众，是否就是仁人？孔子告诉他："尧舜其犹病诸！"（《论语·雍也》）广泛周济民众的事情，连尧、舜这样的圣人都做不到。原因就在于任何一个人的能力总是有限的；"为仁"之事，只能由近及远，一个一个地去做，能做多少算多少。

帮助他人为仁，不强加于人也是为仁。"己所不欲，勿施于人"，是孔子经常向学生讲的一句话。《论语·颜渊》："仲弓问仁。子曰：'出门如见大宾，使民如承大祭。己所不欲，勿施于人。在邦无怨，在家无怨。'"孔子这一番话的核心，就是要仲弓尊重别人。自己不想得到的，不要强加给别人。如果说"如见大宾"、"如承大祭"还是表现形式，那么"己所不欲，勿施于人"便是实实在在的内容。"无怨"，就是"为仁"的结果。子贡问老师，有没有一句话可以终生奉行的？孔子便告诉他："其恕乎！己所不欲，勿施于人。"这一次，孔子不仅讲了"己所不欲，勿施于人"，而且将这一句话的意思进一步作了概括，提炼为一个字："恕"。能够推己及人，必有宽宥他人之心，这是一种高尚的境界即"仁"的境界。如果终身奉行"恕"，自然就是一位仁人。

但是，"己所不欲，勿施于人"的境界既不是人人都能达到，也不是一个人未经磨砺就能达到。大概是在子贡拜师的早期，也曾向老师谈论过这个问题："我不欲人之加诸我也，吾亦欲无加诸人。"孔子则告诉他："赐也，非尔所及也。"（《论语·公冶长》）意思是，这种"仁"的境界，你还没有能力达到。

所以，由近及远的"为仁"方法，包括向身边的人学习，从切近的事情中磨砺自己。"工欲善其事，必先利其器"，便是孔子的一个形象譬喻。向谁学习、如何磨砺呢？孔子向问"为仁"之方的子贡细说道："居是邦也，事其大夫之贤者，友其士之仁者。"（《论语·卫灵公》）事奉大夫中的贤者，与士中的仁人交朋友，自觉营造一个良好的环境条件，目的在"善其事"，这个"事"，就是"为仁"。

有了"为仁"的方法，便要实践"为仁"的内容。孔子曾告诉学生子张，怎样才能达到"仁"的境界："恭、宽、信、敏、惠"。恭敬，不会招致耻辱；宽厚，便能获得众人拥护；诚实，便能获得别人的信任；敏捷，做事便能成功；慈惠，便能获得别人的鼎力相助。子张是一位勇武之人，孔子针对他的具体情况，因材施教，希望他从五个方面作"为仁"的实践，"能行五者于天下"，（《论语·阳货》）成为一个仁人。

从切近处着手的"为仁"方法和"为仁"内容，上升到"礼"的高度，便是"克己复礼"。"克己"的"克"，不是压抑，而是去除；"克己"的"己"，不是自己的所有欲念，而是"非礼"即不符合礼的欲念。所以，孔子在颜渊追问"为仁"的要目时说："非礼勿视，非礼勿听，非礼勿言，非礼勿动。"联系孔子肯定父为子隐、子为父隐的合理性，可以看到他是把人的欲念分为两部分，一部分是不违礼的合情合理的欲念，这种欲念不但不能"克"，而且要如实表达出来；不表达这种真情，反而远离了"仁"。另一部分是"非礼"的欲念，这类欲念必须"克"；只有"克"掉这些欲念，才能成为仁人。去除"非礼"之欲的过程，也就是"为仁"的过程。所以，当学生原宪（子思）问"克、伐、怨、欲不行焉，可以为仁矣"，孔子告诉他："可以为难矣，仁则吾不知也。"（《论语·宪问》）意思是，能克制住好胜、自矜、忿恨、贪欲，使之不表现出来，已经很难能可贵；这是否算达到了仁，就不知道了。孔子为什么"不知"，原因就在"不行"与"克"有区别，"不行"是制住不让表现，"克"则是去除。只有去除，才能真正“为仁”，才能“天下归仁”，被人们认可。

3.“为仁”的作用。孔子是一位入世意识很强的学者。他强调“为仁”，自然要说明其实际作用。“为仁”的作用，首先是有益于社会的稳定。社会能否稳定，取决于能否“复礼”。面对一个不想“为仁”的人，跟他讲礼乐已经没有什么实际意义，礼乐对于这种人也失去了任何约束力：“人而不仁，如礼何？人而不仁，如乐何？”（《论语·八佾》）

“为仁”的第二作用，是能够爱人。“樊迟问仁。子曰：‘爱人’。”（《论语·颜渊》）这是孔子讲“仁”的话语中最简明扼要的一次。爱人，是一种发自内心的情感，是一种表里一致的行为，仁者爱人，爱谁？孔子要求学生“泛爱众”（《论语·学而》），即广泛爱大众，而这“泛爱众”的仁心，首先要落实在自己的亲人和自己周围的人身上。例如对父母的爱，不仅是要落实在奉养他们，而且要始终对他们和颜悦色，让他们真正能感觉到儿子对父母关爱的温暖。父母死后，子女要守孝三年，以回报他们的养育之恩。学生宰我（宰予）认为守孝时间太长，应改为一年，并列出一大堆理由：“三年之丧，期已久矣。君子三年不为礼，礼必坏；三年不为乐，乐必崩。旧谷既没，新谷既升，钻燧改火，期可已矣。”听了宰我这一番话，孔子很愤慨：“予之不仁也！”不仁的原因，是宰我没有“三年之爱于其父母。”（《论语·阳货》）除了爱父母，仁人还能关爱周围的其他人。有一件事，反映了孔子仁者爱人的胸怀：“厩焚。子退朝，曰：‘伤人乎？’不问马。”（《论语·乡党》）他并非不爱马，而是更爱人。

孔子的仁者爱人，虽有“泛爱众”之说，但也不是无原则的爱人，更不是爱所有的人。他的爱人是有原则的爱，如同他的恨人，也是有原则的恨。所以，“为仁”的另一个作用，是能够以正确的态度去爱人和恨人。而且在孔子看来，“唯仁者能好人，能恶人。”(《论语·里仁》)以正确的态度喜欢一个人或厌恶一个人，只有仁者才能真正做到。

二、改变环境　恢复善性

在礼崩乐坏、战火不熄的时代背景下，孟子提出了人性本善的观点，为孔子的“为仁”学说提供人性根据，引起了学术界的普遍关注。

孔子把人分为“近仁”与“鲜仁”两种类型。但是，“近仁”者为什么“刚毅木讷”？“鲜仁”者为什么“巧言令色、足恭”？孔子没有说明。一个世纪之后的孟子觉得，若欲将儒家的“仁义”主张推广开来、深入人心，必须对人性以及人性与仁、义、礼、智、信等五种品质的关系作系统、深入的解释，把儒家以“仁”为首的理想人格建立在坚实可信的人性基础之上。他还发现，师祖孔子关于人分两类的说法有一个致命的缺点，这就是将一部分人说成“鲜仁”。这样的分类，显然使得相当一部分人自暴自怨，失去“为仁”的信心，不利于儒家理想人格的普及，也与孔子的“有教无类”思想相悖。

于是，孟子提出了人性本善，人人皆可为尧舜的观点。

人性本善的观点，并不能获得学术界的普遍认同。持反对观点的人，有儒家之外的学者，也有儒家内部不同流派的学者。一位名叫告子的学者，可能就是儒家队伍中的人，因为他既讲“食色，性也”，又讲“吾弟则爱之，秦人之弟则不爱也”，还讲：“长楚人之长，亦长吾之长。”（《孟子·告子上》）这些说法，属于儒家的基本观点。告子首先给“性”下了一个定义：“生之谓性。”所谓“性”，是指天生的禀赋。人的天生禀赋是否善呢？告子举了两个例子予以否定。第一个例子：“性，犹杞柳也；义，犹杯棬也。以人性为仁义，犹以杞柳为杯棬。”意思是，人性如同杞柳，仁义如同盘子。杞柳成为盘子，需靠人力加工。第二个例子：“性，犹湍水也，决诸东方则东流，决诸西方则西流。人性之无分于善不善也，犹水之无分于东西也。”意思是，人性本无善不善之分，如同流水本无东西之分。

面对告子的挑战，孟子作出针锋相对的回应。孟子认为，杞柳能做成盘子，是因为杞柳有能做成盘子的本性，而不是破坏了杞柳的本性才成为盘子。水的本性中虽无东西流向之分，却有上下流向之分，“人性之善也，犹水之就下也。人无有不善，水无有不下。”人性皆善，如同水皆下流。他还进一步分析，在人力的作用之下，水也有跳跃窜高，甚至飞流上山。“人之可使为不善”，人的善良本性也可改变，这与用外力改变水向下流动的本性是同样的道理。

此外，还有认为人性可善可不善，或人性有善有不善的两种观点。一位名叫公都子的学生问孟子：“或曰：‘性可以为善，可以为不善；是故文武兴，则民好善；幽厉兴，则民好暴。’或曰：‘有性善，有性不善；是故以尧为君而有象；以瞽瞍为父而有舜；以纣为兄之子且以为君，而有微子启、王子比干。’今曰‘性善’，然则彼皆非与?”人性可以变得善，也可以变得不善，例如周文王、武王时，人民向善成风；周幽王和厉王时，人民趋向暴戾。这种善与不善的变化，不同于孟子所讲的在外力作用之下使善变恶，而是一种潜移默化之下暴露出人性的可塑，接近于告子的性本无善与不善。

另一种观点，认为人性生来就有善与不善两种。例如，虽有尧这样的圣君，难免也会出现像这样的坏人；瞽瞍这种缺德人，也能生出舜这样的好儿子；以纣这样暴虐之君，其叔父微子启、王子比干却以仁德著称。

面对这些持之有据、言皆成理的种种挑战，孟子辩称："乃若其情，则可以为善矣，乃所谓善也。若夫为不善，非才之罪也。"意思是，正因为人皆可以使之向善，所以才说人性本来善。至于有人不干好事，则并非人的材质不好。孟子的性善理论，主要从两个方面展开。

其一，圣人与我同类，人人皆有向善之心。"滕文公为世子，将之楚，过宋而见孟子。孟子道性善，言必称尧舜。"（《孟子·滕文公下》）为什么讲性善，言不离尧舜？因为尧舜不仅是明君，还是圣人，世所公认的性善者。所以，他从这两位圣君处着手，不仅要论证人性本善，还要论证人性皆善。譬如种麦子，播下种子把地耙平，土地相同，播种时间也相同，它们便欣欣向荣，到了夏至时，全部成熟了。倘有例外，一定因为土质肥瘠、雨水多寡、人工管理好坏不同之故。所以，"凡同类者，举相似也，何独至于人而疑之？圣人与我同类者。"（《孟子·告子上》）既然圣人与我同类，那么圣人的本性与我的本性一定相似。例如，"口之于味也，有同耆焉；耳之于声，有同听焉；目之于色也，有同美焉。"所以，烹调名师易牙才能掌握人们的口味嗜好，做出人人都喜爱的佳肴；音乐名家师旷演奏的乐曲，才会人人都爱听；一谈到美男子子都，天下人没有不知道他的漂亮。既然人们的嘴、耳朵、眼睛，都有相同的审美感，那么，人心的善良，当然也应相同。圣人与我辈的区别，仅仅在于圣人先知先觉，"得我心之所同然"，先于我们认识到了人性之善。

在孟子看来，人人皆有向善之心，是毋庸置疑的。人的向善之心，体现在四个方面："恻隐之心，人皆有之；羞恶之心，人皆有之；恭敬之心，人皆有之；是非之心，人皆有之。"这四种向善之心，就是仁、义、礼、智："恻隐之心，仁也；羞恶之心，义也；恭敬之心，礼也；是非之心，智也。"仁、义、礼、智这四种美德，不是人的外部装饰，而是人所固有的内在本性。他举了一个例子："今人乍见孺子将入于井，皆有怵惕恻隐之心。非所以内交于孺子之父母也，非所以要誉于乡党朋友也，非恶其声而然也。"（《孟子·公孙丑上》）任何一个人忽然看见一个无知孩童将要跌人井中时，都会马上产生一种惊恐伤痛的心情，不由自主地伸出手去拉住他。这种随见而发的情感，决非为了与孩子的父母攀交情，或者为了在邻里朋友间邀誉等自身利益而生发，而是一种人的本性的自然体现。如果一个人没有这种恻隐之心，那么，他就不能算是人。孟子说："无恻隐之心，非人也；无羞恶之心，非人也；无辞让之心，非人也；无是非之心，非人也。"为什么要把这四种向善之心作为判别"人"与"非人"的界限呢？在孟子看来，这四种"心"是仁、义、礼、智等四种性的发端，如同人的四肢，为人所固有。不仅尧、舜这样的圣人具有，普通人也都具有。只要觉悟、开发自身固有的这四种"心"，人人皆可成君子。"君子所性，仁义礼智根于心。其生色也，睟然见于面，盎于背，施于四体，四体不言而喻。"（《孟子·尽心上》）换句话说，所谓君子，便是将仁义礼智深深扎根于心田之中的人。这种向善之心，化在了一举手一投足之间，不用言说，人们都能看得一清二楚。

其二，环境条件对性善的影响。孟子的性善之说，必须面对历史上的和现实生活中普遍存在着既有为善之人亦有不善之人的事实。

孟子认为，为善与不善的差异，不在人性本身的差异，而在外界环境对本性的影响。孟子曾向宋国大夫戴不胜讲过一个环境对宋王的向善之心影响的譬喻：假如有一位楚国大夫想让儿子学会讲齐语，是请齐国人教呢，还是请楚国人教呢？当然希望齐国人教他。然而，倘若一个齐国人教他齐语，众多的楚国人在周围喋喋不休地干扰他，即使天天鞭打他、要他学习齐语，也办不到。但是，倘若让他的儿子在齐国的闹市住几年，即便天天鞭打他，让他恢复楚语，也办不到。同样道理，你推荐“善士”薛居州住进王宫，如果王宫中人无论长幼尊卑都是像薛居州那样的“善士”，宋王又能跟谁去干坏事？如果王宫中人都不是像薛居州一样的“善士”，宋王又能跟谁去做善事？所以，仅仅一个“善士”，不足以影响宋王向善；对宋王善与不善产生影响的是周围环境。

齐国的东南部有一座牛山，树木曾经长得郁郁葱葱，由于邻近大都市，人们经常用斧子去砍伐，也就不可能再保持其自然美景。虽然它日日夜夜在生长，不断得到雨露滋润，还有新的旁枝侧叶，却架不住刀斩斧砍、牛羊放牧，于是牛山便成了光秃秃的一座山。人们未见其曾经繁荣，还以为牛山本来就是一座寸草不生的秃山。人本来也都存在着仁义之心，有的人之所以不见了良善之心，与牛山被斧伐成荒山秃岭一样的道理：周围环境的恶劣。“故苟得其养，无物不长；苟失其养，无物不消。”（《孟子·告子上》）如同牛山上的草木一样，人的善性也需要一个理想环境的呵护培养；否则，人的善性也会像牛山上的草木一样消失得了无踪影。因此，不善者的出现，并非其本性无善，而是受周围环境影响导致良善之心丧失。平民如此，君王也如此。

孟子主张性善论，是要唤起人们对自身善良本性的觉悟，循着人性的本来方向发展自己。他把人的向善之心及其本能反应又称作“良知”、“良能”。他说：“人之所不学而能者，其良能也；所不虑而知者，其良知也。”（《孟子·尽心上》）这里的“不学而能”之能、“不学而知”之知，指的是“为善”之能、“为善”之知。如：“孩提之童，无不知爱其亲者；及其长也，无不知敬其兄也。亲亲，仁也；敬长，义也。”人的“不学而能”之能，“不学而知”之知，是指仁、义；仁、义如同人的肢体，是与生俱来的良知良能。

这样，孟子的性善论，便为孔子提倡的“为仁”学说找到了人性根据。否认性善，就是否认人的本性，抹煞人与禽兽的区别。

三、治学修身　改恶从善

荀子之前，儒家对人类自身的思考，经历了由孔子注重人格培养、以君子为理想目标的倡导，到孟子对人性本善的探索、倡导恢复善性的两个发展阶段。孟子提出性善之论，虽然遭到了来自儒学内部和外部不少学者的质疑，但是均不构成严重对立；其挑战的力度，均不对性善论构成严重威胁，孟子的性善之论得以广泛流播，视为儒学正宗。直至荀子登上学术舞台，旗帜鲜明地提出“性恶”之论，对孟子的性善论作出彻底否定，从而将儒家对人类自身的思考，推进到了第三个阶段。

由于人性本恶，所以，人人都有一个洗心革面、重新做人的学习、修养进而成就为君子、圣人的过程。这个过程，无论从时间还是磨砺程度上，都将远甚于孟子的恢复善性；由于本性是恶，所以由恶转化为善，更非每一个体能够自我完成，必需外界力量的帮助。荀子关于性恶的论述，以及如何由恶转化为善的变性研究，遂成为丰富与发展儒学的一大亮点。

（一）人生的起点：性恶

荀子认为："人之性恶，其善者伪也。"人的本性是恶的，善良是人为的结果。他从以下几个方面，阐述了这一观点。

其一：人的本性，生来就有贪图私利的本能，顺着这种本性，"争夺生而辞让亡"；生来就有憎恶之心，顺着这种本性，"残贼生而忠信亡"；生来就有耳目之欲、爱好声色的本能，顺着这种本性，"淫乱生而礼义文理亡"。（《荀子·性恶》）倘若放纵人的本性，顺着人的情欲，必然会出现争夺以及违反名分、破坏社会秩序之事而导致暴乱。所以，才有师法的教化、礼义的引导，通过辞让和有序而归于安定。

其二：弯曲的木材，必须经过校正器具的校正和蒸烤、矫揉，才能挺直；钝的刀剑，必须经过石头的磨砺，才能锋利。同样道理，"今人之性恶，必将待师法然后正，得礼义然后治"。（《荀子·性恶》）如果人得不到师法的教诲，就会偏邪而不端正；得不到礼义的规范，就会悖乱而不修治。古代的圣王，正是由于这个原因，才为人们"起礼义、制法度"，以矫正和引导人的情性，进入治理，使之合乎道义。接受了师法教化的人，通过文化的积累、礼义的实践，成为了君子；那些放纵性情、贪欲胡为而违背礼义的人，成了小人。

其三：孟子说，人之所以要学习，由于其本性是善的。事实并非如此。这是一种既不懂人的本性、又不考察人的本性与人为区别的说法。本性，是天然生就的，有"不可学、不可事"的特点。礼义，则是圣人制定的，人们可以通过学习而"能"，通过实践而"成"。"不可学，不可事"而在天然一方面的称为"性"；"可学而能、可事而成"而在人事一方面的称为"伪"。这就是本性与人为的区别。人的本性，"目可以见，耳可以听"。可以见的视觉离不开眼睛，可以听的听觉离不开耳朵。眼的视觉和耳的听觉，天生俱来，都不是学来的。孟子说：人的本性，如果一生下来就脱离了他的自然本体，那么，如同离开了眼睛的视觉、离开了耳朵的听觉一样，其本性也就随之丧失，还有什么本性的善与恶。

其四：人的本性，“饥而欲饱，寒而欲暖，劳而欲休”。今有人饥饿，见尊长在侧，不敢先食，而要推让；虽然劳累却不敢休息，是想代替尊长。这两种行为，都违反了人的本性，背离了人的正常情欲。然而，这又正是孝子之道、礼义的规则。所以，顺着情性就不辞让；辞让就背离情性。这表明，人的本性是恶的；表现善良，是人为的结果。

其五：由于本性恶，所以要做善事。这是因为，凡本身没有的，必然要向外追求。例如，凡浅薄的就会羡慕丰厚的，丑陋的羡慕美丽的，狭窄的羡慕宽广的，贫穷的羡慕富有的，卑贱的羡慕高贵的。反之，如果本身有的，就不会再向外追求。所以，“富而不愿财，贵而不愿势”，富有者不羡慕财利，高贵者不羡慕权势。由此可见，人愿意为善，正是因为本性是恶的。

其六：孟子说，人的本性善良。实际上并非如此。古今天下所谓善，是指“正理平治”；所谓恶，是指“偏险悖乱”。这就是善与恶的区别。如果人性本来就是“正理平治”，又何必还要有圣王、礼义的规范？在古代，圣人以为人性恶，所以“立君上之势以临之，明礼义以化之，起法正以治之，重刑罚以禁之”。现在，倘若尝试去掉君王之威势，不用礼义教化，去掉法制不用刑罚，旁观天下人民的相互交往，就会出现这样的结果：“强者害弱而夺之，众者暴寡而哗之，天下之悖乱而相亡不待”。（《荀子·性恶》）所以，人性善，就得去掉圣王，废止礼义；人性恶，就得遵从圣王，珍贵礼义。正木器具的诞生，是因为有弯曲的树木；绳墨的起用，是因为有不直的东西存在；立君王，明礼义也正是因为人性本恶的缘故。

荀子认为，无论圣人还是小人，人生的起点是一样的，都是恶。圣人与一般人的不同之处，在于圣人在人为方面比一般人做得好："圣人之所以同于众其不异于众者，性也；所以异而过众者，伪也。"(《荀子·性恶》)任何人的本性都是恶，任何人都可以通过后天的努力改恶为善，成就为圣人。师法与礼义，为帮助人由恶转化为善提供了必要条件。只要"伏术为学，专心一志，思索孰察，加日县久，积善而不息"，(《荀子·性恶》)性恶之人就可以成为"通于神明，参于天地"的圣人。为什么个别人可以通过积善而成就为圣人，一般的人却不能成圣呢？荀子认为，这是由于善的可积与能积的区别。就像人都有一双脚，可以走遍天下，事实上又有几个人能够走遍天下？

性恶论突破了儒家创始人孔子的"生而知之"理论，把所有的人，放置在同一起跑线上。在人格培养的目标上，荀子的人人皆可以成圣人的观点，与孟子的人人皆可以为尧舜的观点一样，却在人生起点上截然相反。孟子的人生起点是善，荀子的人生起点是恶。正因为起点不同，所以，成圣的具体内容也就有差异：孟子是要人们激活自己本有的善性，荀子是要人们改变自己的恶性。改恶从善，当然要比激活善性更艰难一些。

于是，荀子便要从学习、修身、行为等方面做文章。

（二）改恶从善过程之一：治学明理

治学是改恶从善的第一要务，也是"伪"即人为的过程之一。木材挺直，如同用木工的墨线弹直的一样；把它揉弯成车轮，它又弯曲得像用圆规画的一样，即便再把它晒干，也不会恢复成直线一般，这是由于经过了揉的加工。如同木材经过绳墨的加工可以由曲变成直，刀剑经过磨刀石的磨砺可以由钝变成锐利一样，君子只要博学，并且时时检验考察自己，就能智慧聪明，行为不会有差错。如何治学？荀子从三个方面作了分析。

一是“学不可以已”。治学须日积月累，不可以停止。学而“已”，是自以为“已”。其实，治学是没有止境的。荀子说：“积土成山，风雨兴焉；积水成渊，蛟龙生焉；积善成德，而神明自得，圣心备焉。”（《荀子·劝学》）千里之途，全靠一步一步地积累而成；滔滔江海，全仗无数涓涓细流汇聚；一刀一刀不停地雕刻，坚硬的金属、顽石也能如愿以偿。治学的终点在哪里？“学至乎没而后止”，意思是，必须学到老死，才算到了尽头。“为之，人也；舍之，禽兽也。”活到老，学到老，才能成为真正的人；半途而废，依然是性恶之人如同禽兽。

二是治学次序要有合理安排。荀子说：“其数则始乎诵经，终乎读礼；其义则始乎为士，终乎为圣人。”（《荀子·劝学》）这里讲的“经”，指《书经》、《诗经》；“礼”，指礼仪制度方面的书。为什么先诵读《尚书》、《诗经》，最后读《礼》？因为《尚书》是政事的历史记载，《诗经》是心声的记录；而《礼》则是法制的前提、各种条例的纲要。所以，学习到了《礼》，就算达到了道德的顶峰。这还只是讲了治学的开始与终结，其间还有学习内容，如《乐经》的中正和谐、《春秋》的微言大义，也都要学习感悟。这个治学次序，与改恶向善过程中的由“士”入“圣”的次序是一致的。

三是要有正确的治学准则。荀子认为，君子的学问，“入乎耳，箸乎心，布乎四体，形乎动静”。举手投足之间，都体现着一个人的学问深浅、道德高下，都可以作为学习的楷模、学习的准则。因此，治学的最佳途径，便是接近良师益友。《礼》、《乐》虽有法度却无详细说明，《诗》、《书》古老不切近现实，《春秋》辞意隐约不能迅速理解。倘若仿效良师益友，就能获得准确而全面的知识。不仅接近师友，还要出自内心地敬爱师友，并以礼法约束自己。如果上不能爱好教授自己的人，下不能以礼治约束自己，也就只能学到一些驳杂的知识、记诵一些书本教条；治学一辈子，不过是一个陋儒而已。

荀子认为，经过以上“诵数以贯之，思索以通之，为其人以处之”的治学明理，性恶之人也就能够“非是无欲见”、“非是无欲闻”、“非是无欲言”、“非是无欲虑”。

（三）改恶从善过程之二：修身养性

治学是明理，修身是履道。改恶从善，总要落到实处。修身养性，就是培养优秀品德，实实在在的由恶向善转化。

如何修身？荀子说：“见善，修然必以自存也；见不善，愀然必以自省也；善在身，介然必以自好也；不善在身，菑然必以自恶也。”（《荀子·修身》）意思是，看见别人的善行，就要认真检查自己是否也具有这种善行品性；见到别人的不善行为，就要以忧惧之心反思自己是否也存在这种不善品性。自己身上有善良品性，就要保持下去；自己身上存在不良品性，就要像被赃物玷污一样厌恶并清除掉。有了这种自省和自觉，也就能够正确对待来自别人的评价。荀子把对自己评价的人分为三类：第一种为“非我而当者”，亦即对我批评得正确的人，他将这种人称为“吾师”。第二种为“是我而当者”，亦即对我作出正确肯定的人，他将这种人称为“吾友”。第三种为“谄谀我者”，亦即阿谀奉承我的人，他将这种人称为“吾贼”，亦即害我之人。有了这样的自觉与戒备，就能够亲近君子、远离小人。良好的修身环境，要靠自我营造。

荀子继承儒家始祖孔子的理想人格培养目标，将修身养性确立在“君子”的层面上。但是，从孔子到荀子，毕竟已有二百多年时间，关于“君子”的人格内涵及其培养方式，都有了改进与丰富，孟子的养浩然之气说，道家庄周的养生思想，对荀子以改恶向善为背景的君子人格培养产生了一定的影响。他关于修身养性的叙述，便是由遵循礼节这一普遍法则，渐次深入到治气、养生之术的分析。他将“以治气养生”，“以修身自强”称为“扁善之度”，即去恶向善的普遍法则，无论对于身处显达的环境，还是身处穷困的环境，都是一种适宜和有利的行为。

关于治气、养心的方法，荀子作了详细分析：血气刚强，就用“柔”来调和；过于深沉而近于险诈，就用平易善良来纠正；勇猛乖张，就用合乎自然的道理加以规范；轻举妄动，就要加以节制；心胸狭窄，就用宽宏大量加以补充；意志卑下、反应迟钝、私欲贪利，就用高尚的志向加以激发；庸俗散漫，就请良师益友加以约束；怠慢、暴弃，就晓之以祸灾的后果；愚鲁、拘谨，就用礼乐来调剂，培养善于思考的能力。

荀子认为，上述种种治气、养心的方法，归根到底，还是离不开顺从礼义、尊师教诲、心志专一这三条捷径。而养心的关键，则在“诚”。荀子说：“君子养心莫善于诚，至诚则无它事矣，唯仁之为守，唯义之为行。”（《荀子·不苟》）一个人行为做事，达到“至诚”程度，表明“养心”已有成果。

修身养性、去恶向善的直接好处，就是能够营造一个互敬互助的生活环境。荀子列举了几种情况，因为修身养性做得好，社会给予相应的回报。例如，“体恭敬而心忠信，术礼义而情爱人，横行天下，虽困四夷，人莫不贵。”行为恭敬心怀忠信，讲礼义而又真情爱人，这样的人走遍天下，即便困顿在异域他乡，也会受到人们的普遍敬重。又例如："劳苦之事则争先，饶乐之事则能让，端悫诚信，拘守而详，横行天下，虽困四夷，人莫不任。"能够吃苦在前、享乐在后，待人诚信、守法明理的人，即便走遍天下，不幸受困，也能取得人们的普遍信任。

荀子认为，一个能够尊敬老人、不轻侮穷途末路之人、做了好事不张扬不图回报的人，即便有大祸临头，老天也不会让他毁灭。他还认为，一个经过修身养性，去恶成善的君子，即便身处贫困，心志却是宽敞的，因为他有仁爱之心；即便得到富贵，体貌仍旧谦恭，不因为有权势而作威；即便身处安逸，血气并不怠惰，生活依然合理；即便身体劳累，容貌并不枯萎，因为他爱好礼仪；愤怒时不过于剥夺，欢喜时不过于给予，因为能做到法理胜于私欲。

所有这些，都是修身养性、改恶从善的成果。

荀子的性恶论，完全针对孟子的性善论而来。韩非在分析儒分为八、墨离为三的原因时，说了"取舍相反，不同"这六个字；儒家内部的这一场性善、性恶之争，是最典型的例子。不过荀子虽然认定人性本恶，与孟子的取舍相反，但是在人格培养的终点上，与孟子殊途同归，依然是言必称礼的君子、圣人，不脱儒家本色。

五伦观念的再认识

深圳大学国学研究所　景海峰

儒家思想的核心价值在其所谓道德性，即人伦规范的确立、生命之伦理意义的揭示和根源于人心的内在德性经由家庭、宗族、社群、国家等形式而最终得到落实。在儒家众多的伦理观念当中，“五伦”是最基础性的一个，它是整个道德系统的起点、社会性人际关系网络的主线，也是所有礼教活动赖以建基的中轴和良好社会风尚得以存续的根本保障。五伦观念经过先秦儒家（特别是孔、孟）的思想凝聚和义理提升之后，在后续两千多年的中华文化发展过程当中扮演了十分重要的角色，成为所谓“纲常名教”的中心，深刻地影响着华夏文明的价值选择、精神气质和基本走向，也规范了一代又一代的中国人之社会群体及个人的行为模式和立身处世的根本准则。到了近代，随着中国文化的日渐衰败，其核心价值也一步一步地遭到了根本的质疑、否定，乃至颠覆，五伦观念首当其冲，差不多到了被彻底抛弃的边缘。1940 年，正当抗日烽火连绵、民族危亡之际，贺麟先生（1902—1992）写了《五伦观念的新检讨》一文，就五伦观念与中华文明的内在关联性做了非常深刻的阐释，提撕我民族精神，鼓舞士气，也纠弹了社会思潮之偏谬。迫于当时的危难之局，贺先生无意于琐碎之考证，而是单刀直入、径凑义理，就思想之意涵做了简洁明快的揭示。顺着这个话题，我们今天仍然有许多问题需要再来做思考，既包括历史性的考究，也有亟待反思的现实境遇等事项，特别是在经历了相当长的一段时间的疏离与批判之后，五伦观念的负面印象已经深深地刻入了人心，一时间难以消除，重新来清理，再作认识，就很有必要。

一

五伦观念根源于华夏文明的远古时代，是和人文教化生发的漫长历程紧密地联系在一起的。到了春秋晚期，周礼崩坏，纲常隳挫，孔子力挽狂澜，重新强调了“君君臣臣、父父子子”的伦常规矩。[①]而“五伦”的完整表述，则要迟至战国中期才由孟子首先提了出来。所谓“后稷教民稼穑，树艺五谷，五谷熟而民人育。人之有道也，饱食、暖衣、逸居而无教，则近于禽兽。圣人有忧之，使契为司徒，教以人伦：父子有亲，君臣有义，夫妇有别，长幼有叙，朋友有信”。[②] 这里，孟子只讲到了五种人伦关系之间的交互性，而并没有区分主次的意思。《中庸》言“天下之达道”，谓：“天下之达道五，所以行之者三。曰：君臣也，父子也，夫妇也，昆弟也，朋友之交也，五者天下之达道也。”又论天下国家之“九经”：

> 凡为天下国家有九经，曰：修身也，尊贤也，亲亲也，

---

① 《论语·颜渊》。

② 《孟子·滕文公上》。

敬大臣也，体群臣也，子庶民也，来百工也，柔远人也，怀诸侯也。修身则道立，尊贤则不惑，亲亲则诸父昆弟不怨，敬大臣则不眩，体群臣则士之报礼重，子庶民则百姓劝，来百工则财用足，柔远人则四方归之，怀诸侯则天下畏之。齐明盛服，非礼不动，所以修身也；去谗远色，贱货而贵德，所以劝贤也；尊其位，重其禄，同其好恶，所以劝亲亲也；官盛任使，所以劝大臣也；忠信重禄，所以劝士也；时使薄敛，所以劝百姓也；日省月试，既廪称事，所以劝百工也；送往迎来，嘉善而矜不能，所以柔远人也；继绝世，举废国，治乱持危，朝聘以时，厚往而薄来，所以怀诸侯也。[①]

这其中也明显包含着君臣等人伦关系之中的相互对应性和互敬互爱的意思，并没有后来通常所强调的尊卑、贵贱等思想，更无所谓严格的等级之分和不可摇夺的上、下位之区别。

最可注意的是《荀子》里面的一段话："遇君则修臣下之义，遇乡则修长幼之义，遇长则修子弟之义，遇友则修礼节辞让之义，遇贱而少者则修告导宽容之义。无不爱也，无不敬也，无与人争也，恢然如天地之苞万物。"[②] 这里，虽然也讲了五种人际关系，但是大不同于《孟子》之"五伦"，可以说是别有创造。首先，这五种关系基本上反映的是社会层面的属性。君臣可以理解为国家、公共领域里的关系；乡党为邻里、社区里面的关系；"长"可以是亲缘的，也

① 《中庸》。
② 《荀子·非十二子》。

可以是非亲缘的，只表明一种年龄上的差别；“友”则是平辈的、普通人之间的关系。这些关系不以血缘为主轴，更没有有意地放大人伦关联的自然背景，而是就社会交往中可能发生的联接来立论，甚至有意地撇开了夫妇一伦，将狭义的家庭关系相对地隐去，从而突出了人际关系的公共性和社会性。其次，这些关系中没有尊卑、贵贱之分，只有自然形成的差异，人们只要顺着自然之势、践履应尽之礼，按照交互性的原则和不觊觎、不僭越的正常态度去对待就是了。关键在于相互之间的“爱”与“敬”、平等性和包容性，而这些关系的双向要求、相互制约性和应尽的责任都包含在了交往的过程当中。最后，也是最为重要的，荀子还考虑到了自然势差的调节问题，即贵者、长者，拥有自然优位和处于强势的一方，怎样合理地行使手中的权力，发挥对社会应有的责任，主动地调节好与贱者、弱者的关系，这样才能保障社会生活的和谐。“告导”是依经验之丰富、信息之优厚而担当起教化一般民众、引领社会风气的责任，“宽容”是居上位、处优势的一方因为有主动权、易于把握和选择，而应该采取的一种根本的态度。做到这些，社会就能清明，人人各得其所，“恢然如天地之苞万物。”

就人伦关系的自然顺序而言，它是起始于血亲的联结，本之于自然的交往，正如《白虎通义·号》中所描述的：“古之时，未有三纲六纪，民人但知其母，不知其父……于是伏羲仰观象于天，俯察法于地，因夫妇，正五行，始定人道。”这些基本关系的确立是和文明的创化完全同步的，因为“观乎天文，以察时变”，作八卦“以通神明之德，以类万物之情”的伏羲，同时也是“观乎人文，以化成天下”的华夏人文始祖。在《周易》的《序卦》中，曾经对人伦关系的产生过程做过这样的一番描述：“有天地然后有万物，有万物然后有男女，有男女然后有夫妇，有夫妇然后有父子，有父子然后有君臣，有君臣然后有上下，有上下然后礼义有所错。”在这里，人伦关系，夫妇居先，父子、君臣紧随其后，完全是依照着自然发生的顺序来排列的。《中庸》里面也说过：“《诗》云‘鸢飞戾天，鱼跃于渊’，言其上下察也。君子之道，造端乎夫妇，及其至也，察乎天地。”《周易》之“咸卦”象征着男女结合为夫妇，对此，《荀子》说道：“《易》之‘咸’，见夫妇，夫妇之道不可不正也，君臣、父子之本也。”① 后来，东晋干宝的《易》注也对这段话做了进一步的解释：“此详言人道三纲六纪有自来也。人有男女阴阳之性，则自然有夫妇配合之道；有夫妇配合之道，则自然有刚柔尊卑之义；阴阳化生、血体相传，则自然有父子之亲；以父立君、以子资臣，则必有君臣之位；有君臣之位，故有上下之序；有上下之序，则必礼，以定其体义，以制其宜明。”② 这都说明，自然之顺序和血亲之基础，在早期的人伦系统建构当中，始终是处在核心的位置。

从人伦关系的自然产生之序来看，当然是夫妇为先，这是人类社会伦理构造的始点；但随着人际关系的复杂化和社会制度安排的多层性发展，自然的排序便不是唯一的了，甚至在慢慢地发生着改变。清初毛奇龄（1623—1716）就对此做过一番梳理性的描述：

> 盖古经极重名实，犹是君臣、父子诸伦，而名实不苟，偶有称举，必各为区目。如《管子》称“六亲”，是父母、

① 《荀子·大略》。

② 李鼎祚：《周易集解》卷十七引。见北京市中国书店影印本，第12页，1984年。

兄弟、妻子。卫石碏称“六顺”，是君义、臣行、父慈、子孝、兄爱、弟敬。《王制》称“七教”，是父子、兄弟、夫妇、君臣、长幼、朋友、宾客。《礼运》称“十义”，是父慈、子孝、兄良、弟弟、夫义、妇听、长惠、幼顺、君仁、臣忠。齐晏婴称“十礼”，是君令、臣恭、父慈、子孝、兄爱、弟敬、夫和、妻柔、姑义、妇听。祭统称“十伦”，是君臣、父子、贵贱、亲疏、爵赏、夫妇、政事、长幼、上下。《白虎通》称“三纲六纪”，是君臣、父子、夫妇、兄弟、诸父、族人、诸舅、师长、朋友。虽朝三暮四，总此物数，而“十伦”非“十义”，“五道”非“五常”，《中庸》“三德”断非《洪范》之“三德”……。①

这种复杂的称谓系统和排序多样化的演变，说明人们对人伦关系的理解和认识，是在不断发生变化的，也经历了一个相当繁复的调整过程。总的说来，在自然联系的基础之上，五伦话语的血缘色彩非常的突出，这和中国传统社会的村社结构、宗法制度，以及人际交往的封闭性与狭窄空间有着极大的关系，因而“亲亲”的氛围始终环绕在各种人际交往的场景和活动之中，挥之不去。

二

考察五伦观念的另一个视角是从社会性入手，把这些人际关系

① 毛奇龄：《四书剩言》卷二。在这之前，司马光的《家范》一书，对此也做过一些梳理和总结，见《家范》卷一，“治家”。

和社会制度的演变发展联系在一起，这就与所谓自然性的联想和叙事有了很大的不同。因为迟至战国晚期，反对儒家“亲亲”原则的法家人物，就试图用社会等级观念的驾驭和政治权力的操控，来重新厘定人际交往的新规范，建立起强制性的伦常秩序。从韩非子开始，其对人伦关系的理解则更为强调社会属性的一面，突出了君与臣、父与子、夫与妇之间的“事”和“顺”，这三种关系的内涵便在悄然发生重大的改变。《韩非子》里面说：“臣事君，子事父，妻事夫，三者顺则天下治，三者逆则天下乱，此天下之常道也，明王贤臣而弗易也。”① 在这里，伦常关系的交互性和平等意义完全消失了，取代之的是严苛的等级意识和绝对的单向性。这里，君、父、夫具有了主宰权，处于主位，而臣、子、妻则是顺从者和被支配的对象，这种非平等的关系成了“常道”，并且关乎天下的治乱。同时，人伦关系的血亲色彩也被淡化掉了，在一定程度上抛弃了孔、孟传统的“亲亲”原则，而更为强调人伦关系所负载的社会性内容，将社会意义的人际关系置于自然意义的亲缘关系之上，完成了早期形成的血亲人伦意识的一次重大的调整，同时也预示着以“亲亲”原则为基础的德性伦理的歧出。也就是说，到了战国晚期，法家的政治伦理已经颠覆和改变了早期儒家德性伦理的基调和本愿，而将人伦关系纳入到了政治治术的范围之内，同时也把更为复杂的社会伦理问题引入了进来。

这一政治化的转向，深刻地影响到了“为汉制法”的汉代儒生们，“五伦”的德性含义由此逐渐地减退，而“三纲”之说最终得到

① 《韩非子·忠孝》。

了确立。汉初，贾谊就用父子、兄弟关系来说明君臣、上下关系，以自然之差异来论证社会等级差别的合理性。他说："岂且为人子背其父，为人臣因忠于主哉？岂为人弟欺其兄，为人下因信其上哉？"[1]当然，具体地提出"三纲"说，并且对后世影响最大的，要数董仲舒。《春秋繁露·基义》论"凡物必有合"，谓：

> 阴者阳之合，妻者夫之合，子者父之合，臣者君之合。物莫无合，而合各有阴阳。……君臣、父子、夫妇之义，皆取诸阴阳之道。阴阳有别，故君臣、父子、夫妇便有差等，前者为主、后者为次，前主动、后顺从。是故仁义制度之数，尽取于天。天为君而覆露之，地为臣而持载之；阳为夫而生之，阴为妇而助之；春为父而生之，夏为子而养之。王道之三纲，可求于天。[2]

这里，君臣、父子、夫妇三伦关系，不仅存在着社会现实的差异和职分的不同，而且在形而上的层面也具有了天然差别性的理据。又《深察名号》以"天人之际，合而为一"辩人性之善，谓："性有善端，动之爱父母，善于禽兽，则谓之善，此孟子之善。循三纲五纪，通八端之理，忠信而博爱，敦厚而好礼，乃可谓善，此圣人之善也。"在董仲舒看来，未善、已善，不在人禽之别，而在后天之所为，也就是"三纲"学说的政治教化作用如何实现的问题。所以道

---

① 《新书·俗激》。

② 此引从清代苏舆《义证》，以"秋为死而棺之，冬为痛而丧之"为衍文。见《春秋繁露义证》，钟哲点校，第351页，中华书局，1992年。

德的形而上根本，不在自然天命，而在社会制度关系。董仲舒不同意孟子的性善说，另以“三纲”作为规范人的行为的总原则，这是对战国时期的儒家以人的自然性来规定人性之思维路向的根本扭转。康德说过：道德法不能由自然法中引申出来。意即道德法则是从本于合目的性的理想的要求之中产生出来的，本身就是一个祛除自然性的过程，所以它要不断地排除自然法的阻碍。按照社会性的要求，儒家之伦理关系，从本质上来讲是道德法，而非自然法，它是以人的内在自觉作为道德建构之基础的，因而充满了理想的色彩。所以，儒家伦理的形而上根据，不在天地自然，也不是“天命”，而只能在人或者社会本身的结构之中得到说明。董仲舒的“三纲”说适应了“为汉制法”的政治之需，把儒家的伦理诉求和社会政治制度的建构紧密地结合起来，完成了“性善”论由自然性向社会性的过渡。

和“三纲”直接相关的是“三纲六纪”系统的确立，这种“国宪”模式，对于汉以后的中国政治及社会生活起到了无可估量的巨大作用。[①]《春秋繁露》中已有“三纲五纪”的提法，但较为细密的经典论述，莫过于《白虎通义》：

> 三纲者，何谓也？谓君臣、父子、夫妇也。六纪者，谓诸父、兄弟、族人、诸舅、师长、朋友也。故《含嘉文》曰：“君为臣纲，父为子纲，夫为妻纲。”又曰：“敬诸父兄，六纪道行，诸舅有义，族人有序，昆弟有亲，师长有

① “国宪”一语，出自侯外庐先生的《中国思想通史》，他的另外一个专用术语是“汉代经学国教化”，见侯外庐著，人民出版社，1957年版，第二卷，第224—226页。

尊，朋友有旧。”何谓纲纪？纲者，张也。纪者，理也。大者为纲，小者为纪。所以张理上下，整齐人道也。……六纪者，为三纲之纪者也。师长，君臣之纪也，以其皆成己也。诸父、兄弟，父子之纪也，以其有亲恩连也。诸舅、朋友，夫妇之纪也，以其皆有同志为己助也。[1]

从整篇的论述来看，这里共谈到了九种关系：君臣、父子、夫妇、诸父、兄弟、族人、诸舅、师长、朋友。前三为大，谓之“三纲”；后六为小，称之“六纪”。就人伦关系的多样性和复杂性而言，“三纲六纪”超过了在这之前所讲的“五伦”，表现出更为丰富和完备的宗法制社会之人伦的内涵。在词语的连缀上，也要比“三纲”与“五常”的关系显得通畅，更能符合所谓类别的逻辑。这九种关系，大致可分为三类：一是君臣关系，这可以说是“三纲六纪”的主轴，在高度政治制度化的宗法谱系中最为重要。二是父子、诸父、兄弟、族人和夫妇、诸舅之关系，前四为血亲，后二是姻亲。按照《白虎通义·宗族》的说法，这些关系均属于“九族”的范围，“生相亲爱，死相哀痛，有会聚之道”。三是师长和朋友的关系，以道义、志趣等为基础，既无臣属义务，也无血缘相连，完全是交谊性的，最易发展出平等性来。按《白虎通义·三纲六纪》本身的分类，师长关系可类比于君臣关系（成已），诸父、兄弟之关系接近于父子关系（有亲恩连），而诸舅、朋友之关系则与夫妇关系最为相似（有同志为己助）。君臣、父子、夫妇为“纲”，余则为“纪”。

---

① 《白虎通义·三纲六纪》。

在“三纲六纪”的系统中，尽管血缘关系的细密程度愈加复杂，好像自然联接的纽带在比重上得到了强固，但分析其结构，就会发现它是高度统合的，是以君臣一伦作为全部体系的枢纽，君臣顺则六纪兴，君臣逆则纲常坏。所以，血亲的人伦关系是以政治化了“三纲”为依归，而“三纲”又是以君臣关系为主干的，君主权威的绝对性得到了前所未有的强化。这样，在东汉以还的专制政体中，五伦关系被渐渐地挤压到了一个狭小的诠释空间内，染上了强烈的政治色彩，一切话语都以君权的绝对性为转移，附和之则为正当，违背之则万事皆休。明末黄宗羲（1610—1695）曾痛切地说道：

> 尧舜执中，不是无形无象，在人伦之至处为中。人伦有一段不可解处，即为至，五伦无不皆然。新安陈氏以为君臣之伦于人伦为尤大，非也。“圣人，人伦之至也”一句，总五伦而言，后始抽出君臣，事君、治民，须从尧舜以上来，方有本领。今人只将秦汉以来见识零星补凑，所以头出头没，百世不能改，真是孝子慈孙痛心处。余常见有祖父为小人，其子孙因仇君子以为慈孝者，适以播祖父之恶，为不孝不慈甚矣。①

这段话是在借《孟子·离娄上》之“规矩，方员之至也；圣人，人伦之至也。欲为君，尽君道，欲为臣，尽臣道，二者皆法尧舜而已矣。不以舜之所以事尧事君，不敬其君者也；不以尧之所以治民

---

① 《孟子师说》卷下。

治民，贼其民者也”一章的解释，来发挥他自己的思想。从黄宗羲的批判，我们能感受到君主专制对五伦观念的扭曲之大和钳制之深。

三

和五伦观念密切相关的是“五常”，这一用语的介入，极大地丰富了人伦关系的道德内涵，也在一定程度上消弭了人际关系中自然性与社会性的紧张。五常，即仁、义、礼、智、信。孟子讲“仁义礼智，非由外铄我也，我固有之也，弗思耳矣”，以“四善端”配“四德”：“恻隐之心，仁也；羞恶之心，义也；恭敬之心，礼也；是非之心，智也”。又将“仁义忠信”作为“天爵”，以与社会地位之“人爵”相对应：“有天爵者，有人爵者。仁义忠信，乐善不倦，此天爵也；公卿大夫，此人爵也。”[①]董仲舒在《举贤良对策》中谓“仁、谊、礼、知、信，五常之道”。扬雄曾以譬喻的方式来说明“仁义礼智信”之用：“仁，宅也；义，路也；礼，服也；智，烛也；信，符也。处宅、由路、正服、明烛、执符，君子不动，动斯得矣。”[②]而固定将仁、义、礼、智、信称作“五常”，当是晚至两汉之交的事。《白虎通义·性情》云：

> 五常者何谓？仁义礼智信也。仁者，不忍也，施生爱人也。义者，宜也，断决得中也。礼者，履也，履道成文也。智者，知也，独见前闻，不惑于事，见微知著也。信

① 《孟子·告子上》。
② 《法言·修身》。

者，诚也，专一不移也。故人生而应八卦之体，得五气以为常，仁义礼智信是也。

《周易乾凿度》卷上亦谓："八卦之序成立，则五气变形，故人生而应八卦之体，得五气以为五常，仁义礼智信是也。"并以"东、南、西、北"四方，分别配"仁、礼、义、信"四德，以"智"居中央。"故道兴于仁、立于礼、理于义、定于信、成于智，五者，道德之分，天人之际也"。汉儒论"五常"，多杂以阴阳五行、象数之变，后来南宋陈淳（1153—1217）著《北溪字义》，解"仁义礼智信"时，亦不得不做了大段的线索过渡，由"造化上推原"的"五行之德"才渐次引导到纯粹义理之学上的理解。[①] 宋明儒将五伦关系充分地义理化的结果，就是把人的自然情感的流露变得十分的理性化，同时，五常之德也就变成了最高的自然律则。恰如清儒李光地（1642—1718）所说：

父子、兄弟、君臣、朋友、夫妇，伦也；仁、义、礼、智、信，性也。语其本之合，则仁贯五伦焉；义、礼、智、信，亦贯五伦焉。语其用之分，则父子之亲主仁者也，君臣之义主义者也，长幼之序主礼者也，夫妇之别主智者也，朋友之信主信者也。[②]

---

① 参见《北溪字义·卷上》，"仁义礼智信"条。《北溪字义》，熊国祯等点校，第 18—26 页，中华书局，1983 年。

② 《榕村四书说·中庸余论》。

在这里，五伦关系更多的是一种德性的体现，而不是先天的联接，更多反映的是某种道德的要求，而不是血亲的展开，本质上是伦理精神的集中展示，而不是自然状况的简单摹记。

顺便说一句，和“五常”相当的提法，尚有“五行”、“五性”、“五法”等。《荀子·非十二子》说子思、孟轲“略法先王不知其统，然而犹材剧志大，闻见杂博。案往旧造说，谓之五行，甚僻违而无类，幽隐而无说，闭约而无解”。尽管唐杨倞已注“五行”为“五常”，但过去人们对此处所说的“五行”多不甚解，马王堆汉墓帛书《德行》问世后，迷雾才渐渐地廓清。现在一般认为，这里的“五行”是指“仁、义、礼、智、圣”，即所谓“德之行五和，胃（谓）之德。……德，天道也”。《德行》又说“四行之所知”，即“知、仁、义、礼”。[1] 据《吕氏春秋》记载，战国中期的尹文曾经说过“士”的根本在于“四行”，他和齐宣王之间有这样一段对话：

> 尹文见齐王。齐王谓尹文曰：“寡人甚好士。”尹文曰：“愿闻何谓士？”王未有以应。尹文曰：“今有人于此，事亲则孝，事君则忠，交友则信，居乡则悌。有此四行者，可谓士乎？”齐王曰：“此真所谓士已。”[2]

这里的“四行”虽不直接指仁、义、礼、智，但义例却约略相

---

① 池田知久：《〈马王堆汉墓帛书五行〉中的“五行”和“四行”》，《马王堆汉墓帛出五行研究》，王启发译，第71—85页，中国社会科学出版社，2005年。

② 《吕氏春秋·正名》。

当。并且，讲“孝忠信悌”，原本不一定合乎尹文本人的思想主旨，[①]但处齐都稷下之“杂”学环境之中，相互的感染，亦未可知，这至少表明了此类的说法在当时是十分流行的。到了秦汉，“四行”和“五行”的关系，以及“五常”之“信”如何取代了“五行”之“圣”，这是一个相当复杂的问题，其中蕴藏着汉代思想的若干秘团。[②]东汉以后，一般不再使用“五行”，而是通常地表为“五常”，且“圣”很少再被提及到。王应麟《困学纪闻》有言：“《白虎通》云：‘《礼运》记曰：六情，所以扶成五性也。今《礼运》无此语。五性：仁义礼智信。’韩子《原性》与此合。”[③]由此可见，“仁义礼智信”在东汉时代，又被称作“五性”，与儒家早期的人性思想有着密切的关系。又《大戴礼记·盛德》云：“天子三公合以执六官，均五政，齐五法，以御四者，故亦惟其所引而之。”据北周卢辩的注

---

① 一般认为尹文的学说接近于道家，主张“情欲寡浅”、“禁攻寝兵”（《庄子·天下》）。刘向《说苑·君道》亦载有尹文和齐宣王之间的一段对话，谈“圣人寡为”、“大道容众”和“大德容下”等，其思想主旨倒是与《天下》所述庶几近之。

② 譬如，贾谊《新书·六术》言“六行”：“德有六理。何谓六理？道、德、性、神、明、命，此六者，德之理也。六理无不生也，已生而六理存乎所生之内，是以阴阳、天地、人尽以六理为内度，内度成业，故谓之六法。六法藏内，变流而外遂，外遂六术，故谓之六行。是以阴阳各有六月之节，而天地有六合之事，人有仁义礼智圣之行，行和则乐与，乐与则六，此之谓六行。”这里，将“五行”扩展为“六行”，似嫌勉强。魏启鹏认为，这是秦崇水德的印记，代表水德的数字“六”在秦代无孔不入，“度以六为名”、“数以六为纪”，所以一直影响到了汉初。参魏启鹏著《德行校释》，巴蜀书社，1991年版，第126页。

③ 《困学纪闻》卷五。

解，此处所说的“五法”，就是指“仁义礼智信”。“五政”即天子、公、卿、大夫、士；“五法，谓仁义礼智信；四者，天地与人与事”。[①] 上述不同的概括与称名，共同指向了儒家最高的德性原则，以及人们心目中人之所以为人的那些根本理据，表达了儒家对人类社会的一种基本认识。

汉儒特别提出“五常”，用“五常”来与“三纲”相配，显然这里面是有他的深意的。很明显，“五常”和“五纪”、“六纪”是有区别的，“常”是对德而言，表达一个理，而“纪”只是在讲人伦关系。把“三纲”和“五常”结合在一起，便大大地提升了人伦关系的绝对性，赋予了这些关系以更多的道德方面的色彩，将人伦的自然性加以社会化和德性化，为后续的政治制度安排打下强固的道德基础。由此我们说，“三纲”是对五伦关系的进一步提升和凝聚，而“五常”则是非常重要的理论化的加固工作的一环。贺麟先生在分析“五常”与“五伦”的区别时指出：“五伦”讲人与人之间的关系，还大多着眼于血亲之连结，因而属于自然性的思考，这是很难维持长久的。而“五常之德”，便是一种理性的建构，就像柏拉图所说的“理念”或者“范型”，即或是康德所谓的绝对命令式的“道德律”。这种长久性，不论对方的生死、离合，不管对方的智愚、贤不肖，一如既往，坚守位分，不随环境而改变，不因对象而转移，成为一种绝对的要求，因而获得了理论上的自证与完满。[②] 这一绝对性，从

---

① 参见王聘珍《大戴礼记解诂》卷八。中华书局点校本，1983 年版，第 148 页。

② 参见《五伦观念的新检讨》一文，《哲学与哲学史论文集》，第 369—370 页，商务印书馆，1990 年。

社会实践层面来看，固然可能会造成一定的片面性，甚至有其荒谬的一面；但它却奠定了维持人伦的基础和稳固社会的纲常，所以从历史理性的角度来讲，又是有其积极意义的，甚至是不可或缺的一环。这对于稳固儒家伦理的形而上基础，提升其绝对意义，完善理论体系的逻辑性，尤其显得重要。

关于儒学与宗教关系的再思考[①]

——从儒学何以具有宗教作用谈起

复旦大学　杨泽波

一

关于儒学是不是宗教的问题，历来有不同看法。赞同者有之，反对者亦有之。赞同者之中，出发点又所不同。从维护儒家立场着眼者有之，如牟宗三；从批评儒学立场出发者亦有之，如任继愈。我对这个问题的看法较为持中，主张儒学不属于典型的宗教，却有着宗教的作用。说儒学不是典型的宗教，是指与基督教、佛教、伊斯兰教等宗教相比，儒学既不信一个人格神，也没有一个最高的教主。如果把儒学视为宗教，这个重要的特点很容易被淹没。但另一

① 近些年来，笔者比较关心儒学与宗教的关系问题，前后写了一些文章，主要有：《从以天论德看儒家道德的宗教作用》，《中国社会科学》2006 年第 3 期，《天志明鬼的形上意义》，《哲学研究》2005 年第 12 期，《孔孟建构道德形上学的差异及引申的两个问题》，《中国哲学史》2007 年第 6 期，《道德代宗教：一个有意义话题的重提》，《河北学刊》2003 年第 3 期。本文是对此前的研究的进一步思考，并提出了一些新的看法。

方面，儒学确实又有着宗教的作用。这方面不管是以肯定还是以批评立场说话的人，都有大量的论述，足以令人信服。既不属于典型的宗教，又有着宗教的作用，其道理究竟何在呢？

在这方面，牟宗三关于儒学既超越又内在的意见值得重视。“天道高高在上，有超越的意义。天道贯注于人身之时，又内在于人而为人之性，这时天道又是内在的（immanent）。因此，我们可以康德喜用的字眼，说天道一方面是超越的（transcendent），另一方面又是内在的（immanent 与 transcendent 是相反字）。天道既超越又内在，此时可谓兼具宗教与道德的意味，宗教重超越义，而道德重内在义。”① 牟宗三这一论述简洁明确，常为学者引证。在这里，牟宗三首先肯定了天道是高高在上的，有超越性，同时又肯定这个天道又内在于人之中而为人之性。这样，天道同时就有了两种不同的属性，既是超越的，又是内在的。因为是超越的，有原始宗教的余韵，所以儒家不仅仅是伦常学说，而具有明确的宗教意义；因为是内在的，表现为人之性，所以儒家的宗教性突出表现在道德方面。

问题在于，这种既超越又内在的特点如何使儒学具有宗教作用呢？牟宗三虽然在这方面多有论述，但随着时间的发展和相关研究的不断深化，已经显得不够详尽。本文意在对这个问题作进一步的探讨，权作对牟宗三相关思想的诠释或补充。

二

我在这些年的研究中发现，先秦天论发展有一个由“以德论天”

① 牟宗三：《中国哲学的特质》，第30—31页，台湾学生书局，1974年。

到“以天论德”的内在理路，这个特殊理路是儒学具有超越性而这种超越性又具有宗教作用的重要原因。

殷商已经有了天的观念，但其作用还比较小，这种情况到殷周之际有了很大的改变。周灭商后，周代统治者面临的最大困难，是如何证明这种政治变化的合法性，向人们说明小邦周何以能够克掉大国殷。周人为此寻找到的解决方案，便是“皇天无亲，惟德是辅”的观念。至此天的观念的重要作用才真正显现了出来。周人的天是一个有意志的人格神，一刻不停地监视着人世间的情况。因为商王无德，所以皇天收回了赋殷之命；因为周人祖先有德，所以皇天改让周王做其长子，赋予其治理天下的权力。我把周人这种将德与天联系起来为政治合法性寻求根据的做法叫做“以德论天”。

“以德论天”的做法在周初发挥了重要作用，但也蕴含着巨大的危机。这是因为周人政权的合法性并不真的是由上天赋予的，天也不能真的对于人世间的一切予以奖励或处罚。随着时间的发展，西周政治开始走向衰落，但其统治者并没有得到那个能够赏善罚恶、充满道德色彩的上天的惩处。这种情况必然引发人们思考这样一个严肃的问题：周人祖先所创造的以道德为中心内容的上天还管不管用？在这种情况下，一场怨天、疑天的思潮终于在西周末年爆发了。《诗经》大量的诗句生动反映了当时的情况，怨天、疑天已经成为当时的思想主流。在这种思潮的冲击下，周人引以为豪的“以德论天”的理论走向了失落。

如同历史上一切重大事件或思想都会产生巨大的历史惯性一样，周人创造的“以德论天”的理论虽然遇到了极大的困难，但也不可能一下子消失得无影无踪，总会以其他的形式发生影响。儒家以天作为道德的根据和来源，就是这种作用的一个重要表现。发明仁学是孔子的一大贡献。孔子非常明确地意识到了仁的重要作用，强调没有仁，再好的礼再好的乐也没有用。但孔子并没有能够对仁究竟是什么的问题作出一个清楚的表述。于是，这个问题就留了下来。从相关的材料看，在孔子之后曾爆发过一场关于人性问题的大论战。从思想发展的内在理路来看，这很容易理解。因为既然根据孔子所说每个人都有仁，那么这个仁究竟来自何处的问题就必须给予一个解答，而在这个过程当中，先秦儒家所能够拥有和利用的资源，恐怕就只有天论这个传统了。于是，就有了郭店楚简的“性自命出”，就有了《中庸》的“天命之谓性”，就有了《孟子》的“天之所与我者”，就有了《易传》的“乾道变化，各正性命”。这些先秦重要典籍的一个共同特点，这就是直接将道德的终极根源归到天上。这种将道德的根源归于上天的情况，就是我所说的“以天论德”。

“以天论德”的做法一直为儒学所沿用，到宋代达到了一个高峰。为了与佛教和道教相抗衡，宋儒必须为自己的理论寻找完备的形而上基础。在这方面，在儒学范围内，天是一个必须利用而且是一个非常好用的思想资源。在宋初周濂溪、张横渠那里，这一思路已经十分清楚。到了大程，这一做法就更为完备了。明道讲：“吾学虽有所授受，天理二字是自家体贴出来。”[①] 天理二字很早就有了，大程这样说并不是讲天理二字是他的发明，而是说他认识到了天理二字的重要性，并认为良知就是天理。大程这个说法非常有名，从根本上说，就是因为他有了很强的理论自觉，清晰认识到了将道德与上天联系在一起的重要性。自此之后，宋明儒家论道德就再就没

① 程颢、程颐：《二程集》，第 424 页，中华书局，1981 年。

有离开过天，“以天论德”成了儒学的一门基本功课。

由此说来，先秦天论的传统决定儒家讲道德不可能离开天，“上通天道，至为超越”是儒家思想的一大特色，这一思想特色是儒学具有超越性而这种超越性又具有宗教作用的一个根本原因。天的最大特点是高高在上，难以把握，有着超越性，这种超越性在原始宗教的背景下，必然染有宗教的特点。世界上很多宗教在其发展之初，几乎都将天作为自己信奉的对象，不是偶然的。周人“以德论天”就是这种宗教性的生动写照。尽管儒家“以天论德”之天已经不再是周初那种作为人格神的主宰之天了，但既然是天，就一定带有超越的色彩和宗教的色彩。更为重要的是，儒家自觉将天与道德联系起来，以天作为道德的终极根源，因为天是不可欺、不可罔的，道德因此也具有了不可欺、不可罔的特点。如果有人不行善事，不仅是直接欺骗自己，也等于是间接欺骗上天。循着这个思路可以清楚看到，儒家“以天论德”原本只是沿用先前的思想传统，将道德的源头推给上天，以解决道德的形上根源问题，但这种做法同时也带来了一个重要的副产品，这就是使儒家道德上升为一种信仰，具有了超越性并因为这种超越性而具有了宗教作用，成为一种难以抗拒的力量。

三

儒学具有宗教作用，除超越性之外，内在性也是一个不可忽视的因素，而这种情况又与儒家独特的思维方式有关。孔子对于中国文化的一个重要贡献，是创立了仁的学说。孔子在政治上主张复周礼，并为此进行了不懈的努力，但他的努力并没有达到目的，人们还是不能自觉按周礼的规定去做。这种情况迫使孔子不得不认真思考原因在哪里。思考下来孔子明白了一个道理：不是礼不好，也不是人们不知礼，而是人们明明知道礼而不去按礼的要求去做。礼是周公制定的，在历史上取得了辉煌的成绩，不能说不好。如果说社会动荡，周礼失传了，那孔子知礼，可以传礼，但人们在知礼之后还是不去行。孔子认为，这里的关键是人们内心没有行礼的基础。正是在这种背景下，孔子创立了仁的学说。仁字很早就有了，原本只是美、好、善的意思，孔子借用了这个字的原初含义，把他变为自己思想的一个重要组成部分。在孔子那里，仁是作为行礼的内在基础而存在的。

孔子仁的思想有一个重要特点，这就是“为仁由己”。所谓“为仁由己”，是说能不能做到仁不在别人完全在于自己。孟子继承了孔子的这一思想。作为孔子的后继者，孟子的最大贡献是创立了性善论。从思想发展的顺列上看，性善论完全是为解决仁的问题而创立的。孔子虽然创立了仁的学说，为中国文化的发展作出了重要贡献，但并没有对仁给予一个明确的解说。为了解决这个问题，其后继者纷纷试图从性的角度加以说明，性善论就是这样产生的。在创立性善论的过程中，孟子提出了良心的概念，“纳仁入心”，将仁的基础置于良心之上。在孟子看来，良心是一切道德的根据，是一切善行的根源，凡事只要按照良心的要求去做，就可以达成仁义，成就道德了。更为重要的是，孟子坚持了孔子“为仁由己”的思路，主张能否得到自己的良心，不在向外求索，而在向内探求。这种向内探求就是孟子一再强调的“反求诸己”。

“反求诸己”是一个重要理论问题，它的核心是说，当遇到伦理道德问题的时候，你的眼光必须从外面收回来，向内找到自己的良心。值得注意的是，“反求诸已”的思维方式比较奇特，其过程没有办法用语言来表达，也无法用逻辑来加以证明。这种思维方式从性质上说属于直觉或直观。牟宗三晚年特别强调“智的直觉”的重要性，很大程度上是从这个问题出发的。作为熊十力的弟子，牟宗三的很多思想均来自于熊十力，而“智的直觉”便可以直接追溯到熊十力的“当下呈现”。熊十力对冯友兰关于良心不是假说，而是实在，是“当下呈现”的批评，经牟宗三记述之后，已成为近代学术史上最为著名的典故之一。这个典故所蕴含的深刻意义，在我看来，就是向我们指明了良知的思维方式是直觉。良知是一种很奇妙的东西，它遇事必然跳将出来，当下呈现，为人们提出一个要求，发布一个命令，告诉你应当如何去做，这一点你是万万骗不了它的。不仅如此，良知所提出的这个要求，发布的这个命令，不是轻描淡写的，有极大的强迫性，力量大得不得了，要求你必须按它的指令去做。如果你按它的要求去做了，就会体会到一种内心的快乐，如果你不按它的要求去做，就会有愧于心，甚至一生不得安宁。为了便于表述，我把良心的这种思维特点概括为“当下呈现，鞭策有力”。

良知“当下呈现，鞭策有力”是儒学具有宗教作用的重要原因。如上所说，“当下呈现”在思维方式上属于直觉或直观，这种思维方式本身就难以捉摸，不易把握。阳明四句教中头一句“无善无恶心之体”有众多争议，难有确解，即是非常有力的证明。更为重要的是，儒家的良心并不仅仅在于人身，而且是上通天道天理的。这样一来，人们对于良心的直觉，就上升为对于天道天理的直觉。由于天道天理有超越性和宗教性，儒学对于良心的直觉经过这种转折，其本身也就具有了超越性和宗教性。到宋代之后，人们常讲“天理良心”、“良心天理”，这一方面说明了良心即是天理，天理即是良心，另一方面也说明了人们对于良心的体悟也就等于是对于天道天理的体悟。对于良心的体悟原本就不可言说，难以把握，再加上良心又上通天道天理，就更加不可言说，难以把握，在一般人看来具有一定的神秘色彩。一种学说要具有宗教作用神秘色彩是不可或缺的，儒学对于良心体悟的这种神秘色彩，恰恰满足了这一需要。

儒学思维的这种直觉方式以及由此引发的神秘性，与其他宗教有很一定的相通性。我们知道，在世界上一些大的宗教中，其信众的宗教体认方式都是直觉。如基督教徒对于上帝的体认，伊斯兰教徒对于真主的体认，不可能通过逻辑认知来进行，只能是一种直觉。如果我们勇于打破各个宗教之间的界限，将其他宗教这种直觉方式与儒学所说的良知“当下呈现”进行比较的话，不难发现，排开具体形式不论，其间并没有原则性的区别。为了说明这种关系，我把这种在思维方式上相类似的情况称为“宗教直觉同质现象”。我创立这个新说法是想表达这样一个思想：当人们遇到伦理道德问题时，内心会有一种直觉，不同宗教背景下这种直觉的具体表现会有所不同，但各种不同宗教的这种直觉性质则是一致的。依据我现在的理解，儒学虽然不像基督教、佛教那样属于典型的宗教，在历史上却能为广大中国人提供一种心灵的支撑，一种类似于宗教的指导力量，其深层的道理就在于这种“宗教直觉同质现象”。

四

探讨儒学具有宗教作用具有重要的理论意义。我们知道，一种道德学说要有生命力，必须合理解决道德之知到道德之行的过渡问题。儒学从孔子创立之始，可以说就一直没有离开过这个问题，这只要看看孔子关于礼和仁的关系的一系列论述是不难明白的。近代以来，对这个问题最为关注并取得突出成就的，可能莫过于牟宗三了。在梳理宋明理学发展的过程中，牟宗三注意到，作为道德根据的理性本身必须具有活动性，即有活动义，而不能是死物死理。于是，本体能不能活动，有没有活动义，即所谓“即存有即活动”还是“只存有不活动”，便成为牟宗三判定宋明理学派系之别的核心理由，“为吾书诠表此期学术之中心观念”[①]。在这个问题上，朱子做得不好，存在重大缺陷，因为朱子虽然也讲理，但他讲的理只存有而不能活动，与先秦旧义以及周濂溪、张横渠、程明道所体悟完全不同。理既然不能活动，自然无法直接产生道德，结果只能从外面绕出去，大讲格物致知，以存在之然求其所以然，最终走上了以知识决定道德的道路。根据牟宗三的说法，朱子这种以知识决定道德的路子，就是康德所批评的道德他律，所以将朱子判定为宋明理学之旁出。尽管牟宗三关于康德道德他律思想的理解还有待讨论[②]，但不可否认的是，牟宗三在这里提出的问题是极具理论意义，极具挑战性的。

为了解决理性本身必须有活动性的问题，牟宗三提出，“此虚灵虚明之体即由神以实之，或由心以实之”[③]，强调在道德理性中必须有心的位置。天命流行之体是一创生实体，要保证其活动性，在这种实体中必须有心义。也就是说，“天命流行之体”作为一创生实

---

① 牟宗三：《心体与性体》第一册，第58页，台湾，正中书局，1968年。

② 关于这个问题我在《牟宗三道德自律学说的困难及其出路》（《中国社会科学》，2003年第4期）一文中有详细分析，敬请参阅。

③ 牟宗三：《心体与性体》第三册，第74页，台湾，正中书局，1969年。

体，实际起作用的不是别的，只能是心，而天命流行之体的真实意义，也只是说心是创生之实体。牟宗三在这里使用了“心即天心也”① 的说法。在他看来，良心本心即是创生之体，与天命流行之体一般无二，心就是天心，除此之外，不能再是一个别的什么心。牟宗三凸显“天心”、“天地之心”主要是为了保证道体、天命流行之体是活物，因为有心才能活动性，有创生性，无心就无活动性，无创生性。

牟宗三提出的这些问题当然非常重要，但为什么道德理性中必须有心义？有了孟子的道德本心之义理性为什么就有活动性呢？牟宗三的解答尚不够清楚明确。我认为，要彻底解决这个问题，当从分析道德思维的结构入手。我在研究儒家心性之学的时候一直坚持这样一个基本观点：与西方哲学感性与理性的两分模式不同，自孔子创立儒家之始，儒家就遵循着一种三分的思维格局。所谓三分的思维格局，是把人分为欲性、智性、仁性三层。欲性负责人的物质生存，智性负责人的认知，仁性即是孔子仁的思想。与西方的思维模式相比，儒家的欲性虽有其特点，但大致可以相当他们的感性；儒家的智性虽有特点，但大致也可以相当于他们的理性（狭义的理性）。儒学最有特色的部分，是它多出了一层仁性。仁性简单说就是孔子之仁，就是孟子之心，就是陆王之心学，就是通过孔子之仁而成就道德的一种性向。仁性之所以不可缺少，是因为智性本身并不能提供行动的动力，这种动力需要有另外的来源，而这种来源就是仁性。这种关系早在孔子那里就已经表现出来了。“人而不仁如礼

① 牟宗三：《心体与性体》第三册，第 74 页，台湾，正中书局，1969 年。

何？人而不仁如乐何？”（《论语·八佾）从字面上看这是说，人如果做不到仁，再好的礼和乐也没有用。如果进一步分析，它实际上还包含着这样一个意思：人是可以认知礼认知乐的，但如果没有仁，这种认知不可能变成人们的自觉行动。这就说明，在孔子看来，仁是认知的动力。牟宗三讲的没有心就没有兴发力，理就成为死理，恰恰就是这个意思。只是因为牟宗三没有完整的三分方法，没有把这层意思真正讲明白而已。

更为重要的是，在儒学发展史上，为了替孔子之仁、孟子之心寻找形而上的根源，儒家顺着先前“以德论天”的思路，来了一个“以天论德”，将道德的终极源头挂到天上。这种做法意义深远，因为在中国思想传统中，自周代统治者“以德论天”为其政治寻找合法根据以来，天始终具有明显的伦理宗教意义，后来虽然经过春秋战国之际的动荡，这种伦理宗教的根基发生了动摇，但相关的传统还在，思维的习惯还在，一旦儒学将孔子之仁、孟子之心挂到天上，仁性也就带有了宗教的性质。另外，体认孔子之仁、孟子之心必须“反求诸己”，这种直觉的思维方式本身就不可言说，将仁性的根源归到天上，更进一步加强了它的神秘色彩。天是万万不可欺骗的，由天而来的仁性也是不可欺骗的，在这样一个理论格局之下，儒家的道德就具有了自己的超越性，从而具有了自己宗教性。在这种超越性和宗教性的指导下，凡是认识到正确的一定要去行，而一旦这样做了也就成就了道德，也就做到了“至诚不欺”、“知天事天”，达到了天人合一的境界。这是仁性之所以具有活动性，之所以有那么大动能的根本原因。

如果把这个问题与康德作一个比较，可能更有助于我们的理解。康德在西方哲学史上的一个重要贡献，是划定了认识的界限，强调人只能认识感性经验的对象，不能认识没有感性经验的对象。康德在《纯粹理性批判》中有力地证明了上帝只是一种假设，人类对其没有感性经验，根本无法证明上帝是否真实存在的问题，从而使西方这一传统的形而上学失去了存在的意义。然而需要注意的是，在康德看来，虽然上帝不是理论理性的对象，但在实践理性中却是不可缺少的。所以在《道德形而上学的奠基》和《实践理性批判》中，康德仍然保留了上帝，为其留下了一席之地。康德这样做，与他所提倡的道德自律学说，并没有构成原则的冲突。因为按照道德自律的原则，道德必须出于理性自身的要求，自我立法，自我服从，其中不能存在任何其他的目的，而上帝的保留完全是一种潜在的因素，或者说是一种暗含的前提。康德的这种做法对我们有很大启发，它告诉我们，一种道德理论必须有一种归宿性的要求，以此作为这一理论的最初动因。康德这种做法很长一段时间得不到人们的理解，批评康德将上帝从前门赶了出去，又从后门放了进来。但更深入的研究改变了这种看法，人们注意到，一种道德理论必须有一个目的论作为支撑，否则就是不完整的。如果没有上帝这一因素的存在，康德道德哲学的这个圆圈便无法封口。康德之后，随着哲学的进一步发展，人们纷纷宣告上帝死了，完全将上帝挤出了道德理论的阵地。由于没有了上帝的支撑，西方道德哲学随之很快进入到了一个相对主义的时代，理性本身何以是实践的这个问题，也长期得不到有效的解决。

从这个视角出发，探讨儒学何以具有宗教作用的意义就十分清楚了。任何一种道德理论都必须要解决一个行动的动力问题，否则这种道德理论就一定有所缺陷，即牟宗三所说的“死理”，“只存有而不活动”。在西方这个任务在历史上很长一段时间之内是由宗教担当的。启蒙运动之后，康德在认识领域将上帝作为本体排除在认识范围之外，但在道德领域仍然将其保留了下来。康德之所以这样做，是希望以单纯在理性范围内的宗教来解决这个问题。儒学在这一点上与康德有很大的相通性。儒学并不是典型的宗教，但有着宗教的作用，这种宗教的作用在很大程度上是通过儒学既超越又内在的思想特点实现的。儒学变周人的"以德论天"为自己的"以天论德"，使自己具有了超越性，又因为仁有反身内求的特点，使这种超越性具有了内在性。不管是超越性还是内在性，都必须通过儒家道德思维结构中的仁性一层来实现。从这个意义上说，我们一般所说的儒家以道德代宗教[①]，说到底其实是仁性代宗教。因为仁性有"上通天道，至为超越"，"当下呈现，鞭策有力"的特点，在历史上发挥着类似宗教的作用，所以儒学在原则上并不存在理性何以本身是实践的这一类问题。我说儒学并不是典型的宗教，却有着宗教的作用，其根本的用意就是为了说明这个道理。

五

最后还有一个问题必须加以特别强调：我说儒学不是宗教却有宗教作用，这并不是说儒学还不够格，还需要进一步把儒学发展为

---

① 道德代宗教是梁漱溟提出的一个重要观点，他说："道德为理性之事，存在于个人之自觉自律。宗教为信仰之事，寄于教徒之恪守教诫，中国自有孔子以来，便受其影响，走上以道德代宗教之路。这恰恰与宗教之教人舍其自信而信他，弃其自力而靠他力者相反。"《梁漱溟全集》第3卷，山东人民出版社，1990年，第107—108页。这一观点在学界影响很大，为人们广为征引。

一种典型的宗教。恰恰相反，我认为，从这个特定的意义上说，儒学要高于一般的宗教。

我说儒学要高于一般的宗教，首先是因为儒学从一开始走的就是人文之路。儒学属于人文而不是宗教，这是在孔子创立儒学那一刻就确定了的。有一个现象特别值得品味：孔子创立了儒学之后，只是自己带头行仁，带领弟子行仁，并没有把自己标榜为上天之子。这种情况之所以出现，从客观上说，是因为在孔子之前有一个巨大的怨天、疑天的思潮，孔子不太可能再直接回到上天，从主观上说，是因为孔子性格平实，不故作玄虚。由于孔子的巨大定位作用，儒学一开始就失去了成为宗教的可能，由此带动中国文化走上了一条健康平实的人文之路。这种情况单独看往往看不出其意义，但把它与其他宗教，比如基督教，相比较就容易明白了。耶稣意识到自己身上有重大使命之后，在传教的过程中一个重要的做法，是把自己宣称为上帝之子，而这种做法孔子是不取的。孔子与耶稣的这个不同有着极为深远的影响，直接标志着中西文化走向了不同的方向，西方自此走向了宗教，而中国自此走向了人文。

我说儒学要高于一般的宗教，还是因为儒学既有宗教之理，又无宗教之事，既有宗教之功，又无宗教之弊。在人类文明发展过程中，宗教有过重要的贡献，这是不可否认的。但宗教确实也有自己的负面作用，比如压抑个性、干涉政治，引发战争等等，这方面的情况早已成为历史常识，不需赘述。在这方面，儒学则明显属于另外一番情景。儒学尽管有宗教的作用，但并没有这些明显的弊端。在历史上，特别是到了宋明之后，儒学确实在一定程度上存在压抑个性等问题，但总的看其基调还是健康的。儒学对政治的影响也总是积极向上的，要求当权者注重个人修养，修齐治平，安民保民。

更为重要的是，尽管在历史上儒学与佛教、道教同样有过激烈的争论，但并没有发生类似西方那种宗教战争，儒学的这种包容性是举世公认的。这些现象都说明，儒学确实有它鲜明的特色，既发挥了宗教的积极作用，又不属于典型的宗教，免除了宗教的种种弊端。

但是，一段时间以来，在学术界有人要把儒学重新推向宗教神坛。他们认为，儒学本身就是一种宗教，即所谓儒教。这种儒教在历史上发挥了重要的作用，这种作用随着西方文化的入侵被打断了，要搞好中国的现代化，必须充分发挥儒教的作用。这些学者为弘扬儒学做了大量工作，对此我表示由衷的敬佩，但对他们急切将儒学推向宗教神坛，则完全持反对态度。根据我对儒学的理解，要求将儒学推向宗教神坛，很大程度上源于对儒学特质了解得不准确和不深入，在当前的社会背景之下，不仅达不到目的，还会使问题走向反面，无疑是一种历史的退步，这是我们大家所不愿意看到的。

儒教是中华民族凝聚的文化基础

中国人民大学 张 践

内容提要： 增强民族凝聚力是反对民族分裂，构建和谐社会，促进世界和平的重大问题。当代社会的政治实践说明，意识形态和政治原则都不能成为民族凝聚的基础，世界各民族的人民，都是到自己的历史文化或宗教中获得民族认同。在中国的历史上，儒教从共同地域、血缘、语言、宗教等方面，为古代民族提供了民族凝聚的文化基础。在今天全球化的大趋势下，儒教的复兴，必将成为中华民族在21世纪腾飞的重要动力，并将会极大地提高我国各民族的政治凝聚力。

主题词： 中华民族 凝聚力 儒教 民族复兴

"儒教"一词中国古已有之，从汉代一直使用至今，指以儒家学说和礼教为主体的文化教化体系。[①]"中华民族"作为一个文化民族，

---

① 关于儒教是不是宗教的问题，近代以来思想界一直争论不止，作者另文加以探讨。本文此处只是在中国古代儒、释、道三教的传统意义上使用"儒教"这个概念。

有五千年的悠久历史；但是作为一个政治民族，则是指在近代反抗西方列强侵略的过程中形成的中国多民族的人群共同体。在中华民族五千年的发展历程中，儒教是构成华夏民族——汉民族——中华民族这一历史主线的文化基础。这一点不仅可以通过历史的材料说明，也可以通过理论的分析证明。

一、意识形态和政治原则都不能成为民族凝聚的基础

2004 年，美国著名政治学家亨廷顿又出版了一本新书《我们是谁?》，其书的主题虽然是在分析美国国家特性所面临的挑战，但是他所提出的问题对于我们中国同样具有适用性。他指出："从历史上看，……没有什么国家仅靠意识形态或一套政治原则立国。"① 亨廷顿提出这样一个尖锐的问题，是基于当代世界民族分裂的现象不断出现，世界上一些多民族国家面临着新的挑战。他又指出："国民层次以下的文化身份和地区身份比广泛的国民身份更受关注。人们认同于那些最像他们自己的人，那些被认为有着共同的民族属性、宗教信仰和传统文化以及共同祖先和共同历史的人。"② 众所周知，美国是一个移民国家，曾经被认为是一个"民族的大熔炉"，是民族融合的典范。来自世界各地的人们，共同构成了美利坚人。但是亨廷顿发现，随着现代通讯技术及交通运输的发达，来自各国的移民与原有的文化共同体保持着更为深层次的关系，使原来作为美国认同基础的"美国意识"越来越不灵了。来自各国的移民更认同于他们的原有文化，美国面临着一种空前严重的文化认同危机。亨廷顿甚

① 【美】塞缪尔·亨廷顿著，程克雄译：《我们是谁？——美国国家特性面临的挑战》，第 280 页，新华出版社，2006 年 5 月。

② 同上书，第 12 页。

至预言：到2020年或2025年，如果美国还能像今天这样存在，那就是一个历史的奇迹了。亨廷顿在这里提出了一个非常大的问题：即民族的凝聚力何在？如果一个国家丧失了民族凝聚力，其国体必然会发生动摇。

首先，意识形态不能成为民族凝聚的基础。意识形态是一个可以从哲学、政治学、经济学、社会学等多学科的角度诠释的概念。马克思主义哲学从社会存在与社会意识的关系入手，强调意识形态是对经济基础的反映，并具有为经济基础服务的性质。政治学家则更进一步，从政治体系的角度看待意识形态，“它把意识形态当作一种具有行动取向的信念体系，一种指导和激发政治行为的综合的思想观念。”① 也就是说，意识形态是具有明确的指向性的，可以直接指导政治行为的思想观念，可以激发本阶级、阶层、集团所有成员的意志，使他们为着某种共同的目标而努力。在20世纪东西方冷战的大背景下，意识形态一词主要是指资本主义和共产主义两种具体的意识形态。在20世纪，意识形态曾经将不同的民族凝聚为一个国家，如前苏联和前南斯拉夫；也曾经将原本统一的民族分裂成不同的国家，如东德与西德，韩国与朝鲜。20世纪90年代苏联社会主义体系的瓦解，使其分裂为13个独立的国家，而且一些尚处于俄罗斯联邦内部的民族共和国如车臣，也在试图通过战争的手段使自己获得民族“独立”。南斯拉夫联邦共和国因民族、宗教的差异，也分成了塞尔维亚、克罗地亚、斯洛文尼亚、波黑、马其顿、黑山等六个共和国。国家解体的过程，伴随着民族之间的利益争夺和血腥的屠

① 王浦劬主编：《政治学原理》，第211页，中央广播电视大学，2004年。

杀。直到今天，这一地区仍然是恐怖主义的温床和战争的火药桶。相反，被共产主义和资本主义分裂为东德与西德的德意志民族，在彼此对立了几十年后，一夜之间就恢复成了一个民族。韩国与朝鲜今天虽然仍然被三八线分割，但是在朝鲜半岛核危机的处理过程中，韩国人总是自觉不自觉地为朝鲜人辩护，因为他们认为自己是一个民族的同胞。由此可见，与具有明确导向作用和清晰观念体系的意识形态相比，人们的肤色是不变的，语言是固定的，传统文化及其宗教信仰是稳定的。一旦社会格局发生巨变，人们很自然地就要到上述那些民族要素中去寻找安身立命的精神家园。于是从20世纪90年代起，民族主义替代意识形态，成为民族国家合法性的主要基础。丧失了这个基础，原有的国家体制将不复存在。

苏联的解体使美国成为当今世界上惟一的超级大国，但是美国一向自我标榜的自由、民主、人权、法制等等政治原则，也不能成为新的民族凝聚基础。当然，这些原则对于任何一个民主国家都是必不可少的，但是恰恰因为其具有普世性的价值，因而也就缺乏了民族的凝聚力。在一些西方的民主国家，民族分裂问题仍然是令人头疼的，英国的北爱尔兰，西班牙的巴斯克，加拿大的魁北克，时谈时打，一直是社会不安定因素。发展中国家的情况更糟，斯里兰卡的泰米尔猛虎组织与政府军不断发生流血冲突，生活在土耳其、伊朗、伊拉克边界的库尔德人的民族独立运动，几十年没有停息。正因为美国人相信这些原则的普世性价值，故它们也就不足以区分美国人或其他国家的人民，区分美利坚民族或其他的民族。所以亨廷顿认为，那些生活在美国的欧洲裔、非洲裔、拉美裔、亚裔移民及其后代，“只有当他们移居美国，参加美国社会的生活，学习美国语言、历史、和习俗，吸收美国的盎格鲁——新教文化，主要认同于美国而不再是认同于原籍之国，他们才会成为美国人。”① 只有那些最早的移民带到美洲大地上的基督新教文化，才是美国文化的象征，只有盎格鲁——新教文化才是美利坚民族凝聚的精神实质所在。故20世纪90年代以后，美国国内宗教情绪高涨，代表基督教保守主义的福音派在政治上影响不断扩大。特别是伊斯兰教极端分子组成的基地组织发动的“9. 11袭击”，使美国人自觉地意识到自己是一个基督教国家。传统的宗教精神使美国人的民族意识也得到了发扬，反恐战争被视为“文化冲突”的一种具体表现。

从国际形势反观中国，我们也处于民族分裂主义，国际恐怖主义，宗教极端主义三种势力影响的重点地区。如何使中国能够增强民族的凝聚力，从而使外部分裂势力无法插手中国的事务，使我们的国家获得一个和平发展的历史条件，就是我们这些文化学者的重要任务。

二、儒教是古代中国民族凝聚的坚实基础

研究民族凝聚力问题，首先必须对民族的性质有一个基本的了解。由于世界上民族种类众多，而且民族又是一个不断发展的历史范畴，所以给民族下定义是相当困难的。但是回顾历史上一些影响较大的民族定义，基本要素不外这样几条：据日本学者矢郭忠治说，西方第一个给民族下定义的人是意大利政治思想家马志尼，他认为民族具有“土地、起源、习惯、语言的统一。”② 瑞士政治家布伦奇

① 【美】塞缪尔·亨廷顿著，程克雄译：《我们是谁？——美国国家特性面临的挑战》，第281页，新华出版社，2006年5月。

② 转引自熊赐元：《民族特征论集》，第39页，广西人民出版社，1987年。

里1851年至1852年在《普通国家法》中，对民族的特征概括如下："民族者，民俗沿革所生之结果也。民族最要之特质有八：（一）其始也同属于地；（二）其始也同一血统；（三）同其肢体形状；（四）同其语言；（五）同其文字；（六）同其宗教；（七）同其风俗；（八）同其生计。由这八种因素相结合，并传之子孙，久而久之，则成为民族。"① 中国古人也是这样认识的，如《左传》襄公十四年记载戎子驹支说："我诸戎饮食、衣服不与华夏同，贽币不通，语言不达。"到了近代，孙中山先生提出民族"五要素说"。他说："我们研究许多不同的人群，所以能结合成民族的道理，自然不能不归功于血统、生活、语言、宗教和风俗习惯这五种力。这五种力，是天然进化而成的，不是用武力征服得来的。"② 其中，地域、血缘、祖先、生活、习俗、语言、文化、宗教等几项要素是其基本要件。基于对上述民族要素的认识，笔者认为：民族是在共同地域基础上形成的，对共同血缘认同，使用共同语言，具有共同文化的社会人群。

中国自古就是一个多民族的国家，众多的民族之所以能够在近代联合成一个共同体，就因为中国各族人民在历史上相互依存，互相帮助，在共同反对近代西方列强侵略的斗争中形成了中华民族。中华民族具有多元一体的结构，其中56个民族各自具有自己独特的文化，这是中华民族"多元"的方面；而56民族在历史上又有一个主体文化，这是中华民族文化结构"一体"的方面。正如当代学者所指出："民族可以根据一个相对稳定的和历史的标准来判定，而不是根据现实政治的需要来捏合；民族本身既是一个文化心理范畴，

---

① 转引自梁启超：《饮冰室文集》卷五说二。

② 孙中山著：《孙中山选集》，第620—621页，人民出版社，1981年。

又是一个政治范畴，前者为后者在民族内涵之内提供正当性依据。”[①]统观中华民族五千年的发展历史，能够承担这个“主体文化”使命的，只能是儒家文化。[②]从华夏民族发展的历史看，孔子开创的儒学，“祖述尧舜，宪章文武”，是中国三代文化的最大继承者，所以经历了春秋战国五百年时间的百家争鸣以及秦汉两代帝王的反复比较、筛选，最终在汉武帝时采纳了大儒董仲舒的建议，“罢黜百家，独尊儒术”，使儒家文化成为汉民族的主导文化。魏晋南北朝以降，不断发生北方少数民族入主中原的事件，但是无论是两晋南北朝的“五胡”，还是宋元之际的契丹、女真、党项、蒙古，抑或清朝的满族，无论谁在中原建立政权，无不是依靠儒家的政治哲学治国，无不以儒教祭天、祭祖、祭山川、祭社稷的仪式作为政权合法性的象征。儒教之所以有如此重要的地位，主要是由于儒教对于中华民族生存地域、血缘祖先关系、语言形成、文化性格都产生了至关重要的作用。

地域问题对于民族的形成具有重要的意义，因为地域是共同血缘、共同语言、共同文化形成的基本前提。世界上的各主要民族，大多是在原始社会末期形成的。当时人们所能够掌握的生产能力十分有限，这就注定人们的活动范围十分有限，即“鸡犬之声相闻，民至老死不相往来”。只有在这样一个相对封闭的小环境中，才能形

① 房宁、王柄权著：《民族主义思潮》，第16页，高等教育出版社，2004年。

② 中国土生土长的道教，中国化的佛教，也是凝聚中华民族的重要力量。但是由于只有儒教成为古代国家的政治意识形态，为此儒教在政治凝聚方面起主导的作用。

成比较固定的物质生产方式，形成相对稳定的民族语言和民族文化。儒家文化对于中华民族地域环境的形成，主要有两方面的影响，一是“立夷夏之防”。春秋时期，夷狄交侵，建夷夏之防以团结本族各诸侯国，抵御异族入侵，就成为一种时代的迫切的要求。孔子在这方面提出了一些重要的思想。他指出：“裔不谋夏，夷不乱华。”（《左传》定公十年）即不允许利用少数民族武装干涉中原地区华夏民族的事务。他说：“夷狄之有君，不如诸夏之亡也。”（《论语·八佾》）即使华夏诸国动乱状态也要比夷狄之国强，孔子所以这样说，因为在“华夷之辨”的标准中，孔子更注重礼义和习俗。从商朝之后，华夏居中，夷狄蛮戎居住四方的地理格局已经基本形成。在相对聚居的环境中，也形成了各民族不同的经济、文化和心理。孔子将当时人们区分民族界限的宗教、语言、礼俗、服饰等等标志，概括为一个统一的文化标准：行周礼者为华夏，拒斥周礼者为夷狄。“夷狄之有君”所以还不如“诸夏之亡”，就因为整个华夏民族毕竟还是长期受周文化的熏陶，文明水平高于夷狄的礼仪之邦。很显然，孔子的民族观是建立在文化观上，正如唐朝韩愈在《原道》中所评论：“孔子作《春秋》，诸侯用夷礼则夷之；夷之进于中国者，则中国之。”这样的民族观虽然是建立在内华夏而外夷狄的基础上，但是它对民族属性的判断不是种族的，而是文化的。这样就使华夏民族的生活地域是一个文化的、开放的空间。

儒家文化对与中华民族地域观念形成第二个重要影响的因素是“春秋大一统”思想。儒家以三代礼乐文化的捍卫者的身份自居，立志要“修身、齐家、治国、平天下”。那么应当如何“平天下”呢？儒家坚决反对穷兵黩武的大国沙文主义，孔子在政治上提出了以“修文德以来之”为纲领的民族同化政策。他指出：“远人不服而不能来也，邦分崩离析而不能守也”（《论语·季氏》），是非常危险的。合理的方法是“故远人不服，则修文德以来之。”（同上书）即用修明政治，宣教文德，用较高的物质生活水平和昌盛的文化礼仪感染、吸附少数民族，促进诸民族间的自然同化。汉代儒生董仲舒提出了：“春秋大一统者，天地之常经，古今之通谊也。”（《汉书·董仲舒传》）其大一统思想，就是通过思想的统一，以达到政治的统一；通过军事的统一，以达到版图的统一；通过文化的统一，以达到天下的统一。[①] 儒家的大一统，不是一条军事的边界，而是一个社会的理想。“以道德为城，以仁义为郭，莫之敢攻，莫之敢人。”（《盐铁论·论勇》）这样一种文化的地域，不仅适宜汉族人民居住，也适宜中国其他民族的人民生活。这样，文化中国的疆域，就成为中华民族共同的地域范畴。

对于共同的血缘关系的认同，经常表现为对共同祖先的认同，这是民族形成的又一个重要因素。民族是从氏族发展而来，故一个民族往往在血缘身份上有着较大的一致性。尽管民族的形成必然会打破氏族的界限，接纳许多不同氏族的人员。但是在氏族融化为民族的过程中，对共同血缘身份的认同是一个前提。尊重共同的血缘身份，在具体形式上，基本都表现为对共同祖先的尊敬与祭祀。儒家文化特别重视祖先崇拜，祭祖仪式是中国古代宗教的重要内容之一。儒家对于古代宗教中圣王祭祀，进行了理性化的解释，他们不仅仅是一个民族血缘上祖先，更是为民族作出了贡献的英雄。《礼记·祭法》说：“夫圣王之制祭祀也，法施于民则祀之，以死勤事则

---

① 李宗桂：《论董仲舒的思想方法》，《秦汉文化和华夏传统》，第 101 页，学林出版社，1993 年。

祀之，以劳定国则祀之，能御大菑则祀之，能捍大患则祀之。”于是作八卦的伏羲，尝百草的神农，抟土补天的女娲，修德振兵，打败蚩尤的黄帝，教化百姓的契，种植五谷的后稷，征讨暴君的商汤，消灭独夫的周文王、周武王，制礼作乐的周公……统统成为华夏民族共同崇拜的祖先。《孝经·圣治》说：“人之行，莫大于孝；孝莫大于严父，严父莫大于配天。则周公其人也，昔者周公郊祀后稷以配天，宗祀文王于明堂以配上帝。”以自己的祖先配祭天神，既可以神化王权，也可以教育子孙牢记祖先的开创之功，弘扬孝道。历代帝王出于政治的需要，都把自己的族谱续到这些圣王的门下，以显示自己的政权的合理性。这种对炎黄始祖的认同，就成为华夏民族巨大的凝聚力。入主中原的少数民族统治者，为了表示自己政治的“法统”与圣道的一致，也都把自己的族谱续修到炎黄之后。匈奴人刘渊第一个在北方建立后汉王朝，“永兴元年（公元 304 年），元海乃为坛于南郊，僭即汉王位……年号元熙，追尊刘禅为孝怀皇帝，立汉高祖以下三祖五宗神主而祭之”（《晋书·载记·刘元海》）。他的理由是“初。汉高祖以宗女为公主，以妻冒顿，约为兄弟，故其子孙遂冒姓刘氏”（同上）以后其他入主中原的少数民族领袖，无不是采用这种“寻根认祖”的策略，以便获得其统治区域内汉族居民的认同。如夏国的建国者赫连勃勃，自称“朕大禹之后，世居幽朔。”（《晋书·载记·赫连勃勃》）前秦国氐人苻坚，“其先盖有扈氏之苗裔，世为西戎酋长。”（《晋书·载记·苻坚上》）后秦建国的羌人姚氏，“其先有虞氏之苗裔，禹封舜少子于西戎，世为羌酋。”（《晋书·载记·姚弋仲》）北凉建国者沮渠蒙逊自称：“姚氏舜后，轩辕之苗裔也。”（《晋书·载记·沮渠蒙逊》）北周的统治者，鲜卑族宇文氏，“其先出自炎帝神农氏，为黄帝所灭，子孙遁居朔野。”

(《周书·文帝纪》)在儒家文化"敬天尊祖"观念的影响下，所有入主中原的少数民族统治者，无不最后都在认同"三皇五帝"的同时，逐渐融入中华民族的大家庭中。

语言是民族识别中重要的判断标准，如日本学者所指出，"语言是比人种分类更简便的民族基准。语言作为文化的要素，是许多民族内部认同的标准。"① 使用共同语言的人们，自然就会因沟通的便利而产生一种认同感；对于语言不同的人们，则自然会产生一种情感的隔膜。中华民族是世界上最大的民族，而维系这样一个地域辽阔、人口众多的民族，必须有一种统一的语言。《中庸》说："今天下车同轨，书同文，行同伦。"可见统一的语言对于维持民族全体成员行为的同一具有非常重要的意义。中国古代文字，从最早的甲骨文开始，就是一种象形文字，这对于维持民族的统一具有无比的优越性。生活在广阔土地上的人民，由于地域的阻隔，发音相距甚远，如果使用拼音文字，估计中国早已经被分裂成欧洲那样众多的小国了。统一的象形文字，使发音不同的人们，有了可以顺利沟通的工具。但是汉字这种象形文字也有它的天然弱点，即字数多，结构复杂，识记、书写、理解都有相当大的难度。儒家文化是古代三代文明的继承者，以"述而不作"为特点，在继承中创新。特别是在汉代"罢黜百家，独尊儒术"以后，儒家的蒙学与经学相配合，文字教学都以读、诵儒家经典为主。孔子及其弟子所删削、勘定的古代经典，就将中国的文字、语法、读音逐渐定型，成为中华民族交流的主要工具。历代执政者贯彻孔子"修文德以来远人"的民族政策，

① 【日】21世纪研究会著，冷茹冰译：《民族的世界地图》，第5页，国际文化出版公司，2004年。

努力向边缘少数民族地区弘宣教化。儒家亚圣孟子把这个思想表述为："吾闻用夏变夷，未闻变于夷者也。"（《孟子·滕文公上》）向落后民族输出先进的礼乐文化，即是"用夏变夷"。而落后民族接受先进文化，则是"出于幽谷，迁于乔木。"（同上）无论张骞出使西域，还是文成公主"唐蕃和婚"，都带去大量的儒家经典，文字书籍。清朝顺治初年，贵州巡抚赵廷臣上书说："臣以为教化无不可施之地。请自后应袭土官年十三以上者，令入学习礼，由儒学起送承袭。其族属子弟愿入学读书者，亦许其仕进，则儒教日兴而悍俗渐变。"（《清史稿·赵廷臣传》）清朝政府采纳了他的建议，规定西南地区的土司必须将自己的儿子送到汉地的学校中学习儒家经典，否则至不许继承土司职位。并在苗、瑶、彝、黎等民族地区，广设义学、社学，提供各种优惠条件，鼓励少数民族学生学习儒家经典，参加科举考试。这些措施对于推动民族语言文化的统一，都具有积极的作用，并最终有利于增加整个中华民族的凝聚力。

构成民族差异的最主要内容是一个民族所具有的独特文化。不过文化是一个很大的概念，可以泛指人类一切社会行为及其成果，也可以具体指一种思想观念，目前文化学者尚无定论。民族学家在进行民族识别时，对于民族文化的把握，主要是指决定一个民族精神气质、价值观念、行为模式的宗教及其礼仪。那么中华民族的大多数成员信仰一种什么宗教？抑或并不相信宗教？这是儒家文化研究领域中长期争论的一个问题。争论的根本原因，就是中文的"教"与翻译西文宗教一词所使用的"教"字，有相当的差距。中国古代使用的"教"乃是教化之"教"，而儒家，从周代起就是辅助君王教化百姓的"王官"。《周礼·地官司徒》规定："师儒"在司徒的领导下："布教于邦国都鄙，乃县教象之法于象魏，使万民观教象，挟日而敛之。乃施教法于邦国都鄙，使之各以教其所治民。”所以班固的《汉书·艺文志》说：“儒家者流，盖出于司徒之官，助人君顺阴阳明教化者也。”可见“儒”的使命就在于“教”，故汉代以后的儒者，广泛地使用“礼教”、“德教”、“儒教”的概念。根据笔者的研究，最先使用儒教观念的学者是汉代末年的文学家蔡邕（132—192）。他在为汉桓帝朝太尉杨秉撰写的碑文中，他称颂杨秉“公承夙绪，世笃儒教，以《欧阳尚书》、《京易》诲授。四方学者，自远而至，盖逾三千”。（《全后汉文》卷七十五）

关于儒教的内容，大致可以分成了两个部分。董仲舒在回答汉武帝的策问时说：“太学者，贤士之所关也，教化之本原也。”（《汉书·董仲舒传》）也就是说，由政府兴办的教育系统，是教化的一个本原。另一个本原的提法出现在《礼记》中：“是故君子之教也，必由其本，顺之至也。祭其是与？故曰：祭者，教之本也已。”（《礼记·祭统》）也就是说，儒家从古代宗教中继承下来的宗教祭祀系统，是教化的另一个本原。唐朝国子博士弘文馆学士司马贞作《史记》之《索隐》，在注释《史记·孔子世家》的“孔子”一词时指出：“教化之主，吾之师也。为帝王之仪表，示人伦之准的。自子思以下，代有哲人继世象贤，诚可仰同列国。前史既定，吾无间然。又孔子非有诸侯之位，而亦称系家者，以是圣人为教化之主，又代有贤哲，故亦称系家焉。”在正统的儒家学者看来，孔子不是天上的神仙，而是人间的贤者，是“教化之主，吾之师也”。

与世界其他民族以宗教为核心的文化体系相比，中华民族的文化，深受孔子所开创的儒教的熏陶，一方面对彼岸世界“存而不论”，注重现世的道德伦理；另一方面又对神灵的世界抱着一种“敬而远之”的态度，尊重其他民族信仰的宗教。儒家的宗教观，既不同于惟我独尊，排斥其他宗教的一神教；也不同于某些极端的无神论学说，以一种狭隘的眼光看待人类历史上不同历史阶段复杂的宗教现象，统统斥责为迷信。中华民族这样一种宗教性格，对内有利于 56 个民族的和睦相处，建构和谐社会；对外有利于与世界其他民族所信仰宗教进行对话，促进世界和平。

三、当代的社会危机与恢复儒教的迫切性

当代中国已经进入了经济、文化全球化的大潮中，与世界各民族进行了全方位的交往。由于近代以来中国的社会发展相对落后，所以在一百多年的时间中，我们一直处于弱势文化的地位。这种状态，就对中华民族重文化而不重血缘的民族观提出了新的挑战。古代的华夏民族之所以有“夷狄之有君，不如诸夏之亡也”的自信，就是与周边的夷、狄、蛮、戎相比，自己的文化是先进的，故华夏民族虽然几次在军事上败于游牧民族，但是最后的结果却是：军事上的征服者反而被文化上的先进者所征服。无论是两晋南北朝时期匈奴、鲜卑、羯、氐、羌等“五胡”，还是宋元时期的契丹、党项、女真、蒙古，最后是清代的满族，他们占领中原的结果不是他们同化了汉族，反而使被汉族同化了。而然今天我们所面临的形势与古代已经不可同日而语了。今天的“西洋人”，已经不是昔日的夷狄，他们不仅有“船坚炮利”，而且还有发达的现代经济。更主要的是他们在先进的物质文明背后，还有更适宜现代化社会的政治制度及其文化理念。我们曾经拜倒在西方传来的自由主义、民粹主义、无政府主义以及马克思主义的脚下，一次又一次地在中国试验“学习西方”的社会改革方案。经过了一个多世纪的艰苦摸索，我们今天终于找到了一条有中国特色的社会经济发展道路。但是实事求是地说，我们在文化上还没有建立真正反映中国特色的现代化文化体系。

如果我们把建设先进文化的方向建立在引进外国文化的基础上，那么势必会丧失我们民族的文化的主体性，导致民族凝聚力的弱化。以西方的民主机制讲，其法制观念是建立在基督教契约观念和性恶论的基础上的。没有人与上帝庄严的契约，就没有法律的至上性；没有原罪的观念，就很难为严格的法律监管找到合理性依据。可是如果为了在现代化建设过程中引入西方的民主制度而全盘基督教化，则会使中国的国民性全面丧失。因为基督教关于人的起源、人生的价值、人性的属性、人类相处的原则、个人精神解脱的途径等等一系列涉及人生观、价值观、世界观的基本预设，都与中国人的传统文化是背离的。早在300多年前，清朝的雍正皇帝已经感到了这种危机，他对天主教传教士冯秉政说："你们要所有中国人都成为天主教徒，我知道这是你们教的宗旨。但是如果真的这样，我们将成为一种什么样的人?"① 面对西方基督教广泛传播的情况，中国古人也和今天的美国人一样，发出了"我们是什么人"的质疑。近代中国历史的发展，充分说明雍正皇帝的担忧不是没有根据的。今天面对西方文化的全面进攻，面对基督教在中国土地上迅速地发展，立即恢复儒教是一件刻不容缓的大事。

经过改革开放近30年的发展，中国的经济总产值已经有了很大提高。但是须知，我们现在向全世界大量输出的仅仅是简单劳动力，而不是真正竞争实力。现在充斥世界市场的只是"中国制造"而不是"中国创造"。要提升中国的创造力，固然首先是科学技术能力，

---

① 《耶稣会士书信集》中国部分第二卷，巴黎聋哑印刷所，1808年。

不过从更根本的层次看，还是要提升中国的文化创造力。文化的创造是不能凭空产生的，必然要借助中国自身的优秀文化资源，不然只能是盲目的照搬照抄。今天，保护中国的文化遗产，提升中国的软实力已经被广泛的宣传。可是对于五千年的中华文明来说，又有哪一种软实力能够与始终居于中国文化主导地位的儒家文化相比呢？正如香港孔教学院院长汤恩佳博士所说："目前，在宗教与文化领域，进行着一场没有硝烟的战争。宗教竞争力也是综合国力的一个重要领域。"[①] 从增强民族凝聚力的角度着眼，儒教的现代价值包括："文化中国的理想追求"，"历久弥坚的大一统观念"，"兼容天下的广阔胸襟"，"爱国主义的深厚情怀"。加强对这[②]些观念的保护、研究、宣传、推广，对于增强民族团结，维持社会稳定，构建和谐社会，促进世界和平，都具有无比重要的意义。经过现代化的改造和后现代化的诠释，儒家文化凤凰涅槃，已经展现出自己勃勃的生机。

基于儒教包含着儒家哲学与礼教仪式两方面的内容，故恢复儒教也应当从两方面入手，一是必须将儒家的经典纳入国民教育系统，通过系统的国文教育，使小学、中学和大学的学生，从不同层次上接受儒家思想的教化。另一方面，则是逐渐恢复儒家圣哲从古代宗教中继承、阐释、发展来的礼教，使那些文化程度稍低，不能系统阅读儒家经典的民众，在日用常行之间，通过耳濡目染渐被中华文化的泽波，将自己的为人处世自觉纳入仁义道德的规范。2006 年 9

---

① 汤恩佳：《儒教与各大宗教的对话》，《国际儒学论坛·2005 论文集》【下】第 344 页。

② 李宗桂：《儒家文化传统与中华民族凝聚力》，《第三届儒学国际学术研讨会论文集·2006 年澳门》第 31 页。

月 13 日，中共中央办公厅发布了《国家“十一五”期间文化发展规划纲要》规定：中小学各学科课程都要结合学科特点融入中华优秀传统文化内容；高等学校面向全体大学生开设中国语文课；加强传统文化教学与研究基地建设，推动相关学科发展。继续完善中华民族始祖的祭典活动，充分发挥春节、元宵节、清明节等传统民族节庆的作用。2006 年 9 月 28 日，全球华人联合祭孔。在山东曲阜的主会场，祭孔大典由政协副主席周铁农主持，中国内地地区已经将祭孔仪式升格为“公祭”，并由国家级领导人主持。这些现象都说明，儒教的复兴已经纳入了国家的议事日程。儒教的复兴，必将成为中华民族在 21 世纪腾飞的重要动力，并将会极大地提高我国各民族的政治凝聚力。

第四编 儒家社会与政治思想

以儒学为代表的传统文化与中国的和平崛起

史仲文

20 世纪既是一个充满希望的世纪，又是一个灾难深重的世纪。它所创造的成就，是此前任何一个世纪都不能比拟的，它所带来的创伤也是任何一个世纪无法想象的。但无论世事如何纷繁，自这世纪的后 1/4 阶段起，中国的崛起已成为一个不争的事实，中国的和平崛起更成为一个为全世界瞩目的话题。本文从中国的和平崛起与文化的相关联系性的角度，谈一点心得。

这里说的相关联系性的文化，首先是儒学文化，其次是中国传统文化，同时也涉及世界文化主要是西方文化。作者将这些文化看作是可能，可以甚至必然会促成中国和平崛起的因素与有利资源，并将其分别称之为第一阶文化资源，第二阶文化资源与第三阶文化资源。

一、儒家学说与现实借鉴

在中国三千年有文字记载的历史中，儒学占据着特别重要，特别关键且无可替代的地位。中国古代经典，以其代表性而言，也可以称之为儒学经典；中国古代文化传统，以其主流性与影响力而言，也首推儒学文化。而中国自两汉至民国这一段历史，早有学者提出，称其为“封建时代”并不准确，那么，如果称其为“儒学时代”，或许更接近其本来面貌。

与西方文化的继承关系不同，现代西方文化应该说有四种继承关系，即以古希腊文明为源头的文化继承，以古罗马法为范本的法律继承，以基督教为主体的宗教继承，以及文艺复兴以来的新的文明继承。

中国文化的继承关系与此迥然有别。儒学不但是中国历史上最早的学派，儒学的创始人孔子还是中国历史上第一个私人办学的奠基人。儒学在孔子生前已是显学，虽然命途多舛，但自西汉立国开始，便渐次占据主流性地位。刘邦遵从儒学礼仪做皇帝，才找到了当皇帝的感觉。到汉武帝时期，儒学进而成为唯一为官方所认可所尊崇的学派，所谓“废黜百家，独尊儒术”。那情形，与古印度孔雀王朝的阿育王的支持佛教，古罗马时代的君士坦丁大帝支持基督教颇有些相似之处。

如此看来，中国文化，就其主流地位而言只有一个继承，一个传统。那么，这样一个经两千多年历史，未曾发生断层，未曾终止影响的文化传统，与中国的现代化，与当代中国的和平崛起，究竟存在怎样的关系，便成为一个无可回避的重大课题。

儒家学识主要体现在儒学经典之中。首先是“十三经”，即

《诗》、《书》、《易》、《周礼》、《礼记》、《仪礼》、《公羊传》、《穀梁传》、《左传》、《孝经》、《论语》、《孟子》、《尔雅》。

但又不止于“十三经”，还有以历代硕儒为代表的儒学著作。如董仲舒为代表的汉代儒学，尤其以程、朱、陆、王为代表的宋明理学的经典著作，不但内容精深，气象博大，而且在中国儒学史上产生了巨大的历史性影响。特别是宋代定本的《四书》、《五经》，其在中国文化史上的地位，堪与《圣经》在西方文明史上的地位相提并论。

虽然如此，儒学经典的内容未必样样与中国的现实追求相契合，其中一些观点，甚至是极其重要的观点未必与现代中国的追求相一致。例如“三纲”“五常”中的“君为臣纲”，“父为子纲”，“夫为妻纲”之类，显然与现代文明相抵触。

因此，对于儒学经典的借鉴就存在一个积极继承与消极继承的问题。积极继承，即首先从中寻找最适应今天发展所需要内容；消极继承，则不分青红皂白，生吞活剥，良莠并举。

西方史学界有一句名言：“一切历史都是现代史”。我们逆向思之，则一切历史中都存在现代人所需要所认同的内容。这些内容，不但可以与今天有关，而且可以于今天有益。

就儒家学说而言，我认为有八个层面的文化理念，都有利于现代中国的和平崛起。

（一）以修、齐、治、平为逻辑的仁政理路

修、齐、治、平的理念出于《礼记》。《礼记》是儒学最古老的经典“六经”中的一种，其历史可谓久矣。

这一理念，经孔子的研究与实践，在《论语》中又得以阐释和发挥；尤其到了宋代，大儒朱熹将《礼记》中“大学”、“中庸”两个部分抽出，单独成书，加上《论语》、《孟子》，合称“四书”。从而使它在儒学中的经典性地位更突出了，影响也更大了。

这一理念的完整表述，出自《大学》，而且完全可以视为其书乃至“四书”的立基之论。其文曰：

> 大学之道，在明明德，在亲民，在止于至善。……古之欲明明德于天下者，先治其国，欲治其国者，先齐其家；欲齐其家者，先修其身；欲修其身者，先正其心；欲正其心者，先诚其意；欲诚其意者，先致其知。致知在格物。物格而后知致，知至而后意诚，意诚而后心正，心正而后身修，身修而后家齐，家齐而后国治，国治而后天下平。[①]

将修身、齐家作为治国、平天下的前提，或更具体地说，自格物始，然后知至，然后意诚，然后心正，然后身修，然后家齐，然后国治，最后天下平，这样的为政理路，至少是儒学的一个历史性发明。而且从中国的历史发展看，它确实在相当程度上起到了稳定国家，清明政治，道德社会的作用。

秦汉之前，身为国君的，并不特别注意自己道德修养。例如春秋五霸中的第一霸齐桓公，他的一大特点，就是“寡人不幸　好财又好色”。而且也曾询问管仲：“寡人”的这些毛病对于霸业有没有妨害。管仲回答他说：没有伤害。管仲的论点是，君主的好财不伤霸业，好色也不伤霸业。唯有用人不当，有人才不用或不重用才会

---

① 朱熹：《四书集注》，第3—4页，岳麓书社，1985年。

伤害霸业。

自汉代独尊儒术之后，这样的观念显然失去了存在的正当性。

诸葛亮虽然重视申、韩的著作，但他是一位儒学式宰相，而他的人品与功绩可谓百世流芳。

唐太宗在历代皇帝中都是首屈一指的。他对自己要求严格，虽然对道家情有独钟，但我们读《贞观政要》，知道他骨子里还是一位儒学皇帝。

宋太祖虽行伍出身，但尊崇儒学，尊重士人，曾以誓约约束后代子孙，不许他们杀戮读书人。宋代的文化兴达与社会生活富庶不能说与此无关。

可以这样说，自西汉至清代，凡是那些比较亲民，比较重德，比较自制，死后的谥号也比较正面的皇帝，他们的所作所为，至少都与儒学的修、齐、治、平的仁政理路相关联。

在专制时代，最高统治者如能以仁心治政，显然是国家之福，百姓之望。即使今天，如果一个国家的领导者都是些修身、齐家的人，很显然，贪渎之风也会减少许多。

（二）以仁者爱人为特色的立身理念

"仁者爱人"，语出孔子。而孔子的学说，最核心的概念，就是"仁"。

过去在学界也有一些不同看法，或认为儒学的核心内容是"仁"，或认为儒学的核心内容是"礼"。在我看来，这二者其实是不可以全然分割的。"仁"是"礼"的核心理想，无"仁"何以言"礼"？"礼"是"仁"的礼制性表现，无"礼"何以安"仁"？

孔子主张仁者爱人，虽然他说的"人"是有等级区别的。但从更宏观的角度去理解，至少他认为人的重要性，人的价值超过其他内容的价值。所谓："厩焚，子退朝，曰：'伤人乎？'不问马。"①

孔子的"仁"说理念，到了孟子那里，又有所发展。孔子重视"仁"的作用，孟子重视"心"的作用，这二者也是有内在关联的。孔子的"仁"，表现在孟子这里，则是不忍之心。

《孟子·梁惠王章句》中，有"君子远庖厨"之说。君子其实爱美食，这在《论语》中都有记载的。爱美食缘何远庖厨？因为君子有不忍之心，他不忍心看见动物被宰杀的场面，不忍心看见它们的"觳觫"。孟子推而广之，说到仁者爱民之心。虽然这则故事，也曾受到现代人例如鲁迅先生的讽刺，说他一面不忍心看见临死之牛的"觳觫"，一面又面对煮熟的牛肉大快朵颐。但客观地讲，能有不忍之心，对于我们人类而言，尤其对于管理者而言，还是十分重要的。

譬如一百年后，全世界的人，人人都有不忍之心。那么暴力事件一定大大减少。"9·11"那样的恶性事件就不会再发生了。说不定连肆行人类数千年的战争史都有可能终结的。

虽然，一个"仁"字未必有那么大的作用。但如果现代文明能够接受并放大它的效应，又给它以新的阐释与承载，其影响必然会超过我们可爱祖先的原有设计。

（三）以中庸为核心的立身处世观念

儒家对中庸，有异乎寻常的重视，孔子说："中庸其至矣乎！"②至矣乎，就是最高的（道德）。朱熹选定《四书》，《中庸》又成为一部独立的地位显赫的经典读本。

中庸的本意，依程颢的解释，即"不偏之谓中，不易之谓庸。

---

① 杨伯峻：《论语译注》，第105页，中华书局，1980年。

② 杨伯峻：《论语译注》，第64页，中华书局，1980年。

中者天下之正道，庸者天下之定理。”①

中庸即不走极端，过去很多人认为，中庸的结果是“枪打出头鸟”，不允许特立独行的人存在。你特立独行就不中庸了。实际上，中庸并非只是反对冒尖。太冒尖，固然不赞成；太落后了，也不赞成。中庸的积极意义在于，它反对思维的极端化。同所谓斗争哲学是从根本上相反对的。站在今天的角度看，无论处理国家与国家之间的关系，还是处理民族与民族之间的关系，乃至不同类型文化之间的关系，那种认为真理只有一个，而且谁不合乎这真理，就将谁“拿下”的做法是不可取的，也是无法成功的。真理其实有两端性。能够协调这两端性的，中庸若非唯一的方式，也应该是上佳方式之一。

（四）以中和为贵的价值追求

在我看来，西方文化中人与自然的关系是充满张力的，属于紧张度很高的关系类型。他们对征服自然的追求不但十分强烈，而且认为那是一种崇高的荣誉。

中国传统文化则以和为先，以和为贵，以“中和”为自己的最高价值诉求。

表现在人与自然的关系方面，首先强调的是“天人合一”。“天人合一”，原有古解。现代人借鉴过来，可以顺理成章的将其理解为“人与自然的和谐关系”。季羡林先生说：“中国的道家、儒家均有此说。宋朝的张载言：‘民我同胞，物吾与也。’简称‘民胞物与’，把大自然看成是人类的伙伴。”他又说“现在有一种说法，认为弊端是

① 朱熹：《四书集注》，第29页，岳麓书社，1985年。

事实（指对自然的破坏，引者注），但科技发展会解决之，我想这是不可行的，科技的发展只会使情况更糟糕”。[①]

是否会更糟，未便深论。但与自然和谐相处，显然是一种现代人求之难得的状态。

儒学不但重视天与人之间的和谐，尤其重视人与人之间的和谐，所谓“和为贵”。它的本意是说明“礼”的作用的，所谓“礼之用，和为贵”。[②]

但时过境迁，认为“和为贵”即人与人之间的关系以和平、和睦为上的想法及其阐释已经成为主流。

一方面主张“和为贵”，一方面又主张“和无寡”。此语出于《论语·季氏篇第十六》，所谓：“丘也闻有国有家者，不患贫而患不均，不患寡而患不安。盖均无贫，和无寡，安无倾。”[③] 认为：“若是财富平均，便无所谓贫穷；若是境内和平团结，便不会显得人少；若是境内平安，便不会倾危。”

过去，我们批判“均贫富”，与计划经济时期的大锅饭——平均主义有关。但从现在的情况看，平均主义固然很不好，贫、富差距过大同样很不好。中庸一点，就是在二者之间找到一个平衡点。真的找到了，而且做好了，就可以说达到了“中和”的境界了。

和对于人生如此重要，有学者曾经提出过“四和”之说，即天和，地和，人和，己和。这些都可以从儒家传统文化中找到根据。

---

① 季羡林：《三十年河东　三十年河西》，第4—5页，当代中国出版社，2006年。

② 杨伯峻：《论语译注》，第8页，中华书局，1980年。

③ 杨伯峻：《论语译注》，第172页，中华书局，1980年。

“天和”可以理解为人与自然法则的关系，违背法则是不可以的；

“地和”可以理解为人与环境的关系，破坏环境是不可以的；

“人和”可以理解为人与人之间的关系，无论如何人际关系紧张不是一件值得赞美的事；

“己和”即自身内在关系的和顺，自己不能总和自己拗着，且无论是与身体拗着，与精神拗着，还是与性格拗着，其结果都不会美妙的。

儒家学说不但强调“和”，而且主张“和而不同”。“和”不是千篇一律，不是只能发出一种声音，不是不分彼此，抹杀你我，而是在和的前提下，各自具有发挥的余地。用孔子的话表述，即：“君子和而不同，小人同而不和”。①

不唯如此，《论语》中还有这样一则故事：“子与人歌而善，必使反之，而后和之。”②

这故事又包含着见贤思齐的意思在内，所谓“见贤思齐”，就相互关系而言，应该说是儒学“中和”理念的内在逻辑的必然延展。不但主张“和”，而且主张向更优秀的看齐——学习。

（五）以忠恕为先的处事原则

忠恕思想，亦出于孔子，而且地位崇高又独特。《论语·里仁篇第四》中有这样一段经典性对话：

子曰；“参乎！吾道一以贯之。”曾子曰：“唯。”

子出，门人问曰：“何谓也?”曾子曰：“夫子之道，忠恕而

---

① 杨伯峻：《论语译注》，第141页，中华书局，1980年。

② 杨伯峻：《论语译注》，第75页，中华书局，1980年。

已矣。”

透过这段话，可以得出两个结论。

一是，“忠恕”在孔子思想中不是一般性概念，而是属于“道”这个层面的核心性概念。要知道，“道”这个概念无论对于法家，对于道家，还是对于儒家而言，都是极其崇高的一个理念。

二是，忠恕的目标作用非同寻常，孔子一生追求，尽与此有关。

那么，忠恕之道是什么意思呢？

依孔子的解释，忠与恕乃是一个问题的两个侧面。

所谓“恕”，即“己所不欲，勿施与人”[①] 所谓“忠”，则是恕的积极表达，即：“己欲立而立人，己欲达而达人。”[②]

“己所不欲，勿施与人”，如果把它作为一种普世性的价值观念，那么，它的内涵中已经含有“平等”的观念在。但孔夫子是不主张平等的。虽然孔夫子不主张甚至坚决反对平等，但不妨碍对这思想的现代解读。

“己所不欲，勿施与人”，又可以用来调解国与国之间的关系。强国不可以欺负弱国，大国不可以欺压小国。因为你所不主张的，也不能加在别国头上。

“己所不欲，勿施与人”还可以用来特别关照弱势人群的感受。中国有句俗话，“英雄好汉怕调个儿”，说得雅点，就是换位思维。世间多少事物，站在强者一面看，没有半点不合理处，但从弱者那一面看，就太不合理。比如建筑企业的老板拖欠农民工的工资，他可以有 10000 个以上的理由，但从农民工那一面看，他们所讨要的

---

① 杨伯峻：《论语译注》，第 39 页，中华书局，1980 年。

② 杨伯峻：《论语译注》，第 39 页，中华书局，1980 年。

只是自己的劳动之所得，生活之必需。这一个理由，就可以胜过那10000个以上的理由。

忠恕之道的民间化，又成为我们中国人特有的和平忍让精神。其实和平并非脆弱，忍让并非怯懦。和平忍让，乃是一种风格，所谓“退一步，海阔天空”。从现代文明的角度理解，只靠和平忍让不能调解众多的民事、法律纠纷。在基本的制度层面，还是要依靠法制。但能在法制的基础上，有些和平忍让精神，大约决不会成为社会文明的消极因素。要知道，耶稣固然伟大，他的宽恕忍让也是一般人做不到的。

（六）以顺天敬道为指导的体认基础

中西文化或说儒学文化与基督文化的一个显著区别，在于后者认为“天”是可以改造的，而前者认为，天是只能顺应的。

基督教认为“天”是上帝的创造，万物皆源于上帝，例如，上帝说光，于是便有了光。

儒学没有这样的观念，它的基本态度是敬天顺道的。天既不可以改变，道亦不可以改变。董仲舒所谓“天不变，道亦不变”。

不但不可以改变，而且不可以全知，最好的办法就是敬之，顺之。

儒学顺天的证据是，它敬畏“天”；孔子说：“获罪于天，无所祷也”。[①]

儒学敬道的证据是，它尊崇“道”。孔子说：“朝闻道，夕死可也”。

---

① 杨伯峻：《论语译注》，第27页，中华书局，1980年。

由这两句话，可以想见“天”、“道”在孔子心目中的地位。

西方文明中既有基督教文化的传统，又有理性主义的传统。理性主义就其极端表现而言，是认定客观世界是可以认识的。但现在我们领悟到，这不过是一个伟大的不切实际的理想罢了。客观世界——本在世界或说康德的物自体，它其实是不可以完全认识的。实在人生有限，而宇宙无穷。即使有一天，人类走完了自己的全部历程，而宇宙可能依然存在；或者换个说法，假使人类永远不会走完自己的历程，那么，他对本在世界的认识就必然永远处在不断探索的过程之中。

对这样繁难的问题，儒学并不关心。它关心的重点在人生，它只是主张顺天敬道，相信背天逆道是荒谬的，因而也是危险的，必然会失败，会遭到天谴的。

把这样的观点借鉴过来，完全有可能丰富现代文明中的生命观念、自然观念、环境观念、科学观念。例如敬畏生命，顺应自然，友好环境，尊重科学。

（七）以尽孝亲乡为核心的生存意愿

在儒家学说中，“仁”与“孝”都是至为关键的理念。孝是仁的具体化，虽然它的适用对象是特定的，但它的价值意义是重大的。用孔子的弟子有若的话讲，孝悌乃人之本。《论语》中这样记载：

有子曰：“其为人也孝弟，而好犯上者，鲜矣；不好犯上，而好作乱者，未之有也。君子务本，本立而道生。孝弟也者，其为仁之本与！”①

---

① 杨伯俊：《论语译注》，第75页，中华书局，1980年。

可见儒者论孝，不是就孝而言孝，而是以孝为初始点，一直联系到国之安，仁之本这样的层面去了。

这样的传统，到了汉代末年，尤其变本加厉，出现了所谓以孝治天下，不孝则成为莫大的罪名。身为建安七子之首的孔融，本是孔门圣裔，因为说了几句不合孝道的话，曹操便以此为借口，把他杀了。

儒学的伦理道德观念很多，而且自成体系，但最重要的还是“忠”与“孝”。忠是对国、君之忠，孝是对父母之孝。这二者属同构性质。正如中国传统文化的家——国同构一样，忠与孝也具有伦理核心层面的同质同构性。

甚至可以说，儒学中孝的理念，在相当程度上与基督教的原罪精神具有某种相似性。只是它在价值位阶的表达方面，似乎更具有积极含义。它不是因原罪而救赎之，而是一种天良的自我呈现与道德的外示。

因为重视孝道，所以重视家庭，反之也是一样。因为极其重视家庭的传承性与稳定性，所以极其推崇孝道。如果说，儒学的孝道具有某中原罪色彩，那么中国的传统家庭文化，就具有相当浓重的宗教精神。——家庭在中国人的心目中不但是血缘性，情感性，经济性的，而且是神圣的。

西方人——信仰基督教的西方人，不能完全离开教堂与教会，我们中国人，绝大多数中国人，则不能没有家庭。基督徒临终之际是要忏悔的，以此求得灵魂的安息。传统的中国人，临终之际，他们最不能忘怀的，常常是自己的亲人，尤其是自己的儿女。一些年迈的患者为了等自己的儿女归来，甚至可以几十小时的延长自己的生命，不见儿女，死不瞑目。

由于重视家庭，从而重视土地，重视乡土之情。传统的中国人，最是安土重迁，背井离乡乃是一件极为痛苦极为难堪的经历，是一切选择中最为无奈的选择。所谓“乱离人不如太平犬”。因之，乡土对于传统中国人而言，同样具有神圣性地位。

因为我们中国人亲乡爱土，所以海外游子，常常念念不忘“落叶归根”。

由孝而及家，由家而及土，用孔子的话语表达，就是：“不孝有之，无后为大”；就是“三年无改于父之道，可谓孝矣。”就是“父母在，不远游”。

当然，现代的婚姻、家庭均已发生巨大变化。包括婚姻形式的自由性追求，家庭结构的多样性特点，婚姻关系的纯情化趋势，家庭功能的社会化转移等都已经成为无可逆转的趋势。

但我要补充的是，因为儒学文化在中国的影响是如此久远，因为儒学文化又具有如此的特点与优长，未来的中国家庭，或许会成为人类家庭的一种榜样，也未可知。

（八）以去兵去食、民信为本的理想排序

儒学关心政治，以“学而优则仕”自许自命。但它不是为做官而做官，而是对政治目标的排序，有自己的坚定见解。《论语·颜渊篇》有子贡问政的一段议论：

子贡问政。子曰：“足食、足兵、民信之矣。”

子贡曰：“必不得已而去，于斯三者何先？”曰：“去兵”。

子贡曰：“必不得已而去，于斯二者何先？”曰：“去食。自古皆有死，民无信不立。”

儒家学说并非不重视军事及军备。如果不重视，为什么子贡问政，要把兵——军事，与食——粮食和民众的信任排列，并作为最为重要的三件事之一提出来呢！

而且中华名族并非一个惧怕战争的民族。我们不但不惧怕战争，而且有很高超的战争理论与战略战术。《孙子兵法》既是一个显例，中国军事史上众多著名战役也是有力的佐证。

但比较而言，——其中很重要的原因就与儒学理念存在相关——我们的祖先还是更喜欢和平，以和为是，以和为贵。即使迫不得已而战，也以“攻心为上，攻城为下。”

军事与粮食比，孔子认为，粮食更重要，民以食为天嘛！但粮食与国民对国家的信任相比，那么，“信”就是更重要的了。“民无信不立”，信是立国之本。

对这个观念，当然不能片面理解之。孔子的“去兵去食”之说，属于极而言之。极而言之，不免有些理想主义与诗意的成分在其中，决不可因此就认为，兵与食是不重要的，甚至是可有可无的。

但以信为本的观念，直到今天依然有重要的价值，作为政府，没有人民的信任，便失去了存在的正当性。作为一个国家，没有“信”做依托，就不能成为一个负责任的国家。

儒家学说中，可以借鉴的内容当不止上述八点，但仅这八点也足以说明，儒家学说对于当代中国的和平崛起确实具有重要的宝贵的可以发掘与借鉴的价值。此为中国构建现代文明的第一阶文化资源。

二、文化传统与历史继承

儒学文化虽然是中国传统文化的主导性部分，但它不能等同于中国传统文化。中国传统文化的范围更宽泛，内容更丰富，可资借鉴的价值也更高些。

以先秦时期即儒学的创立发展期为例，那个时代，正是中国思想文化最为繁兴的时期。那时的士人——知识分子，也是整个中国古代历史上最具独立人格与自主精神的一代风范。他们不唯可以自由创立学说，可以自由办学，可以聚众授徒，而且可以自由往来于各诸侯国之间。齐国不用，可以去楚，楚国不用，可以赴秦。孔夫子周游列国，虽然屡受挫折，但仍然持不懈。而那个时代留给后人的文化遗产，正像古希腊留给西方的文化遗产一样，可谓取之不尽，用之不竭。作为那个时代的显 学，不仅有儒家学说，有墨家学说，还有兵家、道家、法家、名家、农家、纵横家等众多学说，俗称百家之说。尤其儒、道、法、兵等，更是中国传统文化中不可或缺的重要基因。

中国传统文化中还包括外来文化。外来文化同样属于不可或缺不可替代的文化资源。外来文化的内容众多，可说包罗万象；从物质到精神，可说无所不有。

以乐器为例，胡琴显然是外来文化；

以家具为例，胡床又是外来文化；

以农作物为例，番茄、黄瓜、红薯、玉米、棉花都是外来文化。

直到今天，我们一些同胞每每说到康乾盛世，总有些不知不觉的自豪感在。但我敢说，若没有玉米与红薯的引进，彼时的中国决计不能养活二亿人口。夸张点说，所谓康乾盛世正是建立在玉米、红薯与棉花的基础上的。

当然还包括佛教，佛教也是外来文化，但在中国得以进一步发展与保存。如果说汉代之前，最重要的精神文化资源是儒、道、法的话，那么，魏晋之后，最重要的文化资源就是儒、道、佛了。

传统文化中又包括民间文化的参与与创造。民间文化，狭义地说，主要是民间的创造与习俗。广义地说，一切不为官方记录、主导与管理的文化均可列入其中。如果这个观点成立，那么，中国古代的四大发明，至少有一半可列入民间文化的大范畴。而且出土文物证明，即使纸的发明，也并非始自东汉，而是出自战国。战国时代中国就有纸了。东汉蔡伦的纸的发明权，应限定在蔡侯纸这个专利点上。虽然他的发明确实意义重大，影响深远。

当然不是说中国传统文化一切都是好的。公平的考量，人类若无共通的规律可循，那么国家与国家，民族与民族之间的对话，必定失去必要的根据；人类若有共通的发展理路可寻，那么，人类的伟大固然不会仅仅属于某一个民族，而人类的缺点与过失，也不会仅仅“光顾”某一类特定的文化。举凡战争，暴行，贪污，腐败，打压少数民族，虐待弱势群体，这些人类的不良记录，凡西方历史上有的，中国历史上大略有之。

但中国传统文化确实有自己的特点与优点。

这些特点和优点，与和平崛起这个主题密切相关的，主要表现为三个层面，一个特征。

三个层面是：

不同民族和睦共处；

不同宗教异质共生；

不同文化互动互兴。

一个特征是，民族以和为本，文化以和为荣。

下面本文就重点谈谈中国传统文化中的三个优势层面。

（一）不同民族，和睦共处

民族和睦共处，有历史原因，也有文化原因，二者相辅相成。因为历史也是文化，文化又具有历史属性，二者叠加，成为中国传统文化的一个优势资源。

从历史资源考察，中华民族的形成原本即具有一个多区域多民族渐生渐合渐长渐盛的历史过程。大而言之，中国上古时期，可以追溯到黄河文化与长江文化两个源头。这两个源头差异不小，但这种划分只是大而言之，细细考虑，则地域、民族文化的各种差异或许比我们掌握的，知道的，乃至靠逻辑推导出的还要复杂许多。

除去源头之外，仅自汉末以来，中国历史上又经历过三次大的民族冲突与融合。第一次是发生在东晋十六国时期的所谓“五胡乱华”。五胡乱华，主要是五个北方少数民族对于汉族居住地的侵略与压迫。但最终的结果，却达到新的历史层面的民族与民族文化的大融合。举例说，没有这种融合就没有盛唐文明。

第二次是北方金人政权与蒙古政权对两宋王朝的侵略与吞并，其结果同样是达到了新的历史层面的民族与民族文化的大融合。举例说，没有这种融合，就没有关汉卿与王实甫。

第三次则是清政权对于明王朝的侵略与灭亡，最终的结果同样是达到了新的历史层面的民族与民族文化的大融合。举例说，没有这种融合就没有曹雪芹与《红楼梦》。

应该说，中国历史既是由历史上众多民族共同创造的历史，中国文化也是由这些民族所共同创造的文化。

而且在很大程度上，这些不同民族的文化与传统不但相互接纳，而且水乳交融。以中国北方方言为例，有学者指出，中国现存的方言中，南方方言是有比较的清晰的地域界限的，即使这样，它也不再是水和油而是鸡尾酒。易中天说：“说南方话是水和油，还只是横向的看，纵向的看则像鸡尾酒，一层一层的。比如闽南话中，不少字都有三种读音，一种是秦汉音，一种是南朝音，一种是唐宋音。

这三种读音，是在不同的历史时期形成的”。[1]

北方方言的融合程度就更深了，它的结果不再是鸡尾酒，而是水乳交融，易中天的比方是：“北方话就像饺子馅，虽然也有多种成分，可全都混在一起，分不出来”。[2]

如果说，方言是历史文化的活化石，那么，它们所记录下来的正是不同民族和睦共处的历史见证。

更为可贵的是，虽然民族和睦共处，但并不消解各自的特性。除去不可抗拒的文明进化以及特定时期的文化毁灭之外，各自民族的特征虽然经过千百年的时光洗礼，还是得到比较好的保存。例如民族语言的保存，例如服饰与饮食习惯的保存，例如其他生活习俗的保存。

不仅如此，世界历史上一些备受凌辱的民族，如以色列与吉普赛族。他们的历史命运十分惨烈悲壮。可以说，世界多数地区都有凌辱这两个民族的历史记录，但在中国的漫长历史上，没有这样的记录。对于吉卜赛人，我手边没有资料，但从逻辑上考量，不能说，这个民族的足迹遍及世界，单单没有到过中国。

犹太民族在中国则有很积极很阳光的民族生活史。古城开封，在宋代即有以色列人居住，并于1163年建造过犹太教会堂，这会堂存在700多年，一直到被黄河水灾冲毁。因为习俗关系，汉人称其宗教为挑筋教，他们则自称一赐乐业教。所谓挑筋教，是因为犹太教徒吃牛、羊肉时先要将所食动物的腿筋割断；所谓一赐乐业教从字面上看，仿佛是感念皇恩浩荡，实际上则是以色列教的汉语音译

---

① 易中天：《大话方言》，第34页，上海文化出版社，2006年。

② 易中天：《大话方言》，第34页，上海文化出版社，2006年。

的谐音。这些都很有趣地表现了汉、犹双方的智慧与宽容。以色列人居住在开封，到明时达到 4000 多人。这些居住者也曾荣升至将军，也曾荣登过士榜，这与他们在欧洲等地的命运可谓大不相同。当然，他们也是杰出的商人，但并未受到嫉妒与歧视。至今，仍有他们的后裔散居各方，并早已成为中华大家庭的平等成员。

（二）不同宗教，异质共生

中国从来不是一个宗教性国家，没有政、教合一的历史，中国却自古以来便是一个持宗教宽容态度的国家。历史上大的宗教，在中国这块土地上都可以生存。诸如佛教，伊斯兰教以及土生土长的道教并各种民间教派，也包括古已进入中国——时称景教，近代以来在中国具有长远影响的基督教，在中国传统文化背景下都有存在的理由，也都有发展的根据。

当然，也不是没有宗教性或有关宗教性的冲突，例如道教与佛教也曾有过激烈的冲撞，佛教与儒学尤其有长时间的磨合与适应期，且中国史上也曾发生过数次由皇帝主导的大规模灭佛行动。近代以来，因为种种原因，对于基督教也有种种误解，并且发生过对教会，传教士与教堂的野蛮杀戮与粗暴毁坏。

但从整体上看，中国历史上既没有发生过大规模的内部宗教性质的战争，也没有因为宗教问题而与其他国家发生过外侵性战争，这一点与基督教，伊斯兰教的历史都很是不同。像十字军东征那样的宗教性战争，在传统中国人那里，不但闻所未闻，而且是不可思议的。

不唯如此，即使最高权力者——皇帝颁布了禁教令，中国传统文化仍有某种缓冲与保护性作用。例如雍正皇帝颁布禁基督教令，宣布基督教为异端，关闭所有教堂。但基督教会仍在中国民间活动。

孟德卫在他的《1500—1800：中西方的伟大相遇》一书中曾对中日两国禁止基督教的后果作过比较，他说："1549 年——1614 年，日本民众对于两政传教士的热情远比中国民众高，约 2000 万的人口中产生了 30 万的基督教徒。然而，政府对基督教的迫害使这种热情下降到只留存一个地下教会，再也没能恢复当年盛况。而相反的，在中国，18 世纪的基督徒人数从 30 万减少到 20 万左右，但是，基督教得以保存下来，特别是在边远地区，如四川省。山东西部和直隶南部乡村的地方史表明，通过整个家族跟随族长皈依基督教的方式，基督教进入了中国的家庭结构。后继的世代里，由于中国人的孝道观念，后代仍然忠诚于祖辈对基督教的信仰。"[①] 这差不多等于是说，中国民间对基督教的接纳，乃是一种文化性质的接纳。

实际上，在我们祖先那里，不同的宗教完全可以和平相处。不但可以和平相处，而且有三圣同堂的奇观存在。例如北京西山的一些寺院，就同堂供奉释迦牟尼、老子和孔子。这样的现象在南方例如贵州的一些地区，几乎是民间信仰中的普遍性现象。

"三圣"可以同堂，三教可以共处，不但可以共处，而且可以共兴共荣。令一般中国人深感骄傲的盛唐文明其实就是儒、道、佛共兴共荣的结果。表现在诗歌方面，李白称"诗仙"，他的文学成分中，道教的色彩浓些；杜甫称"诗圣"，他几乎是一个醇儒；王维称"诗佛"，连他的号—摩诘都是佛学性的。

到了宋代，又出现绝代才子苏东坡，他不但精通佛理，有不少和尚朋友，而且酷爱道教，也曾亲力亲为。我们只消读他的前后

① ［美］孟德卫：《1500—1800：中西方的伟大相遇》，第 81 页，新星出版社，2007 年。

《赤壁赋》，就可以知道道教对他的影响是何等之大，然而，他骨子里还是一个忠诚的儒者。

不但文学人物，一些被世人公认为大儒的人，其实也往往是广览博收的。诸葛亮显然是一个“儒”，而且是丞相之儒，但他就专门为太子刘禅抄写过申不害、韩非的著作，这在刘备的遗嘱中是有记载的。而申不害与韩非都是著名的法家人物，与儒家处在对立的一方。

清代中兴名臣曾国藩，也是为世人公认的大儒，若非大儒，不须等到袁世凯，他本人就可以拥兵自立了。他是大儒，但并非醇儒。因为他相信相术，不但相信还热衷于给别人相面，不论什么人才，那面相一定合乎曾大儒的相术原则才好，否则便不会用你。

其实即使如朱熹那样的真儒，醇儒，也是杂学旁收的。虽然他们认定儒，佛不相容，也决不相信相术一类的内容，但从他们的著作分析，他们对于佛学并非不知道，并非不精通。

但不是没有自己的原则。中国传统文化中一方面是宗教宽容的，一方面是以儒为本的。这两点在整个儒学时代都是如此，虽然个别的动荡时期也有佛学一花独秀的情况出现。

既讲宗教宽容，又有一定的文化坚持，将这二者结合起来，即可以称之为儒学主导下的泛神论式的传统文化。

这种类型的文化，必然推导出以下两个规则：

规则一：儒学是主导性的。无论何种宗教，与忠君孝亲原则不可发生尖锐冲突。如果在这两个基本点上如找不到契合点，那么，其生存与发展，会发生莫大的困难。

规则二：只要不违背规则一，那么，各类宗教都可以在中国取得很大的生存与发展空间。就像唐代的佛教，宋代的道教与明代的基督教一样。

中国传统文化的优点与借鉴价值在于，这样的文化品性显然更容易与当代文明相契合。

（三）不同文化，互动共兴

不同文化的互动共兴，不能说是中国独有的情况，但在中国却有悠久的传统。世界四大文明古国中，唯中国传统文化不曾出现断层，应该说与此有深层次关联。

不同文化间的互动共兴有太多的例证，至少在以下几个方面均有充分或比较充分，精彩或比较精彩的表现。

1. 历史文化与现实文化的互动共兴

我们中国人酷爱历史。虽然中国文化的历史极长，但它与后来人的心理路程却很近很近。因为自西汉起，中国士人就一心只读圣贤书，圣贤书一读就读了两千年，直到今天还没有读够哩！近几年又有不少国学主张，更有不少读“经”的见解，而且有言有行。从“百家讲坛”的传播效果看，对《论语》等古代经典的热读，现在也不过是开了个小头罢了。

而且我们中国人有个脾气，即无论任何一种先进的学术甚至科技成果，我们都有本事让他们与古代的典籍发生各种联系。比如2006年9月北京科学技术出版社出版了一部谢文纬先生的《两部天书的对话》，书的副标题为“《易经》与DNA”。本人学识不够，无法对该书内容做出全面评价。但他所代表的文化取向，在我们许多中国人内心深处，确实是有共鸣的。因为我们的文化特色之一，就是历史与现实的互动。

2. 宗教文化与世俗文化互动共兴

前面提到了：中国从来不是一个宗教性质的国家，政教合一的体制，在中国自古即无，但中国传统文化又是一种带有浓重泛神论色彩的文化，而且，不但许多宗教性内容很容易家庭化，世俗化，一些世俗性内容也可以宗教化。

以道教神祇为例，道教中的神，许多都是历史中人。但是无妨，他们可以变成神的。例如关羽就是鼎鼎大名的神，岳飞也是鼎鼎大名的神。而且这决非个别现象。由凡人而变化为神的人物，可以数以百计。

且不仅道教如此，佛教也不能免俗。济公在中国一般民众心目中，就是一个神。中国佛教中的降龙，伏虎二位罗汉，也属于“土生子”。就连佛教中的二十位护法“天”神中，我们的祖先也要续加上 4 位。这四位续加的“天”神中，即有东岳大帝与雷祖，而依一般的民间看法，东岳大帝即《封神演义》中的黄飞虎，雷祖即是《封神演义》中的闻太师。

3. 本土文化与外来文化的互动共兴

本土文化多矣，而且因为上述第（1）题所述的原因，它们大多生生不息，千古流传，或者前赴后继，代有传人。难得的是众多外来文化，不需要特别长的时间，就可以完全本土化的。

例如中国汉语地区盛行的农历十二月八日喝腊八粥的习俗，实则出于佛教。这一天本是佛的成道日。因佛而生的习俗，本该算是舶来品了，但没有关系，中国人喝腊八粥几乎与端午节吃粽子一样的有历史，有渊源，且有兴有致，有声有色。

又如乒乓球运动。乒乓球并非中国创造，而是英国贵族对网球的改造。它还不像足球，虽然现代足球也不是中国人创造的，但一直有人说古代的足球始于中国，只是不叫足球，而叫蹴鞠。但现在，凡大陆中国人都知道乒乓球是中国的“国球”。实际上，乒乓球在中国早已不是一项单纯的体育运动，而且成为典型的有许多掌故的文化现象。

还有饮食中的麦当劳，肯德基，这些快餐食品都来自美国，但它们——至少在大中城市已成为当今中国饮食文化的不可缺少的组成部分。这传统，其实古已有之，例如涮羊肉便出自蒙古民族，而且最负盛名的满汉全席也正是汉族与满族饮食文化的结晶。

4. 官方文化与民间文化的互动共兴

官方文化即政府认可的，提倡的或主导的文化。这里面确实有非常有价值的内容，例如《册府元龟》，《太平广记》，《四库全书》等大型丛书、套书，即属于文化中瑰宝。以《四库全书》为例，虽然它收录的原作遭到许多政治性删节，也有不少重要典籍，甚至遭到政治性毁灭。但作为一部历史性文献，它的价值仍不容低估。而它蕴涵的文化精神业已超出书籍本身的价值。

民间文化同样影响深远，甚至影响更为深远。而且许多创造尤其是文学性质，艺术性质，技术性质与习俗性质的创造，不是首先发端于官方，而是首先发端与民间。民间文化乃是一切文化之母。

民间文化又分别为文人文化与乡土文化，这二者同样互动而共兴。

文人的创作，在总体水平上高于乡土创作，但后者是前者得以茁壮成长的肥田沃土。以诗而论，没有十五国风便没有“诗经”，连“诗经”都没有，儒学的“六经”之说就无法完整了。

唐诗的兴达也是如此，既有六朝诗的传统，更有民间诗的创造；二者相结合，始为唐诗之源。

词则出于民间与坊间，虽然它后来成为雅物。曲也是如此，先从民间崛起。

这样的规律大约东西方没有太大区别，中国传统文化的可贵在于，几乎在各个历史阶段都形成双方互助共兴的局面。比如有十五国风，又有楚辞；有《乐府诗集》，又有陶渊明与谢灵运的诗；有宋代话本，又有《三国演义》与《西游记》；直到今天，中国民间中的原生态唱法，还是一个不可以忽视的艺术存在。

因为中国传统文化有上述这些优点与品性，所以表现在对外关系方面，从总体上看，中国历史虽然很长，却少有侵略，多有防御；少有土地扩张，多有精耕细作；少有远征探险，多有万国来仪。其基本品质，似可定义为：追求太平，首选和解，重视守备。

上述种种，可以理解为襄助中国和平崛起的第二阶文化资源。

三、历史结构与现代转型

需要特别指出的是，传统文化有自身的结构形态。用黑格尔的思维方式表达，即它具有历史的合理性。而历史的合理性即从另一个侧面表明：传统文化不能原封不动地适应新的历史时代的要求。对此，中国近代史的种种挫折与教训都提供了铁一样的证明。

（一）改变历史结构是实现文化与社会转型的开始

中国人对传统文化的历史反思，始于鸦片战争。

19 世纪 40 年代初期，清政府在鸦片战争中屈辱失败，于是开明人士认识到，没有坚船利炮无法与西方强国对抗，于是开始了洋务运动。纵然有坚船利炮，如果不作体制与文化层面的改变，一样会遭受屈辱的失败，于是康、梁等代表人物推动变法维新。但清政府中的主流派——主政派不能同意变法维新，结果，终于引发了辛亥革命。

由此观之，中国传统文化固然历史悠久，建树众多，但不改变其固有结构不能为中国的现代文明构建提供助力。故此，才有了后来的五四运动。

那么，中国传统文化的结构是怎样的呢？我在拙作《中国人走出死胡同》中将其归纳为8个结构层面。这8个结构层面为：

官、士、家、德，以官为本；

士、农、工、商，以农为本；

儒、道、佛，以儒为本；

礼、刑、利，以礼为本；

汉夷一体，以土为本；

士俗分合，以经为本；

家、族、男、女，以家为本；

德、智、体、美，以德为本。

这8个层面的历史缺陷则表现为：

以官为本，缺少民主；

以农为本，缺少工商；

以儒为本，缺少平等；

以礼为本，缺少法制；

以土为本，缺少开放；

以经为本，缺少自由；

以家为本，缺少个性；

以德为本，缺少科学。[①]

但这样诠释中国传统文化太复杂了，用最简洁的方式概括，其

① 史仲文：《中国人走出死胡同》，第294页，中国发展出版社，2004年。

结构则可以归纳为：以皇权为中心的中央皇权制，以儒学为规范的科举制，以男性家长为依归的小农经济制，进而形成三位一体的社会文化结构。

这样的结构形态确实非常适应中国古代的生存条件与生存环境。甚至可以说，在那样特定历史条件下，再也找不到比这样的结构更适合其国情国势的结构形态了。

因为这结构是如此适应中国彼时的环境与条件，所以中原政权虽然数次成为失败者、亡国者，中原文化却很快成为了胜利者、主导者，正是这种胜败的颠覆性结果，令艾奇逊国务卿倍感惊奇。

换个角度说，中国历史环境条件只适应这样的结构，没有这样结构时，必定催生它；这结构不完备，又会补足它。

然而，它的得来，又谈何容易。

别的且不言，单说这一结构的基本形成，就经历了差不多400年时间。即从孔子创立儒学开始，一直到汉武帝实行“废黜百家，独尊儒术”的国策止，中间更有一段自商鞅变法为秦政权确立体制框架，到秦始皇主导的中央集权性质的郡县管体体制的建立。

顺便说，秦始皇创立了集权性郡县体制，但他却打击儒学，焚书坑儒，可谓大水冲了龙王庙，堪称一种带点黑色幽默色调的历史误会。

由儒学的创立到儒学成为官学，经历了约400年时间；从儒学成为官学到建立科举制，又用去了约700年时间，两相叠加，前后约1100年时光。这样的结构形态，焉得不牢，焉得不固。

因为这结构是如此具有稳定性与适应性，故被研究者称之为“超稳定系统”。而它的抗冲击与自我修复能力又是如此强大，所以，虽然宋代的豪门贵族已决然不同于汉代的豪门贵族；虽然宋代的新儒也已经大大有别于汉代的旧儒；虽然宋代的中央集权制也大大有别于汉代的中央集权制，然而，那基本的形态没有发生本质性的改变。因而，智慧的黑格尔都要感叹说："中国的历史从本质上看是没有历史的；它只是君主覆灭的一再重复而已。任何进步都不能从中产生。"15 事实是，自隋唐确立科举制之后，经过宋、元、明、清四个朝代，它都大抵安稳如山，自复如水。

中国的历史经验证明，在那样的历史时代，这三位一体的结构形态，不仅安稳如山，自复如水，而且三大结构，缺一不可。

小农经济是基础，仅从中国历代的边境线考察，两千年来，大体上是沿小农经济的边缘确立而应动的。在这个范围内，可以而且很容易取得统一；在这个范围之外，要统一也难，要和平更难。

中央集权制也是不可或缺的，此无它，因为小农经济需要集权。我在某个地方说过，并非中国人不喜欢民主，而是小农经济消费不起民主。

再加上儒学与科举制。没有儒学的主导地位，中原地区很难安定，更难发展。中国儒学时代有这样一个规律：举凡儒学昌盛的时期，往往是清明之世，反之，若非已然大乱临头，起码距离社会大动乱不会太远了。例如安史之乱后社会动荡，民生疾苦，依许倬云先生研究，"安、史死后，河北诸镇拥兵割据，仍举安史为'二圣'，河北居民甚至不知孔子为何人，由此可知，河北胡化程度甚深，虽然名义上是奉唐正朔，文化上却有如异国"。[①] 而那样的时代乃是中国社会最为苦难支离的时期。

---

① 许倬云：《万古江河》，第 151 页，上海文艺出版社，2006 年。

因为有这样的教训，中唐之后，尊儒之声日益强烈。当时的大儒韩愈，不但尊儒，而且辟佛。这样的情况，到了宋代，终于成为全社会的共同体认，进而导致了宋代新儒学的兴起。

宋代新儒学兴起，一方面把儒学推导了一个新的历史高度，另一方面也昭示了中国古代文明成熟化与巅峰化。自宋之后，便开始走下坡路了，到了朱元璋那里，虽然依然尊儒，依然实行科举制，依然是中央集权制、儒学及科举制、小农经济的三位一体，但它取消相权，从而走向了皇权极端化；增设东厂、锦衣卫等特务机构与组织，则将专制体制阴谋化；又以八股文取士，从而将科举考试僵死化；有此“三化”，中国传统文化的病症也渐入膏肓。

新的中国文化与中国社会的前途，在于实行全面系统的转型。如何转型？用四句话表达，即：

以市场经济为基础，以 WTO 为准则，以法治国家为范式，以现代文明为目标。

转型其实早已开始，我们希望，它能早日完成。我现在可以肯定的是：

依此前行，中国必将和平崛起。

（二）文明转型的成功与否在于开放

有人认为，中国传统文化属于保守类型，追求平稳，性格内向，缺少开放精神。整体评价，只能说有这种现象，但不代表中国传统文化的基本品性。

中国传统文化从它的历史宏观考虑，从它的历史发展阶段考虑，从它所取得的历史成就的原因来考虑，它都不是保守的，更不是封闭的，不但不保守不封闭，而且具有很强的包容性通融性。实际上，自公元前 8 世纪的东周至今，它已经经历了三次历史大开放与大融合，这三次开放与融合分别是：

春秋战国时期的区域文化大融合；

魏晋南北朝时期的民族文化大融合；

以及自1840年至今仍在进行中的中、西文化大融合。

融合也是开放，虽然不见得是完全主动与自觉的开放，但那过程与效果却绝对不是封闭性质的。

因为有了第一次区域性大融合，才有了秦汉文明；

因为有了第二次民族文化大融合，才有了盛唐文明；

因为有了这第三次中、西文化的大融合，才有了现代中国的和平崛起。

而这一次的开放与融合尚在进程当中。中国的和平崛起恰恰与之同步。我们所做的与所期望的正是二者的双赢。

（三）各种文化观念的充分发展是社会文化转型的重要助力

毫无疑问，社会与文化历史转型需要各种文化观念作支撑。

所谓各种文化观念作支撑，即各种各样的观念形成张力，这张力便是社会文化转型的理论基础。

自洋务运动起，对于西方文明，即有各种不同意见，如中体西用论，如全盘西化论，后来还有中西互补论，西体中用论，以及其他一些影响不大的中西文化观念。

这些观念，都有存在的必要。实际上，实现社会文化的历史性转型，只靠一种理念作支撑，它是支撑不住的，一木可以支千斤，一木不能支大厦。

以儒学为例，即需要对它的批评与批判，也需要对它的剖析与分解，又需要对它的研究与肯定，还需要对它与西方文化进行比较与鉴别。

实在一个伟大的历史文化与传统，不是用几百篇文章可以打杀的；也不是用几千篇文章可以捧杀的。正像基督教在文艺复兴以后所经历的一样，虽然它受到了来自人文方面、哲学方面、政治方面、文化方面、科学方面、文学方面、教育方面等方方面面的批判与挑战，但它并未从人类的视野中消失。反而经过这些洗礼，找到了更适合现代文明所期待的位置。最近几十年，在许多东方国家，又有了迅速发展壮大之势。

（四）有效的文化沟通，将帮助中西双方走向双赢

有效的文化沟通无论对于中国还是对于西方，乃至对于世界，都是必要的，甚至是紧迫的。

从中国这一面看，了解和吸纳西方文化，将有助于中国文化的转型、升级与繁兴。

形象地说，是只知道孔夫子的好，还是既了解孔夫子，又了解柏拉图，还了解圣·托马斯的好；

是只知道蔡伦的好，还是既了解蔡伦，又了解牛顿，还了解爱因斯坦的好；

是只知道程氏兄弟与朱熹的好，还是既了解程氏兄弟与朱熹，又了解笛卡尔与莱布尼兹，还了解海德格尔与萨特的好；

是只知道秦始皇与韩非的好，还是既了解秦始皇与韩非，又了解孟德斯鸠与洛克，还了解潘恩与林肯的好；

是只知道管仲与王安石的好，还是既知道管仲与王安石，又了解亚当·斯密与凯恩斯，还了解哈耶克与弗里德曼的好；

是只知道司马迁的好，还是既了解司马迁，又了解希罗多德，还了解布罗代尔与托克维尔的好；

是只知道屈原与曹雪芹的好，还是既了解屈原与曹雪芹，又了解荷马与莎士比亚，还了解卡夫卡与福克纳的好？

从西方那一面看，既要了解中国，就该了解中国文化；既要了解中国文化，就该了解儒学。殊不知儒学既是中国传统文化的主脉，又与中国社会的各个层面具有千丝万缕的联系。

我相信如果我们选择得当，那么，

以儒学为代表的中国传统文化必定有助于当代中国的和平崛起。

而中国和平崛起的结果，则在很大程度上昭示了不同类型文化间的历史性双赢。

我希望，我的祖国将成为人类未来文明格局中的一个和谐与积极的范本。

宇宙秩序—社会秩序—家庭秩序的相互通约

——宋明理学家宗法和谐建构的秘密

黑龙江大学 魏义霞

儒家的和谐理念被理学家以天理的形式表达出来而拥有了前所未有的神圣性和至上性，宗法等级秩序也通过天理的落实得以贯彻到社会和家庭之中。其实，被他们神化为宇宙本原的天理，实际内容就是以三纲即“君为臣纲”、“父为子纲”和“夫为妻纲”为核心的伦理道德。在理学家的论述中，作为天理的实际内容，三纲拥有相同的出处和合法性，于是拉近了“君为臣纲”与“父为子纲”和“夫为妻纲”之间的距离。进而言之，三纲对应规范的分别是社会秩序（“君为臣纲”）和家庭秩序（“父为子纲”和“夫为妻纲”）。从这个意义上说，天理既表现为社会秩序中的君义臣忠，又表现为家庭秩序中的父慈子孝、夫礼妻顺。作为天理的表现，社会秩序与家庭秩序之间具有可通约性。甚至可以说，天理不仅凝聚着宇宙秩序，而且本身即代表着宇宙秩序、社会秩序与家庭秩序的相互通约。宇宙秩序、社会秩序与家庭秩序的相互通约对于理学至关重要，可以说是理学家和谐建构的秘密所在。正是基于宇宙秩序、社会秩序与家庭秩序的相互通约，在对宗法等级秩序的论证和建构中，理学家一面将社会秩序说成是宇宙秩序的体现，一面将社会秩序转化为家庭秩序。需要说明的是，借助宇宙秩序、社会秩序与家庭秩序的相互通约，他们在以宇宙秩序突出其神圣性的同时，特别注重把社会秩序家庭秩序化；在将社会秩序家庭秩序化的过程中，把宗法社会的尊卑、贵贱说成是基于血缘关系的家庭内部分工；在为宗法秩序披上温情脉脉的亲情面纱的同时，为其正当性和合理性提供。

在宇宙秩序、社会秩序与家庭秩序相互通约的前提下为宗法等级秩序辩护，是理学家共同的理论初衷和思想倾向。其中，张载的“民胞物与”说和王守仁的“天下一家，中国一人”说以典型形态极好地表达了这一理念，也更直观地展示了理学和谐建构的思维向度和价值旨归。

一、“民胞物与”说

张载的“民胞物与”说集中反映在著名的《西铭》一文中。通读《西铭》可以看到，全文共分六个层次和方面：

第一个层次是：“乾称父，坤称母；予兹藐焉，乃混然中处。”开宗明义且高屋建瓴，《西铭》的开篇之语是“乾称父，坤称母。”这是全文立论的高度和根基，在宇宙秩序、社会秩序和家庭秩序的相互通约中，奠定了把社会秩序视为家庭秩序的恢宏基调和本体前提。按照张载的理解，“天人一气”，气是宇宙本体，万物和人类都是气聚之形。作为气变化的结果，人与万物一样处于天地之间，原本是一体的，天地是人和万物共同的父母。这是对人在宇宙中的定位。

第二个层次是：“故天地之塞，吾其体；天地之帅，吾其性。”

在人由本体层面进入存在层面、成为现实之人的转向中，“乾父坤母”的本体框架决定了人之为人的本质规定，人的本质规定也就是人与万物共同具有的天地之性。张载认为，宇宙本体——气是人与万物共同的祖先和存在根基，人与万物都禀气而生决定了人与万物拥有相同的本性——天地之性。具体地说，人与万物同具的天地之性源于气的本然状态——太虚，太虚之气的性质决定了天地之性的性质。太虚之气湛一纯净、至静无感，是善的，作为太虚之气体现的天地之性也是善的。在此，他以至善的天地之性作为人与万物和人与人的共性，证实并加剧了人与万物的亲近感。这个观点在界定人之为人的本质规定的同时，把人生的意义、价值和追求定位在追求至善的天地之性上。张载的这种做法不仅加固了宇宙秩序与社会秩序之间的联系，而且预示了人生的意义、价值和追求就是将宇宙秩序贯彻到社会和家庭秩序之中。

第三个层次是：“民吾同胞，物吾与也。”“乾父坤母”的宇宙背景和天地之性的先天本性规定了人与宇宙万物和人与人之间割舍不断的亲缘关系，致使以民为同胞、以物为朋友成为人先天而无法选择的行为追求和交往方式。张载认为，人与万物一于气，人在天地之中与万物“混然中处”，“得其秀而最灵”。人的这种特殊情况不仅决定了人与万物的亲密无间，而且决定了人有责任而且有能力处理好人与人、人与物的关系，把他人当作自己的兄弟姐妹和同胞，视万物为自己的亲密朋友和伙伴。至此，理论重心向人类社会倾斜。

第四个层次是：“大君者，吾父母宗子；其大臣，宗子之家相也。尊高年，所以长其长；慈孤弱，所以幼吾幼。圣其合德，贤其秀也。凡天下疲癃残疾，茕独鳏寡，皆吾兄弟之颠连而无告者也。”“乾父坤母”的宇宙背景和“民胞物与”的交往原则具体到人类社会和人与人之间的关系上便是彼此相爱、和睦相处，整个社会俨然一个洋溢着仁爱、充满着温馨的大家庭。在这个家庭中，每个成员都尊敬长辈、慈爱孤幼，同情、帮助身体有残疾或鳏寡孤独的人。在这个相亲相爱的大家庭中，君主是家中的长子，大臣是辅助长子、管理家业的“家相”，家庭成员理当服从他们的管理；在这个大家庭中，气质生来合于天地之性的是圣人，能变化气质而使之与天地之性一致的杰出者是贤人，他们应当得到尊重。总之，这个大家庭既弥漫温馨、充满仁爱，又上下有序、秩序井然，完美理想，令人梦寐以求。然而，这并不是问题的关键所在；问题的关键是，大家庭中的仁爱和秩序是以划分管理与被管理、被他人尊重与尊重他人的上下、尊卑界限来完成和实现的。这不仅论证了宗法等级制度的合理性，而且使上下、尊卑的残酷统治在不经意之中被隐藏在亲清之下，变得温情脉脉、随之天经地义起来。显然，这部分的重点是社会秩序，侧重社会秩序与家庭秩序的相互通约。通过将社会秩序家庭秩序化，张载不仅论证了宗法等级的合理性和合法性，而且使其变得容易接受和便于实行起来。

第五个层次是：“于时保之，子之翼也；乐且不忧，纯乎孝者也。违曰悖德，害仁曰贼；济恶者不才，其践形，唯肖者也。知化则善述其事，穷神则善继其志。不愧屋漏为无忝，存心养性为匪懈。恶旨酒，崇伯子之顾养；育英才，颍封人之锡类。不驰劳而底豫，舜其功也；无所逃而待烹，申生其恭也。体其受而归全者，参乎！勇于从而顺令者，伯奇也。”沿着社会秩序与家庭秩序可以通约的逻辑，张载将家庭的和谐视为社会（大家庭）和谐的落脚点，坚信社会和谐从家庭和谐做起。基于这一构想，为了建构人人相亲相爱、井然有序的理想境界，他把希望寄托于通过道德修养、塑造理想人格上。在此，张载援引申生宁被烹杀也不外逃、伯奇被父亲逐放就顺令而去等著名的历史事例示意，人们对父母无怨、无违地尽孝。推而广之，做人应该责已无怨，即使蒙受了不白之冤，也自认是命中注定的劫难而不是以牙还牙，报复对方。在他看来，以自己的委曲求全“使不仁者仁”才是真正的“爱人”。以这种“使不仁者仁”的爱人原则处理父子、君臣关系，便会无论父母、君主如何都要尽孝尽忠而绝对服从。在这里，基于将社会秩序家庭秩序化，张载将社会和谐归结为孝道的发扬光大。

第六个层次是：“富贵福泽，将厚吾之生也；贫贱忧戚，庸玉汝于成也。存，吾顺事；没，吾宁也。”在家尽孝、绝对服从父母，推而广之便绝对服从君上和等级名分，即安于自己在大家庭中的位置。这是确保家庭和谐而对每个成员的具体要求；更为重要的是，每个人只有安于在大家庭中的位置，才能找到自己的安身立命之所，实现自己的价值和使命。为了保障大家庭的和谐，也为了确保道德践履的高度自觉和积极主动，张载劝导人们树立豁达的人生观。在领悟了人的富贵贫贱皆由禀气而定、不可改变之后，贫贱者把困境看作是上天安排自己培养道德、磨炼意志的机会，虽苦无怨地安于自己的位置、听从命运的安排。在他看来，这不仅有利于大家庭的和谐、稳定，而且更为重要的是，如果人栖身于大家庭中而安于自己的位置就等于找到了最佳的安身立命之所，获得精神上的自由和道德上的满足，达到理想的人生境界：活着的时候顺天听命，心甘情愿地受苦受难；临死的时候内心宁静，无所怨恨。这便实现了人生的价值和意义，最终与“乾父坤母”的宇宙境界和“民胞物与”的天地境界合而为一。至此，家庭和谐定格为个人的内心和谐。在这里，张载从道德修养的角度让人安于自己在大家庭中的位置，根据自己的身份来处理与他人的关系。这是确保大家庭和谐的前提，也是大家庭中每位成员义不容辞的义务和责任。

可见，“民胞物与”说反映了张载试图通过提倡传统孝道把社会秩序说成是家庭秩序来整顿社会道德、稳定社会秩序的愿望。围绕着这一宗旨，《西铭》将社会秩序视为家庭秩序，整个论证由宇宙秩序到社会秩序，再到家庭秩序一脉相承，其中的第一、二层面侧重宇宙秩序，第三、四层面侧重社会秩序，第五、六层面侧重家庭秩序。在这个环环相扣、层层推进的逻辑结构中，先从宇宙秩序讲起，由宇宙秩序进而社会秩序和家庭秩序；前者是原则、蓝本，后者是贯彻、落实。在这六个方面的推进和论证中，贯穿其中的思维方式和逻辑框架是宇宙秩序、社会秩序与家庭秩序的相互通约。

《西铭》的理论根基——宇宙秩序、家庭秩序相互通约是理学家的共识，其中提倡的人人友爱、和睦相处，让社会充满温暖的亲情反映了多数理学家的共同愿望。正因为如此，《西铭》受到二程、朱熹等一批理学家的充分肯定和高度评价。程颢对《西铭》大加赞赏：“《订顽》一篇，意极完备，乃仁之体也。”（《二程集·河南程氏遗书卷2上》）此后，“程门专以《西铭》开示学者。”不仅如此，二程和朱熹都肯定张载的《西铭》深藏“理一分殊”之精旨，对之推崇备至。此后的陈亮、叶适和王夫之等人也对《西铭》赞不绝口。经由他们的宣传，《西铭》及“民胞物与”说的影响进一步扩大。

二、“天下一家，中国一人”说

《西铭》的中心思想是将社会秩序视为家庭秩序，在宇宙秩序、社会秩序与家庭秩序相互通约的前提下抒发了社会秩序家庭秩序化的理想和信念。从某种程度上可以说，众多人对《西铭》的赞扬恰好印证了将社会秩序视为家庭秩序是理学家的共识，或者说，宇宙秩序、社会秩序与家庭秩序的相互通约是他们和谐理念和建构的共同的思维方式和逻辑框架。

对于《西铭》的宇宙秩序、社会秩序和家庭秩序的相互通约，王守仁的"天下一家，中国一人"说以自己的方式作出了回应，与张载的"民胞物与"具有异曲同工之妙。"天下一家，中国一人"一语始见于《礼记·礼运》，但未作详论。对此作展开论述、并赋予这一命题以崭新内容的是王守仁。

王守仁认为，"天下一家，中国一人"是仁心发泄的结果，也是理想的社会秩序。在他看来，天地万物与我原本是一体的，因为对于人来说，"其心之仁本若是"。对此，王守仁论证说，在仁的支配、驱使下，人"见孺子入井而必有怵惕恻隐之心"，"见鸟兽之哀鸣觳觫而必有不忍之心"，甚至见"草木之摧折"、"瓦石之毁坏"也有"悯恤"、"顾惜"之心。这样，在仁的沟通下，人把仁爱之心撒向天地之间，与他人以至与鸟兽、草木、瓦石连为一体，达到与天地万物为一体的境界。王守仁认为，人们一旦达到"以天地万物为一体"，便能"视天下犹一家，中国犹一人焉。"（《王阳明全集卷26·大学问》）这就是说，"天下一家，中国一人"是人人具有的"其心之仁"发用、流行的结果。

进而言之，怎样才能通过仁者与天地万物为一体而实现"天下一家，中国一人"的理想呢？王守仁从正反两方面进行了论证：第一，在消极方面，他坚信，只要没有"私意间隔"，人人都可以达到天地万物与我一体的理想境界；只是小人"间形骸而分尔我者"，"自小之耳。"（同上）循着这个逻辑，为了臻于理想境界，人必须从事道德修养、克服"私意"。第二，在积极方面，王守仁提出了显露吾心之仁的观点，同时发挥了《大学》“明明德”和“亲民”等主张。他写道：“明明德者，立其天地万物一体之体也。亲民者，达其天地万物一体之用也。”（同上）按照王守仁的说法，彰明吾心之仁德（“明明德”）是“以天地万物为一体”的根本和实质，亲民是达到“以天地万物为一体”的手段和途径，二者合起来就是把吾心之仁德推广于天下。正因为如此，通过“明明德”和“亲民”，人可以成为推行吾心之仁的仁者；作为一个仁者，人会把吾心之仁推广于天下的每个人以至每一物，使一人一物无不沐浴在仁爱之下。在这个意义上，他断言：“仁者以天地万物为一体，使有一物失所，便是吾仁有未尽处。”（《王阳明全集卷1·传习录上》）毫无疑问，当天地万物无一所失地沐浴在仁爱之下时，天地万物与我一体的理想便真的实现了。

王守仁所讲的天地万物与我一体的仁之境界是一个爱的世界，更是一种人间秩序。对于这种理想境界，他多次展望说：

> 夫圣人之心，以天地万物为一体，其视天下之人，无外内远近，凡有血气，皆其昆弟赤子之亲，莫不欲安全而教养之。（《王阳明全集卷2·答顾东桥书》）
>
> 视民之饥溺犹己之饥溺，而一夫不获，若己推而纳诸沟中者。（《王阳明全集卷2·答聂文蔚》）

王守仁用仁爱之心编织的与天地万物为一体的境界始于世界秩序，这种秩序的最终实现是人与人建构的社会秩序。其实，植根于与天地万物为一体的“天下一家，中国一人”就是他为了挽救当时的社会危机开出的药方，也是他把社会秩序家庭秩序化的理论构想。

这套思想具有泛爱色彩，仁爱是贯穿始终的主线，是手段似乎也是目的。然而，在本质上，这套理论以维护上下、尊卑的宗法等级制度为出发点和目的地。与此相联系，王守仁一面鼓吹“万物一体”、“天下一家”和“中国一人”，一面强调“一体”、“一家”之中有厚薄之分。这使与天地万物为一体之仁爱成为一种等差之爱。请看下面这段记载：

> 问：“大人与物同体，如何《大学》又说个厚薄？”先生（指王守仁——引者注）曰：“惟是道理，自有厚薄。比如身是一体，把手足捍头目，岂是偏要薄手足，其道理合如此。禽兽与草木同是爱的，把草木去养禽兽，又忍得。人与禽兽同是爱的，宰禽兽以养亲，与供祭祀，燕宾客，心又忍得。至亲与路人同是爱的，如箪食豆羹，得则生、不得则死，不能两全，宁救至亲，不救路人，心又忍得？这是道理合该如此……《大学》所谓厚薄，是良知上自然的条理，不可逾越，此便谓之义；顺这个条理，便谓之礼；知此条理便谓之智；始终这个条理，便谓之信。”（《王阳明全集卷3·传习录下》）

在这里，王守仁不仅把人与万物、人与人之间的关系定位于洋溢着爱的“一体”、“一家”的秩序之中，而且着重强调“一体”、“一家”乃至“一身”之中的等级之分。在他看来，人与天地万物是一体的，然而，一体之中的条理使人对人类、禽兽与草木的爱显示出厚薄，进而分别对待：在“与万物同体”中——“人与禽兽同是爱的，宰禽兽以养亲，与供祭祀、燕宾客”；在“天下一家，中国一人”中，人与人都是被爱的对象，“一家”、“一人”之中的厚薄又使爱先由至亲后推及路人——“至亲与路人同是爱的，如箪食豆羹，得则生、不得则死，不能两全，宁救至亲，不救路人”。在此，王守仁强调，人在与天地万物为一体中，对天地万物分别对待，完全是自然而然、天经地义的，正如一身之中手足与头目同是爱的，遇到危难时自然“把手足捍头目”一样。这就是说，因为“一体”、“一家”之中的厚薄同样是天然合理、天经地义的，所以，“一体”之中，草木养禽兽，禽兽养人，小人养大人；“一家”之中，先至亲后路人；“一身”之中，手足捍卫头目。这种关系和位置不可颠倒或改变。如此一来，通过把人与禽兽、草木之间的宇宙秩序与人与人之间的社会秩序相提并论，并在此基础上将社会秩序说成是基于血缘关系的家庭秩序乃至生理秩序而是宗法等级秩序具有了天然性，王守仁论证了上下、尊卑的合理性，进而为宗法等级制度张目。

王守仁的“天下一家，中国一人”循着仁与天地万物为一体的思路，从宇宙秩序讲起，进而将社会秩序家庭秩序化。经过如此一番包装和处理之后，宗法等级社会中的上下尊卑、劳心劳力的关系都变成了家庭内部的分工，如同一身之中生理器官的自然分工一样与生俱来、天然如此。循着这个逻辑，人应该像“目不耻其无聪”、“足不耻其无执”（《王阳明全集卷2·答顾东桥书》）那样安于劳苦卑贱的地位。当然，统治阶级成员更应该安于自己已有的地位，不做非分的追求。基于这种考虑，在“拔本塞源论”中，他对理想社会的秩序进行了这样的安排：其才能高者，“出而各效其能”，“其才质之下者，则安其农工商贾之分，各勤其业。”在此，王守仁要求人皆“不以崇卑为轻重，劳逸为美恶”，特别是才质下者要“终身处于烦剧而不以为劳，安于卑琐而不以为贱。”（同上）至此可见，与所有理学家一样，王守仁宣传“天下一家，中国一人”，目的是让人把宗法等级制度视为天然合理的，从而心安理得地安于自己所处的社会地位，以保持宗法等级社会的和谐和安宁。他设想与天地万物为一体的途径就是建构宗法和谐的途径。例如，按照王守仁的分析，人之所以不安于自己的名分，是因为“间于有我之私，隔于物欲之蔽”的缘故；要摈弃非分之想，就必须“克其私，去其蔽，以复其心体之同然。”（同上）与此相联系，他提倡“拔本塞源”就是要拔去私欲之根，堵塞私欲之源，彻底去人欲，致良知，破心中贼。王守仁坚信，人一旦克私去蔽，“则自能公是非，同好恶，视人犹己，视国犹家。”（《王阳明全集卷2·答聂文蔚》）如果人人如此，到那时，“求天下无治不可得矣”。

三、宗法和谐建构的秘密

上述介绍显示，王守仁的“天下一家，中国一人”说与张载的“民胞物与”说具有惊人的相似之处，都在宇宙秩序与社会秩序、家庭秩序的相互通约中，神化社会秩序的天然合理、神圣有效。所不同的是，如果说张载的论述由宇宙本体——气一气呵成，由宇宙秩序向社会秩序、家庭秩序层层推进的话，那么，王守仁则把重心放在了人类社会，在论证中将社会秩序说成是家庭秩序甚至延伸为人的生理秩序。理论重心的转变使王守仁对社会秩序的关注更密切，与现实社会的宗法等级制度的联系也更直接。

另一方面，作为张载、王守仁进行宗法和谐建构的整体设计，“民胞物与”和“天下一家，中国一人”内涵着他们对和谐的理解和追求，不仅隐藏着相同的思维方式，而且流露出相同的价值取向。与此相联系，在两人的论述中，宗法等级秩序成为和谐的标本，维护宗法等级的上下、尊卑之序成为建构和谐的具体方式，甚至是和谐的价值所在。换言之，在张载、王守仁等理学家的视界中，和谐是宗法等级的和谐有序，宗法等级秩序不仅是和谐的标准，而且是价值本身。这就是说，尽管“民胞物与”说与“天下一家，中国一人”说植根不同的哲学理念，两者的思维方式却如出一辙，那就是将社会秩序家庭秩序化，为宗法等级制度披上温情脉脉的亲情面纱。进而言之，张载和王守仁之所以将社会秩序家庭秩序化，是因为二者之间可以通约。其实，对于包括张载和王守仁在内的理学家而言，不仅社会秩序与家庭秩序可以通约，而且社会秩序、家庭秩序与宇宙秩序之间同样可以通约。换言之，他们的和谐理念和建构秉承同一个秘密，即宇宙秩序、社会秩序与家庭秩序相互通约。正是出于对宇宙秩序、社会秩序与家庭秩序相互通约的心照不宣，张载和王守仁不约而同地一面把宇宙本体派生万物的过程说成是宇宙秩序社会秩序化、家庭秩序化的过程，一面将宗法社会的等级秩序说成是基于宇宙秩序的天经地义。在这方面，王守仁甚至以生理秩序的天然合理为宗法等级秩序的长幼尊卑进行辩护，致使三者的相互通约延伸到生理秩序。在宇宙秩序、社会秩序与家庭秩序相互通约的前提下，理学家们将宗法等级秩序说成是充满温情的家庭秩序，将不平等的森严等级说成是与天然的生理分工一样的与生俱来、自然而然，致使宗法社会中森严的统治关系成为家庭成员之间应有的血缘亲情关系。

进而言之，在理学家为宗法等级秩序辩护的过程中，宇宙秩序、社会秩序与家庭秩序的可通约性使三者之间呈现出三位一体的态势。在这个三位一体的逻辑结构和运行机制中，一方面，社会秩序、家庭秩序因为来源于宇宙秩序而拥有了正当性和神圣性，甚至成为一种无可辩驳的预定规则；另一方面，宇宙秩序贯彻到社会和家庭之中，转换为君臣父子和上下尊卑的宗法等级秩序。宇宙秩序、社会秩序与家庭秩序的三位一体指明了宗法和谐的建构之路，那就是宗法社会的和谐建构与宇宙秩序和家庭秩序息息相关：第一，社会和谐作为对宇宙秩序的贯彻，包括天人和谐，内容之一就是人与自然的和谐相处、天然一体；第二，社会和谐包括家庭和谐和个人的身心和谐，以每个人认定宗法等级秩序犹如生理秩序不可颠倒那样绝对服从为前提。

值得一提的是，在宇宙秩序、社会秩序与家庭秩序的相互通约及三位一体中，社会秩序得天独厚，占据中间位置，这种位置使其作为宇宙秩序与家庭秩序的中介举足轻重。更为重要的是，在宇宙秩序与家庭秩序的相互印证中，社会秩序的绝对权威性、天然合理性得以极度张扬和确证：如果说宇宙秩序带给它的是天经地义、万古永恒的绝对权威的话，那么，家庭秩序带给它的则是与生俱来、天然合理；前者侧重神圣性辩护，后者兼顾操作实施。可见，在宇宙秩序、社会秩序和家庭秩序的相互通约中，社会秩序成为最大的受益者，其合理性得以最大程度地彰显：第一，由于依托于宇宙秩序，社会秩序具有了名副其实的天经地义和宇宙法则的普遍意义。这是对社会秩序的大而化之。这种做法赋予社会秩序以形上意蕴，与宋明理学道德哲学与本体哲学合二为一的思维方式一脉相承。第二，等级制度转化为家庭秩序乃至生理秩序。这是对社会秩序的小而化之。这种做法使社会秩序家庭秩序化，乃至成为一身之中的生理秩序，绝好地展示了宋明时期加强对人的身心控制、道德教化生活化的时代特征。正是在对社会秩序或大而化之、或小而化之的相互印证中，作为社会秩序的宗法等级制度的权威性和合理性得到了充分辩护，也有了落脚点和笃行处。不仅如此，在社会秩序的大而化之中，规范社会秩序的“君为臣纲”与规范家庭秩序的“父为子纲”和“夫为妻纲”由于天理的庇护在某种程度上拥有了宇宙法则的意味；在家庭秩序的小而化之中，“君为臣纲”体现在“父为子纲”和“夫为妻纲”统辖的家庭秩序中，事上之忠从父子、夫妻关系做起，细化、落实在家庭的日常生活之中。至此，通过家庭秩序大而化之与小而化之的相互印证，忠、孝、节相互推演、互为表里。众所周知，中国传统道德的核心是三纲五常，三纲之间既有不同的侧重，又相互支撑，共同组成了一个有机系统。宇宙秩序、社会秩序、家庭秩序的相互通约打通了三纲之间的壁垒，淡化了“君为臣纲”与“父为子纲”和“夫为妻纲”之间的统辖权限，为宗法社会的和谐建构提供了可行性论证。正是宇宙秩序、社会秩序与家庭秩序的相互通约使理学家对宗法等级秩序的论证意境高远，措施缜密，既有恢宏之高度，又不乏精微之切实。

在为社会秩序辩护的过程中，理学家认定宇宙秩序与社会秩序、家庭秩序可以相互通约。其实，三者的相互通约不仅彰显了社会秩序的合理性，而且在实践操作上贯彻了本体哲学、人性哲学与道德哲学的三位一体；通过本体哲学—人性哲学—道德哲学的三位一体，他们为社会秩序的家庭秩序化找到了哲学依据。其实，“民胞物与”说和“天下一家，中国一人”说不仅秉持相同的宇宙秩序、家庭秩序、社会秩序相互通约的思想主旨，而且都是从本体哲学、人性哲学、道德哲学的三位一体中推导出来的。例如，正因为本体哲学、人性哲学与道德哲学是三位一体的，所以，张载说：“不闻性与天道而能制礼乐者末也。”（《正蒙·神化》）因为经典有言“夫子之言性与天道，不可得而闻也”（《论语·公冶长》），所以，张载的上述言论被视为离经叛道而遭到非议。其实，这句话恰好道出了张载本体哲学（天道）、人性哲学（性）与道德哲学（礼乐）三位一体的思维格局和价值旨趣。也正因为在他那里本体哲学、人性哲学与道德哲学是三位一体的，所以，离开了性和天道，礼乐便无从谈起。受制于这套思维方式和价值系统，张载的“民胞物与”说从“乾父坤母”的宇宙模式开始，以绝对服从之孝道告终。同样，王守仁的“天下一家，中国一人”说始于与天地万物为一体是“吾心之仁”的发用流行，终于仁之一体中的厚薄犹如一身之手足与头目的关系不可倒置。透过这些可以看出，理学家的本体哲学、人性哲学、道德哲学的三位一体是为人在现实的宗法社会中安排既定位置，以此确定每个人与生俱来的等级名分。为了表明这种安排既权威又公正，他们一面将之推为宇宙本体的造作，一面将之奉为行为准则。如果说前者的重点在等级名分源于宇宙秩序的话，那么，后者则重在呼吁按照等级名分的要求安身立命、处理各种事物。于是，便有了宇宙秩序、社会秩序与家庭秩序之间的相互通约，因为三者相互通约是本体哲学—人性哲学—道德哲学三位一体的现实版和通俗化，为其找到了切实的操作处。不仅如此，由于有了本体哲学—人性哲学—道德哲学的三位一体，便有了宇宙秩序、社会秩序与家庭秩序的一脉相承、环环相接。在这个意义上，本体哲学、人性哲学和道德哲学的三位一体与宇宙秩序、社会秩序和家庭秩序的相互通约，彼此作用、彼此映衬。

上述内容显示，儒家的和谐理念和道德诉求在宋明理学中臻于完备，集中表现在两个方面：第一，在理念上，天人合一的模式转换为本体哲学—人性哲学—道德哲学的三位一体。通过这个三位一体，理学家一面将和谐说成是宇宙本体的题中应有之意，一面通过道德践履把作为宇宙本体的和谐理念转化为宗法等级制度，进而落实到君臣父子之间，使人伦日用都贯穿着和谐理念。第二，在操作上，将天人合一和宗法社会的和谐建构具体化为社会秩序家庭秩序化，不仅以最切近、最通俗的形式贯彻着天人合一，践履着仁义道德，而且在家庭秩序出于血缘亲情，犹如生理秩序一般天然如此、不容颠倒中强化宗法等级制度的天经地义、万古永恒。正是在这两个方面的相互作用中，理学家将儒家的和谐理念发挥得淋漓尽致、无以复加，同时以最完美的形上方式道出了儒家所追求的和谐就是宗法社会的等级秩序。

焦竑的和会三教和复性之旨

——兼论中国文化的融释精神

张学智

焦竑是泰州之学的重要传人，他身处明代后期三教合一思潮甚为强劲之时，又得乃师耿定向融会儒佛思想的诱引，及泰州诸人平民讲学中融会儒释道之风的促进。他的学术思想，出入经史，囊括三教，而以儒家思想为归。在儒家中，又以义理为经，以文献与文章之学为纬；不废泰州修身立本之旨，又以儒家之广学通人为追求。他的思想，是泰州学派中精英一脉与当时学术思潮相融合的产物。

一、“道通为一”，儒释道三教为用

焦竑对儒释道三教之书广为涉猎，而以儒家为归，此点有取于乃师耿定向。耿定向主张以佛道之书融会、补充儒书，他尝说：“读佛书者视心迷悟何如耳。如心诚悟，无论精微者得我同然，即中诞妄者亦视若《易》之象、《诗》之兴，《庄》《列》之寓言，殆将求之语言之外矣。如心苟迷，岂独诞妄者不之信，即中精微者亦只取润四寸间耳。佛氏有言：‘心悟转《法华》，心迷《法华》转。’信哉其

言也。余素不佞佛，亦不辟佛，恃此心能转佛书耳。”[①] 耿定向并有《宗教译》、《心经译》、《维摩译》、《楞严译》、《法华译》、《坛经译》、《净土译》等融会儒释之文。焦竑对耿定向以上文章都有批注，[②] 对待佛道之宽容，融释异说之度量，又较乃师为宏。他尝为友人新刻《华严经》作序，在其中明白地道出他融通儒佛之意："圣人之教不同也，至于修道以复性，则一而已。古之博大真人澹然独与神明俱，与圣人洗心退藏于密而吉凶与民同患者，固不同也。况大慈氏梦幻其身，尘垢其心，倜然高举于天人之表，独示万世以妙湛元明，真如自性，与中国圣人之教，岂必其尽合哉！晚而读《华严》，乃知古圣人殊途同归，而向者之疑可涣然冰释已。何者?《华严》圆教，性无自性，无性而非法；法无异法，无法而非性。非吐弃世故，栖心无寄之谓也。故于有为界，见示无为；示无为法，不坏有为。此与夫洗心藏密而与民同患者，岂有异乎哉！……然则心佛众生，一法也；理智行门，一心也。譬之若大海然，其源无首，其流无尾，而世出世间，烦恼真谛，无不波澜于其间，即外道阐提、逆行魔说，求自异焉而不可得，此非所称大莫能载，小莫能破者，何以当之?……余以谓能读此经，然后知六经、《语》《孟》无非禅，尧舜周孔即为佛。可以破沉空之妄见，纠执相之谬心。上无萧衍之祸，下无王缙之惑。其为吾孔子地也，不益大乎！”[③] 这说明，焦竑早年主儒佛不同，中年以后，主儒佛殊途同归。并且认为，华严宗与儒家皆

① 耿定向：《耿天台先生文集》，明万历二十六年刘元卿刻本，卷十一，第9页。

② 见焦竑：《答耿师》，《澹园集》，第83页，中华书局，1999年。

③ 《刻大方广佛华严经序》，《澹园集》，第182页。

广大无边，二者都贯通形而上下，都修心历世；佛非仅虚无寂灭者，儒也非仅入世有为者。虽有不同之体相，就其根本处说，儒佛本无不同。二者相互为用，可补彼此之缺。他还说：“道一也，达者契之，众人宗之。在中国者曰孔孟老庄，其至自西域者曰释氏。由此推之，八荒之表，万古之上，莫不有先达者为之师，非止此数人而已。昧者见迹而不见道，往往瓜分之，而又株守之。我圣祖独禀全智，大阐儒风，而玄宗释部，并隶礼官，若无少轩轾焉者。尝疑而深求之，取其书而研味之。始也读《首楞严》，而意儒逊于佛；既读《阿含》，而意佛等于儒；最后读《华严》而悟，乃知无佛无儒，无小无大，能小能大，能佛能儒，而圣祖之为意渊哉广矣!”[①] 这是从华严性海无所不包、一味平等的眼光观一切法，知教异而道同。瓜分、株守者徒见其异，而具道眼者乃见其同。并对朱元璋开国之始即以同尊三教为国策的眼量极表赞佩。在焦竑眼里，儒家之道是十分广大的，它对中国的九流百家皆本海纳百川之量容受之、融化之，变为自己的有机成分。他在泛论中国经籍时引荀子之言对儒家的这种融通特质评论说：“荀卿氏有言，儒耕不如农夫，斫削不如工匠，贩货不如商贾，谭词荐撙不如惠施邓析。若夫商德而定次，量能而授官，使贤不肖皆得其位，能不能皆得其官，万物得其宜，事变得其应，四海一家，归命辐凑，盖九流皆其用也，岂与小道曲学仅仅自名者同乎哉!”[②] 对司马谈将儒家与他家平列，视为六家之一，并诟病“儒者博而寡要，劳而少功”十分不满。焦竑眼光宏阔，器识洞达，直击儒家所谓道，对局于见闻之形器，不达形上高明之域，

---

① 《赠吴礼部序》，《澹园集》，第 195 页。

② 《经籍志论·子部儒家》，《澹园集》，第 311 页。

以为儒者仅知入世，没有世外之智者，则斥为局促狭陋，他说：“世之与释氏辨者多矣，大抵病其寂灭虚无，毁形弃伦，而不可为天下国家也。夫道，一而已。以其无思无为谓之寂，以其不可睹闻谓之虚，以其无欲谓之静，以其知周万物而不过谓之觉，皆儒之妙理也。自儒学失传，往往束于形器见闻，而不知其陋。一闻语上者，顾以为异说而咻之。……故学者与其拒之，莫若其兼存之，节取所长而不蹈其敝。视之遏籴曲防，以封畛自域者，狭亦甚矣。”①

焦竑对道家也同样平等吸纳，对老庄学说中虚无之说，尤其赞赏，认为可补儒家学说之不足。对老庄之书，焦竑有一个始也入之，中而疑之，终而悟其与儒家旨归本同的历程，焦竑自述其习学《老子》之经历说：“余幼好刚使气，读《老子》如以耳食无异。年二十有三，闻师友之训，稍志于学，而苦其难入。有谈者以所谓‘昭昭灵灵’引之，忻然如有当也。反之于心，如马之有衔勒，而户之有枢也。参之近儒，而又有合也，自以为道在此也。顾数年以来，触途成窒，有窒必有疑；考古多乖，有乖必有反，盖未尝暂去于怀也。顷岁困衡既久，浸以成疴，偃息之余，俄有独寤。乃喟然叹曰：向也未尝不非意识，而或思离识以求寂；未尝不贵无心，而不知本心之自无；知慕清静，而不知无垢之非净；知有真我，而不知无物之非我。皆谈者有以误之也。”② 经困心衡虑之后，悟《老子》乃明道之书，其根本精神在致虚守静。致虚守静非如一般人所理解的灭有以趋无，相反，《老子》是“明有之无”也。其学不在灭绝一切，而在去粘化滞，他说：“《老子》非言无之无也，明有之无也。无之无

① 《经籍志论·子部释家》，《澹园集》，第312页。

② 《老子翼序》，《澹园集》，第137页。

者，是灭有以趋无者也，其名为輐断。有之无者，是即有以证无者也，其学为归根。夫苟物之各归其根也，虽芸芸并作，而卒不得命之曰有，此致虚守静之极也。盖学者知器而不知道，故《易》明器即道；见色而不见空，故释明色即空；得有而不得无，故《老》言有即无。诚知有之即无也，则为无为，事无事，而为与事举不足以碍之，斯又何弃绝之有？"[①] 这说明，焦竑是真正善读《老子》的人。他的《老子》，是儒者眼中的《老子》：是那些洞悉了沾滞于世间而不知出世间的儒者所具有的弊病，思欲救治者眼中的《老子》，是融合三教之精华于一身的儒者眼中的《老子》。

对待庄子也是这样。在焦竑看来，庄子及老子的其他徒属如列子、杨朱、亢仓子、关尹子皆老子之辅翼，皆为道的一个方面。其中庄子尤其卓荦，老之有庄，犹孔之有孟。老庄言无，正孔孟言有之补充，他说："孔孟非不言无也，无即寓于有。而孔孟也者，姑因世之所明者引之，所谓'下学而上达'也。彼老庄者生其时，见夫为孔孟之学者局于有，而达焉者之寡也，以为必通于无而后可以用孔孟之有。于焉取其略者而详之，以庶几乎助孔孟之所不及。彼礼乐仁义之云，孔孟既叮咛之也，而吾复取而赘之，则何为乎？此老庄之雅意，而非其创为高也。"[②] 故老庄之有与无，即儒家之道与器，儒家之形而上形而下（《易传》中语），即老子之观妙、观徼。其词虽异，其意固同。孔孟、老庄皆意在揭示事物之本相，人生之真实，两家正相辅为用。不知此意而哓哓辩争二者之同异，非通晓道一之旨者。

---

① 《老子翼序》，《澹园集》，第 136 页。

② 《庄子翼序》，《澹园集》，第 138 页。

焦竑对老庄道家取赞赏并以之辅翼儒家的态度，对道教之炼丹服食、黄白房中种种方术，则持严厉批评态度，认为是道家之异端，诞妄不经。对道教中修心养性的内容，他也视为道教的正脉而赞赏之。他尝为道书《盘山语录》作序，其中说："老子，古史官也，闻先圣之遗言，悯其废坠，著五千言以存之，古谓之道家。道也者，清虚而不毁万物，上古南面临民之术也，而岂异端者哉！古道不传，而世儒顾以老子为异，多诎其书而不讲，至为方士者所托。于是黄白、男女之说，皆以傅着之。盖学者之不幸，而亦道之辱也。近世七真者，始一意清静之说，摒弃有为以复还太上之旧，其功甚伟。……余少喜是书（指《盘山语录》），不必铅汞龙虎别安名目，与化金御女自堕旁门，孳孳然独治心养性之为务，此七真之正派也。夫方士言长生者，往往穿凿于性命之外，不知养性之即为长生；世儒言性命而斥养生，不知养其性者同乎天道而不亡。呜呼！得是编而读之，其皆能有瘳也夫！"① 认为道家学说本是先圣之遗言，是上古无为而治的哲学基础。后世仍有采用道家学说治国而大收成效的，如汉初用黄老之学为治国原则而天下大治。至汉武帝独尊儒术之后，道家不彰，其学遂主要为个人修身养性之学，后渐为方士所托。焦竑赞扬道家而贬斥方士之术，尤反对长生，反对黄白、房中之术，斥为左道旁门。认为养性即是长生，性命之说即是丹药。在总评道家经籍时他也重言申明此义："夫道以深为根，以约为纪，以虚寂静笃为至，故曰：虚者道之常，因者君之纲，此古圣人秉要执中而南面无为之术也，岂有几于长生哉！……昧者至弃本逐末，诞欺迂怪

---

① 《澹园集》第182页。

因而乘之，假托之书，弥以益众。”① 这里对道家学说所取的宏阔眼光，与上述对佛教的吸收与融会是一致的。

焦竑有如此之器识、如此之襟怀，故对佛家、道家持尊敬态度，对佛教尤其敬畏。对蝉蜕红尘的雅士高人，焦竑往往以佛道经籍中寄身世外、栖心虚寂者相比拟；对友朋中好佛道者之求题画赞诗者，亦不吝笔墨。② 更以佛道之理融释儒家著作，特别是对大众讲学中，为使听者易于接受，亦为能契合好佛道者之怀，焦竑多直接以佛道之理解说。其《古城答问》中载："李令君问：'学者喜言空，此佛语耳。孔门殆无此。'先生（焦竑）曰：'孔门专言空也。《大学》不正言修身正心之功，但言所以不修不正者，傲惰、忧患、哀矜、忿懥、好乐累之也。此等情累，胶胶扰扰，循环不穷。吾辈必于一物不立之先着眼，令空空洞洞之体了然现前。情累棼棼，自然无处安脚。身不期修而修，心不期正而正，何等简易直接。……吾心之理，种种具足，用之不尽。只为从前忿懥、好乐等无端遮蔽，群疑满腹，众累塞胸，应事临民，自成颠倒。若是此类悉空，胸中孝弟慈滚滚流出，不待安排，皆成妙用。'"③ 此以释家之空寂，比拟儒家之正心、去情累。"一物不立之先着眼"，即禅宗所谓"观父母未生时面目"。而心之遮蔽一去，胸中本有之孝悌慈自然流出，即禅宗之明心见性。此点在焦竑之讲学中俯拾即是。又如："陈生所献问'喜怒哀乐之未发谓之中'，先生曰：'程门自明道至延平，以此传为学脉。

---

① 《经籍志论·子部道家》，《澹园集》，第 312 页。

② 如《李龙眠画观世音菩萨三十二相赞》、《观世音菩萨三十二相赞》等，见《澹园集》，第 875、884 页。

③ 《澹园集》，第 730 页。

此处信得及，所谓但得本，莫愁末，何事不了！古人言：不思善，不思恶，恁么时是本来面目。即此意也。’问：‘生每日亦有不思善、不思恶时，如何?’先生曰：‘此本命元辰，能不失此，即谓之执中。余尝言：意、必、固、我既无之后，喜、怒、哀、乐未发之前，最当理会。’”① 此直接以佛理融会儒家之修养方法。“意必固成既无之后，喜怒哀乐未发之前”，即佛家所谓不思善、不思恶时，此时即本来面目，即空。此即儒家所谓正心。又如《易》之“君子黄中通理，正位居体”一语，焦竑亦用佛理解释：“此‘中’为‘正位’。人于昼而无思，夜而无梦时，最可体验。得此把柄入手，则超形越数，外无系而中得止，所谓‘思不出其位’也。”② 佛家之昼而无思，夜而无梦，即儒家之“中”、之“止”、之“思不出其位”。儒佛两家在修养心体的方法上本可以相通。

在讲学中，焦竑有时也用儒家之语解说佛语、佛理，《明德堂答问》载一友问：“‘无念而念，念而无念’，此何说也?”先生曰：“无念而念，业果宛然；念而无念，真性湛然。”此内典语也。非特内典，舜无为而治，禹行其所无事，即是此理。故曰“舜禹有天下而不与焉”。古之圣人皆以无为法，学者未窥此意，多于有处寻求，所以失之。故曰：但愿空诸所有，慎无实诸所无。③ 此解释中，儒家圣人即佛家得道之人，外典与内典可相互融释，其所归结，仍在一空字，一无字。而以此空字、无字去从事儒家之修养，则简易直接，不烦做手。如对《孟子》、《中庸》中的“诚者天之道，思诚者人之

---

① 《古城答问》，《澹园集》，第 735 页。

② 同上。

③ 《澹园集》，第 741 页。

道”一语，焦竑便完全以佛理解释；而思诚、择善固执这些儒家修养之基本功夫，此时则完全成了闲言语：“‘诚者天之道’，才着思勉，便不得。天道本诚，求其诚者而诚之，便是择善。善本无执，执而无执，便是固执。”①

焦竑之以佛释儒，以儒释佛，皆源于他的一个根本识度：三教道一教异，如果襟怀阔大，识见高明，本不必齗齗辩其同异，他在回答佛与儒何所分别时曾说：“道是吾自有之物，只烦宣尼与瞿昙道破耳，非圣人一道，佛又一道也。大抵为儒佛辨者，如童子与邻人之子各诧其家之月曰：尔月不如我之月也。不知家有尔我，天无二月。”② 观焦竑所说，儒佛所同者道，所异者教。此道，指人之心性；教，指政治、伦理、风习等外在的设施。故他对于佛道，主要是吸取其去粘化滞、心静无扰方面，其立身处世之大端，仍取儒家之态度。就这一方面说，他明白反对沉空守寂，不为世用：“问儒释同异，先生曰：‘内典所言心性之理，孔孟岂复有加。然其教自是异方之俗，决不可施于中国。苏子由有言：天下固无二道，而所以治人则异。君臣父子之间，不可一日无礼法。知礼法而不知道，世之俗儒，不足贵也。居山林，木食涧饮，而心存至道，虽为人天师可也，而以之治世则乱。儒者但当以《皇极经世》超数越形而反一无迹，何至甘为无用之学哉！’”③ 此虽引用苏辙之说，但实是焦竑的一贯主张：道同教异。这里焦竑强调的是教异一面，以彰显儒者之本怀，与借佛释儒之意。就焦竑个人说，他明白宣示，既不辟佛，也不佞

① 《澹园集》，第742页。
② 《明德堂答问》，《澹园集》，第745页。
③ 《古城答问》，《澹园集》，第738页。

佛。在被问及佛说与孔孟之说有否同处时，他明确回答：“佛言心性，与孔孟何异？其不同者教也。文中子有言：‘佛，圣人也。其教，西方之教也，中国则泥。轩车不可以适越，冠冕不可以之胡。古之道也。’古今论佛者，唯此为至当。今辟佛者欲尽废其理，佞佛者又兼取其迹，总是此中未透脱故耳。”[①] 对佞佛者，焦竑径视之为不足道；但历史上辟佛之人，特别是唐宋以来之辟佛者，多为大儒，或著名文人，如韩愈、欧阳修、周敦颐、二程、王阳明诸人，虽其目的不同，要皆倡言排佛。焦竑对此诸人，或批评为于儒理本无所得，或批评为不真知佛。[②] 对程颢辟佛之言，则直接批评说：“伯淳唯未究佛乘，故其掊击之言，率揣摩而不得其当。大似听讼者，两造未具，而臆决其是非，赃证未形，而悬拟其罪案，谁则服之！”[③] 认为如不真知佛，亦不能真知儒。他特别赞赏张商英“吾学佛而后知儒”之语，以为真能得儒佛一致、道同教异之理。

焦竑身处明代中后期三教合一思潮甚为强劲之时，又得乃师耿定向融会儒佛思想的诱引，及泰州学派平民讲学中融和儒释道三教之风的促进，故倡和会三教之旨。另一个方面，焦竑科场不利，中举较晚，故长期不离于学；而短暂之仕途不见光彩，又使得他不得不专志于学。数十年之手不释卷，研究探讨，数十年之广泛涉猎，学攻多门，造就了他宏阔之眼光，深湛之识度，融通之学力。焦竑在明代后期学界，领袖群伦，造成风气，以其精英学术与平民化时代相呼应，亦泰州学派结出之一大硕果。

---

① 《崇正堂答问》，《澹园集》，第 719 页。

② 前者见《澹园集》，第 719 页，后者见第 92 页。

③ 同上书，第 92 页。

二、焦竑儒学思想的其他方面

焦竑虽为泰州后学，又曾师承耿定向、罗近溪、王龙溪诸人，但他与专事讲学的近溪、龙溪大为不同，他只在晚年应邀赴讲会，一生大部分时间花在著述、编书上。他的讲学语录在全部著作中只占极小的部分。而且他入手即极重视经史，又八上公车，年过五十始高中巍科，故长期浸润于经史，不仅仅在语录中求理解证悟。焦竑又是当时文章大家，诸体皆工。求一言为序跋者，殆无虚日。一经他品题，便身价百倍。所以他的儒学，义理、经术兼综，礼法、心身并重，并文章技法，亦甚讲究，尝说从言之醇醨中学术、世道率可考见。故他非常重视经学，认为百学之祖，他尝说："经之于学，譬之法家之条例，医家之《难经》，字字皆法，言言皆理，有欲益损之而不能者。孔子以绝类离伦之圣，亦不能释经以言学，他可知已。汉世经术盛行而无当于身心，守陋保残，道以寖晦。近世谈玄课虚，争自为方，而徐考其行：我之所崇重，经所诎也；我之所简斥，经所与也。向道之谓何？而卒与遗经相剌谬。此如法不禀宪令，术不本轩、岐，而欲以臆决为工，岂不悖哉！"[①] 他所谓学，是传统学术之全部，其中经史子集兼有，而经为纲领。他特别重视经书立型范、树准则之义，以为经书彰显之价值，是华族立国之本；经书的文字风格，是各体文章之范型。经书既是身心之学的渊薮，也是经世之学的秘府。焦竑治学，首重经学。作为王门后学，在晚明特重义理之学的学术氛围中，此点尤为难得。

焦竑重视经学，也是对于当时学风偏弊的纠正。焦竑对晚明学

---

① 《邓潜谷先生经绎序》，《澹园集》，第759页。

风士风大为忧虑，他在明史局时，因得观历朝奏牍，从文字风格的比较中窥见各时代之学风：正德以前严核而朴实，嘉靖以来简洁而洞达，万历以来华美朴实两不可得，而狂放之风渐炽。他在讲学与书信中多次斥此种学行为无碍禅，说："柳子有言：'舍礼不可以言儒，舍戒不可以言佛。'盖己克矣，斯视听言动靡不中礼；心空矣，斯三千威仪、八万细行靡不具足。世之谈无碍禅者，则小人而无忌惮者耳，奚足与于此哉！"[①] 又说："仁、孝、敬、慈、信，是学者安顿至善处。悟后之人安身立命，得此归宿，方是好结果。近世一种谈无碍禅者，一知半解，自谓透脱，至其立身行己，一无可观，毕竟何益？此正小人而无忌惮者。"[②] 焦竑惩无忌惮者在经术、文学上的疏略，亦为纠正专意举业者只知四书、宋儒语录，不复知其他这种狭陋局面，欲恢复阔大、健实的学风，故提倡经书、宋人注疏与古文辞并重，广涉博究之治学规模，认为明代开国以来，古注疏与宋人之解并颁学宫，以示古今学术兼重，如以《书传会选》、《春秋本末》为科考之必读书目，即可见不专主一家之意。此后科举盛行，古学崩坏，士守一先生之言而不知其他，学风趋于实利而愈益狭陋。焦竑为纠正此种局面，一生选编、辑刻了多种文献资料汇编类书籍，其最著者为《中原文献》一书。此书经集六卷，史集六卷，子集七卷，文集四卷，末附《通考》一卷。又自为《中原文献自序》以表其编纂旨意，其中说："不佞用是忘其卑鄙，仿前修之卓识，采群言之菁华，芟芜秽，增遗阙，统目之曰《中原文献》，上自羲轩，下迄昭代，贤哲邈焉，典籍具存。是录也，以镜理道则经籍灏，以炳治

① 《答耿师》，《澹园集》，第 85 页。

② 《古城答问》，《澹园集》，第 736 页。

乱则国史瀓；以综奇诡、淹变幻，则瀓诸子；以餐秀藻、鉴体裁、博知见，则瀓秦汉以来诸文；以验灾祥、稽幅帧，内谙诸夏运道，外习四夷边备，则瀓《通考》。譬历五都市，周彝汉鼎、和璧南金，色色珍异，睹精而粗举，睹指归而销屑气。高士靡多岐之惑，卑流鲜管窥之陋；总众论为一口，瞩千载如一时。庶几哉艺林之嚆矢，制科之前茅乎！”① 此书虽不无便利科举之想，但实有树一代学术规模，纠一时学术风习，立一世学术型范的意图。而从书名看，亦有以中原文献之学的传承者、担荷者自命之意。而他的《国朝献征录》、《国史经籍志》之作，亦此学术宗旨之实践。总的目的，是“摆脱浮华，洞见真实，综括经旨，浸渍圣奥”。② 其为一代学术虑不可不谓远矣。

焦竑自己的哲学思想，则继承泰州家风，首以格物知本为宗。他于《大学》，信用古本，不重朱熹补格物传，主张“以《大学》解《大学》”，认为石经《大学》在“致知在格物”一句下紧跟“物有本末，事有终始，知所先后，则近道矣”一句，可知后句是前句的解释。故古来“格物”一词的解释虽多，而以王艮所创之“淮南格物”最为谛当。物即“物有本末”之物，知所先后即“格物”。焦竑并举李善注《文选》之《运命论》引《仓颉篇》：“格，量度之也”，证明格即絜度之义，格物即絜度物而后知所先后，③ 以证泰州格物之说远有其本。他认为此种解释可以纠治猖狂自恣者使返之实地：“心斋先

① 《澹园集》，第 1207 页。

② 语见《续刻两苏经解序》，《澹园集》，第 791 页。

③ 焦竑此说为现代哲学家张岱年所本，见《中国哲学大纲》补遗，《张岱年全集》第二卷，第 634 页，河北人民出版社，1996 年。

生以修身为格物，故其学独重立本。是时谈良知，间有猖狂自恣者。得此一提掇，为功甚大。故阳明门人，先生最得力。其后徐波石、赵大洲、罗近溪、杨复所诸公，皆自此出，至今流播海内，火传而无尽。盖其人不由文字，超悟于鱼盐之中，可谓旷代之伟人。”[①] 焦竑一生奉心学为正，对王艮、王阳明尤称道不置，对程颐朱熹之学则明确表示反对，他在给友人的信中说：“宋儒如周元公、程伯子、邵尧夫、陆子静诸公，皆于道有得，仆所深服。至伊川、晦庵之学，不从性中悟入，而以依仿形似为工，则未得孔孟为之依归故耳。藉令学者不知学之宗趋，而以此为法，窃恐其入于乡愿而不自知也。”[②] 焦竑反对者，为程颐、朱熹以格物穷理为入手而后豁然贯通的悟道方法，认为此法以泛观博览为先而不直接在自己心性上着力，有导致孔孟所斥之乡愿之虞。认为程颐、朱熹未为孔孟之正宗，孔孟正宗是周、张、邵、大程与陆王。对王阳明尤为钦佩，他有《国朝从祀四先生要语序》，其中说：“汉、唐、宋以来，学术有明若晦，而莫盛于国朝。河东薛先生寔始倡之，虽学主复性，而倡于久晦之余，其说犹郁而未畅。至白沙、阳明两先生，横发直指，孔孟之宗豁然若揭日月而行诸天，弗可尚已。不察者犹病其言静也邻于寂，言知也疑于偏，则未深考于孔孟之学故也。”[③] 对白沙、阳明学说赞扬备至。此说或为刘宗周、黄宗羲师弟“有明之学，白沙开其端，至阳明而后大”之断语所本。他的《刻传习录序》说：“国朝理学开于阳明先生，当时法席盛行海内，谈学者无不禀为楷模，至今称有闻者，

① 《明德堂答问》，《澹园集》，第 746 页。
② 《答钱侍御》，《澹园集》，第 84 页。
③ 《澹园集》，第 131 页。

皆其支裔也。”[①]《阳明先生祠堂记》也说：“孔孟之学至近世而大明，如日之中天，非无目者未尝不知而仰之，则阳明先生力也。先生自谓其学凡数变，盖从万死一生中得之，是岂可以易易言哉！今先生之说盛行于世，而尸祝之者几遍宇内。”[②] 认为有明之学，其大宗为心学，而明代心学思潮，阳明开其端。阳明弟子半天下，蔚起莫大之声光，阳明创始之功最伟。但焦竑对阳明弟子中偏离阳明宗旨之风，则甚为忧虑；对种种学弊之纠治，则重在提倡实致其力，勿以学术为争名挟胜之具，他说：“先生既没，传者渐失其真。或以知解自多，而实际未诣；或以放旷自恣，而检柙不修；或以良知为未尽，而言寂言修，画蛇添足。呜呼！未实致其力，而藉为争名挟胜之资者，比比皆是！今《传习录》具在，学者试虚心读之，于今之学者为异为同，居可见矣。”[③] 此中指斥者，阳明各派弟子皆有，泰州之颜山农、何心隐，江右之聂双江、罗念庵首当其冲。这与上述他崇实修、黜虚见，尚广大、斥孤陋，倡经史子集兼习而把握其关键，贬夸多斗富而泛滥无归是一致的。

焦竑所主张者为知性复性之修养方法。此法贯穿他一生之学行，故前后讲学语录与文章书信中说之甚多。此说首先得之乃师耿定向，而后为从读儒佛之书中自悟自得。焦竑尝自言：“向来论学，都无头脑，吾师耿先生至金陵，首倡识仁之宗。其时参求讨论，皆于仁上用力。久之，领会者渐多。吾辈至今稍知向方者，皆吾师之功也。”[④]

---

① 《澹园集》，第 132 页。

② 《澹园集》，第 844 页。

③ 《刻传习录序》，《澹园集》，第 132 页。

④ 《崇正堂答问》，《澹园集》，第 711 页。

此仁字，以“公”言，以“生意”言，以“觉”言，焦竑皆不许，以为当以“性”言。故识仁即知性，知性复性是为学之首务。他有《原学》一文，专论复性为宗。此文开宗明义即说：“夫学何为者也？所以复其性也。人之为性，无舜跖，无古今，一也。而奚事乎学以复之也？曰：性自明也，自足也，而不学则不能有诸已。故明也而妄以为昏也，足也而妄以为歉也，于是美恶横生而情见立焉，情立而性真始牿。故性不能以无情，情不能以无妄，妄不能以无学。学也者，冥其妄以归于无妄者也。无妄而性斯复矣。”[①] 此文为早年之作，故知复性宗旨焦竑确立其早。其说大旨与唐李翱之复性说无异。李翱当时，即有以禅学讥之者，而焦竑此说，实受禅宗影响甚大。故《四库总目提要》亦讥焦竑“耽于禅学”。[②]

焦竑所强调者，一是性为本有，二是学以复性。二说皆是孟子、象山、阳明之不二法门。他说：“今人劳劳攘攘，似件件都欠缺的一般，岂知性中无所不有。所以孟子说：‘万物皆备于我。’我实备之，我不能受用，却逐逐然向外寻求，此所谓‘抛却自家无尽藏，沿门持钵效贫儿’也。果能回光反照，瞥地一下，见得现现成成，原无亏欠，是大小快活。”[③] 既然性为本有，不劳外求，则功夫全在祛除性之遮蔽上。此意亦多来自禅宗之明心见性，与他上述以空寂之旨融释儒佛者一致，或可说，他的空寂之旨是为复性说服务的。他在解释《复》卦之义时亦极言此旨：“问‘复其见天地之心’，先生（指焦竑）曰：‘《易》言剥复，不剥焉能复？今人情欲意见牵缠不

---

① 《澹园集》，第 18 页。

② 见《钦定四库全书总目》，第 2702 页，中华书局 1999.

③ 《明德堂答问》，《澹园集》，第 744 页。

休，何以复性？……可剥的尽力剥去，只到不可剥处，真实自见。'"① 如何识此情欲，如何剥去之？焦竑多言学中得而少言静中修，这是他作为一个儒者和一个极为博学的学者而非佛门中人的回答，他说："学求复性而已矣。颜子之学，复性之学也。顾仰钻瞻忽，功力莫厝，虽贤智者有望洋之叹焉。……后世学失其宗，高虚者遗下，而不知无器之非道；卑陋者侪俗，而不知有上之可语。敝也久矣。近者白沙、阳明两先生奋兴，先圣之绝学，晦而复著，闻者豁然，如披云雾而睹青天也。自余诸君子，研味于典坟，磨砻于行谊，虽悟入不同，而断断乎志于复性，有不可诬者。"② 又说："余谓学非他，以还其良心之谓也。后世论学非不工，名誉非不盛，而心之柄失，则偏党诐淫以市于世，至尽丧其常而不顾。……诚自信其心，不以害惕利疢为秋毫顾虑，虚圆不测之神以宰制万有可也。而非笃于道者孰能之？君子所以贵夫学也。"③ 谓学必以知性、复性为先，而《大学》之博学、审问、慎思、明辨、笃行，则知性之方便法门。《论语》之博文约礼、博学反约，博皆学之事，约皆知性复性事。学是功夫，复性是目的，两者缺一不可，而知性复性是纲领，是归宿。此为焦竑学以复性之大旨。

焦竑在耿定向之后，沿淮南格物之修身立本说，倡复性之旨，而又提倡学以知性、复性，使心斋以来泰州之学，立于牢固的学问基础之上。对阳明弟子、泰州后学中放弃实在的学修功夫，直造所谓高明之域者，实有规箴之意。他对于释道两家的融释，是充实学

---

① 《古城答问》，《澹园集》，第 733 页。

② 《国朝理学名公祠记》，《澹园集》，第 826 页。

③ 《天目书院记》，《澹园集》，第 832 页。

养，扩大规模，提升格范的资借，这是他对阳明、心斋、罗近溪、耿定向以来和会三教思想的自觉继承。也可以看作他对明代中后期三教融合趋势的顺应。他的学术，经史兼修，博约并重，是泰州门下精英文化的典型。他的学术面貌，可以说是明代后期王学与其他学术派别、学术类型相融合、相谐调的产物。

附论：中国文化的融释精神

对中华民族的民族精神进行探求，是近年学术界的一个热点。而民族精神是颇难定义的。大体说来，民族精神是指一个民族在长期的发展传衍中形成的独特的气质、个性、心理倾向等的总和。一个民族的气质、个性、心理倾向等表现在该民族的文化的各个方面，并以之与其他民族区别开来。中华民族精神有许多方面，它在思维方法上的一个重要特点，就是由重视意象而非重视逻辑带来的诗性的、类比性的思想方式及由此而有的在概念运用上的融释精神。

相比世界上其他大的文化系统，如西方文化和印度文化，中国哲学中逻辑学和知识论不发达，这在比较文化中逐渐成了压倒性的看法。前辈和时贤在这方面论述极多。笔者也同意这一看法。这里要强调的是，诗的、类比的、象征的思维方式必然走向概念上的融释。中国哲学并非不用概念性思维，但中国哲学中的概念大多是浑融的、直觉的、具有流动性特点和可以表象其内容的。它不是坐实的，不是与它指称的内容一一对应的，不是清晰明了不容附加的。融释是人类思维的共有性质，但以使用方块汉字、以字为主灵活造词，长于意象性铺陈的汉语融释性最为突出，这使中国哲学概念及哲学文献呈现出文约义丰，机动灵活，意味深长、含蓄隽永等特点，也使整个中国文化呈现长于艺术、宗教而实证精神较弱的形态。概念的浑融性及对它的长期使用形成的浑融的思维倾向，使得融通成了中华文化在思维上的突出特征。这个特征对中国的文学艺术创造、审美情趣、哲学与宗教的表达或接受的方式产生了很大影响。

这些特性给人们在对对象的描述上运用“一言以蔽之”留下了空间。“一言以蔽之”的思维方式最适合单刀直入、迅速把握本质、把握要领，最适合倾向把事物轮廓化、简单化、质直化的下层文化程度的人接受。比如泰州后学陶匠韩贞，每遇会讲中有人对儒家经典寻章摘句，搬取前人观点互相辩论文字、义理异同，则大声呵斥：这里不是学究讲肆，不容如此根据原典精究细问，[①] 他提倡的是直切自己身心性命的解说。这种解说一般来说是比较宽泛和诠释性的。这类宽泛的、类比性的解说将轮廓化、质直化过程中被缩减掉、被压榨掉的内容以它的类比物、象征物等重新添加了进来。经过这样的诠释步骤之后，概念的前后解释其差别非止丈尺。中国哲学所用的概念、范畴多取自老庄、四书、《周易》，但每一位思想家赋予这些概念的含义多不相同。这使得思想家不用另创概念术语便可以通过注解普遍使用的共通文献表达自己的独特观点。这就形成了中国文化中源远流长的经典注释传统。区别不同注释作品的，主要是解经体例的不同及对经典中主干概念解释上的不同。优秀的注经作品往往带来学术风气、学术思潮的决定性变革。

明代学术，理学为其大端，而理学的根本精神在阐扬价值。传统意义上的经学在明代最为凋敝。另外，明代三教合一的趋势十分

① 见《明儒学案·泰州学案一》。

强劲，书院讲会极其发达，明代中后期的四大高僧，道教的张宇初、张三丰、著名道书《性命圭指》，及中国伊斯兰学者王岱舆等人的著作中，无不渗透着强烈的与儒家调和的精神。明代善书、宝卷十分流行，这些作品中对儒释道的兼用杂取，及民间讲会的多样性、随机性特点，都为融通儒释道三教提供了前所未有的合适土壤。焦竑思想和学术鲜明地体现了这一特点，因此，焦竑“不仅是提供了明代的新儒学，而且提供了整个的中国哲学传统。”①

---

① 钱新祖语，见余英时：《重访焦竑的思想世界》（书评），载氏著：《人文与理性的中国》，第69页，上海古籍出版社，2007年。

和谐社会思想之研究

贵州师范大学　余怀彦

和谐社会的思想，在中西方都很古老，但又有很大不同，在中国文化中有着特别重要的地位。如果我们加以科学的审视，也许会发现对我们现在构建和谐社会很有价值的东西。

一、和谐社会思想在中国

和谐社会的思想可以推溯到中华民族十分遥远的古代。

3000 多年前，德高望重的周公，周朝的创始者和奠基人之一，在对年青国王的告诫中就提出："肆王惟德用，和怿先后迷民"。(1) 你们的父辈推翻了腐败专制的殷朝，从上天那里接受了政权，传给了你们，你们应当用仁爱的方法对待所有的人。不仅要爱护自己人，也要爱护前朝的官吏和遗民，对于前朝的各级官吏，要普遍表示尊敬和慰劳，对于曾经反对过我们并和我们作过战的顽固派，或者犯有一般错误和罪行的人，都要宽恕，告诉他们："予罔厉杀人。"除了罪大恶极者，决不会杀掉任何一个人。对于普通老百姓，要"无胥戕，无胥虐，至于敬寡，至于属妇，合由以容。”① 翻成现代语言，就是要劝告人民，再也不要互相虐待，互相残杀了，对无依无靠的老人要尊敬，对微贱的妇人也要爱护。只要你们这样做了，全国的人民，无论原来是周国还是商国的，都能安居乐业，都能心悦诚服地拥护我们，你们就能在父辈所搭建的木架上，建成一个美好的大厦。显然，弱小的周国能够战胜强大的商国，成为中国历史上寿命最长的王朝，和他们这种比较宽容的思想是有关的。当然，我们还可以补充一句，由于当时社会气氛比较宽松，各种思想都允许存在，才在春秋战国时期出现了孔子、老子、墨子、孟子、荀子、庄子、韩非子等一大批杰出人物，出现了中国历史上群星灿烂、百家争鸣的时代。

中国人的和谐社会思想，可以说是极其广泛的，无所不在的。它主要不是由法律的形式加以固定，而是借情感的纽带联系在一起。它不仅是一种对现实关系的期许，更是一种道德的诉求。它包含了家庭和谐、社区和谐、经济和谐、政治和谐……甚至还包含了人与自然的和谐。

中国人特别重视家庭的和谐，把它看成是社会和谐的基础。人们常说“家和万事兴”。他们理想的家庭关系是：尊老爱幼、父慈子孝，夫唱妻随，兄爱弟悌，妯娌和睦，成员之间密不可分，每个成员对其他成员都要无限关爱，都愿为其他成员作出牺牲，以在家庭的其他成员的生存和发展中看到自己的影子为荣。不言而喻，在中国古往今来的家庭中都可以找到无数生动的事例，平凡的人一次又

---

① (1)，(2)《尚书·梓材》。

一次创造出爱的奇迹，当然这种十分亲密的关系有时也会制造出令人心痛的悲剧。

中国人也重视朋友的和谐，向有“士为知己者死”，“四海之内皆兄弟”之说。中国人认为，使朋友和谐的最重要之道是：诚信。曾子曰：“吾日三省吾身，为人谋而不忠乎？与朋友交而不信乎？”又说：“朋友不信，则交易绝。”

中国人也很注意邻里和谐和社区和谐，常说：“远亲不如近邻”。邻里间往来密切，一人有难，八方支援，主张互相谦让，卑己尊人，多为别人着想。安徽一个县城有个六尺巷的真实故事，讲的是两邻居争屋基地，吵得面红耳赤。一邻居的儿子在京城做大官，父母写信给他，要求他通过官府迫使对方退让。但他儿子不仅拒绝，反而回信批评父母，并要他们主动退让 3 尺。邻居大出意外，深受感动，也主动退让 3 尺，于是留下了一条宽大的巷子，至今传为美谈。

中国人看重经济和谐。他们没有西方中世纪的那种强烈的等级和尊卑的观念，根据儒家的仁爱思想，要爱人若己，“掌柜的”要善待“伙计”和“管家”，“伙计”和“管家”要尊重“掌柜的”，他们以家庭成员相称，以形成有福同享，有难同当，亲如一家的关系。中国人认定，天无遗物，世无没用之人。有的人力能扛鼎，有的人手无缚鸡之力；有的人口若悬河，有的人却木讷无言；还有眼瞎的，脚瘸的，都可以合理使用，无论才能大小，都要用起来，而且用得其所，“人才小大毕举”，范蠡就说过：“善治生者，能择人而任时”。中国人看不起那种坑蒙拐骗，搞“一锤子买卖”的人，主张视顾客为“衣食父母”，重合同，守信用，以诚信和质量取胜。保留至今的有千年历史的浙江杭州胡庆余堂，不管生意如何好，不管原料价格如何上涨，始终坚持真材实料，老板胡雪岩亲书“戒欺”二字于壁上："莫谓人不见，须知天理昭彰，近报己身，远报儿孙，可不敬乎！"在中国历史上，许多大商富贾，都体现了儒家的"君子爱财，取之有道"和"不义而富且贵，于我如浮云"的经营理念。如中国清初的商人汪拱乾，看见一些穷人向他家借的债多年都还不起，也一直没有偿还能力，于是就和家人商量，将多年的借据翻出来，召来欠债人当面焚毁，群众都感激他，向他顶礼膜拜。

中国儒家经商，讲求"天时地利人和"。

天时者，就是看是否有市场，特别是潜在的巨大市场。

地利者，就是指这个地方能否形成最优化的产供销的关系，各种产业间是否能协调发展。

人和者，就是指有没有良好的软环境，特别是有没有政府和社会各界的有力支持。中国人的观念是：天时不如地利，地利不如人和。

中国儒家还告诉商人们，"独富独贵，君子之耻"。富贵了，一定要不忘报效国家，回馈社会，"济世惠民"，"乐善好施"。中国战国时代的范蠡，致富后，三次散尽家财，贡献国家，救济穷人，司马迁在《史记》中赞扬他是"富好行其德也"，人们尊称他为"陶朱公"，成为中国历代许多商人学习的榜样。

中国人一直梦想着有政治的和谐。

中国人总希望有一个十分关爱臣民、全心全意为人民服务的英明君主，他发出的指示，他规划的蓝图，都是为了民众社稷的，那样臣民对他的服从和拥戴，就不是强迫或勉强的，而是发自内心、自觉自愿的，于是忠君就和报国联系在了一起，君王有德，臣民有义。在原始儒家看来，要使国家的政治和谐，君王和臣民的关系必须是同辈的兄弟关系，或师友关系，而不是主人和牲畜，农夫和野草的关系。孟子说："君之视臣如手足，则臣视君为腹心；君之视臣为犬马，则臣视君如国人；君之视臣如草芥，则臣视君如寇仇。"

其次，为了创造政治的和谐，中国人还认为，各级官员应当是清廉的，公私分明的，以身作则的，"有诸己而后求诸人"，像汉朝的董宣那样，位居宰相，死后人们才发现，他没有给自己治任何产业，家里也没有任何值钱的东西，连一付像样的棺材都买不起；像宋朝的包拯那样，在端州（肇庆）为官三年，升迁时，不准自己带走任何礼物，连开船后发现有人塞在行李中一方端砚，也要丢入河中，即便后来官居要职，操生杀大权，死后留下的也只有 20 亩薄田，让后代仅可以维持生计。《商君书》说："公私之分明，则小人不嫉贤，而不肖者不妒功"。

同时，还要求官员应当是公正的，不公正就破坏了秩序的和谐。如果人人都排队，排的时间长一点，人们也不会有太多怨言；如果有一个人走后门，就会有千百人跟着走后门，天下就会大乱。"昔圣王之治天下也，必先公，公则天下平矣！"[①]

如果官员都能做到清廉而公平，自然就会政通人和，官商不再勾结为非作歹，棘手的社会冲突都会迎刃而解，孔子就说过："其身正，不令而行；其身不正，虽令不从。"[②]

中国人还提出了实现政治和谐及整个社会和谐的几条最根本的原则：

（一）"和而不同"

在一个社会中，有不同的思想和观点是难免的。小人不能容纳

---

① 《吕氏春秋·贵公》。
② 《论语·子路》。

不同的思想和观点，而君子则能彼此互相尊重。海纳百川，有容乃大。只要是不危害社会的思想和观点，都应当允许它们存在。

（二）"己所不欲，勿施于人"

"己欲立而立人，己欲达而达人。"

自己不想要的，也不应当施之于别人；自己想要的，也希望别人能得到。例如，我们每个人都想得到别人的帮助和关爱，我们在别人有困难时也要给别人援助和关爱；我们每个人都憎恨那些对弱者冷若冰霜，见危不救，甚至落井下石的人，我们自己就不应当做这样的人。只有设身处地为别人着想，特别是为弱势群体着想，改善他们的处境，社会才会达到和谐。

从宏观上说，中国人对自然的看法是和西方人一样理性的，他们很早就懂得："天行有常，不为尧存，不为桀亡。"但从具象说，他们和西方人把自然当作自己的征服对象不同，他们更愿意把自己当作自然的一部分，或者反过来把自然当作自己的一部分，把自然看成同样是有情感和有灵气的，必须用仁爱的方式去对待它。因此他们一直认为，人与自然的关系是同胞关系，"民吾同胞，物吾与也。"天地万物如唇齿相依，即使它（他）们不得不向别物索取，也必须取之有时，用之不费："不违农时，谷不可胜食也；数罟不入洿池，鱼鳖不可胜食也；斧斤以时入山林，材木不可胜用也。"①

他们不赞成和自然对抗，去征服自然，而是主张顺应自然，依其道而行。他们说自然之道和人道是一致的，"万物并育而不相害，道并行而不相悖。"②

---

① 《孟子·梁惠王》。

② 《中庸》。

可以说，中国文化中丰富的社会和谐思想和强烈的和谐诉求，为和谐社会的建构提供了富有原创性的养料和强大的民意支持。但中国宗法性的专制体制却破坏了构建和谐社会的道德基础。一方面，它的不受制约和外部监督的唯我独尊的权力体系，必然不断滋养出许多高踞于人民头上的贪腐的特权集团，就像传说中有九个头的怪兽一样，砍掉一个，另一个很快就会生长出来。使董宣、包拯这样的官员只能是极少数和个别，使社会正义和平等，只可能出现在个别案例中，而不可能普遍实现。另一方面，它不能包容反对的甚至不同的声音，掌权者必然要凭借手中的权力，特别是专政工具，对一切异己者进行残酷斗争和无情打击，制造出许多似是而非的冤假错案，使人与人的关系变得格外紧张，损害建构和谐社会的基本要素。因此，中国人已经做了几千年和谐社会的梦，但却未见它的身影，无论是文景之治、贞观之治，还是康乾盛世，都离和谐社会的标准相去甚远。

二、和谐社会思想在西方

我们谈到中国的和谐思想，有必要把它和西方的和谐思想作一个比较。而谈到西方的和谐思想，我们首先便会想到柏拉图。

柏拉图（公元前 427—347 年），出生于雅典的贵族家庭，是苏格拉底的学生，深受这位老师思想和人格魅力的影响。

他所处的时代，是雅典的民主制时期，也是古希腊的自然科学开始起步的时期。

这一时候的民主制，受到许多人的支持和赞扬，但在柏拉图看来，它既不公平，也不和谐。每个公民都有选举权和罢免权，他们可以自由发表意见，各行其是，但是实际上却是一大群头脑发热的人被一小撮结党营私的腐败分子所操纵，干的是毫无正义和道德可言的事。一些关心国家命运，对人民有贡献的人，都被他们罗织罪名逮捕或公开审判，有些被处死，苏格拉底就是其中之一。因此，柏拉图认为，和谐社会既不应当是暴君制，也不应当是民主制，而是由一群有理性的人，或者说，是由一些哲学家来统治的，社会的各个阶层，都各安其位，分工合作，尽忠职守。

作为执政者的哲学家们，他们应当是没有个人生活的，一心为公的。而武士则应当负责保卫国家，他们的德性是勇敢。以上两部分人，他们的生活品由国家供给，他们不能也不应当追求财富，只能过着简朴的生活。

商人和其他劳动者，他们提供国家和社会所需要的产品，可以追求金钱，但必须取之有道，他们的德性是节制。

柏拉图认为，只有这样的社会结构才是符合正义的，而“正义就是和谐。”

除了社会和谐以外，柏拉图也谈到了自然的和谐。但他是指，自然同样应当符合理性的结构。他借苏格拉底的口说：“我听见很高兴，我希望我已经寻到了一位教师，他将昭示我以‘自然’同‘理性’的和谐一致。”

古希腊罗马时期以后的西方中世纪，社会长期淹没在宗教和教会的统治之中。宗教的思想家们，当然也许诺人们要建立一个和谐的社会。

他们认为，上帝获得了广泛的信仰，他体现的是一种爱的精神。上帝爱世人，并派他的儿子耶稣来救赎他们，耶稣为此献出了自己的生命。这种精神可以构成和谐社会的一种基础和榜样。同时，世上的一切，都是由那至高无上的上帝所创造的，上帝创造了太阳管白天，上帝创造了月亮管黑夜，上帝创造了各种各样的动植物，又按照自己的形象创造了人来管理它们，这种链条式的关系也应当是美好和谐的。

但这种精神在付诸实践时很快就被破坏了。因为基督教，像它所反对的伊斯兰教一样，都是具有强烈的排他性的。它只爱信仰它的人，而不爱不信仰它，甚至反对信仰它的人。另外，它要求信仰他的人，一定要按照《圣经》上的具体规定，不折不扣地去做，而不要去问为什么。如不得伺奉父母，不得堕胎，等等。对于敢于和它对抗的异教徒，拒绝执行它的教规的具有独立思考精神的人，它不仅不能宽容，而且要消灭他们："我不是为送和平，而是送刀剑来的"。[①] 于是它对异教徒或邪教徒进行了残酷的迫害，它还一次又一次地发动了十字军东征，要从阿拉伯人手中夺回圣城，强迫阿拉伯人改宗。

因此，在西方，只有不再把某一种宗教或某一种学说定为国家唯一正确的指导思想时，社会和世界的和谐才有可能。

17 世纪至 19 世纪，西方的宗教改革思想和启蒙运动，带来的似乎就是这样一种变化。这个时期，"理性"成了唯一的主体。当把各种宗教和学说，各种观点和教规，放到理性的审判台上，就不难发现，它们都不可能是全社会一致信仰的，也不可能是全都正确的，"人们用来支持宗教的那些事情是古老而奇异的"。于是基督教不再是西方的国教，也不再有国家正式钦定的学说。这种变化带来的是

① 《圣经》四福音书。

双赢的局面。国家摆脱了套在它头上的紧箍，有可能获得正常的发展，而走下了神龛的宗教和学说，则有可能摆脱信仰危机，重新赢回人们内心的尊敬。黑格尔说，在宗教和国家分离以后，“国家和教会间的这种和谐，现在得到了直接的实现。”[①] 什么是直接的实现呢？这位饱经风霜的老人说得很妙，那就是在原则上已经达到了和谐，但结果和发展还不一定和谐。

“自由，平等，博爱”取代了对上帝的信仰，超越了民族及国家，似乎已使西方在道德原则上达到了一个无懈可击的制高点。但不幸的是，西方人很快发现，他们这个看似统一且具普世价值的标准内部并不统一，他们的自由原则是和平等博爱的原则有矛盾的，由于资本主义社会一开始就把个人自由当做最高道德准则，“不自由，吾宁死”，政治上占得先机的一部分富有的白人男子，很快就通过法律和民主的手段轻而易举地剥夺了其他人——妇女、无产者、犹太人、有色人种的自由，并逼使他们接受不能容忍的歧视和压迫。经济上完全自由的竞争，固然促进了经济的迅速发展，但也带来了贫富的巨大悬殊和残酷的剥削，在国际上则不断引起冲突和战争，特别是两次世界大战。资本主义社会不得不在众多骂声中和激烈的社会冲突中诞生和成长。

从19世纪到20世纪，卡尔·马克思和他的一些学生们在这场批判中，获得了众多的支持者和同情者，赢得了十分重要的胜利。他们谴责了资本主义社会这种和谐的虚伪性，并希望以更加广泛的民主来代替资本主义社会部分人的民主，以事实上的平等来代替法

---

① 黑格尔：《历史哲学》，第471页，三联书店，1956年。

权上的平等，以全人类的解放来代替少数人的解放，使劳动由谋生手段变成意气风发、轻松愉快的活动，使社会变成“自由人的联合体”，“个人向完整的个人的发展”。[①]

后马克思时代的西方，可以说是沿着两条不同的途径去努力实现和马克思的这种理想的对话。

一条是以苏联共产党为代表，通过推翻资本主义制度，消灭私有制，建立无产阶级专政的国家。但他们既没有象马克思所希望的那样，建立一个比资本主义社会更加平等也更加民主的制度，也没有象马克思、恩格斯所提出的那样建立由劳动人民真正当家作主的无产阶级专政国家。在这种国家中，它的领导人应当：（一）只拿中等工人的工资，没有任何特权，并不允许有任何灰色收入，他们的收入和支出都是明码标价的，公开和透明的，“以可靠地防止追求升官发财的人钻到政权中来”；（二）由直接普选制产生，并可随时撤换。以保证每个领导者能真正向人民负责，并为人民服务，“防范他们变质”。[②] 革命者们痛心地看到，以斯大林为核心的苏联共产党，他们所建立的无产阶级专政国家，和马克思、恩格斯所提出的巴黎公社式的无产阶级专政国家有天壤之别，他们建立的是一个比资本主义更加专制、更加不民主的制度，“建立在工人阶级之上的官僚特权阶层是靠越来越残暴的警察政权来确保的”。[③] 德国共产党的领袖，被列宁称为“真正马克思主义代表”的罗莎·卢森堡，早在1919年

---

① 《马克思恩格斯全集》，第三卷，第77页，人民出版社，1979年。

② 参见《马克思恩格斯选集》，第二卷，第324—325页，人民出版社，1972年。

③ 《西方马克思主义探讨》，第29页，人民出版社，1981年。

就指出了苏联把无产阶级专政变成党的专政的危险性。由于没有真正的普选制，更由于党的主要领导人手中集中了不受监督的权力，不能容忍不同的声音和观点，这个官僚特权阶层专政的对象，就从旧社会的资本家、地主，很快转向了自己的战友：敢于在党和苏维埃的会议上发表不同意见的红军杰出的指挥员、元帅、中央委员、中央政治局委员，苏维埃的领导人，有良知的知识分子和科学家。在一小撮“左派”打手的鼓噪下，凡是不能和伟大的党的总书记和各地的第一书记的思想观点保持一致的，就是“资产阶级地主的代言人”、就是“反苏”、就是“反革命”，而“资产阶级地主的代言人”、“反苏”、“反革命”分子，当然不能享有民主和言论自由。仅1935—1940 年，以“反苏”、“反革命”的名义被关押的达 192 万人，被处死的达 60 万人。苏共 17 大 70％的中央委员，一半以上的最高苏维埃委员和全国党代会代表遭到逮捕，有的被流放，有的被秘密处死，共产党变成了个人专断和寡头专制的政党。一些普通的工人和农民形式上被抬到了很高的地位，被请进了金色的大厅，这在旧社会是无法想象的，他们似乎成了国家的主人，但他们获得的只有一种权利，那就是歌功颂德的权利，投赞成票的权利。在高压下所建立的只能是表面的和谐，而不是真正的和谐。不幸的是，罗莎·卢森堡 1904 年的预言得到了印证，人们在这个被称为“历史的万能的舵手”的俄国革命家身上看到了过去皇帝陛下的影子。[①] 这个制度存在了 70 年，曾激起过人们的无限热情，也曾有过辉煌的业绩，但一夜之间就土崩瓦解，这一切有着同样内在的必然性。因为军队的

① 《卢森堡文选》，上卷，第 517—518 页，人民出版社，1984 年。

士兵，数以百万计的工人阶级和共产党员，当他们需要，也可能表达自己意见的时候，绝大多数人都不愿把这个他们曾流血奋斗过的“苏维埃”再扶起来。

另一条是在批评资本主义的基础上，对资本主义制度进行重构或改良。宗奉马克思的社会党和工党代表了这个方向。他们放弃了暴力革命的手段，却保留了社会主义的旗帜。他们认为社会主义和资本主义制度并非对立的概念，他们提倡民主社会主义，因而获得了欧洲或北欧社会主义的称号，葛兰西、凯恩斯、熊彼得、克罗斯兰、马尔库塞、哈贝马斯、雅诺斯基、罗尔斯等都为他们提供了现代性的思想元素。

他们称，马克思当年对资本主义社会的批判，方向上是正确的，但现在情况已经有了很大的变化，主要是：（一）科学技术起着越来越重要的作用，成了推动社会进步的第一生产力；（二）人民可以用选票影响国家政权，而国家政权可以对经济和社会生活进行广泛干预，可以用立法的手段和国家财力对马克思批评资本主义社会的某些方面进行改良，使工人和下层群体的处境获得改善。“社会性质的改变，在很大程度上是政府依靠财政策实行了充分就业和进行收入分配的结果。”当席卷全球的暴力革命的光环逐步退去的时候，人们再回头看看资本主义，它在默默中已有许多改变，短短的几十年，取得了令世人瞩目的成就。尽管阶级差别和贫富差别仍然存在，但在欧洲，特别是一直由社会党掌权的北欧，成了世界上最富裕而贫富差别最小的地区。依靠科技创新和高素质的工人，使这些小国保持了世界上人均 GDP 的最高水平。工人们已不再是每天捧着仅供活命的几个铜板，拖着疲惫的身躯，回到肮脏的贫民窟，而是受到良好的教育，每周仅工作 32—35 小时，却拿着相当丰厚的报酬，开着高级的轿车，拥有漂亮的公寓。即使在崇拜个人竞争的美国，马尔库塞说："这是真话，在当前的美国，白领工人和蓝领工人都能够同他们的老板一样，到外地去度假。他们能够穿得同样漂亮，并且能够找到足够的钱去购买从前只有统治阶级才买得起的玲珑物品和奢侈品……就消费方面说，社会阶级已经同化了，工人阶级已经跟资本主义社会合而为一体了。"①

哈贝马斯期待当今的西方资本主义国家成为更加民主化和人道化，更加依赖人和人的交往和对话的社会。

罗尔斯则声言，现在西方发达国家已经有可能建设成一个组织更加良好的社会。他继承了柏拉图的理性主义传统和卢梭的社会契约论，提出："一个组织更加良好的社会，是一个被设计来发展它的成员们的善，并由一个公开的正义观念有效调节着的社会。"②

什么是罗尔斯所说的公开的正义观念或正义原则呢？

罗尔斯认为，（一）它是具有包容性的，它认为不同的理性的思想和观念的存在是正常的，它们都有发表和表现自己的自由，但不能容许非理性的民族主义和鼓吹疯狂侵略和杀害人类的恐怖学说合法化；

（二）它是独立于各种自认为唯一完备的宗教学说、哲学学说和道德学说之外的一种观念，它是社会中长期存在并被公认的理性学说；

（三）它本身符合道德意识，用卢梭的话来说，它是个人意志和公共意志的一致。

---

① 《国际社会主义》，1965年4月号，第142页。

② 约翰·罗尔斯：《正义论》，第440页，中国社会科学出版社，1988。

罗尔斯还举出了一些具体的正义的观念和原则。

例如，在分配社会的权利和义务时，应当遵循：

（一）第一个原则是平等自由原则，所有社会公民都平等拥有由法律所保证的同样的社会、政治、经济的广泛权利和义务；

（二）第二个原则是差别原则，在机会公平的原则下，制定差别措施，使之适合于最少受惠者的最大利益。

如在工资上，实行多劳多得原则，上不封顶；同时，又要制定最低工资标准，以保证非熟练工人和蓝领工人利益。如在税收上，实行累进税制，对低收入者不收税或少收税，对高收入者，则他们收入越高，所征收的税不仅在数量上，而且在比例上也会大幅提高。

从以上可以看出，罗尔斯期望通过理论上的国家正义的设计使资本主义社会进一步得到改善，把平等原则和自由原则结合起来，不求绝对平等，只求相对平等。他不敢说，这种相对平等，就是和谐社会，或者可以说，无论罗尔斯，或者马尔库塞，哈贝马斯，雅诺斯基，都认为，在现行西方思想和政治体制下，和谐社会还是很难完全实现的。这里的好处是，各种意见和行动都可以表现出来，这里的弊病是，任何重大的观点和行动都很难得到人们一致的赞同，更为严重的是，这里的人已经习惯把自己的思想和言论自由绝对化，把追逐自己的利益，满足自己的好恶，作为人权的代名词。因此他们可以随意嘲笑别人的观点和行动，诋毁别人的宗教信仰和社会制度，歪曲事实对别人狂轰滥炸，谋求对别人进行惩罚和制裁："人们不能排除深刻的科学争论的可能性，同样，也没有办法完全避免那些危险的，会引起分裂的纠纷。"怎么办呢？罗尔斯也想不出更好的办法，因为他无法改变西方，特别是美国，自由原则总是压倒平等博爱原则的现实。他认为，用强力压制分歧和矛盾，只能求得表面的暂时的统一，实际上必然毒害社会和谐，最终导致问题激化。因此，只能是把分歧和矛盾摊在阳光下，执行宪法保证的公民的言论自由、良心和思想自由，让民众自己去判断哪些争论是有益的，哪些争论是无聊的和有害的，还允许民众有非暴力反抗的权利："如果正当的非暴力反抗，看上去威胁了公民的和谐生活，那么责任不在抗议者那里，而在那些滥用权威和权力的人身上，那些滥用恰恰证明了这种反抗的合法性。"[①] 一句话，当前资本主义社会的结构要把自由原则和平等博爱的原则统一起来还是有许多困难的，永远都会有一些棘手的问题，即使大多数人富裕了，争论，甚至对抗也不会完全停止。政府只有敢于面对那些棘手的热点问题，不是火上浇油、文过饰非，而是理性地运用民主和法治的方法，去缩小分歧，引导争论的解决，寻求社会正义，一个比较合理的公民社会才有可能逐步建立起来。

三、比较之研究

从中西方和谐社会思想的比较中，我们不难发现其中一些有价值的东西。

和谐社会，不是把社会变成只有一种思想，一种声音，或者像马克思所讽刺的那样，变成只有一种颜色的玫瑰。和谐社会的和谐，一定是多元的和谐，它是由各种健康的思想和观点自由绽放所结出来的最好的学术成果和治国方略，它是由各种声音所组成的美妙音

① 约翰·罗尔斯：《正义论》，第379页，中国社会科学出版社，1988。

乐，它是由姹紫嫣红的各种玫瑰所构成的灿烂花丛。和谐社会与不和谐社会的区别之一，在于它的巨大包容性。

和谐社会不是否认矛盾，或自称可以解决一切矛盾，而是要在承认矛盾的基础上——在社会和经济取得巨大进步的时候，有的矛盾可能比较容易解决，有的矛盾反而会升高了分贝——对各种矛盾进行科学的分析，在大力促进生产力发展和社会进步的前提下，寻找出解决矛盾最妥善的方法和最妥善的时机，避免人为去激化矛盾。和谐社会用以处理社会矛盾的基本法则和方法应当是社会正义的观念或原则，它是为全社会所公认的，而不是只为某一种宗派或利益集团所欣赏的；它是理性的，不带有冲动的感情色彩的；应当是中庸的，过左或过右，过分自由或过分保守，都会失去平衡，加剧社会对抗，以至使矛盾发展到不可收拾的冲突程度。和谐社会的建设，必须解决广大民众的基本民生问题，它可以让富人按高额累进制多交所得税，制止他们的非法所得，但不能"劫富济贫"，"刮共产风"，"鞭打快牛"，"枪打出头鸟"。事实证明，用这种方法只能破坏生产力和阻挠整个社会的发展。和谐社会本身并不是一付包医百病的灵丹妙药，而是要使政治、经济、社会和文化的改革协调配套进行，在提高人们的物质享受的同时，也要提高人们的精神享受和思想舒畅，要在尽快促进社会和经济发展和尽可能照顾弱势群体之间找到一个平衡点，引导富裕地区和富裕的人们自觉自愿地去帮助落后地区和有困难的人，共谋发展。在大力发展物质文化的同时，使健康高尚的道德得以恢复，形成社会共有的核心价值，把全社会的文明程度提到更高的水平。

中西方都承认，政府对和谐社会的建设有特别重要的意义和作用。只有用民主和法治的方法造就一个清廉、公正、高效的政府体系，社会的热点冲突才能减少到最低，生产力才能迅速发展，公平正义、充满活力、安定有序的良好局面才会出现。反之，如果政府被庞大的贪腐利益集团所困扰，本身又没有决心和办法来解决这一问题，就会失去民心，和谐社会的构想便会成为一种神话。

中西方都认为，和谐社会，或组织良好的社会的建设，并不是一件容易的事，要把这种构想变成现实，或接近这种现实，都需要政府和广大民众一道做出艰巨的努力。人文学者和权力机构，应当针对热点问题，集思广益，设计出一个个更加合理的方案。社会的各方面都需要以一种谦让和替别人着想的精神来付诸实行。

中国人注重大者，但往往忽略细节和具体的东西；西方人重视细节和具体的东西，但却容易在大的问题上迷失方向。只有把两者综合起来，既注意认真总结自己过去的教训，也能以广阔的胸怀努力吸取世界各国的宝贵经验和思想成果，和谐社会的建设才能少走弯路，获得比较顺利的发展。社会主义，这个中西方理解不一的中性名词，只有在实现公平正义和包容性上超越了资本主义社会，才会具有全球性的正面意义。

儒学道德心理观念与和谐社会构建

湖南师范大学哲学系 徐仪明

摘 要： 儒学道德心理观念对于和谐社会构建具有密切关系，特别表现在仁恻和诚信这两个范畴上。仁恻之心的贯彻可以使人际关系和谐，诚信之心则可以促进社会秩序的和谐平衡。总之，儒学道德心理观念对贯彻党中央“八荣八耻”的指示精神，加快和谐社会构建具有重要意义。

关键词： 仁恻 诚信 道德心理观念 和谐社会构建

构建和谐社会，就是要建立起人与人之间相互尊重、相互信任的关系，从而形成全体人民各尽其能，各得其所而又和谐相处的社会。构建社会主义和谐社会是不断深化改革的必然要求，也反映了广大人民群众共同的心理需求。和谐社会构建的丰富内涵中，有诸多层面与儒学道德心理观念紧密相联。鉴于目前从儒学道德心理观念对于这一问题探讨不够，特做以下论述。

一、仁恻之心与人际关系和谐的关系

在当前改革开放正向更深层次、更广领域推进的过程中，社会新矛盾和新问题大量产生，有时甚至会采取某种较为激烈的形式表现出来。这种人际关系失衡的状况，会严重影响和谐社会的构建。这种状况主要原因有，有些官员驾驭和处理社会矛盾的能力还不够，缺少正确认识自己所应有的正确心态，缺乏与群众心理沟通、心理疏导的能力，使一些社会矛盾激化，形成情绪和行为冲突，严重影响了社会稳定与和谐。如在房屋拆迁、企业改制、农地征用等项目中忽略深入细致的心理调查和疏导，存在化解社会矛盾的制度和机制不健全，沟通对话渠道发生堵塞或不畅，各个社会阶层的利益和心理需求有效表达不够等问题。目前存在的种种社会不和谐之中，其中一条就是在社会中存在着相当程度的积怨和心理不满。这是亟待解决的一个重要问题，如果从古代道德心理思想观念中来汲取智慧，“仁恻”的心理观念和方法可能是一个较好的途径。

“仁恻”一词的正式出现，当是较晚的时期，唐人吴兢编著的《贞观政要》中有论述“仁恻”的专章。但是单独研究“仁”或“恻”就会发现此二者是在原始儒学甚至更早就已产生，并且具有重要的道德心理学方面的涵义。孔子在《论语·雍也》中说：“回也，其心三月不违仁，其余则日月至焉而已矣。”即认为像颜回这样的贤良之人，也只能做到内心三月不违反仁的要求。做一个道德高尚的人，要不断培育仁爱之心，只有这样才能善于协调人际关系，从而达到的道德认识和道德情感高度统一的境界。所以孔子说：“未知，焉得仁?”（《论语·公冶长》）即认为要首先对“仁”这种道德的内涵有确切的认识，而后方能具有自觉的“仁”的品性，那就是懂得

“爱人”的道理。另一方面，孔子又强调“仁”是一种道德情感，例如他说：“仁者不忧”（《论语·宪问》），因为心中有爱才会“不忧”，这便是一种鲜明而持久的道德情感。当然，在孔子眼中，“仁”作为一种道德情感，不仅包含着“爱”同时也蕴涵着“恶”，即他所说“唯仁者能好人，能恶人”。（《论语·里仁》）那就是说仁者不是“乡愿”，而是爱憎分明的。作为仁者，应从心底里爱好仁，从心底里厌恶不仁。孔子还认为爱好仁与厌恶不仁，这两种情感，对形成儒家道德观念具有重要的意义。从《论语·里仁》中可以看出，孔子认为爱好仁德的人，是无法超越的人，是自我实现的大写的人；爱好仁德的人，厌恶不仁的人，同这种人保持距离，使之不能影响自己美好的仁的情感，而且能够使对方悚然警惕，进行深刻的反省，从而幡然悔悟，见贤思齐。因此，无论是“好仁”或“恶不仁”的人，在实行自己的道德原则时，由于具有道德认知和道德情感的完美结合，所以就一定不会感到自己是力量不足的。当然仁作为博爱精神，其最终还是要落实在道德践履之上的。孔子反对表里不一，最厌恶“色取仁而行违”.（《论语·颜渊》）的伪善之人，因为“巧言令色”（《论语·学而》）就不可能言行一致，表里如一。因此，孔子特别重视道德行为的长久性和持续性。他说：“君子无终食之间违仁，造次必于是，颠沛必于是。”（《论语·里仁》）那就是说，一个仁者时时刻刻都要恪守自己的道德操行，践履自己的道德行为，不论在任何情况之下都要这样做，不要因为条件艰苦就忘记了自己的道德信念或放纵了自己的行为，这种仁的道德行为要贯彻自己的终生。因此说，孔子所谓“仁”，不仅是一种最高的道德理想，同时也是一种百姓日用的道德践履，因此是道德心理和道德行为的完美结合。

“恻”这个道德心理范畴似乎可以追溯得更远。在《易经》的

《井》卦九三爻辞中有“井渫不食，为我心恻”之句，“心恻”指的是悲恻的感情，既对遭难者表示出同情，同时自己心中也深感难过，这是悲痛和恻隐混合在一起的复杂情感体验，其中道德情感心理的意味已经相当浓厚。而在《孟子》之中，“仁”与“恻”则紧密地结合在一起，成为一个将仁爱与恻隐统一的道德心理范畴。《孟子·公孙丑上》说：“恻隐之心，仁之端也”，恻隐之心乃是行仁的端始。而羞恶、辞让、是非乃义、礼、智等道德的端始。仁兼四德，所以恻隐之心乃为儒家道德观念的最重要的准则和最深切的道德情感体验。因为孟子所谓“善端”就是道德情感，没有道德情感在孟子看来就不是人，人具有四个善端，就如同人具有四体。因此，“仁恻”作为道德心理观念，它不仅存在于个人的内心世界中，更重要的是表现在处理人际关系的活动中，特别是强势群体或个人，在对待弱势群体或个人时，就显得格外重要，成为构建和谐社会的黏合剂。在《贞观政要·仁恻第二十》中有这样一段记述：“贞观二年，关中旱，大饥。太宗谓侍臣曰：‘水旱不调，皆为人君失德。朕德之不修，天当责朕，百姓何罪，而多遭困穷！闻有鬻男女者，朕甚悯焉。’乃遣御史大夫杜淹巡检，出御府金宝赎之，还其父母。”吴兢评之曰：“太宗处九重之崇高，抚四海之广大，而能轸念饥人之子女，出御府金宝以赎之，其爱民之心重矣。夫万姓至繁也，博施济众，圣人有病，饥人子女，岂能人人获所哉？然是心也，足以王也。贞观之盛，孰谓非此心所致乎？”李世民的仁恻之心显然是服膺孔孟的道德心理观念，亦即孟子的不忍人之心。孟子以实现仁政为自己的政治理想，以仁恻之心作为推行仁政道德心理前提，“人皆有不忍人之心。先王有不忍人之心，斯有不忍人之政矣”。（《孟子·公孙丑上》）作为“不忍人之心”的“仁恻”之心，它要求重视人的价值，亲亲而仁民，仁民而爱物，对人民慈惠仁爱。以这样的仁恻之心治国，便是仁政。实行仁政就能达到天下富足和太平，社会自然和谐祥泰。

显然，儒家这种仁恻的道德心理观念和践履行为，最重要的借鉴意义和价值就在于，能够为广大的弱势群体提供一定的安全保障，满足他们安全感的心理需要。从心理学的理论来讲，具有安全感是人的基本心理需要，也是衡量人们心理是否健康的重要标准之一。没有社会保障就没有社会安全感，也就没有和谐社会及健康和谐心理。因此，强势群体具备了这种儒家的仁恻心理，“视民如伤”，(《左传·哀公元年》）关心民瘼，“老吾老以及人之老，幼吾幼以及人之幼”，切切实实将各个社会阶层的利益和心理需求牢记在心，沟通各个社会阶层的对话渠道，化解社会矛盾，消融各种情绪和行为冲突，尽最大努力去消除社会中存在着的积怨和不满。这样就能够在全社会形成团结互助、扶贫济困的良好风尚，形成平等友爱、融洽和谐的人际环境。具有这种仁恻之心，我们就能更有效地采取切实措施，做好诸如农村的扶贫、下岗失业工人的再就业、养老保险、失业保险、低保等工作，努力为弱势群体提供一定的安全保障，满足人的安全心理需要。我认为儒家的仁恻之心只要我们真正能心悦诚服，身体力行，就一定能够为社会和谐营造良好的心理基础和社会氛围，这是为历史的经验所证明了的，因此说是一定行之有效的。

二、诚信之心与社会秩序和谐平衡的关系

社会秩序的和谐平稳、安定祥和与社会道德心理水准高低有着密切关系，健康和谐的社会需要健康和谐的道德的心理氛围。然而近几年来，社会上假冒伪劣、坑蒙拐骗、贪赃枉法等现象，已成为

一种危害力极大的病毒，渗透到社会生活的各个层面，给个人、家庭、企事业单位和整个社会带来的很大的危害，导致一种严重的社会病，那就是“诚信危机”。人与人交往的基本真诚与信任，对于社会生活中的每个人来说，就像空气对生命一样重要。具备这种信任，人们才会有安全感，否则，就会提心吊胆，惶惶不安，焦躁紧张。当前有关统计显示，人们心理障碍和心理疾病的增多，与社会环境生态失衡和社会道德问题的严重程度是紧密相关的。在一个环境本身存在太多不和谐不健康的社会里，个人的心理健康和谐将陷入两难境地：如果适应环境，将使人格压抑和扭曲；如果不适应环境，心理会处于激烈的矛盾冲突之中，产生心理障碍和痛苦。无论哪种情况，都会影响人的心理健康和谐。那么，怎样才能比较理想地解决这种两难境地呢？如果从儒学诚信心理观念来认识和处理这一人生难题，一定会有较为满意和理想的结果。

诚信之心的观念由来尚矣。《易经》中出现的38处“孚”字都训为“诚信”，并且无不具有道德情感心理思想的基本含义。如《需》卦辞“有孚，光亨，贞吉”；《比》卦六四爻辞“有孚比之，无咎。有孚盈缶，终来有它吉”；《大有》卦六五爻辞“厥孚交如，威如，吉”；《随》卦九四爻辞“有孚在，道以明，何咎”；《随》卦九五爻辞“孚于嘉，吉”；《小畜》卦六四爻辞“有孚，血去惕如，无咎”等。《易经》的作者坚信，只要有“孚”，即心存诚信，便可逢凶化吉，遇难呈祥。在《易经》中，“孚”字的出现，常常与“心”字处于一个句式之中，这就更显示出道德心理学的特点。如《坎》卦辞：“有孚维心。亨，行有尚”。《益》卦九五爻辞：“有孚惠心，勿问元吉，有孚惠我德。”前句卦辞是说有诚信维系于心中，即可通达而且成功。陈梦雷《周易浅释》对此解释甚为清楚：“诚信在中，则安于义命而不侥幸苟免。此心有主，不为利害所动而心亨矣。心亨则洞察时势，取必于理而行自必有功。”反句爻辞则是说要有诚信惠施于心，不仅能避凶趋吉，而且诚信可以提高人的处世的道德水平。陈梦雷对此也有解释：“故言上苟有信，以实心惠于下，不问元吉可知矣。盖我以实心惠下，则下亦实心感我之惠以为德也。自施者言心，惠出于心，非口惠也。自受者言德，德实及民，民皆感德，非邀结也。”陈氏对后句解释更能道出诚信作为道德心理观念，在上下关系、君民关系和施受关系中所起到的重要的沟通作用，就是说人与人之间要以诚信相互对待，不论是在任何人际关系之中，都会和谐相处，肝胆相照，而不至于钩心斗角，尔虞我诈，以邻为壑，互不相容。

《易传》对《易经》中所提出的以诚信即“孚”为核心的道德心理思想作了进一步的发挥。比如《彖传上》说：“维心亨，乃以刚中也。行有尚，往有功也。”就是说，将诚信的道德心理观念付诸于道德践履，而这种道德践履又原本发自于本心，这就是所谓“乃以刚中也。”刚，刚毅果敢，勇往直前；中，则谓出自本心，至诚至信。同时具备这两个方面的心理素质，方能够冲越艰难险阻而无往不胜。否则，就可能常常处于险困之中。关于“中心”亦即本心的说法，在《易传》中尚有两处提到，如《象传上》说：“翩翩不富，皆失实也。不戒以孚，中心愿也。”这是强调人与人之间志同道合，不相猜忌，因其皆出自“本心”，所以说是“中心愿也”。另外《象传上》中尚有：“鸣谦贞吉，中心得也。”程颐《易传》释之为：“二之谦德，由至诚积于中，所以发于声音，中心所自得也，非勉为之也。”这里提出谦逊作为一种道德品质，是由至诚至信层累而成为一种厚实的道德心理积淀，因此虽外发于声音，仍出自“中心得也”。“中心”即谓出自本心，《易传》是非常强调这一点的，诚信的道德心理不可能是矫揉造作的，它只能经过长期积累，逐渐成为人性的一种内在成分。《易传》在论及道德心理的作用时，强调了诚信在群体生活中的作用，《系辞上》曰：“君子之道，或出或处，或默或语，二人同心，其利断金。同心之言，其臭如兰。”朱熹《周易本义》释之曰：“言君子之道，初若不同，而后实无间，断金如兰，言物莫能间，而其言有味也。”是说君子的处世之道，若都能以诚信相互对待，则能够转化为一种团结奋进，亲密和谐的精神力量。

先秦儒家中，孔子在强调道德认知，道德意志的基础上，又着重指出道德行为的训练、道德习惯的培养，是道德心理观念体系中的不可或缺的一环。孔子主张言行一致，要求“言而有信”，认为“人而无信，不知其可也”（《论语·为政》）。他赞扬子路说话讲信用，“无宿诺”（《论语·颜渊》）。孔子特别重视道德行为的持续实践，《论语·里仁》说：“君子无终食之间违仁，造次必于是，颠沛必于是”，意思是说一个人时时刻刻都要实行仁德，甚至不会有吃一顿饭的工夫离开仁德；一个人时时刻刻都要实行仁德，甚至在任何艰难困苦的场合也要按仁德的原则办事。因此可以说，这正是对诚信最好的践履。

《贞观政要·诚信第十七》中有这样一段话：“贞观十七年，太宗谓侍臣曰：《传》称‘去食存信’，孔子曰：‘民无信不立’。昔项羽即入咸阳，已制天下，向能力行仁信，谁夺耶？房玄龄对曰：仁、义、礼、智、信，谓之五常，废一不可。能勤行之，甚有裨益。殷纣狎侮五常，武王夺之。项氏以无信为汉高祖所夺，诚如圣旨。”李世民和房玄龄都将项羽的失败原则归之于不讲诚信，说明盛唐时期的君臣对儒家诚信观念置于一个非常重要的地位。魏徵亦说：“夫君能尽礼，臣得竭忠，必在于内外无私，上下相信。上不信，则无以使下，下不信，则无以事上，信之为道大矣。”又说：“臣闻为国之基，必资于德礼，君之所保，惟在于诚信。诚信立则下无二心，德礼形则远人斯格。然则德礼诚信，国之大纲，在于君臣父子，不可斯须而废也。”（《贞观政要·诚信第十七》）魏徵的这一谏疏，虽并举德、礼、诚信而言之，但其主要是突出了诚信。在世看来，诚信就是实心有德有礼，而以实心行之，则能够善始善终，上下同心，就会立于不败之地。作为一代名臣，魏徵抓住了诚信二字作为治国之本，可谓识见卓绝，超迈前人。所以太宗十分赞叹：“若不遇公，何由得闻此语！”显然，诚信既是伦理观念，但却有着深厚的心理思想的基础，长期以来，儒家世代宣讲诚信，的确为中华民族的文化宝库贯注了深厚的基础。而成为我们今天可资借鉴的宝贵精神财富。

因此，在构建我国和谐社会的伟大工程中，我们仍然要十分重视诚信这一道德心理观念。“明礼诚信”与爱国守法，团结友善，勤俭自强，敬业奉献等基本内容，共同成为公民道德的理念和原则。这些内容包含对社会、对人、对己、对事的基本态度和基本的人生观、价值观。在构建和谐社会的过程中，诚信道德心理观念的培养与提高，对文明科学的良好社会风气形成，对促进全民族道德健康水平的提升，有着深远的历史意义和现实意义。要实现社会和谐，加强社会诚信建设是人们最迫切的要求。

总之，市场经济的建立激发了经济领域的活力，但是由于经济转轨带来的急剧社会转型，导致了社会心理的失衡，从儒家道德心理观念体系来汲取端正人心的力量和信念，净化社会风气的确是十分迫切的要求。笔者认为，尽管儒家尚有许多优秀的道德心理规范，但是仁恻和诚信这两者则是最能切中时弊，最具有现实意义和价值的。这是由于腐败现象是当前建立和谐社会的最大障碍，个人主义、拜金主义和享乐主义盛行，社会责任感淡漠，精神状态迷惘，不健康的社会心理和社会风气使得整个社会产生了人际信任危机，价值信仰危机及政府信用危机，增加了社会风险，不利于社会的和谐发展。因此，在此状况下，切实贯彻中央提出的“八荣八耻”的要求，弘扬优秀的传统文化，将儒家仁恻与诚信的道德心理观念尽快地加以现代转换，这样就会十分有利于净化社会风气，促进人际关系的和睦相处，上下一心，加强社会诚信建设，形成健康的社会心理和社会风气，加快构建和谐社会前进的步伐。

与西方相比较的儒学政治思想逻辑

——兼论中华民族精神内涵

北京外国语大学 田辰山

一、政治思想逻辑是什么?

“政治思想逻辑”是一综合词汇。其中“政治”和“逻辑”两个组成词需做解释，因为它们不是西方这两个词原来的意思。有人可能不知道，以为“政治”和“逻辑”就是“politics”和“logic”，但其实不是。

“politics”是权力斗争，伴随这一概念的是统治与被统治二者之间二元对立式、自然天敌性质的关系。中文“政治”含有的权力斗争意思是近现代西方“politics”概念译成汉语带来的影响。古汉语的“政治”，“政”是“正”，孔子说“政者，正也”；治是“治水，出东莱曲成阳丘山南入海”。政治不是“politics”的攫取权力那个概念，而是料理社会、人世事务的意思。孙中山有“管理众人之事”说法，毛泽东讲“为人民服务”，是为人民的政治。

“logic”汉语译为“逻辑”，原意是万物有一定秩序。秩序是理性、外部强加的，是主宰一切的超绝非自然力量（如上帝）设定的，是单线单向决定的关系。汉语“逻辑”是纯为翻译目的而创造出的词汇，古汉语原本没有。《辞源》中“逻”有两个意思，一是侦候，巡逻；二是遮拦。[①]“辑”有五个意思：车厢、和协（亲睦）、聚集（收集）、整修、敛。“逻辑”来自西方，作为中文词汇后是“规律性”或“某种理论、观点或说法”的意思；[②]这其实也是道理或道理关系的意思。逻辑推理是道理关系的追寻。应该说，“逻辑”来到汉语中，意思上与原来西语相去已远。

从汉语的“政治”和“逻辑”意思上来理解“政治思想逻辑”，它是一套管理众人之事的办法被思考出来所基础于的一套道理关系；或者说是一套有关治理社会的做法是在什么思想道理关系上具有合理性的。中国政治思想逻辑自古代到现代，历史曾造就了许多门派。但如果与西方的思想传统门派对照，又皆可归为一个中国派，也即，中国的门派几乎都出于一种宇宙观，且从中国特有宇宙观衍化出一种特有的中国思维方式与一个特有价值体系。我认为，这种宇宙观、思维方式和价值观念就是中华民族精神的内涵。中国政治思想逻辑，就是从这种中国特有的民族精神内涵思考出来的关于人生与社会治理问题的道理关系的。所以谈中国政治思想逻辑，必须涉及中华民族精神的内涵。

二、中华民族的精神内涵是什么？

关于中华民族精神内涵的内容，众说纷纭。要想将它说得更确切，本人认为需要做一些道理关系也即逻辑的推敲。什么是内涵？

---

① 《辞源》，第 3095 页，北京，商务印书馆，1997 年。

② 《新华词典》，第 554 页，北京，商务印书馆，1982 年。

我这里将它看作是相对于精神的。[①] 先从《新华字典》的三种解释看什么是精神：一、它是与物质相对而言，指“人脑对客观物质世界的反映”；二、表现出来的活力；三、内容实质。按照这三种解释，中华民族精神应该说是中华民族的头脑对客观物质世界的反映，是表现出来的活力，也即中华民族对自然与社会的认识，是在这种认识上表现出来的活力，也是这种认识及其表现出活力的实质内容。这样讲在逻辑或道理关系上是不完全的，但并没有错误。内涵是个容易理解的概念，它与精神相对，是因为精神可以是外在、显露的，而内涵是包含在内的，不是风貌上的。至此，我们可以说，中华民族精神内涵是我们自古以来对自然与社会的认识及其表现出活力实质内容的内涵，也即这个实质内容包含着的东西。它到底是什么？

“涵”是什么？《说文大字典》说“涵”为“水泽多也，又沉浸也”，[②]“涵”因此而有水。汉语独特之处是类比转意，这“涵”到了人身上类比转意是什么？《新华字典》又有“涵养”，“指身心方面的修养功夫”，“有时也指控制情绪的能力”。[③] 这样，这个精神内涵的道理关系追寻让我们来到了儒家“心性”的观念，因为身心修养和控制情绪都是心性取向。

其实说中华民族精神内涵是中华民族的心性取向也不完全，但还是正确的。再往下追寻它的道理关系就要该问：到底中华民族的

---

① 相对于精神的，是说属于精神的。属于精神的也可以分成内涵精神与外显精神。

② 沙青岩辑：《说文大字典》上部卷四，第 70 页，天津古籍出版社，1982 年。

③ 《新华词典》，第 324 页，北京，商务印书馆，1982 年。

心性往哪里取向呢？这就是本文该探讨的真正问题了，也即：中华民族心性所取向的自然与社会是什么样的？这种认识之上表现的活力是什么？它的实质内容是什么？这些问题其实也是：中华民族特有的宇宙观，它衍化出的特色中国思维方式和与其关联的特有价值体系到底是什么？自古以来是这个内涵带来的中华民族对心性的境界要求和对自然与社会问题执著的主动态度，是它构成中华民族精神一个完整体系和框架结构的实质内容，是它给了中华民族精神朝气蓬勃的内在和外在活力，让她既古老又年轻，既传统又开放。

简单说，这个内涵是：一、“一多不分”[①] 的天下观；二、通变的互系思维[②]；三、“和而不同”与“天人合一”的价值追求。“一多不分”天下观的“一”是自然、宇宙、万物、社会、人生不可割裂的互联相系性，是“浑然而一”；“多”是在互联相系、浑然一体之中的万物个体的多样、多元状态的特殊性，或曰“不同”；“不分”是万物的互通、互为延续性，“不分”意味着没有任何个体针对他体的超绝性和独立性。通变的互系思维是来源于“一多不分”天下观的一种特有思维方式，把万物的变看作通和不断延续，把通和不断延续看作是包含于永无休止的变化之中，或曰：变即是通。[③]“一多不分”和“通变互系思维”导致中华民族对万物互联相系的执著认识，将既多元又和谐之“大同”状态与“天人合一”作为崇高境界

---

① “一多不分”是美国比较哲学家安乐哲在与西方哲学思维模式对比的基础上提出的。

② 田辰山：《中国的互系性思维：通变》，《文史哲》2002 年第四期第 10—18 页。

③ 此处不赘述。详见《中国的互系性思维：通变》一文。

追求，并以此追求作为人生之最大价值，因此，为此追求进行身心修养，锲而不舍。

儒家思想的“仁”，就是出自“一多不分”天下观的个人向着万物认同的追求，这个追求高至与天地万物为一体。《孟子·尽心章句上》提出：“万物具备于我。”程颢《识仁篇》曰“仁者浑然与物同体”。[①] 陆九渊有“宇宙即是吾心、吾心即是宇宙”；又说“宇宙内事，皆己分内事。”人须先对宇宙人生有觉解，即所谓“先立乎其大者”。[②] 朱熹则秉承庄子说法，将宇宙之广大范畴以至蝼蚁之微小范畴以一理贯通。他说：“大而天地，细而蝼蚁，其生皆是如此。”[③] 程颢有一段论“仁”的语录说：“仁者与天地万物为一体，莫非己也，认得为己，何所不至？若不有诸己，自不与己相干。如手足不仁，气已不贯。且不属己。”[④] 陈来评述说，“在程颢看来，‘仁’在根本上是一种最高的精神境界。这种境界就是‘与万物为一体’，‘浑然与万物同体’”。[⑤]

“一多不分”的天下观、通变的互系思维与“和而不同”和“天人合一”的价值追求，三者合一成为中华民族精神的内涵，是人类高度开发与升华的智慧。这个内涵与人生与自然的精髓通体，成为人们经常说的：既博大也精深。

---

① 冯友兰：《中国哲学的精神》，第 585 页，国际文化出版公司，1998 年。

② 同上。

③ 朱熹《文集·答杨志仁》卷 58 第 11 页。

④ 《遗书》二上第 15 页。

⑤ 陈来：《宋明理学》，第 82—83 页，辽宁教育出版社，1995 年。

三、西方政治思想逻辑是什么?

不少人都熟悉雅斯贝尔斯(Karl Jaspers)的著名历史哲学论断。他提出,在"轴心时代,人,作为个体,通过'超越'高度和'主观'深度,对'绝对物'的体验。"[①] 什么意思呢?就是人作为个体,对一个至高无上神(或超越物)的体验。这种特有的西方思维,如用一个哲学基本模式表达即是"一多二元"。这个"一",不是中华民族精神内涵那个"一";它是那个独一无二、至高无上的"绝对物"。"多"是无数如同散沙、互无联系"个体"的人。雅斯贝尔斯的"轴心时代"概念,告诉我们的是:世界几大文明都出现了伟大"个体人",都在"超越"高度,在自己"主观"深度,体验到了那个"一"—独一无二的"绝对物"。

比较哲学家会产生对这个说法的一定敏感。因为雅斯贝尔斯这个论断,只是西方传统一种特有的"一多二元"模式。"一多二元"的"超越"、"绝对物"、"主观"等概念,虽是西方思想传统摆脱不了的根本概念,但对中华民族精神的内涵生成与发展来说,是毫无干系的。[②] 这个模式的"二元"是指"绝对物"这个"一"针对"个体"这个"多"的"超越";"一"与"多"之间是单线、单向决定主义与二元分叉关系。"个体""多"的"主观"与"一"的"超越"之间是隔断与对立,也即,"神"是主动,人是被动;"神"主宰人,

---

① Karl Jaspers, Vom Ursprung und Ziel der Geschichte. Munich: R. Piper and Co. Verlag, 1949.

② David Hall and Roger Ames, Anticipating China: Thinking through the Narratives of Chinese and Western Culture, State University of New York Press, 1995, p. xiii.

人永远由“神”安排自已的命运。同时，无数“个体”人之间是没有联系的，都是各自孤立、相互独立的。个体人只单独与“神”这个“一”构成自己被决定、受安排的关系。“神”这个“一”规定着整个世界的法则，设定下一个秩序。人是被他制造的，永远处在被他拯救的地位。人的命运如圣徒保罗所言：只有“向着神性锻炼自己”；“肉体锻炼徒劳无益，只有神性才是对一切有益的”。[1] 这种特有的“一多二元”宇宙观、二元对立思维方式、对绝对性认知和用它的普遍主义原则对一切的解释作为的价值体系，这三者的合一构成西方民族精神的内涵。西方政治思想逻辑，也是从这种特有西方精神内涵思考出来关于某种政治理论的逻辑。因此，论述西方政治思想逻辑，也必先搞清西方中精神的内涵。

西方政治思想逻辑是什么？简洁地说是这种“一多二元”逻辑，也就是如何按照神、人之间的二元对立来建构人间的秩序。西方从古希腊到现代，不管有多少政治思想和理论，都只是围绕神与人二元逻辑对建立人世社会秩序的不同概想。为了叙述简便，本文不涉及西方各种政治思想和理论的细节，因为它是个巨大工程，需要专门写作。这里只简明提出“一多二元”逻辑的框架，然后对现代以英国传统的现代“自由民主”政治思想逻辑作一大略分析，以说明同它比较之下的中国政治思想逻辑。

逻辑是思维范畴之间的抽象因果关系。所以讲逻辑必须先有范畴。西方政治思想逻辑的两个基本范畴一个是“神”或类似独一无二、至高无上主宰、非自然的超然绝对本体；另一个就是分散、无

---

① 《提摩太书》(Timothy) 4：7—8.

联系的个体人。这两个范畴也是两个设定条件。这两个设定范畴还包括其他界定，比如说，那个非自然本体是真、善、美的绝对性，它为世界（包括人）设定的秩序、法则、单线、单向从历史开始走向终结的不可逆转和避免的前进式过程。对于人范畴，界定还有人的本质是假、恶、丑，是不可改变、不可教育，必须由外来超自然力量强迫和管束的。在这两大基本范畴之外，还有两个假设范畴：人经历过的一个原始自然状态时期；人被迫走到一起订立契约、建立国家权威。所谓政治思想逻辑，主要是这四个范畴之间的因果关系，是这因果关系成为政治思想和理论赖以合理化和建立的基础。

可以说古希腊时期是政治思想处于从“无一两多”向“一多二元”的逻辑转型的过程。古希腊以荷马史诗反映的神与人关系，是多神与多人的“两多”之间二元对立统治关系。其特点是：没有绝对独一无二的神的概念；权威完全决定于身体力量，可以说是强壮身体政治；这种政治没有道德逻辑。这种逻辑在柏拉图和亚里士多德政治哲学中发生向“一多二元”的逻辑变化。“一多二元”的四个范畴都在柏拉图的《理想国》的政治思想中建立起来，有了绝对的“一”，个体的“多”，“自然状态”和“契约”。① 柏拉图的绝对“一”就是洞穴故事建立起来的真善美的概念—“构型”（the Form）。柏拉图政治思想逻辑的解决绝对“一”与“多”之间关系是他提出的“哲学王”的概念。柏拉图和亚里士多德两个人起到承前启后的重要

---

① 关于柏拉图的自然状态和契约思想，参见有关正义的对话部分。Plato, Republic, Book II, in Michael l. Morgan, ed., Classics of Moral and Political Theory, 3rd Edition (Indianapolis: Hackett Publishing Company, 2001), pp. 45—46.

作用；古希腊最终转换到基督教的“一多二元”政治思想逻辑。它的“哲学王”转变为古代罗马的“宗教王”，成为政教合一政治的思想逻辑。古希腊与基督教“一多二元”政治思想的根本逻辑是政治与道德的联系。

西方政治思想逻辑与道德思想脱钩，纯变为个人攫取与维护权力的技巧手段，使政治思想和理论建立成为是与道德毫不相干的逻辑，曰“现代政治学”的创立，是发生在文艺复兴西方思想传统的里程碑人物马基雅维利手里。现代政治思想逻辑在以霍布斯和洛克代表的启蒙运动“自由民主”政治思想那里开始成为西方现代的主流逻辑。它是现代的“一多二元”政治思想逻辑。

以英美传统为主导的“自由民主”现代西方政治思想并不是一套严谨的理论体系，也不含一套必然思维逻辑，而是由启蒙运动开启，众多思想者各种各样“自由”、“民主”、“个人主义”等等的概念基础上建立的众多说法形成的一个传统。尽管不成一个体系，思维的具体逻辑上差别很大，甚至矛盾，但是如果同中国思想传统比较，它们还是共享一套结构相同的概念范畴和思维逻辑。这个结构就是本人在上面提到的“一多二元”宇宙观、二元对立思维方式、对绝对性认知和用它的普遍主义原则对一切的解释作为的价值体系，也即这三者合一构成的西方民族精神内涵。以霍布斯和洛克代表的“自由民主”概想有不少逻辑可以追寻，但本文在这里可做的还是选出四个最为关键范畴，即：1）上帝是存在的；2）人性邪恶不可改变的；3）人类是经历过自然状态的；4）人类权威出现是人类的契约结果。这四个范畴是从古希腊柏拉图起一直延续至今的西方政治思想假设前提条件。同样的四个假设条件，它们之间的因果关系（或曰“逻辑”）是如何使“自由民主”的政治思想合理化并称为它的建立基础的？

第一个逻辑：存在一个上帝。存在一个上帝假设的必要性在哪里？因为人的“自由”和“权利”必须有来处。[①] 谁有能力给人“自由”和“权利”？怎么让它们具有合法性、神圣不可侵犯性？自然顺理成章地必须有这么个假设；这个“自由”和“权利”的来处，必须是一个至高无上超越力量。所以，启蒙运动的主流虽然否定上帝，从“上帝”至上走到“理性”和“科学”至上，然而却在这个逻辑上保留了上帝存在的设想；上帝由统治人的地位变成给予人自由与权利。上帝存在不仅是设想，而且仍然是信仰。这个逻辑渗透在各种自由、权利思想的论说中，存在西方人们的潜意识中。

第二个逻辑：人性邪恶。西方政治思想的一己自由与权利，逻辑上不能是人给的，必须是上帝给。为什么？这就是第二个假设的必要逻辑：人的本性是假、恶、丑，为一己之私而损害他人的；这是上帝安排的，不可改变、不可教育的。因为这个逻辑，人类是不可能谁给谁权利的，人赋人权利是不可能的。所以，人的自由与权利，只能由具有超绝力量的上帝来给，这样逻辑才可以建立。

第三个逻辑：自然状态阶段。“自然状态”是什么状态？是由前两个逻辑延续而来。其一，由于人性邪恶，上帝也改变不了；所以人类经历的“自然状态”必然是一己与一己无数单个人之间互相残

---

① 值得注意的是，“自由”和“权利”的原英文概念，本来还包含着它的中文翻译词汇所不表达的含义，也即“liberty”和“rights”讲的都是一己的自由，权利是追求一己幸福的权利，追求无限积累一己私有财富的权利。

杀的战争状态。[①] 这个假设之下的逻辑是单个人获得的自由对象是死亡，也即自由是生命安全。为获得死亡之下的自由，逻辑接下来又是个人要获得实力或竞争力作为自我保护条件。实力或竞争力归根结底是物质力量和政治权力。否则，任何比自己实力强大一些的其他个人都必然构成对自己的死亡（或安全）威胁。[②] 这成为一种恶性循环（Vicious Cycle），即满足权力或力量欲望，就要追求更多的物质保证。对死亡的惧怕变成对自己所处状况的本能性的无安全感与焦虑。而一个单个人权力或力量的每一点扩长，又必然地增加他人的恐惧感的。什么时候才算有了保证自己脱离死亡、获得自由的物质力量和政治权力？这是没有上限的。因此这个必然逻辑结果是无限追求私人财富与政治权力。其二，这样的一个脱离死亡恐惧的"自由"追求具有了合法性和神圣性，变成权利概念；它是上帝赋予

---

① 霍布斯有名的说法是"这是一种每个人反对每个人的战争"一笔者译一（"such a war as is of every man against every man"）。霍布斯假设的自然状态与洛克所假设的自然状态不同；洛克的自然状态没有霍布斯的那么险恶。既然不那么险恶，还需要权威做作什么？这是在洛克那里，自由的概想存在逻辑缺失毛病的原因。霍布斯的自然状态假设导引出的权威政府，显然比洛克自然状态假设所导引出的自由主义政府概想更符合逻辑性。见霍布斯：《利维坦》第十三章。（Thomas Hobbes，"Chapter XIII：Of the Natural Condition of Mankind as Concerning Their Felicity and Misery，" Leviathan，1651.）

② 霍布斯说："在称为'战争'的那种条件，一种似乎每个人反对每一个人的战争…就是在战争时期会发生的一些情况—每一个人都是每一个人的敌人—人除了他们自己有的力气和他们自己的诡计还可用之外，没有别的安全可言的状况。"一笔者译一 "in that condition which is called war；and such a war as is of every man against every man… Whatsoever therefore is consequent to a time of war，where every man is enemy to every man，the same consequent to the time wherein men live without other security than what their own strength and their own invention shall furnish them with."同上。

的。所以自由的必要前提又是那个上帝存在假设。这个“权利”逻辑是由洛克开始建立的。[1]

第四个逻辑：契约。现代“契约”思想是启蒙运动对古希腊柏拉图正义问题对话中“契约”萌芽思想的充分发挥。在“自由民主”政治思想中，契约是延伸于前三个逻辑的假设。首先，因为人有邪恶自私不变本性，因为自然状态人相互残杀的战争恶性循环，人之间结成契约也是必然逻辑。契约是作什么用的？它是说，单个的人可以“自由”地搞自己的自私，人类被欲望驱动不是过错；[2] 但只需有一个限制，即契约限制：人在互相残杀、伤及某一契约人生命之时要罢手。[3] 否则一己之自由与权利就会落空，赋予自由与权利上帝的存在及其神圣性也形同虚设。需要说明的是，霍布斯和洛克有各自不同的自然状态和契约假设逻辑。霍布斯契约逻辑是保障一己生命安全，需要绝对权力的政府。洛克假设的“自然状态”则没有那么严重，契约作用只在于以政府力量保护一己个人无限积累私人财

---

① 参见洛克关于自然权利的概念。洛克：《二论政府》，1690。（John Locke, Second Treatise on Government, 1690.）

② 霍布斯说：“…可是我们没有人谴责其中的人性。欲望以及其他动机，它们本身不是罪过。”－笔者译－（“But neither of us accuse man's nature in it. The desires, and other passions of man, are in themselves no sin.”）见霍布斯：《利维坦》第十三章。（Thomas Hobbes, “Chapter XIII: Of the Natural Condition of Mankind as Concerning Their Felicity and Misery,” Leviathan, 1651.）

③ 霍布斯认为，对于渴望要解决死亡恐惧问题的人们来说，最好的方法就是契约，也是对死亡的恐惧和对安全的渴望导致心理上对和平的追求。不过对于霍布斯来说，人们为了免除战争状态，需要将自己的权利移交给一个权威的政府。不过尽管如此，他仍然认为，这个权威力量无需干预人的生活方面，人们仍然在大部分情况下享受自由，比如买卖，与他人签订合同，居住、饮食、职业、自己儿童的教育等方面的自由。政府命令只在于为追求幸福创造条件。同上。

富、追求一己幸福之权利。[①] 在这个意义上，契约本来是人的行为，人制定的法，它就是宪法和法律形式。但是它也被假设为上帝制定的自然法延伸，附属于上帝的自然法。这样，在逻辑上契约也成为上帝意志，带有神圣性。[②] 所以表达上帝赐予一己追求自由和幸福、积累私人财富权利，是西方民族国家宪法“自由民主”思想的核心内容。

---

① 洛克认为自然状态是一种具有充分自由与平等的状态，人不会利用自然自由互相摧残；政府除了保护私人财产，没有别的目的。洛克：《二论政府》第二章第 6 节；第七章第 87、94 节；第九章 124 节，1690。（John Locke, “Chapter IX: Of the Ends of Political Society and Government,” “Chapter VII: Of Political or Civil Society” and “Chapter IX: Of the Ends of Political Society and Government,” Second Treatise on Government, 1690.）另外，对于洛克，快乐是与积累财产紧密认同的；痛苦是与没有财产认同的。使痛苦每降低一度，使愉快每提高一度的事情都是善，否则相反；这是与上帝“神的法则”的高道德标准一致的；因此，政府必须把私有财产作为权利来保护因为财产带来愉快，必须保证私有资产无限制积累的权利。Brian Nelson, Western Political Thought: From Socrates to the Age of ideology, Prentice－Hall, Inc., Englewood Cliffs, 1982, p. 172—73; John Locke, “An Essay Concerning Human Understanding,” John W. Yolton, Locke and the Compass of Human Understanding, Cambridge University Press, 1970, p. 263.

② 这个逻辑在西方社会是不争的真理。洛克在《二论政府》（Second Treatise on Government 1690）中详尽阐述一己个人的追求财产的自然权利。还例如美国第二任总统亚当斯的名言：“权利源自伟大的宇宙立法者。”（“... rights derived from the Great Legislator of the Universe ”）。一本美国公民法律小册子宣称：“我们的创造者上帝赋予每个人不可转让的权利：生活、自由、幸福、财产、安全、尊重、隐私等等。”（“God our Creator gives to each unalienable Rights: Life, Liberty, Happiness, property, safety, respect, privacy, etc.,” Citizens Rule Book: A Palladium of Liberty, Infowars, 910 W. Mary St., Austin TX 78704）

在“自由民主”这整套逻辑中贯穿始终的概念是“individualism”；它的中文翻译通常是“个人主义”。因为西方宇宙观将人看作是分散互不联系的，人性是自私邪恶不可改变的，所以英文“individualism”比“个人主义”更准确含义该是“一己主义”。在个人与社会的关系，它表达一己与社会的二元对立，截然割裂和排斥。“一己”否认、排斥群体利益的否认，从心理上对群体怀恐惧感。“一己主义”是以一己作为终极目的，导致个人生活的社会、经济、政治形式的逻辑基础。霍布斯的逻辑是，人类不是理性动物，而是由肉欲情欲支配的动物。社会是一群自私、追求一己私利、暴力、恐惧、欺骗之徒，使得任何事情不可能顺利进行。而对洛克来说，“要不是人的败坏、邪恶和堕落，人没有必要脱离自然状态。人进入契约状态，无非是为保护自己财产的自然权利。而自然权利的契约形式，是作为一己的人仅必要的一点有益的关系。如果没有这一点，一己只有自己，没有他人，就像在自然状态，是个完美的状态。”①

“自由民主”政治思想的这四个最为关键范畴之间的“逻辑”提供的是政治权力制衡思想的合理性。它是专指对一己个人权力进行的制衡机制。制衡的原因，还是人性自私邪恶的逻辑。这个逻辑上，既然人心邪恶自私，从来如此，不可改变，所以任何人上台都会是谋取私利，都是对其他人的威胁，其他个人要保护自己，必然要对

---

① 笔者译。(“…were it not for the corruption and viciousness of degenerate men, there would be no need of any other, no necessity that men should separate from this great and natural community, and associate into lesser combinations ”; “those who have no such common appeal, I mean on earth, are still in the state of Nature, each being where there is no other, judge for himself and executioner; which is, as I have before showed it, the perfect state of Nature”。见洛克第九章128节，《二论政府》，1890。(John Locke, “Chapter IX: Of the Ends of Political Society and Government,” Second Treatise on Government, 1690.)

任何政治权力钳制。这也是洛克要对霍布斯“绝对权力”逻辑进行纠正的原因。他和后来的自由主义者指责霍布斯的致命错误就在于“专制君主都是人”；凡是人，如对他不限制都太有可能侵犯别人的自然权利。洛克强调的是人需要政治的控制，而且需要的机制是对那些施行政治控制的人进行控制。三权鼎立或权力制衡机制，是一种“现代”意识，即人性邪恶不可改变的后果是能够以“科学”结构的政府来控制的。[①] 西方现代政治思想反对人治，推崇法治，也是出于这同一个逻辑。因为法治也是制衡，也即契约。

四、中国政治思想逻辑是什么？

上面提到，中国词汇的“政治”和“逻辑”与西语的“politics”和“logic”之间存在结构性差异。西语这两个词汇都是在“一多二元”的结构中，总与上帝或一个超自然主宰物和它对宇宙万物规定的秩序有关，从那里推理而来。简单一句话可以说是：“因为这个超绝主宰物存在，所以人的‘politics’有如此‘logic’。”这个“logic”是直线单向的决定关系。而中国词汇的“政治”和“逻辑”与“一个超自然主宰物”无关，这两个词汇都是“一多不分”的结构，总在人类内部本身的相联互系之上进行思维，所以“政治”和“逻辑”都不是直线单项决定关系，而是以某一被思考物与它所在环境各种事物的相互联系，因此是双向乃至多向、多线、多层次、曲折性的。那么，在与西方政治思想逻辑的比较之下，中国政治思想的“一多不分”逻辑（或曰道理、道理关系）追寻起来是什么样的呢？

---

① 见洛克《二论政府》第二章13节、第五章27、28节。John Locke, “Chapter II: Of the State of Nature,” “Chapter V: Of Property,” Second Treatise on Government, 1690; Brian Nelson, Western Political Thought: From Socrates to the Age of ideology, Prentice—Hall, Inc., Englewood Cliffs, 1982, p. 174—76.

(一) 第一逻辑：道

在西方设定一个上帝或者超绝本体存在的逻辑问题上，中国没有这个逻辑。中国政治思想不是建立在这个逻辑之上的。不建立在这个逻辑的根本意义是中国的“人”首先不是与那个超绝本体相对立、贬义的概念。它从根本上避免产生了西方由这个本体逻辑推演出来的一套西方政治思想逻辑。可以说，中国在这第一逻辑上取代西方本体概念的是“道”。

道不是像“上帝存在”那样的假设条件（不是为建立一个逻辑需要而形而上地设定条件），它是经验。“道”本身是中国人对宇宙、自然、社会、人生的经验中达到的至深内涵理解；道在一切之中，而又不是实体存在。道是为言传之便由老子、孔子等古代思想家勉强给这个内涵起的一个名字。[①] 道是一切存在的内在联系，而政治是

---

① 确实好像在中西文化的元始阶段和某些关键的转折点上，中国与西方历经了十分不同的路向。这就是，可能在同一个文明起始的根本问题上，中国通变思维采取了与西方很不同的态度。这个问题是：宇宙万物究竟怎么来的？西方是设定了一个“东西”（曰“存在”—Being）；典型模式是启用“上帝”或其他什么概念赋予它一个名字。这个“东西”是先验、无需证明的。在基督教传统，它是人的形象，却有着万能力量和智慧和至善精神。他有健壮的体魄，讲的是善言。人与上帝的形象因为这个原因而分别开来。这正如尼采的批判：“整个目的论都是建立在过去四千年这个人的说话上。这个人作为一个永恒的人，世界一切食物都从这个人开始的时间，面向着他与他建立起一种自然关系。。”（参见尼采 Human, All Too Human, 1878. 2）而中国人在这个问题上采取的态度也许更实际，古代哲学家没有挖空心思去给这个“东西”寻找什么名分，而是直白地对它描述。曰“神”曰“道”，给后人留下探求的余地。如老子说：“有物混成，先天地生。寂兮廖兮，独立不改，周行而不殆，可以为天地母。吾不知其名，强字之曰道，强为之名曰大。大曰逝，逝曰远，远曰反。（《道德经》第 25 章）

道作为一切联系整体中的一个小范畴，主要为创造和维系人与人关系的理念和方法操作。政治自然是在道的浑然一体环境之中，必然是以“道”的话语载负内在因果关系的合理逻辑。西方“上帝存在”设想是为了提供对人的界定。把人定位在互不联系的个体，人是上帝的对立面，是邪恶的，需要上帝规定和安排，上帝是人所得一切好处的来源（在“自由民主”政治中，它是人的自由和人权的来源保障）。而“道”作为人对宇宙、现实的深刻认识，洞察到人不是如形体所表面展现的状态，而是如万物一样是互相之间有着无法严格分割开来、互相依赖的关系。没有上帝，只有关系，逻辑上主动权就必然落到了人自己手里。在各种关系中理解，人只有恰当不恰当，而没有本性上不可改变的好与坏。道排除了对那个不可证实的外在力量的概想，人没有让外在力量掌握自己的命运，一切均在于人在道或关系提供的环境之中自己的主动认识和把握。所谓政治，讲的是人恰当认识、掌握各种关系的认识、做法和能力。从个体人对个体人的简单关系到个体人深刻认识人生、社会、自然、宇宙，恰当掌握和维系一个很大范畴内的互系关系，使之处于基本和谐状态，这就是中国政治思想逻辑的目的。所谓个人权力斗争、阶级范畴的政治，是无时无刻不存在的，但在中国政治思想逻辑中，这些总是包含人的出于局限的狭隘条件和视野而不能恰当认识、掌握、维系乃至破坏应有的恰当关系的行为。也即“失道”的行为。而所谓道德，即得道，就是知晓并按恰当的关系行事。

我们常说中国是“大一统”天下观，它规定着中国封建帝制的极权政治思维。这似乎是近代，尤其是五四运动以来对中国政治思想逻辑占主导地位的理解。这个解释是在清王朝处于衰败的历史条件下产生、是符合历史、合理的。但是当把中西方两个政治思想逻辑进行对比思考之时，这种占主导地位的解释就不完全了。因为这种“极权政治”说法似乎只是针对当时历史所呈现的特定社会情势而言，而不是从追寻中国政治思想的逻辑中得出的结论。其症结在于，政治思想逻辑并不直接导致历史现实，而是在不同历史条件下通过人的实行显出符合逻辑或违反逻辑的不同现实。中间引起差别的原因是主导国家政治的历史人物是否实行了符合思想逻辑的政治。可以说清末王朝统治者实行的是不符合逻辑的政治，所以才导致出现当时腐败无能、国破家亡的社会政治形势。而一大批仁人志士对当时政治的批判，不管使用的是什么概念说法，乃至人民推翻旧王朝，建立新社会的革命，都是对违反中国政治思想逻辑的矫正。这里应当提出商榷的是，中国“大一统”天下观从政治思想逻辑上寻找道理，并非是所谓“极权政治”的思维，而恰恰是“一多不分”的、没有上帝主宰绝对性一套成熟的人间政治思维。所谓“成熟”，就是在于中国逻辑是人类经验的归纳，按照范畴和思维逻辑追寻起来，它是建立在“道”体系上。由于根本体系的不同，西方政治思想的逻辑，都不是中国的逻辑。中国有着特定的符合自己思维体系的逻辑。①

（二）第二逻辑：治国平天下

由于中国“人”的不是与“上帝”相对的概念，所以中国的

---

① 1990年中国广播电视出版社出版的《中国思想宝库》的“3. 论政治”部分“引言”称：“一个最最重要的问题：权力能腐蚀人，若非外在的有效监督制约，道德高尚的人也会腐败。如何从政治体制和制度上尽可能有效地防止或降低这种腐蚀、腐败；使道德卑下的掌权者也无以肆意横行—却几千年来一直被人们忽视或回避了。我不知道究竟是什么缘故。”这种坦诚清楚说明这位编者对中西思想传统结构差异了解甚少。

“人”观念也就不是贬义的。“人”也就不被看作是具有西方假设的“本性是假、恶、丑，为一己之私而损害他人的；这是上帝安排的，不可改变、不可教育的”这一逻辑。也由于中国是在“道”的意义上看待人，人的意义不仅不是贬义、被贬低的，更是积极、被崇尚的。人是与天地相连互系，所以有“天地人三才”之说；人是天地间可贵的一才。这个逻辑上，不存在绝对一己的自由和权利，自由（from oneself）和权利都是与他人、社会、宇宙相联互系（或曰“道”）的相对意义。① 也应该说，中国人的自由和权利，不是上帝给的，是人自己给和通过自己努力而获得的。这又是主动权在人自己手里，不是被动地向外索取。因此，从“道”的第一逻辑导致的第二逻辑，是人的治国平天下。

治国平天下是显“道”的逻辑。既然宇宙、自然、社会、人生都是浑然一体、互联相系，人与人无法严格分开、互相依赖的，那么只有把人生、社会维系在恰当、和谐的互动状态下，才是每个人充分发挥自己特点，既追求这个状态又维护这个状态，在这个状态中获得充分实现自己人生意义，不仅生存获得保障也体验精神境界愉快最佳社会。它超脱了“自由民主”政治的人性恶逻辑，起点和

---

① 权利谓适中与和谐，为利弊的权衡；还可谓一个人在人群环境中为自己找到公正和适合的位置，或者说在各种不同关系中的确立点。它是人由经验产生的自然取向或努力。这种努力是一个人对自己自由的实现的必须，这种自由的实现要求他对与他同处一环境的其他个人，由于存在延续和互连关系而怀有一种平等感。在这种情况下，权利和平等都是由其所处位置适宜性相联系的各种条件、义务、关系的总和来定义的。参见田辰山《韦伯理论的局限及其在中国的误用》《文史哲》2006 年第 4 期第 148 页或《中国社会科学文摘》2006 年第 6 期第 42 页。

落点都不是绝对个体人，而是一种个人和社会不分的融合。单个人不必依赖一个超绝力量赋予什么权利，而是通过自己与他人的共同营造，在人与人“和而不同”的发展环境中将“人权”给别人，获得对自己的“人权”。“人权”是人互相给与的。除此之外，没有别的来源。在正确认识和处理同别人与社会关系时，就是把人权给了自己。人权的一个重要意义就是对人的尊重。只有把别人当人尊重，才是真正尊重自己。只有自重才会有对别人的尊重。“自由民主”逻辑把人设定邪恶，把一己个人当作绝对目的，同时又把一己自主权利交与一个假设外在力量，使自己处于被给与的被动状态，反映单线和自相矛盾的思维。

“治国平天下”是“道”的思维延伸而出的一个中国特有政治目的逻辑。它既是实现好社会、好政治本身，也尤其是好政治所达到的好社会状态。“平天下”即以“平均”或“均平”思想治理、管理天下，达到均平状态。[①] 不过，这个“均平”或“平均”不是当今带有贬义解释的平均主义，而是合理、平衡、公正、公平、秩序、和谐等内涵丰富的概念。《荀子·王霸篇》对这种社会状态有这样的描述：“传曰：‘农分田而耕，贾分货而贩，百工分事而劝，士大夫分职而听，建国诸侯之君分土而守，三公总方而议；则天子共己而已。’出若入若，天下莫不平均，莫不治辨，是百王之所同也，而礼法之大分也。”[②] “治国平天下”之最高理想为托始于尧舜的大同境

---

① 古代典籍述及“均平”思想例子很多。如《礼记·乐记》曰：“修身及家，平均天下，此古乐之发也。”朱熹《诗经集传》曰：“修身及家平均天下之道。”

② 见上注李振宏。

界。《礼记·礼运篇》记孔子之言曰："大道之行也，天下为公，选贤与能，讲信修睦。故人不独亲其亲，不独子其子。使老有所终，壮有所用，幼有所长，矜寡孤独废疾者皆有所养。男有分，女有归。货恶其弃于地也，不必藏于己；力恶其不处于身也，不必为己。是故谋闭而不兴，盗窃乱贼而不作，故外户而不闭。是谓大同。"[①] 所谓"大一统"天下观，是"大一同"，"大"和"一"都是"道"，"统"是"同"、是"通"，也即"大道之行，天下为公"。

治国可谓平天下之特有方法逻辑，故"治道"之说。治道是"虽不中不远矣"。良好社会状态不是静态；动则有乱，有不平之事。所以天下平是在动态中求，是永不休止过程。求太平因有不平。不平是什么？是发生在"道"意义上。道是贯以天下万物之一，相联互系。主导社会的人一旦失去这种认识，失去把握，则会人为导致人与人之间相系相通的断裂，呈现人与人的对立状态，出现社会的混乱不平，即所谓失道。所以，治道不是权力斗争的"politics"，也非西方政治"rule"之意，因为"rule"总带有"治者"与"治于者"之间那种二元主义天敌性质关系。治道之人也非"politician"（政客）。按照《大学》的说法是"所谓平天下，在治其国者：上老老而民兴孝；上长长而民行弟；上恤孤而民不倍。是以君子有絜矩之道也"。[②]

"君子絜矩之道"也即大学之道：明明德、亲民、止于至善。如果用今天的语言理解，明明德就是彰显称之为中华民族精神内涵的"一多不分"的天下观、通变的互系思维、"和而不同"和"天人合

① 程昌明译注：《礼记》，第37—38页，远方出版社，2003年。

② 梁海明译注：《大学·中庸》，第19页，远方出版社，2004年。

一”的价值观，也即人生、社会、世界、政治主张和思想体系；亲民就是用这套逻辑教化众多的人，实行在这套逻辑意义的革新；止于至善是落实到对最好状态的实践和追求。到此为止，这个治国平天下的政治思想逻辑不仅不是人性邪恶的假设，而且是人在思想境界方面的追求和可能达到的高度。人作为经验获得的观念是，他是可以做到明明德、亲民和止于至善的；要实践大学之道，他必须有自知之明、崇尚修养和道德，成为杰出人物。[①] 这是中国政治思想逻辑以道德为本的原因。《大学》说：“君子先慎乎德”；“德者本也，财者末也”；“外本内末，争民施夺”。中国治国思想充满着自己体系的思维逻辑，《大学》中有一段是这样说的：“知止而后有定，定后而能静，静而后能安，安而后能虑，虑而后能得。物有本末，事有终始，知所先后，则近道矣。”这一整套逻辑明显地反映着我们与西方政治思想逻辑相比较下得出的中国特有“一多不分”和通变互系思维方式的观点。

（三）第三逻辑：齐家

由于在第一和第二逻辑上中国与自由民主政治思想的不同，中国不可能会有“自然状态”逻辑应是十分好理解的。由于人性恶，才会有“自然状态”下每个人对每个人互相残杀的战争状态；才会

---

① 郝大维和安乐哲指出，中国政治思想“首先关注的，是比执政者的修养还要重要的个人自我修养……对当政者的谆谆教导是以道德表率为政。这只有在当政者为文化产品而非为文化制造者的情况下才有可能。如果当政者要当好政，那么他自己就非得是德行的表率不可。”参见郝大维、安乐哲《哲人的民主一杜威、孔子及中国的民主希望》，芝加哥：1999 年版，第 213 页。（David L. Hall and Roger T. Ames，The Democracy of the Dead：Dewey，Confucius，and the Hope for Democracy in China（Chicago：Open Court，1999），p. 158.）

有个人追去财富积累和政治权力而又带来人自己给自己构成更大威胁的恶性循环逻辑；也才有对上帝的自由与权利的诉求。中国政治思想逻辑没有上帝，没有不可改变的人性恶，所以也就没有“自然状态”下的一套逻辑。似乎恰恰相反，中国逻辑上人在自然状态下是一种无为的理想状态。这个逻辑在道家思想中最为突出。老子认为“道”是一种不争状态；[①] “功成，名遂，身退，天之道”。[②]这该与民主自由政治思想逻辑的“自然状态”从生命安全出发对财富与权力的无限追求完全相反的走向。“道常无曰朴”；道永远是无名而质朴状态。[③] 自然无为的政治才是道，社会自然平平安安。“道大，天大，地大，人亦大”，“人法地，地法天，天法道，道法自然。”[④]按照这个逻辑，不好的政治恰恰是脱离了自然状态，不是自然无为的了，是“无道”了。因此道家对儒家颇有责难，认为“大道废”是过分推行“仁义”政治。儒家也是认为政治不好是“失道”，而好的政治是“治道”。不管道家还是儒家，都把政治建立在道的逻辑上，自然逻辑上。很明显，自由民主逻辑上人类无所不用其极地逃脱的自然状态，恰恰是中国政治逻辑上的美好道的和谐状态；而民主自由满怀恐惧的自然状态，是中国政治逻辑上的无道或失道或违反自然现象。在中国占主导地位的儒家治道逻辑，与保护个人竞争自由相反，是“欲治其国者，先齐其家”。

为什么要先齐其家？因为逻辑上的“自然状态”不仅不是自由

---

① 陈鼓应：《老子注译及评价》，第 14 页，中华书局，1984 年。

② 同上第 15 页。

③ 同上第 20 页。

④ 同上第 18、19 页。

民主假设的那个恐怖局面，而是一个“自天子以至于庶人，壹是皆以修身为本”的局面。也就是说，那是这样一种社会环境，所有社会成员都企盼与社会各种方面有和谐关系，并以此作为“好生活”的价值，并身体力行按照自己所处的特殊人与人关系范畴，认识和实践着和谐的创造和维系。社会和谐是所有人进行认识和实践的。在这个大环境中，社会总体角度的治理也是由人完成的，所以关键是找到那些最通晓天下事物和最具有带来人群与社会和谐关系能力的人。关于“齐家”，《大学》的逻辑是这样的：

“其家不可教而能教人者，无之。故君子不出家而成教于国。孝者，所以事君也；弟者，所以事长也；慈者，所以使众也。《康诰》曰：‘如保赤子。’一家仁，一国兴仁；一家让，一国兴让；一人贪戾，一国作乱；其机如此。此谓一言偾事，一人定国。尧、舜率天下以仁，而民从之；桀、纣率天下以暴，而民从之。其所令反其好，而民不从。是故君子有诸己而后求诸人，无诸己而后非诸人，所藏乎身不恕，而能喻诸人者，未之有也。”①

这种逻辑，是在以上帝为第一逻辑，人性恶与“自然状态”为第二、第三逻辑的自由民主政治所无从在假设上推出的。一个治理者，他的“政治”是在“自由民主”逻辑无法想象的无一己利益为绝对原则地取决于个人的，取决于他是个什么样的人和实行什么样的政策。他的政策反映着现实的秩序。当政者的好坏与他的品性是不可分。中国政治思想逻辑取向，是将当政位置交与德才兼备之人。因此。政治形式必不能脱离伦理道德。而德者，得也；伦理和道德

---

① 陈鼓应：《老子注译及评价》，第46、47、48页。

谓得道，意思是通晓社会关系的适宜与和谐，并以高超的才能创造性地付诸实行、维系和塑造这种社会关系。不言而喻，适宜和谐的社会关系从来不是竞争的结果，而是要求“礼”“让”成为“一种持久和经常的延展之理；通过这个理，人们可以实践优化的和适宜的关系。”① 治道也是治以仁义。仁治也谓德治，好政治家虑及的是人民和制定有利于人民的政策。② 任何政府必须以考虑人民生计为目的。《大学》曰：“《诗》云：‘乐只君子，民之父母。’民之所好好之，民之所恶恶之。此之谓民之父母。”又曰：“唯仁人为能爱人，能恶人。”说中国政治逻辑德重于才，是不错的。《大学》曰：“若有一个臣，断断兮无他技。其心休休焉，其如有容焉。人之有技，若己有之。人之彦圣，其心好之，不啻若自其口出。寔能容之，以能保我子孙黎民，尚亦有利哉。”这说明，道治、仁治、德治是创建平天下社会状态的必然逻辑。如不然，则如《大学》所言：“长国家而务财用者，必自小人矣。彼为善之，小人之使为国家，灾害并至，虽有善者，亦无如之何矣。”违反了这个逻辑，即是失道，即出乱世。

（四）第四逻辑：修身、正心、诚意、致知、格物

自由民主政治思想设想了上帝存在、人性不可改变这种邪恶和糟糕的“自然状态”，进入了非“契约”不能解决矛盾的逻辑。一方

---

① 陈鼓应：《老子注译及评价》，第35页。

② 郝大维、安乐哲《哲人的民主一杜威、孔子及中国的民主希望》，芝加哥：1999年版，第213页。（David L. Hall and Roger T. Ames, The Democracy of the Dead: Dewey, Confucius, and the Hope for Democracy in China (Chicago: Open Court, 1999), p. 213.）

面，人是邪恶、自私的，另一方面，人有上帝给的“自由、权利”的神圣性，二者只有到契约逻辑中才能获得圆满解决：让个人既自私、又自由。自私与安全、财富、权力、幸福联系在一起；自由则是对这个自私的放纵，因为这个放纵是上帝给的权利。契约有两个基本逻辑，一个是政府要对一己个人这个自私进行保护；另一个是要防止私人借政府名义和权力伤害个人的自私（准确讲自私的私人资本活动利益）。这就是所说的“民主”。而中国政治思想逻辑进入第四个逻辑，要解决的是：既然所有社会成员都企盼社会和谐关系，乐于根据自己所处的人与人关系范畴，致力于创造和维系和谐社会，如何让最具有实现人群和社会和谐关系能力的人（即“欲齐其家者”）管理社会事务？《大学》阐述的逻辑是：“欲齐其家者，先修其身；欲修其身者，先正其心；欲正其心者，先诚其意；欲诚其心者，先致其知；致知在格物。物格而后知至，知至而后意诚，意诚而后心正，心正而后身修，身修而后家齐，家齐而后国治，国治而后天下平。”

用现代语言来解读就是：要彰显“一多不分”天下观、通变互系思维、“和而不同”和“天人合一”价值观，这是一套人生、社会、世界、政治主张和思想体系，必须要实现一个好社会而有的好政治；好政治所达到的好社会状态，就是以“均平”思想治理，实现合理、平衡、公正、公平、秩序、和谐，也即“大道之行，天下为公”之“大同”；要做到这样的“治国平天下”，必须要让最通晓天下事物和最具有使人群与社会实现和谐的人来管理众人之事。这个人一定是有道德修养的君子，用在家孝顺父母、尊敬兄长、慈爱子女的道德扩延为对待国家领导人、上级和平民百姓的道德；以家庭仁爱、谦让兴起国家之仁爱和谦让风气。有道之君子首先要求自己，之后要求别人；首先克服自身缺点，而后帮助别人改恶从善。能够将自己家庭管理好的人，必须先努力提高自身品德修养；要提高自己品德修养，必须端正自己内心思想；要端正内心思想，必须自己意念诚实；要意念诚实，必须树立正确的认识；树立正确认识，必须研究事理。只有推究事理，才能树立明确认识；只有明确了认识，才能意志忠诚；只有意志忠诚，才能内心思想端正；内心思想端正，才能提高品德修养；只有提高品德修养，才能训练良好家风；能训练好自己家风，才有兴盛国家精神之道；国家精神兴盛，才能创建设会的太平和谐状态。这是一套完整而严谨的中国的政治思想逻辑关系。

五、中西政治思想逻辑的差别是什么？

总结起来，中国与西方是结构上差别的两套政治思想逻辑。所谓“结构差别”，是指双方认知所获得宇宙观上结构以及在各自宇宙观结构差异上发生的思维方式上的结构差别；在宇宙观和思维方式结构差异上发生政治思想逻辑结构差别。具体地说，1）西方有上帝或其他代替上帝的超绝存在，在这个虚设基础上建立的是上帝与万物之间的二元单线单向决定关系；中国没有上帝或任何超绝存在，而有的是“道”；道不是虚设，而是人类经验的理性化，讲的是万物之间的互联相系性。2）西方上帝是人的参照物，上帝是至善的，人本性是自私邪恶的；中国人的观念没有上帝参照，人是自己的心性问题，是可以改变和教育的，是修养、认识、得道的多少或远近问题。3）西方由于人性恶，虚设出一个人必须逃脱的自然状态可怕情景；中国不虚设，而是从经验得出社会最好的状态是自然的道的状态。社会失序是失道，是小人掌权。4）“自由民主”逻辑不是好人掌权问题，而是建立人性恶的政治契约与牵制机制问题，必然逻辑是把权力（利）给与竞争机制产生的强人；中国逻辑解决的是避免小人掌权，“选贤与能”，选贤与能即选择谦谦君子或让好人领导，因而发展出一整套产生君子的严谨逻辑。可以说西方政治思想结构是建立在虚设、以虚设变为信仰的推理之上；中国政治思想结构则是建立在人类自己经验的理性化归纳之上。

西方自由民主政治思想逻辑存在四大逻辑危机：

Ⅰ. 关于上帝逻辑的危机包括：a）上帝存在与否始终落于心理作用和非理性的信仰；b）上帝存在但不是管理人的；c）上帝不是管人的，但又不能完全不管，而只是解决一个赋予人权利的来处问题。

Ⅱ. 关于人和人权的逻辑危机包括：a）人从上帝那里索求个人权利，但不追求与上帝的认同；b）虽然不与上帝认同，但为了人权的合法性，又必须有他存在的虚设；c）上帝存在只为保证对人自私恶行的放任（即所谓自由权利），让它以“权利”的概念固定下来；d）在形而上意义上，人权是上帝赋予每个个人的，但同时它又放纵人的恶行，没有惩治，所以又反而致使能够获得权利的必须是争得的，也即是强人所得的；e）由于权必须靠竞争获得，反过来又等于它赋予人的权利又不是每个个人的，而只是强人的，这与形而上的意义又是个矛盾逻辑。

Ⅲ. 关于“自然状态”的逻辑危机：a）“自然状态”也是虚设而后成为心理作用的信仰；b）自由主义的两个创始者霍布斯与洛克在逻辑上本来就是矛盾的。洛克的“自然状态”虚设否定霍布斯那个“自然状态”的可怕性；既然没有可怕性，那么逃脱“自然状态”就失去了必然逻辑，就成为自相矛盾逻辑；c）由于这个矛盾逻辑，洛克的契约政府目的仅在于是保护恶行放纵（谓之自由）、追求无限个人财富的竞争自由，虽然名义上不是“自然状态”了，但在逻辑上却又是不称“自然状态”的自然状态（现谓之曰民主社会）。

Ⅳ. 关于“契约”的逻辑危机：a）“契约”也是虚设而历史上从未存在过征求所有个人同意的这种东西；b）按照霍布斯的逻辑建立一个极权政府，如此，人性恶又会必然导致任何权力者都侵犯其他个人人权；c）按照洛克逻辑建立一个非极权政府，它保证下的“自由”没有限制且需要竞争，也必然导致大多数人在竞争中失去人权乃至生存权利，d）契约和任何“民主”机制的牵制性逻辑上只是竞争中强者之间的牵制，而对强者集团不存在任何牵制，这是个死扣逻辑。

Ⅴ. 从文艺复兴政治学延续下来的启蒙运动产生的自由民主政治思想逻辑，是西方特有的一种理性思维，是与道德相脱离的纯工具性政治科学（或曰手段）。与道德脱离的根本原因是由于改变了上帝的帝位。上帝由一个向人类施加道德伦理压力的角色改变为只给人类“自由”（即让人性恶行为得以放纵合法化的）角色。上帝连同与它在一起的道德价值一起被人类绑架了。所以自由个人主义为核心内容的自由民主政治思想逻辑是没有什么道德可言的。这是为什么西方政治的道德问题在今天成了很多学者热衷的题目。

与西方政治思想逻辑相比，中国政治思想具有相当严密性的逻辑。首先，中国没有上帝的虚设和信仰，避免了西方的非理性的心理作用信仰。在充分关注自然、社会、人生现象与经验之上归纳出来的“道”观念，是中国政治思想逻辑的完全、彻底的理性的基础。第二，中国的互系性思维产生不出人性绝对恶不可改变的虚设，而是兼顾了人性善与人性恶两种可能性。《孟子》对这两种可能性有充分理性化严密逻辑性的分析。第三，接着第二点，严密连续下来的逻辑是如何是好人、如何产生出好人来、如何识别和选用好人（选贤与能）、好人是怎么个治国法（仁治、德治、治道）、治国如何出现最佳状态、小人会如何使用伎俩上台、如何避免小人上台等等。在这样严谨逻辑上论述的中国政治学思想典籍是西方自由政治思想逻辑只能是望洋兴叹的。而这一系列之所以贯通一气，不是西方那种虚设式的直线逻辑，而恰恰是“一多不分”的天下观、通变的互系思维与“和而不同”“天人合一”的价值观—中华民族精神的内涵。

六、结论

西方政治学概念“politics”（政治）是个人权力斗争，伴随这一概念的是统治与被统治二者之间二元对立式、自然天敌性质的关系。西方逻辑“logic”原意是万物有一定秩序。秩序是理性、外部强加的，是主宰一切的超绝非自然力量（如上帝）设定的，是单线单向决定的关系。中国观念的“政治”和“逻辑”不是西方这两个词原来的意思。中国政治思想逻辑是关于人生与社会治理问题的道理关系，它是从中华民族精神内涵思考出来的。这个内涵是：一、“一多不分”的天下观；[①] 二、通变的互系思维；[②] 三、“和而不同”与“天人合一”的价值追求。“一”是自然、宇宙、万物、社会、人生不可割裂的互联相系性；“多”万物个体的多样、多元状态的特殊

---

① “一多不分”是美国比较哲学家安乐哲在与西方哲学思维模式对比的基础上提出的。

② 田辰山：《中国的互系性思维：通变》，《文史哲》2002 年第四期第 10—18 页。

性；“不分”是万物的互通、互为延续性。

西方自由民主政治思想逻辑的基础是“一多二元”模式的哲学。“一”是主宰宇宙万物的“超绝物”；“多”是万物个体的多；“二元”是“一”对“多”的“超越”和“一”与“多”之间的单线、单向决定主义、二元分叉关系。“一多二元”宇宙观、二元对立思维方式、对绝对性认知和用它的普遍主义原则对一切的解释作为的价值体系，这三者构成西方民族精神内涵。以霍布斯和洛克代表的“自由民主”政治思想逻辑有四个关键逻辑范畴：存在一个上帝、人性邪恶不可改变、人类经历过一个自然状态、人类权威出现是人类契约的结果。上帝存在解决人的“自由”、“权利”合法性来处；人性恶是上帝存在的必然逻辑；“自然状态”是上帝赋予个人自由”、“权利”的必然前提；契约是前三个逻辑的假设结果，它规定强者个人人性放纵和追求无限私有财产积累的合法性。

中国政治思想逻辑具有西方政治学逻辑无可比拟的严谨性。道的观念避免了西方非理性的心理作用信仰，是中国政治思想实现完全、彻底理性化的基础，这使得中国政治哲学对人性善恶两种可能性有了充分理性化和严密逻辑性的分析。所以，中国政治思想是一个完整的如何是好人、如何产生出好人来、如何识别和选用好人、好人是怎么个治国法、治国如何出现最佳状态、小人会如何使用伎俩上台、如何避免小人上台等等严格逻辑关系的体系。贯穿始终的是中华民族精神的内涵：“一多不分”的天下观、通变的互系思维和“和而不同”与“天人合一”的价值观。

中国现代和当代的政治思想逻辑是马克思主义中国化的逻辑，是中国自古以来中华民族精神内涵基础上建立政治思想逻辑的现代表述和现代体系。它与西方启蒙运动以来产生和实行的自由民主政治思想逻辑有着根本结构性的差别。它的严谨性、完整性、逻辑性远远超过自由民主政治思想逻辑。中国现在走到了一个对这种政治思想逻辑结构应该产生充分认识的十字路口。只有认识这种结构，中华民族才能够增强民族自信力，才能在世界之林创造性地走出一条具有中国特色的社会主义政治文明道路，为实现一个人类和谐的世界有所贡献。

“民本”新诠

周桂钿

内容提要：中国古代民本思想十分丰富，有许多可以借鉴的内容。特别是重视民的地位，听民意，善为众主，都是有合理性的。专制制度在中国历史上起过好的作用，简单否定是不可取的。现代的民主有进步性，却不是最好的，还需要改进。盲目以为西方从来就有民主的好传统，未能解释两次世界大战都爆发于欧洲的原因。民本观念是内容，民主制度是形式，二者结合才是较好的。

关键词：民本观念　民主制度　集权制度

中国人的核心价值观是民本思想。中华民族精神的突出特点也在民本思想上。在西方科学和经济强势的情况下，有些人根据中国古代讲民本，现代西方讲民主，就认为民主是最好的，而中国的民本是不行的。我想民主与民本都是可以分析的，各有优势和不足，这可以从政治理论上分析，也可以从历史经验上探讨。

一、中国民本思想内容

中国古代民本思想很丰富，今将主要内容摘要如下：

民为邦本。《尚书·五子之歌》：“述大禹之戒以作歌。其一曰：皇祖有训，民可近，不可下。民惟邦本，本固邦宁。……予临兆民，懔乎若朽索之驭六马。为人上者，奈何不敬？”皇祖指大禹。大禹认为民可以接近，不可歧视。邦是古代国家，本指树根。国家象一棵树，民是树根。树根稳固，树才能正常生长。民稳定，国家才能安宁。民是国家的根本。面对民众，治理人民，就像用腐朽的绳子驾驭六匹马拉的车那样惧怕危险，小心谨慎，当个统治者，怎么能不谨慎呢？孔氏传：“能敬则不骄，在上不骄，则高而不危。”能够谨慎就不会骄傲。当政者不骄傲，居于高位也就不会有危险。马虎与骄傲，是当政者的危险态度。这一段话出于伪《古文尚书》，在两千多年中，在中国历史上产生了深刻的实际影响。

民与天齐。《尚书·皋陶谟》：“在知人，在安民……知人则哲，能官人；安民则惠，黎民怀之。”说：“天命有德”，“天罚有罪”，“天聪明，自我民聪明；天明畏，自我民明威。”这都是把民与天联系起来，借天的权威，强调民的重要性。统治者的责任在于“安民”、“利民”（德）。西周时代，明智的统治者就提出天命论，认为天有至高无上的权威，说：“天视自我民视，天听自我民听”（《尚书·周书·泰誓》）。认为民的视听与天的视听是一致的，所以统治者要以“敬天保民”作为执政的理念，在民面前作威作福，就是得罪了上天。他们又说：“民之所欲，天必从之。”（《尚书·周书·泰誓》）人民有什么愿望、要求，天会努力使它得到实现。这些事情做得如何，就决定了当政者自己的地位是否巩固。因此，他们又从理论上概括：“皇天无亲，唯德是辅。”（《尚书·周书·蔡仲之命》）德，指使人民得到好处。天没有亲戚，它只辅助能给人民带来好处的有德者。他们把民抬到与天并列的崇高地位，说明他们是极端重视人民的作用的。因此，敬天保民成为他们的政治纲领。过去有人在“民”与“人”的区别上，讲人是奴隶主，民是奴隶，这是以阶级斗争为纲指导下的产物，比较勉强，不符合中国传统文化和传统思想大体，虽能解释少数资料，却无法解释更多的理论与事实。中国传统重民的思想在世界上也是比较突出的，历代统治者都是重民的。

春秋时代，敬神与保民作为社会风气同时流行。有的统治者重视神，祭神特别隆重，从人民那里刮来很多财富，准备祭品，作为敬神的物质条件。同时，他们每有大小事都向神请示，非常相信神，凡事都按神的意志（卜筮的结果）办。另外一些思想家把民放在比神还重要的位置上，要求统治者先把人民的事情办好了，然后再去向神表示敬意和感谢。例如，季梁说，治国之道就是“忠于民而信于神”（《左传·桓公六年》）。忠于民，就是高高在上的统治者要经常想着如何才对人民有好处，就是“上思利民”。他又说：“夫民，神之主也。”在古代，蜡烛的芯，叫做主。民为神主，大意是说：神的情绪随着人民的意愿而产生变化。人民高兴，神也高兴。人民不高兴，神也会不高兴。所以，圣王先办完人民的事情，然后才花一点时间去敬神。“民和而神降之福”（《左传》桓公六年），人民安居乐业了，神才会降福，统治者办事才会成功。“民不和神不享”（《左传》僖公五年），人民生活不好，神就不接受统治者奉献给它的祭品，当然也不会给他们降福。在敬神与重民同时存在的情况下，在儒家的典籍中，对只敬神都是持批判的态度，而对重民则持肯定的态度，这表明儒家是主张重民的，而且在孔子及其弟子、以至于后来的孟子、荀子，都有明确的论述。

无论是将民与天并列，还是主张民为神主，都说明西周以后开明的思想家已经有了重民的思想。当时普遍的观念还是天与神有崇高的地位，风俗是畏天敬神的。天、神的地位都在最高统治者天子之上，如果民与天、神并列，那么，很显然，民的地位应该在天子之上。这是很容易推导出来的。但是，这种思想到战国时代才由儒学大师、儒家亚圣孟子概括出来。他说："民为贵，社稷次之，君为轻。"（《孟子·尽心下》）人民最尊贵，国家是其次，国君排在最后。这就是著名的民贵君轻思想。为什么民比君还高贵呢？孟子作了这样的比较：一个人得到天子的赏识，可以当诸侯；得到诸侯的赏识，可以当大夫；只有得到人民的拥护，才能够当天子。用后来的史事作注解，就更容易理解。例如李斯本事很大，受到秦始皇的赏识，当了丞相，本事再大，也当不了天子。刘邦没有得到秦始皇的赏识，当不了丞相，却由于受到人民的拥护，当上了天子。由此可见，民是最高贵的。因此，得到人民，也就得到天下，失去人民，也就失去天下。怎么才能得到人民的拥护呢？就是要得民心。所谓"得民心者得天下"。民心的向背是关键，它决定天下大势。孟子的这种民贵君轻思想就是肯定了人民是历史发展的决定性的因素。孟子认为得到人民真心拥护的人才能统治天下。谁能得天下，民心是决定因素，也可以说是民心主宰天下，主宰历史，或者叫民心决定论，民心史观。民心史观虽然不是唯物史观，其合理性、进步性，却是非常明显的，与唯物史观在重视人民大众方面则是高度一致的。

立君为民。君与民是什么关系？从儒家典籍中可以看到，《尚书·西伯戡黎》载：在周武王领导人民要推翻商朝统治的时候，殷纣王说："呜呼！我生不有命在天？"意思说我是有天命的，还怕人民吗？祖伊说："呜呼！乃罪多，参在上，乃能责命于天？"大意是：你罪恶滔天，天要惩罚你，难道能责任推给上天？上天按民的意愿惩罚君，可见，在天意中，民重于君。《荀子·大略》："天之生民，非为君也；天之立君，以为民也。"上天确立君即统治者，是为了人民，并不是为了君本身。如果君不为人民做事，就是违背天命，就要被废除掉。又说："君，舟也；庶民，水也。水则载舟，水则覆舟。"都是说民是社会的真正主人。民可以拥戴君主，也可以推翻君主。君主的上台下台，是人民决定的。这就是民本思想，这里包含民主意识。君虽然不是投票选举产生的，他们都是人民选择的结果。这个选择的过程虽然不是投票，不是票数的简单多数决定的，但是，从历史上看，兴衰成败岂无凭？就凭民心所向。在历史的早期，民心表现在知识分子的倾向上。在春秋战国时代，并不是普通群众主宰世局，而是由众多的士即知识分子走向决定世局的变化。这时的知识分子（贤士）是民众的代表，从最后的根源上看，仍然是民众决定历史。秦国重用客卿，发展很快，从小邦升为大国，最后统一天下。从秦汉建立中央集权制度以后，皇帝就成为政权的代表。人民的意愿通过各级官员反映到朝廷，皇帝进行选择。选择正确，反映了人民的愿望，社会就安定，所谓长治久安；选择不当，不能反映人民的愿望，就会乱了天下，人民起来造反，导致改朝换代。秦始皇统一天下，表明秦的强大。但是，由于秦二世选择错误，诛李斯、去疾，任用赵高；贵为天子，富有天下，不肯"徇百姓"，要以天下奉一人，"肆意极欲"，"欲造千乘之驾，万乘之属，充吾号名"（《史记·秦始皇本纪》）。二世即位两年，天下开始大乱。勉强支撑三年，苟延残喘，终归灭亡。如此强大的国家在与民为敌的路线下，迅速灭亡，有力地证明了人民的强大力量。君与民的关系虽然间接，却有复杂的联系，仍然表达出人民对当政者的最终选择。人们从历史事实中可以得出结论，历史的真正主人就是人民。中国古代思想家是这么说的，儒家是这么说的，马克思主义也是这么说的。现在说干部是人民的公仆，其实在一千多年前的唐代，柳宗元提出的“吏为民役”就表达了这种思想。但是，轻视中国文化以后，这些都不算数了。晚了一千多年的说法却成了创新见解。

征询民意。不反映人民的愿望，哪一个也不行。人民的愿望是什么？这是非常复杂的问题，不是一眼就能看出来的，需要经过复杂艰苦的调查研究，才能逐渐弄清楚的。当政者要采取各种形式与手段，征询群众的意见。古代传说，尧时曾经设立“进善之旌，非（诽）谤之木，敢谏之鼓”，舜时“询于四岳，辟四门，明四目，达四聪”（《尚书·舜典》）。商朝也有召集群众议论大事的习惯。如《尚书·商书·盘庚上》载：“王命众悉至于庭”，讨论关于迁都的事。《尚书·商书·盘庚下》载：“朕及笃敬，恭承民命，用永地于新邑。”商末周初出现的《洪范》有“谋及乃心，谋及卿士，谋及庶人，谋及卜筮”的记载。认为这些官员、百姓和神意见都一致的情况，就是“大同”。庶人就是一般群众，区别于当官的卿士。《周礼·秋官司寇·小司寇》载：“小司寇之职，掌外朝之政，以致万民而询焉。一曰询国危，二曰询国迁，三曰询立君。”西周时代，有一种制度，在大事决定之前，要进行商量。一方面，国王与各大臣在朝廷上商议。另一方面，派小司寇到外朝向万民征询意见。国家大事有三件：一是国家危险的时候，即战盟问题。外国入侵，国家安全受到威胁，或者要与别国订立结盟，这也与战争有关，都要与民众商议。二是国迁即迁都，首都要迁移，也要与民众商量。三是立君，即确立新君，决定国君接班人，这也是与民众关系极大的事情。最典型的是周公“一沐三握发，一饭三吐哺”（《韩诗外传》卷三·第三十一章）。周公在执政的七年中，“布衣之士所执贽而师见者十

人，所友见者十二人，穷巷白屋所先见者四十九人，时进善者百人，教士者千人，官朝者万人。”（《韩诗外传》卷三·第三十一章）

在西周时代，就有邵穆公提出：“夫民虑之于心而宣之于口，成而行之，胡可壅也。”（《国语·周语》）“郑人游于乡校，以论执政。”然明对子产说：“毁乡校何如？”子产曰：“何为？夫人朝夕退而游焉，以议执政之善否，其所善者，吾则行之；其所恶者，吾则改之：是吾师也。若之何毁之？我闻忠善以损怨，不闻作威以防怨。岂不遽止？然犹防川，大决所犯，伤人必多，吾不克救也；不如小决使道（导），不如吾闻而药之也。”子产“不毁乡校”的消息传到孔子那里，孔子说：“以是观之，人谓子产不仁，吾不信也。”（《左传·襄公三十一年》）

善为众主。人民群众的意见是复杂多样的，不尽合理。有老汉骑毛驴，无所适从，路边盖房，三年不成。这些都说明了这个道理。因此，《吕氏春秋·不二》说：“听群众人议以治国，国危无日矣。”无法确定的时候，也曾经采取过“投票”的方式，来看多数人的愿望，例如《左传·哀公元年》记载：吴国进攻楚国，吴国派使者到陈国召陈怀公。陈国是小国，夹在吴、楚两大国之间。吴楚相争，陈国怎么办？陈怀公感到很为难，就向国人征询意见。国人意见分歧很大，讨论很长时间，莫衷一是。陈怀公说：“欲与楚者右，欲与吴者左。”这大概就是两千多年前的“站队”问题，也是最早划分左派和右派。当时通过站队点人数，后来演变成放豆子，举手表决，无记名投票，再到电脑计票。民主形式可以不断发展，民主精神则是贯通的。

根据人数（即票数）的多少来决定大事，也不尽合理。中国古代比较明智的思想家不是根据简单多数来决定大事，而是理智地审察群众的意见，经过分析研究，作出抉择。例如，《左传·成公六年》载：楚军进攻郑国，晋国栾书带兵去救援郑国。郑国与楚国已经停战。楚国退驻蔡国。千里迢迢来救援，却没有打上一仗，白跑了？有的人主张到蔡国去打驻在那里的楚军，有的人不同意。赵同、赵括等将军力主向楚军开战，一决雌雄。知庄子、范文子、韩献子不赞成，认为救郑任务已经完成，可以班师。如果开战，胜了没有什么意义，败了会遭世人耻笑。主帅栾书决定撤兵。这时主战的将军们对栾书说："圣人与众同欲，是以济事。子盍从众？子为大政，将酌于民者也。子之佐十一人，其不欲战者，三人而已。欲战者可谓众矣。《商书》曰：'三人占，从二人。'众故也。"栾书说："善钧从众，夫善，众之主也。三卿为主，可谓众矣，从之，不亦可乎？"群众的意见也是变化的。经过一段时间，实践证明它是好的，最后会得到群众的理解和拥护的，会成为多数人支持的意见。我们从子产行政，商鞅变法，都可以看到这种情况。

子产刚开始任郑国相时，实行一系列改革，群众编出顺口溜，表示强烈反对。当时子产认真审查一下自己的主张，还是认为自己的做法是对的，是对国家和人民有利的，于是坚持不渝，并且说只要对国家有利，自己宁肯牺牲一切，他说："何害！苟利社稷，死生以之。且吾闻为善者不改其度，故能有济也。民不可逞，度不可改。《诗》曰：'礼义不愆，何恤于人言？'吾不迁矣。"（《左传·昭公四年》）子产自信政策没有错误，不怕别人议论，坚持不改。行政三年，群众热烈拥护子产的政策。商鞅变法时，也有许多人反对，变法成功，民富国强，群众看到好处，也表示拥护。这些事实都表达一个意思：善为众之主。正确的意见更能代表群众的长远的、根本的利益，真正代表群众的愿望。法家人物在政治改革实践中总结出一个道理："民不可与虑始而可与乐成。论至德者不和于俗，成大功者不谋于众。是以圣人苟可以强国，不法其故；苟可以利民，不循其礼。"（《史记·商君列传》）要实行改革，开始不一定就要跟群众商量，只要改革方向正确，坚持改革，有了成效，人民就会理解和拥护的。

孔子说："众恶之，必察焉；众好之，必察焉。"（《论语·卫灵公》）不能根据众人的好恶，来决定自己的好恶。自己的好恶来自于自己对评论对象的认真考察与分析。很显然，孔子认为众人的好恶未必正确。在另一处，子贡问："乡人皆好之，何如?"子曰："未可也。""乡人皆恶之，何如?"子曰："未可也。不如乡人之善者好之，其不善者恶之。"（《论语·子路》）乡人皆好之，说明赞成这个人的占绝大多数，如果按现代投票办法，他准得多数票。但是，孔子不轻信多数人的意见，还要自己考察，分析，然后作出自己的评价。东西方习惯不同，管理方法也不一样，成功的就是正确的。理论很好，不合国情，并不实用，在实践中就不能成功。如惠施给魏国设计治理方案，别人评论是：好而不能用。

总之，先秦时代，统治者重视听取人民的意见，群众有各种不同的意见，即使有比较一致的意见，也不是一定就按群众的意见决策。统治者听取各种意见以后，再进行思考、分析，选择最佳方案。这是当时最合理的民主方式。正确的意见真正代表群众利益，最后会得到群众的拥护。

民本流传。秦朝建立中央集权专制制度以后，虽然也有一些人提出民本的思想，在实践中很难得到实行。例如《吕氏春秋·贵公》讲："天下非一人之天下也，天下之天下也。"天下就是天下人民的天下，不是君主一个人的天下。但是，秦二世就是将天下视为自己的私有财富，要求天下侍奉他一个人。刘邦得天下后，问父亲："某之业所就孰与仲多?"我的事业财富与老二比谁更多呢？实际上就是将天下视为自己的财富。西汉贾谊在《新书·大政上》提出："闻之于政也，民无不为本也。国以为本，君以为本，吏以为本。"这是民本思想的系统论述。他还说："自古至于今，与民为仇者，有迟有速，而民必胜之。"此后，不以民为本者，比比皆是，与民为仇者，不绝于世。他们正如贾谊所预见的，早晚要失败。唐代柳宗元总结了历史与现实的经验教训，提出"吏为民役"，更加明确人民是社会的主人，所有当官的都是人民用自己的税收雇佣的仆役。柳宗元也说：对于不称职的官员，人民"则必甚怒而黜罚之"（《送薛存义之任序》，见《柳宗元集》第616页，中华书局1979年10月）。到了明末清初，黄宗羲在《明夷待访录》有《原君》、《原臣》等篇。他在《原君》中说："古者以天下为主，君为客"，天下为主，就是天下人民为主。君为客，就是君"毕世而经营者为天下也"，就是皇帝要一辈子为天下人民服务。在《原臣》中说："出而仕于君也，不以天下为事，则君之仆妾也；以天下为事，则君之师友也。"天下就是人民的天下，以天下为事，就是为人民做事。如果当官是为人民做事，那么，与皇帝的关系就是像老师、朋友的关系。如果当官不为天下人民做事，那就是皇帝的奴才。柳宗元讲"吏为民役"，还没有涉及皇帝。黄宗羲认为皇帝也在民役之列，皇帝与百官一起为天下人民做事，都当人民的仆役。这就表达了彻底的"民为主"的思想。有思想不等于有制度，思想有指导作用，制度才有保证。而中国"民为主"只是一种思想，却就是没有制度的保证。特别是在中央集权制度建立以后，君臣关系逐渐拉开，君臣与民的距离就更远了。"民为主"成为历代思想家所期盼的、非常渺茫的理想。许多七品芝麻官还自以为是人民的“父母官”，忘记了人民是自己的“衣食父母”。他们肆无忌惮，欺压主人，忘乎所以，严重颠倒了主仆关系。

二、民本观念与集权制度

民本观念在先秦时代一直被许多统治者所奉行。秦汉时代建立起中央集权制度以后，民本观念发生了变化。首先君与民的关系发生转变。原来民与天、与神并列，高于君。现在，皇帝有了至高无上的权力，凌驾于万民之上。强调民本的贾谊被迫害至死，而董仲舒虽然仍然强调重民，根据社会政治形势的变化，提出大一统论，认为战乱产生于分裂割据，必须集中统一，才能消除战乱。为了实现集中统一，他提出“屈民而伸君，屈君而伸天”。强调屈民而伸君，就要证明君高于民，贵于民。这可以从董仲舒讨论郊祭中看出来。董仲舒讲天人感应，特别强调要敬重“天”。天子在南郊祭天活动叫“郊祭”或“郊祀”。董仲舒认为天子应该非常重视郊祭，将郊祭放在极其重要的位置上。人民挨饿，不能取消郊祭；国有大丧，也不能停止郊祭；百神祭祀之前，都要到南郊先祭天。董仲舒在《春秋繁露·郊祭》中说：“文王受天命而王天下，先郊乃敢行事，而兴师伐崇。其《诗》曰：‘芃芃棫朴，薪之槱之。济济辟王，左右趋之。济济辟王，左右奉璋。奉璋峨峨，髦士攸宜。’此郊辞也。其下曰：‘淠彼泾舟，烝徒楫之。周王于迈，六师及之。’此伐辞也。其下曰：‘文王受命，有此武功。既伐于崇，作邑于丰。’以此辞者，见文王受命则郊，郊乃伐崇，伐崇之时，民何遽平乎！”第一段是郊辞，讲郊祭的内容。其大意是：茂密的灌木，砍来堆起，点然。济济，是严肃恭敬貌。辟王，指文王。左右指左右大臣。趋之，指积极参与。郑笺云：“辟，君也。君王，谓文王也。文王临祭祀，其容济济然敬。左右之诸臣皆促疾于事，谓相助积薪。”火焰冲天，这是祭天仪式的开始。接着，文王还是那样恭敬的神态。左右大臣捧着郊祭的礼器。峨峨，壮盛肃穆的样子。髦士即俊秀之士。这里是描述了文王祭天时的情景。说明文王周围有一大批贤才，恭敬祭天。第二段是伐辞，讲出征的情况。淠，众多。泾是河流，在今陕西。烝，众多。徒，群众。楫之，划船。其大意是：泾水上，有很多舟船，许多人正划船。周天子要出征，军队都跟着出发了。

第三段的大意是：文王受命后有了两大功绩：一是讨伐崇国，一是在丰这个地方建立都城。这就是“王者受命，必先祭天，乃行王事。”有人认为：“万民多贫，或颇饥寒，足郊乎？”人民生活不好，有条件进行郊祭吗？意思是人民生活安定富裕以后，才能进行郊祭，才有资格祭祀上天。董仲舒举以上例子进行反驳，周文王先祭天，然后才去讨伐崇国。如果人民生活安定才能祭天，那么，文王祭天的时候，所有人民包括崇国人民应该都生活得很好。圣王要讨伐的国家，就是该国人民陷于水深火热之中。文王祭完天，就讨伐崇国，难道崇国人民会这么突然遭殃吗？董仲舒又说：“天子父母事天，而子孙畜万民……孰贵于天子？”天子是昊天之子，将万民当作自己的子孙来养，形成“天——天子——万民”这样贵贱顺序。也就是说，天子高居于万民之上。还有谁能比天子更高贵？这就不同于先秦的“民为邦本”、“民贵君轻”等的民本思想，取而代之的是“君为臣纲”。说明这时实行中央集权专制制度，已经抬高了君的地位。就是说，人民挨饿，也不能不祭天。这说明天比民高贵，天子自然也比民高贵，万民成了天子的子孙。

先秦时代的民本思想很丰富，进入秦汉以后，“民为本”变成“君为纲”。儒家概括出适应社会政治需要的“三纲”（君为臣纲，父为子纲、夫为妻纲）理论。中央集权专制制度被推翻以后，中国要走向民主，自然要用中国传统的民本思想取代“三纲”理论。民本论可以说是中国式的民主思想。为了适应现代社会的需要，民本思想还要有新的阐释，还需要创新的内容。

许多人不了解历史，认为西方人从古希腊开始就有了民主思想，而中国始终没有。英国女皇是民主选举产生的吗？两百多年前，美国是英国的殖民地，美国人能享受什么样的“民主”？如果美国人民早就有了真正的民主，华盛顿还闹什么革命？如果英国人给殖民地人民有充分的民主，美国人为什么要闹独立？主张全盘西化的人究竟思考过这类问题没有？为什么言必称希腊？民主怎么成了西方人的专利？

关于中央集权专制制度如何评价的问题，也值得注意。

我们如果能够应用历史唯物主义观点分析问题，对历史上出现的现象则需要进行历史性的分析，不能以现代的情绪审视评论古代的制度。恩格斯有一段精彩的论述。他说：“用一般性的词句痛骂奴隶制和其他类似的现象，对这些可耻的现象发泄高尚的义愤，这是最容易不过的做法。可惜，这样做仅仅说出了一件人所周知的事情，这就是：这种古代的制度已经不再适合我们目前的情况和由这种情况所决定的我们的感情。但是，这种制度是怎样产生的，它为什么存在，它在历史上起了什么作用。关于这些问题，我们并没有因此而得到任何的说明。如果我们对这些问题深入地研究一下，那我们就一定会说——尽管听起来是多么矛盾和离奇，——在当时的条件下，采取奴隶制是一个巨大的进步。……甚至对奴隶来说，这也是一种进步，因为成为大批奴隶来源的战俘以前都被杀掉，而在更早的时候甚至被吃掉，现在至少能保全生命了。”（恩格斯《反杜林论》，《马克思恩格斯选集》第三卷第220—221页。）我们过去痛骂中央集权专制制度，只能说明这种制度已经不再适合我们目前的情况以及我们的感情，不是对这种制度的真正评价，也不是这种制度的历史地位。奴隶制在当时是巨大的进步，封建制度当然也是当时的巨大进步，资本主义制度当然也不例外。我们都能给一种新制度的产生以高度的评价，那么，我们就无法否定中国封建制度在它的产生初期的巨大进步作用。我们如果有历史的观点，就不可能简单地痛骂历史上所有统治者，奴隶主、封建地主和资产阶级当政者，就不能简单地否定中国古代的天子、皇帝，不能否定尧、舜、禹、汤、文武周公的历史功绩，也不能否定秦皇、汉武、唐宗、宋祖对中华民族的贡献，同时也不能否定为他们献计献策的智谋之士，贤相忠臣、清官廉吏。正如季羡林先生所说："又如一条链子，是由许多环组成的，每一环从本身来看，只不过是微不足道的一点东西；但是没有这一点东西，链子就组不成。在人类社会发展的长河中，我们每一人都有自己的任务，而且是绝非可有可无的。如果说人生有意义与价值的话，其意义与价值就在这里。"（《季羡林学刊》P27《人生的意义与价值》）中国传统文化能够传承下来，每一代人都是有贡献的。否定前人的贡献，是历史虚无主义的观念。我们要建设社会主义，是在前人的基础上建设，不是离开这个基础来重新建设。资本主义是在封建制度的基础上建设的，封建制度是在奴隶制基础上建设的。如果这些都否定了，我们只能回到原始社会，回到最野蛮的时代。这才是真正反人类的最反动的思想！中央集权专制制度从秦汉时代开始，历经三国两晋南北朝隋唐五代宋元，直至明清，每一代都有每一代的贡献，即使不是盛世，也是这个长链上的一环，也是不可或缺的，不是可有可无的。否定历史，是无知的表现。西方人认为学习历史使人明智。中国古人以史为镜，研究治国方略，古为今用，是重史的优秀传统。没有历史观念的人，不尊重古代圣贤的人，思想之浅薄，境界之低下，都是很自然的。

三、民本观念与民主制度

不论当皇帝，还是当什么官，或者任什么职，甚至做任何事情，都要想到人民的利益，人民的愿望。讨论什么问题，处理什么案件，举办什么事业，都要以人民的利益和愿望为正确的标准，理论的依据。这就是我们所认为的民本观念。至于许多人做事，议论问题，举办事业，处理案件，并没有考虑人民的利益与愿望，只要上级满意就可以升官发财。注重人民利益与愿望的人却得不到提拔。在这种情况下，民本观念就会逐渐淡薄，显得软弱无力。人民虽然有强烈的愿望，却也敢怒不敢言。虽然经过一段时间，这些人都会遭到报应，被人民所推翻，为历史所淘汰。那要过较长的时间，不是三五年就能有结果的。可见，人民在专制制度下，要多受几年痛苦，灾难更加深重。有人以为民本思想毫无作用，那也不是，因为中国历史上的改朝换代就是民本观念决定历史的明显证据。

中国与欧洲比较，欧洲动乱的时间和程度，也不比中国差。中国统一、稳定常有上百年。从人口的多少也可以看出来，稳定时候人口大增，动乱时人口急剧减少。我们从人口的多少，也可以看出历史上不同时期的繁荣程度。同样道理，在世界历史上，人口多少就是社会稳定、经济繁荣、文化发达的重要标志。中国汉唐盛世，都是人口较多的时代，在战国时代，在南北朝时期，在唐以后的五代，都是人口较少的时代。简单地说，治世人口多，乱世人口少。人口多少是综合标志，其中包括政治、经济、文化教育以及科技

（包括医疗水平）等方面。李约瑟认为中国的科技在十五世纪以前遥遥领先于西方，是同时代的欧洲所望尘莫及的。同样在十五世纪以前，中国的经济、政治、社会文明，也都遥遥领先于西方，也是同时代的欧洲所望尘莫及的。这是过去欧洲人对中国的评价。现在欧洲人对历史有点生疏了，只知道眼前的现象，不知道欧洲以外的世界历史，也把他们的先人言论忘掉了，甚至抛到九霄云外去了。欧洲中心主义者的狂妄，以欧洲的观念作为唯一标准来衡量世界各国情况，以为任何重要的发明与创造都不可能发生于欧洲以外的地方。在欧洲文化强势的情况下，民主高于民本，成为普遍看法。但是，如果深入考察，我们会发现一些疑难问题。例如：西方采取选举的办法，认为这是最民主的制度，自然要举美国为例。但是，希特勒就是德国民众高票当选出来的，他发动了第二次世界大战，使欧洲各国人民蒙受巨大灾难，也使他的选民遭受空前的浩劫。这是为什么？民主就那么有保证，能给人民带来幸福吗？民主如果也能给人民带来灾难，它的可贵程度不也要打折扣吗？

中国的科举制度，尽管有一些舞弊现象，总体上还是比较公正的，是机会平等的。因为有合理性，尽管改朝换代，这种制度延续了一千多年，也得到过去西方人的高度赞扬。西方人喊平等若干年，才从中国学到考试制度。怎么能说平等只是西方人的专利呢？我们现在的高考、考公务员，从西方学来的，那是出口转内销。而且，我们现在的考试，远没有中国古代科举考试那样严格和严密，对于舞弊的处理，古代也比现在更加严厉。以为现在一切都比过去好，是一种盲目性。

民主最重要的是尊重人民的意愿。民主有形式与内容的问题。中国古人讲的民本，就是着重于民主内容，由于没有一定的形式，受到当政者个人的素质影响极大。个人素质好，就能得到很好的体现，个人素质差，民本就成为一句空话。而形式就是指规范、制度。徒有形式也不行，因为任何形式都会被主体意识所歪曲。阴谋家可以在客观形式的掩盖下弄虚作假，欺世盗名，进行各种阴谋活动。例如齐田成子、越王勾践都是以虚恩收买民心的人，“成子欲专齐政，以大斗贷、小斗收而民悦。勾践欲雪会稽之耻，拊循其民，吊死问病而民喜。二者皆自有所欲为于他，而伪诱属其民，诚心不加，而民亦说。”（王充《论衡·定贤篇》）阴谋家可以用虚恩来引诱人民拥护他们，大德才是人民利益的根本，小惠收买人心则是别有用心的。虽然会产生作用，甚至一时得逞，终究不能长久。古代有这种情况，现代也有贿选现象存在，即使在最民主的国家，不能真正体现民意的选举也经常发生。民主制度是形式，民主是手段，真正体现民意的是能够实实在在提高人民的物质生活，丰富人民的精神生活的领导者与社会制度。民主究竟应该是什么形式，投票是一种形式，不是最好的唯一的形式，却是当今可以采纳的行之有效的较好的形式。投票需要协商。这是中国共产党在革命实践中摸索创造出来的。在十多亿人口的中国，汉族占绝大多数，中共党员有七千多万，如果按选举的简单多数，就可能没有广泛的代表性，代表不了少数民族和其他民主党派以及特殊群体。经过协商，规定了少数民族和其他民主党派的代表人数，文化界的代表，工商界的代表，教育界的代表，军队的代表，使代表大会能够代表全体人民的意愿，照顾到各种少数利益群体。我以为这种以协商为基础的选举制度，更具有代表性，更合理。民主是一种观念，有知识分子的努力推动，民主风气会逐渐形成，制度也会逐渐完善。理论与制度好坏，都是要在实践中检验的，不是说起来好听就是好的。选举制度和任期制度是有合理性的，在许多国家实行的结果来看是有优越性的。但这是相对的，因为希特勒也是民主选举出来的，谁也不能保证以后不会再选出希特勒式的人物来。在西方古代的选举，只有少数人参加，多数人没有选举权。这与中国古代也差不多。任何政府有执政能力，就会权为民所用，情为民所系，利为民所谋，就会得到人民的拥护。一旦失去执政能力，不能为人民做好事，人民自然就会抛弃他们。得民心者得天下，就是民主观念。中国历史上有过盛世，就体现了民心的决定作用。有人说古希腊就有民主思想，那么，西方政治一直动乱，也一直改革，还有黑暗的中世纪。说明那时绝大多数人是作不了主的！民主不是说了好听，要真正使人民得到好处，生活幸福。王充说："夫太平以治定为效，百姓以安乐为符。"（《论衡·宣汉》）什么是太平？社会治理安定，百姓安居乐业，就是太平。能够做到这样的制度就是好的，统治者就是有功于人民的。这是客观标准。

民本观念是内容，民主制度是形式。人民是社会的主人，也是历史的主人。所有当政者必须树立民本观念，一切为人民服务，"权为民所用，情为民所系，利为民所谋。"有的人能够这样想，有的则不这么想，却也这么说，只是在关键时候滥用职权，为自己谋利。因此，需要制订严格的民主制度，防止职权的乱用、滥用，来维护人民的利益。民主制度是需要的，没有制度，只能凭良心办事。有些没良心的人就可能胡来，给人民造成极大伤害。小人当政，危害一方。有良心的人当官，为官一任，造福一方。建立健全民主制度，如果没有民本观念，那么，这种形式就会被利用，就会被曲解。因为形式是死的，人是活的，如果活人要利用死形式搞歪门邪道，那么，这时的形式也就失去规范作用。明显的事实，德国希特勒就是通过民主选举上去的，后来给欧洲造成那么大的灾难。这就是只讲形式的教训。有的说欧洲有民主的传统，而两次世界大战都是从民主发源地的欧洲爆发的。这说明什么问题呢？后来一些人不承认这样的事实，如果读一读梁启超的游欧日记，也许会受到启发，那时的情境，那时的心态，会如何看待民主制度的？

论德治与法治的互补

——中国古代政治传统的一个特点

中国政法大学　国际儒学院　单纯

内容提要：儒法互补是中国政治传统的主要特点，它形成于春秋战国时代。春秋时的齐法家与鲁儒家构成了“德治”与“法治”相平衡的齐鲁文化。战国时的三晋法家片面地发展“法治”中的工具理性，至“暴秦”而达崩溃的极限。汉代的“独尊儒术”矫正了秦“焚书坑儒”的弊端，奠定了中华帝国“阳儒阴法”的政治传统的基础。因此，“汉承秦制”是一种更新了的“儒法互补”形式，它确保了中华民族两千多年持续不断的统一性。

关键词：齐法家　三晋法家　德治　法治

中国文化的主流是儒释道三教，这个判断多是从精神文化方面而言的。如果要考虑中国传统社会的制度文化，那么，法家就不能被忽略不计，而且还应该被视为儒家一样层次的主流，即所谓“儒法互补”或者“阳儒阴法”，否则中国人常讲的“内圣外王”之道便失去了“王”的参照系。但是，由于秦始皇的“焚书坑儒”坐下中国人精神上的“秦火”之痛，故史论对法家颇多微词，褒儒贬法遂成为评断中国传统文化中的一种思维定式。加之“文化大革命”中的“批儒评法”反倒加深了中国人对法家“天资刻薄”的厌恶，致使“百代皆行秦政制”、“汉承秦制”、“独尊儒术”等一些实质上具有“儒法互补”的历史事实不能得到合乎逻辑的解释。因此，在我们建构法治与和谐社会时如何发扬优秀的传统文化、正确理解和利用“儒法互补”所形成的精神资源，就是一个十分有意义的话题。

一、儒法形成的历史背景

构成中华民族思想和文化传统的主要流派都形成于春秋战国时代，即百家争鸣、诸子并起的时代。从宏观的历史格局看，这时的中国人已有明确的统一的“世界”即“天下”的概念，在周天子的世界里就是“诸夏”，其历史谱系是周天子册封的诸侯国，在其边缘是“四裔”，即东夷、西戎、北狄和南蛮。整个周代的社会秩序是靠“王道”来维系的，近乎近代法学中的“自然法”概念，而“四裔”则无所谓“治道”，近乎西方人所谓“无法无天”的“丛林法则”(the law of the jungle，即弱肉强食)。照儒道法诸家看来，人类社会可以用四种法则来维系，按价值的高低分为“皇、帝、王、霸”四道，即宋儒邵雍所说的“用无为则皇也，用恩信则帝也，用公正则王也，用智力则霸也。霸以下则夷狄，夷狄而下是禽兽也”。[①] 皇道是古典的自然之道，帝道是传说中的尧舜等五帝的治国之道，王道是夏商周三王之道，霸道是春秋五霸之道，夷狄和禽兽则不在此四道之列，这其中当然包括对“四裔”的“习惯法”不了解而产生的歧视。总之，“四道”表达了中国古代的法制思想的诸多重要信

① 邵雍：《观物外篇》下。

息。其中儒法两家的特点是“入世”的，儒家重王道中的价值理性，法家重霸道中的工具理性；道家的特点是信仰“出世”的自然法则，所以道家思想往往是在比社会更广阔的自然世界中为儒法两家提供参照系，与儒法并无政治管理层面的正面冲突，而儒法两家则在政治管理层面形成正面冲突，但是又以价值理性和工具理性形成关联性互补。在司马迁的《史记》里，道儒法三家的人物和思想在不同层面的关系借鉴和互补的情况都有很明确的记载。

整个周代的近800年（公元前1046—前256）可以再分成西周的275年和东周的515年两个阶段。西周基本上是在“周公兼夷狄，驱猛兽，而百姓宁”[①] 的背景下形成的相对稳定的社会政治局面，其“王道”法制的具体内容体现在“礼乐”两个方面，即所谓“礼乐”之治。所谓“礼”者，有两个方面的含义，一是价值性质的描述：“礼，经国家，定社稷，序民人，利后嗣者也”，[②] 包括社会组织，政治体制，社会秩序等上层建筑。一是具有工具意义的戒律：“非礼勿视，非礼勿听，非礼勿言，非礼勿动”，[③] 实际上儒家的人还强调“非礼勿思”。这两者加起来，很像西方自然法体系中的“自然规则、神意和人类理性”三重意蕴。关于“乐”，儒家的人说：“兴于诗，立于礼，成于乐”，[④]“乐行而志清，礼修而行成”，“故先王导之以礼乐而民和睦”，[⑤] 皆是言其实际的运用层面，有“与民同乐”的意蕴；

① 《孟子·滕文公章句下》。
② 《左传·隐公十一年》。
③ 《论语·颜渊》。
④ 《论语·泰伯》。
⑤ 《荀子·乐论》。

关于“乐”的政治意义，战国时驺忌子见齐威王时就说：“夫大弦浊以春温者，君也；小弦廉折以清者，相也；攫之深，醳（通释）之愉者，政令也；钧谐以鸣，大小相益，回邪而不相害者，四时也：吾是以知其善也。”威王回答：“善语音。”驺忌子又说：“何独语音，夫治国家而弭人民皆在其中。”[①] 这就是说，音乐表现的道理和仁礼表现的伦理是一样的，其内涵即是仁义、诚信、尊卑、秩序等价值观念；同样，道家的人也发现儒家的“礼乐”治道是“礼以道行，乐以道和”。[②] 这实际则是对西周宗法制的理想化和缘饰。至公元前771年周幽王因荒淫无道被诸侯联合犬戎所杀，西周灭亡，周平王迁都至洛邑，开始了东周列国的时期。此时，周代的礼乐制度已经失去管制效能，是所谓“天下有道，则礼乐征伐自天子出；天下无道，则礼乐征伐自诸侯出”。[③] 其实，“礼乐”是周天下的宗法制，“征伐”是这个宗法制中的政令，政令自天子出是符合“礼乐”的，自诸侯出就违反“礼乐”了，这就是“礼坏乐崩”。但，这还仅仅是“内乱”，更重要的还有“外患”，即夷狄的侵扰。所以要解决东周的危机，维护坏崩的“礼乐”，儒法两家的人都以“尊王攘夷”相标榜，游说诸侯。其落实此口号的有效方法就是“富国强兵”或“富国教民”，法家强调前者，儒家强调后者。也正是这个特殊的历史环境，刺激了儒法诸家的思想，最终形成了不同的流派。

由于历史环境和政治重心迁变的缘故，东周又被分为春秋和战国两个阶段，春秋阶段“尊王攘夷”的中心突出，战国阶段则“富

---

① 《史记·田敬仲完世家》。

② 《庄子·天下》。

③ 《论语·季氏》。

国强兵”的中心突出。从后来历史发展的情况看，儒家的“富国教民”的思想并没有得到贯彻。但是，儒法两家在这两个阶段内又都在思考和实践新的“法治”，以填补“礼坏乐崩”后留下的法治真空。法家基本上是实用主义，最后形成了“法、术、势”（在这里韩非对于“法”的理解有矛盾）为特色的工具理性法治思想。儒家基本上是理想主义，最后形成了“克己复礼”的价值理性德治思想。所谓“工具理性”的法治思想，是从“急功近利”的立场考虑怎样以刑法牧民；所谓“价值理性”的德治思想，是从“天人合一”的立场考虑怎样以仁爱教民。从“急功近利”看“天人合一”，会觉得其是“迂远而阔于事情”；从“天人合一”看“急功近利”，会觉得其是“严而少恩”。这样，在春秋阶段，诸侯国中最先成为天下“霸主”的是齐国，推动齐国“富强”的法家人物是管仲和晏婴，这是所谓“齐法家”。与齐比邻的是鲁国，即儒家创始人的孔子的“祖国”，齐鲁不仅地理相连，而且同属周朝开国贤臣的封地——姜太公封地为齐，周公的封地为鲁，所以两者在文化思想传统上有亲和性和互补性，后来被称之为“齐鲁文化”。

二、齐法家与孔子

在齐国，推动“富国强兵”运动的法家人物是管仲和晏婴。管仲（？—公元前645）是促成齐国变法并首先成为“春秋五霸”的关键人物。曹魏时代的刘劭在其《人物志·业流篇》中说：“建法立制，富国强人（兵），是谓法家，管仲商鞅是也”。这等于承认管仲是法家传统中最早推动政治变革的人。在得到齐桓公的赏识之后，管仲推行变法约四十年，使“尊王攘夷”的思想在春秋时期的中国产生了很大的影响。

管仲的变法，首先是在政治上的“取于民有度，用之有止”，①“予之为取”，“政之所兴，在顺民心；政之所废，在逆民心”② 以及“以人为本”③ 的思想，体现了人本主义的重“怀柔”与顺“民心”的政策的统一。其次是强调伦理道德在治国中的价值取向作用，即管仲宣扬的“礼、义、廉、耻”是国之“四维”，所谓“四维不张，国乃灭亡”，“仓廪实则知礼节，衣食足则知荣辱”。④ 这应该视为对西周“礼乐”宗法制的创造性理解和维护，“尊王攘夷”既要发展齐国的实力也要提倡在诸侯国之间确立共同的价值标准。最后是从实用主义或工具理性的立场提出了“法治”的思想：“圣君任法而不任智，任数而不任说，任公而不任私，任大道而不任小物，然后身佚而天下治。……故法者，天下之至道也，圣君之宝用也。”⑤ 尽管他强调“法”的治道实效，但他还是在的富国强兵的变法中确立了兴政治、顺民心的治国法则和礼义廉耻这样的共同价值观，这就是所谓的“兼重礼法”。这是齐法家不同于后来的三晋法家的一个显著特点。

既然“富国强兵”和“尊王攘夷”从表面上看都还是为了维护周天子的“礼乐”王道，就必须订立让各诸侯国共同遵守的“国际法”，以有效地抵制夷狄的侵扰和维护诸侯国之间的秩序，所以召开“国际会议”，订立“国际公约”在礼坏乐崩的春秋时代就是必要和

---

① 《管子·权修》。
② 《管子·牧民》。
③ 《管子·霸言》。
④ 《管子·牧民》。
⑤ 《管子·任法》。

可行的。公元前651年，在管仲的策划之下，齐桓公会诸侯于葵丘，周天子也派代表出席，以显示齐国的霸主地位。葵丘盟会中所规定的条款，如同盟诸侯国之间互不侵犯，共同对付夷狄入侵，不得筑堤蓄水以邻为壑，不得限制邻国之间的粮食贸易，诛不孝，不得更易太子，不允许以妾为嫡妻，不得私自分封国邑等条文。这些措施对于抵御戎、狄入侵和遏止楚的北上都起到了一定的作用，而且在维系共同价值观方面，表达了春秋时代诸侯国"国际法"的最初尝试。当然，这样的盟会也保留了由郑国开创的"挟天子以令诸侯"的霸道的工具理性传统，而其实质还是诸侯专政，以"诛无道，屏周室"的"国际会议"的形式宣告齐国的霸主地位，开了"五霸更盛衰"的先河。春秋时代齐国的这种应变，正如后来司马迁总结的那样是"管仲既任政相齐，以区区之齐，在海滨，通货积财，富国强兵，与俗同好恶"，① 确实达到了齐桓公期望建立霸业的最初目标，为齐威王时"最强于诸侯"奠定了基础。

对于管仲的变法思想和成就，晚于管仲近百年才出生的、齐之邻国——鲁国的孔子（公元前551—479年）却给予了较为积极的肯定。孔子评论管仲的主要出发点仍然是针对当时的主题——"尊王攘夷"。当孔子的弟子子路问："桓公杀公子纠，召忽死之，管仲不死。"接着又说："未仁乎！"孔子就回答："桓公九合诸侯，不以兵车，管仲之力也。如其仁！如其仁！"孔子的另一个弟子子贡也有同样的问题，他问："管仲非仁者与？桓公杀公子纠，不能死，又相之。"孔子基本还是给予同样的回答："管仲相桓公，霸诸侯，一匡

① 《史记·管晏列传》。

天下，民到于今受其赐。微管仲，吾其被发左衽矣！岂若匹夫匹妇之为谅也，自经于沟渎，而莫之知也！”① 根据孔子两位弟子的问话看，当时大夫为其主子殉难仍然是“礼”的内容，管仲反而去辅佐其主子的敌手，这似乎是违反公卿大夫的道德的事。可是，孔子的看法就要大气和开明的多。他是着眼于“尊王攘夷”这样的大是大非来评论管仲的，所以认为，管仲的选择和作为既不违反仁德而又能使天下稳定、人民受益。而对于管仲严格执法，剥夺犯罪的大夫的采邑，让其终身困窘，孔子也赞扬他不失位一个“仁人”：问“管仲”，曰：“人也，夺伯氏骈邑三百，饭疏食，没齿无怨言。”②

当然，孔子也对管仲有点微词：“管仲之器小哉！”或曰：“管仲俭乎？”曰：“管氏有三归，官事不摄，焉得俭？”“然则管仲知礼乎？”曰：“邦君树塞门，管氏亦树塞门。邦君为两国之好有反坫，管氏亦有反坫。管氏而知礼，孰不知礼？”③ 这些批评的情况很复杂。管仲作为一个功勋卓著的卿相，有所奢侈，齐国人是没有什么怨言的。孔子对他的奢侈进行批评，表面上看是因为他行为有些方面不符合周礼，而实际上是违反了孔子的“克己复礼”的政治理想，这一点司马迁倒是看的很准：“管仲，世所谓贤臣，然孔子小之。岂以为周道衰微，桓公既贤，而不勉之至王，乃称霸哉？语曰：‘将顺其美，匡救其恶，故上下能相亲也。’岂管仲之谓乎？”④ 孔子生活在周公封地的鲁国，他有一种强烈的周公情结，更崇敬周公定下的礼乐

---

① 《论语·宪问》。

② 《论语·宪问》。

③ 《论语·八佾》。

④ 《史记·管晏列传》。

制度，所以，他对管仲的微词正好说明了儒法关系中的差异性，尽管其共同性是在“尊王攘夷”方面。

管仲死后一百余年，齐国出现了晏子（？—公元前500年）。正如管仲辅助齐桓公一样，晏子辅助了齐的灵公、庄公、景公三代国君，不仅使齐国沿着管仲开创的路线继续发展，而且在法治的价值观方面还更为孔子所赞同。司马迁将管仲和晏子列为同传就表达了这层意思：“晏子俭矣，夷吾则奢；齐桓以霸，景公以治。”[①]

从《晏子春秋》中所表达的思想来看，晏子在辅助齐之三公时主要的政治思想和功绩都体现在“尚俭”和“善谏”两个方面。其所“尚俭”者，是将周礼的道德和齐政的刑罚结合起来，所谓：“礼之可以为国者久矣，与天地并立。君令臣忠，父慈子孝，兄爱弟敬，夫和妻柔，姑慈妇听，礼之经也；君令臣不违，臣忠不二，父慈而教，子孝而箴，兄爱而友，弟敬而顺，夫和而义，妻柔而贞，姑慈而从，妇听而婉，礼之质也。”[②] 因此，礼在春秋这样失序的政治中就可以起到特殊的“法治”作用：“力多足以胜其长，勇多足以弑君，而礼不使也。”[③]“俭”是以礼为标准的宗法制的社会约束，否则就会因为力、贵、富，甚至穷而失去道德约束，或者犯上作乱，或者为富不仁，或者穷斯滥矣。这一方面桓公和管仲做得不好，《春秋》和孔子的弟子都有所批评，所以晏子引以为教训。“俭”的另一方面就是宽刑罚。景公时的齐国刑罚太重，法制变成了滥杀无辜的工具，所谓“藉（税）重而狱多，拘者满圄”，对人民“常致其苦而

---

① 《史记·太史公自序》。

② 《外上》十五。

③ 《谏上》二。

严听其狱，痛诛其罪”，[①] 其结果是“国之诸市，履贱踊贵”。[②] 针对这种法制工具理性政治，晏子反复向景公强调：“弛刑罚，若死者刑，若刑者罚，若罚者免”。[③] 他的“驰刑罚”依据仍然是礼治中那种价值理性，所以他说“节则刑政平，平则上下和，和则年谷熟”，[④] 强调政治关系中各种因素之间的“合而不同”就是“尚俭”的目的，否则在权贵者骄奢淫逸于上，肆欲于民而诛虐于下，则必致“民诛”，桀、纣都是殷鉴。

所谓“善谏”，就是把自己的政治理想通过一些有效的方式让国君采纳。这方面晏子很有创新，他能将“身谏”和“言谏”相结合。在“身谏”方面，他廉洁节俭，身体力行，与齐景公的穷奢极欲形成一个反差，以此形成一种社会舆论来规劝国君。司马迁讲晏子“事齐灵公、庄公、景公，以节俭力行重于齐。既相齐，食不重肉，妾不衣帛。其在朝，君语及之，即危言；语不及之，即危行。国有道，即顺命；无道，即横命。以此三世显名于诸侯”[⑤] 就是这个意思。不过，晏子的“身谏”在两个方面具有普遍意义：一是“食不重肉”；一是“妾不衣帛”。这与管仲形成反差，孔子学生批评管仲奢侈在这两个方面也有所表现，所以晏子的“俭德”既是吸取管仲的教训，也是接受鲁儒者的批评。而历史上公卿权贵正是容易在大吃大喝和妻女斗富方面弄得身败名裂。在“言谏”方面，晏子明确

---

① 《谏下》一。

② 《左传·昭公三年》。

③ 《杂下》十六。

④ 《杂上》五。

⑤ 《史记·管晏列传》。

向国君说明德治和法治平衡兼备的原则：一则“其政任贤，齐行爱民”；二则“从邪害民者有罪，进善举过者有赏”。[①] 在“德治”方面，他甚至强调“国有三不祥”，即“有贤而不知”，“知而不用”，“用而不任”。[②] 这些方面的内容构成了《春秋》中齐法家和鲁儒家“举贤任能”和“正德、利用、厚生”——“春秋三事”的入世理想。孔子曾赞扬晏子说：“晏平仲善与人交，久而敬之。”[③] 编在《论语》这一部分中的内容多是强调贤者的志向与如何实现的问题，其可能统一者就是“举贤任能”。司马迁倒是在《史记·管晏列传》里补充了晏子“善与人交”的两个例子，一个是在“缧绁（监狱）”中被他解救的贤者越石父，一个是受妻子激励而“自抑损”的、为晏子驾车的御夫。这两个贤人后来都被晏子举荐任用。司马迁对此很有感触：“假令晏子而在，余虽为之执鞭，所忻慕焉。”这大概是对孔子评价晏子最好的解释了。关于“春秋三事”，晏子在向国君的建议中所提出的“刻上而饶下，赦过而救穷。不因喜以加赏，不因怒以加罪”[④]，是可以与之相互发明的。所以《左传》中的感叹——君子曰：“仁人之言，其利博哉。晏子一言而齐侯省刑。”[⑤] 这句话如果不是孔子本人说的，也一定代表了鲁儒家的观点。

有了“任贤”和“宽刑”这两点，所谓“晏子不死君难”也如“管仲不效召忽”，鲁儒家是可以以“大节不亏”处之。

---

① 《问上》十七。

② 《谏下》十。

③ 《论语·公冶长》。

④ 《问上》十七。

⑤ 《左传》昭公三年。

在上面对齐法家管仲和晏子的论述中，以孔子为代表的鲁儒家对齐法家所表现的“尊王攘夷”的思想和法治中的某些价值理性还是比较认同的。但是，儒家价值理念和实现方法还是与齐法家不同，其价值理念的核心是“仁爱”和“贵和”，其相应的实现方法却是“富国教民”。两相比较，齐法家的治理思想可以获得短期的富国强兵，不能保证长期的富国教民，德治优于法治：“导之以政，齐之以刑，民免而无耻；导之以德，齐之以礼，有耻且格。”[①] 孔子还进一步指出：“君子怀德，小人怀土；君子怀刑，小人怀惠。”[②] 这就是说，国君的政治管理最理想的目标是“德治”，使用刑罚则是次一级的管理手段，其目的是使百姓安土重迁，从国君的管理中得到恩惠。这样社会就可以达到一个长治久安的效果，形象地讲叫“为政以德，譬如北辰，居其所而众星共之”。[③] 这就是鲁儒家的政治理想与齐法家的政治理想的不同。另外，在价值理性方面，鲁儒家与齐法家也有不同，无论是管仲的“礼义廉耻”之四维还是晏子的“俭德”和“任贤”，都还是从“尊王攘夷”方面对周代的“礼乐”制度作出的解释，但是孔子提出的“仁爱”与“贵和”思想，却是在核心价值方面对“礼乐”有革命性的超越。虽然从形式上我们看到孔子对齐景公问政的回答是“君，君；臣，臣；父，父；子，子”，[④] 但是，作为概念而不是作为家庭社会角色出现的“君臣父子”已经具有了超越性的“仁爱”和“贵和”思想，成为指导礼乐在具体运用中的

① 《论语·为政》。

② 《论语·里仁》。

③ 《论语·为政》。

④ 《论语·颜渊》。

原则。其价值理性方面的意义已经具有普遍的超越性，而不像齐法家的价值理性局限于一国一君之维系。孔子所代表的这种价值理性的超越性后来被浓缩进了“内圣外王”的政治理想之中，使“圣人”不仅超越“外王”，而且成了“外王”和百姓的价值取向标准，这是齐法家的价值理性所不能望其项背的。在这个意义上我们看到了孔子的自负和自信：“齐一变，至于鲁；鲁一变，至于道。”[①]

三、三晋法家与孟子

对于先秦法家，历史上常见一种笼统地定义，称之为“管商申韩”，或者至少也是将管商并列，如曹魏时代的刘劭所说的：“建法立制，富国强人（兵），是谓法家，管仲商鞅是也。”[②]其实，整个先秦的法家也像先秦的儒家和道家一样有很大的不同，儒家至少有“孔仁孟义”之别，道家至少有“老子重道德”与“庄子重逍遥”之异，法家之不同则至少体现在三个方面：第一，管、商或管、商申韩所处的时代不同，一是春秋五霸时期，一是战国七雄时期，两个时代中的法家人物相差约 300 年；第二，他们所处的地理位置不同，感受的文化和形成的精神品质不同，管仲、晏子所处的齐国是在“天下”的中东部，是周开国天子重臣的封地，有太公和周公的遗风，法儒互补共同形成主流性质的齐鲁文化，而战国时代李悝、慎到、商鞅、申不害、韩非、李斯这些人仕君变法的楚、晋和秦都是中原的“边缘”之地，习染夷狄之风日重，异化而与诸夏礼乐日远，史有“秦穆公偏远，不与中国会盟。楚成王初收荆蛮有之，夷狄自

---

① 《论语·雍也》。

② 《人物志·业流篇》。

置。唯独齐为中国会盟，而桓公能宣其德，故诸侯宾会”[1]之谓；而秦与齐在文化礼俗上的差别也同样，信陵君对魏王评论秦国说：“秦与戎翟同俗，有虎狼之心，贪戾好利无信，不识礼义德行”。[2]与秦比邻的晋亦复如此，有“晋居深山，戎狄之与邻，而远于王室”[3]，异化于诸夏的“礼乐”之托词。根据“礼辨夷夏”的“春秋大义”，这些地方的法家当属与“兼重礼法”的齐法家不同的类型，属于杂染于夷狄风气的法家。第三，这些战国时代的法家其“法治”理念偏于工具理性，而疏于对“法治”理念中应有的价值理性的阐扬，与春秋时代的齐法家有鲜明的对比。加之，晋国连贯“春秋五霸”与三家分晋后的“战国七雄”，战国时代的法家又多与三晋有历史或法制思想方面的联系，故以“三晋法家”特称战国时代的法家，以与春秋时代的齐法家作一比较。

与春秋时代的齐法家不同，战国时代的法家所关心的重点已经从“尊王攘夷”以维护周天子礼乐制度转向扫平诸侯、独霸天下的权势本位主义，所以，战国时代以“三晋”为代表的法家完全走向了极端工具理性的法制传统。“三晋法家”的开山人物应该是李悝（公元前455—395前）。在“三晋法家”系统中，他有三点值得特别提及：一、他是儒法互补的齐鲁文化向“三晋法家”极端工具理性传统转化的关键人物。冯友兰先生怀疑“李悝或李克这个人大概是从儒家分裂出来而成为法家的人。他的著作有一部分讲儒家的道理，这就是《艺文志》所著录的列为儒家的《李克》七篇。可是他的著

---

① 《史记·齐太公世家》。

② 《史记·魏世家》。

③ 《左传》昭公十五年。

作大部分讲的是法家思想，这就是《艺文志》所著录的，列入法家的《李子》三十二篇。"[①] 张岱年先生也以“齐法家”与“三晋法家”区别先秦法家中的两个大类，其立论根据也在于齐法家与鲁儒家“和而不同”可以互补，而“三晋法家”排斥儒家、只在法家一个体系里“同而不和”[②]，分解成“法、术、势”三类工具理性法家，其中的转折性人物就是李悝。二、李悝辅佐魏文侯、魏武侯进行政治改革，在法制建设上有诸多开创性的贡献。如他兼采各诸侯国已有的成文法制成《法经》，所谓“悝撰次诸国法，著《法经》”[③]，名其为“经”者，意指囊括了当时刑法各方面的内容而成为一种“法典”。要是按照近代学者章太炎“著书定律为法家”[④] 的说法，李悝又该被称为中国法家的“祖师爷”了。三、与秦政制的关系。李悝编纂的《法经》后来被商鞅带往秦国，秦律的精神和条款多是从《法经》脱胎而成。所以“三晋法家”与秦法家是有深厚渊源的。

李悝所编纂的《法经》现已不存，史家仅知桓谭的《新论》中有关《法经》内容的简述以及《晋书·刑法志》也有类似的记载。惜乎《新论》已亡佚，桓谭介绍《法经》的一条保留在明人董说的《七国考》之中，今人所讨论的有关《法经》的内容主要参考的依据就是《七国考》。其他与变法和法治相关的思想也散见于《史记》、

---

① 《三松堂全集》，冯友兰著，河南人民出版社，2000 年版，第八卷。第 219 页。

② “齐法家与三晋法家的主要不同之点，是立论比较全面，即强调法制，也肯定道德教育的必要性，避免了商韩忽视文教的缺点。”见于《张岱年全集》，第八卷，第 170 页，河北人民出版社，1996 年。

③ 《晋书·刑法志》。

④ 《检论·原法》。

《汉书》和《说苑》等著作中。

在魏所施行的变法中，李悝确立了一条基本的政治和法律原则，即“为国之道，食有劳而禄有功，使有能而赏必行、罚必当”。① 具体体现在经济和社会治理方面是“废沟洫”、“尽地力”、“善平籴”三项，分别为魏国的土地私有制、耕作制度以及粮食交易制度制定了法规，颇看重政府的粮食政策在整个农业经济社会中的核心作用：所谓“籴甚贵伤民（非农业人口），甚贱伤农。民伤则离散，农伤则国贫。故甚贵与甚贱，其伤一也。善为国者，使民毋伤而农益劝。”② 照司马迁看，李悝的这种变法思想和政策具有划时代的意义，使“富国强兵”从“尊王攘夷”的手段变成了诸侯争霸称雄的目的，因此，东周的历史从春秋进入了战国时代：“魏国李克（当为李悝），尽地力，为强君，自是之后，天下争于战国。”③

而李悝所编纂的《法经》也具有划时代的意义。《唐律疏议》记载，李悝造《法经》六篇，即一《盗法》、二《贼法》、三《囚法》、四《捕法》、五《杂法》、六《具法》，其中“盗”是侵犯财产罪，“贼”是人身伤害和危害社会罪，“囚”是断狱的法规，“捕”是捕亡的法规，“杂”是维系等级制度的规定，“具”是量刑方面的规定。所以，总体上讲，《法经》已经基本囊括了近代刑法和刑事诉讼法典的主要内容。《晋书·刑法志》说“商君受之以相秦。汉承秦制，萧何定律……”基本上都是参照李悝的《法经》损益而成的。我们常说的中国政治制度历史是“汉承秦制”或“阳儒阴法”，其重要的源

---

① 《说苑·政理》。

② 《汉书·食货志》上。

③ 《史记·平准书》。

头就是李悝和他的《法经》。

慎到（约公元前395—约前315年）是战国中期赵国的人，曾在齐国稷下学宫讲过学，有盛名，得齐宣王的礼遇。由于稷下学宫是个兼容并包的学术机构，慎到与道家有一定的关系，正如李悝与儒家有一定的关系，他是从道家转变为三晋法家中的重要人物。冯友兰先生判断说："慎到就是一个从道家分化出来的思想家。《慎子》这部书就是道家思想向法家转化的一个例证，其中有许多转化的痕迹。"[①] 近代经学家王先谦在《荀子集解·修身》篇中言称慎到"其术本黄老，归刑名，先申韩，其意相似。多明不尚贤，不使能之道。"这既表明他是申韩的先驱又与道家的"无为而治"有某种渊源，而《汉书·艺文志》则直接将他与商鞅和韩非并列。

慎到虽然是稷下先生，但是其"法治"思想与儒家的"德治"和齐法家的"任贤"完全相反。他从权威主义的立场出发夸大势的作用并贬低贤的道德价值："贤人而屈于不肖者，则权轻位卑也；不肖而能于贤者，则权重位尊也。尧为匹夫，不能治三人，而桀为天子，能乱天下。吾以此知势位之足恃，而贤智之不足慕也。"不仅如此，他还将法律的工具理性与道德的价值理性完全对立起来，即"贤智未足以服众，而势位足以屈贤者也，"[②] 其结论自然就是"贤势不相容"。对于传统的宗法制中的"人治"观念，他提出了法律的公

---

① 冯友兰：《三松堂全集》，第八卷，第416页，河南人民出版社，2000年。

② 《韩非子·难势篇》。

正性和独立性，如“官不私亲，法不遗爱”①，“事断于法，”② 即将法视为判断一切是非的标准。在君臣职责关系方面，慎到的“无为”思想则是对儒道两家的损益，他提出“君臣之道，臣事事而君无事，君逸乐而臣任劳。臣尽智力以善其事而君无与焉，仰成而已，故事无不治。治之正道然也。”③ 这就是法家主张的“君道无为，臣道有为”的道理，它不同于儒家之“无为”，因为儒者的“无为”是强调“德治”的有为，而轻视“法治”的有为，是孔子所谓“无为而治者，其舜也欤？夫何为哉？恭己正南面而已矣。”④ 当然，也不同于道家的“出世”而“法自然”的“无为”，其“无为”是建立在法律权威被设想为“无所不为”之上的。

三晋法家中的申不害（约公元前 385—前 337）晚于李悝百年，是和慎到、商鞅同辈的法家。申不害本是郑国人，后郑为韩所灭，而申不害虽“故郑之贱臣，学术以干韩昭侯，昭侯用为相。内修政教，外应诸侯，十五年，终申子之身，国治兵强，无侵韩者”。⑤ 与慎到一样，他也有道家的渊源，即“本于黄老而主刑名”，吸取道家工具技巧将其运用于政治，发展出重“术”的工具理性“法治”思想。他的著作《申子》原有二篇，现仅存于《群书治要》卷三十六所引《大体篇》中。

与齐法家相同的是，他也承认“法治”在国家政治中的核心作

---

① 《慎子·君臣》。
② 《慎子·君人》。
③ 《慎子·民杂》。
④ 《论语·卫灵公》。
⑤ 《史记·老子韩非列传》。

用："尧之为治也，盖明法察令而已。圣君任法而不任智，任数而不任说。黄帝之治天下，置法而不变，使民安乐其法也。"[①] 其中最关键的是"圣君任法而不任智，任数而不任说。"这些话完全就是《管子·任法》中的"法治"思想，即国君的政治要靠法的基本原则，而不能靠人的智谋；靠依法制定的政策，而不能靠臣下的议论。其逻辑与他重点讨论的重"术"之"法"是不大协调的。或许，这仅仅是他用春秋霸主——齐国的"法治"业绩游说韩昭侯的缘饰。无论如何，我们知道申不害的"法治"思想是对法"术"的工具理性阐扬，主要体现在两个方面。

一、从大原则讲，要"藏于无事，示天下无为"。[②] 这也是从国君御臣的"术"的工具理性方面讲的。所谓"藏于无事"就是国君的动机和意图要很好地伪装起来，不让臣下窥测到，这样的神秘莫测可以让臣下处于不敢轻举妄动的地位，而对于臣下也不以其具体的言行来作判断，所以臣下想要弄虚作假、投其所好也难于做到，反倒是国君可以静观事变，以无事制动万事，以无为操控臣下而至无所不为。《吕氏春秋》引申不害的观点对国君的"法治"之术作了辩证地解释："何以知其聋？以其耳之聪也。何以知其盲？以其目之明也。何以知其狂？以其言之当也。故曰去听无以闻则聪，去视无以见则明，去智无以知则公。去三者不任则治，三者任则乱。"[③] 其中的结论就是"不任则治，任则乱"，这显然只能是从上御下、以静制动、以不变应万变才讲得通的。他的意思是，"耳聪"、"目明"、

---

① 《太平御览》六三八引。

② 《大体篇》。

③ 《吕氏春秋·任数》。

“言当”都只是具体的官能——“任”，但同时也有其具体的局限性，因此不能将其“任”发挥至极限。既然国君是治理天下万民的，不能发挥至极限的“任”就都是它的反面，因而被辩证地解释为“聋”、“盲”和“狂”，合而言之，就是“乱”。这就是借鉴了道家哲学中“道可道，非常道”的辩证法来解释“君人南面之术”。

二、从具体的控制技术讲，“为人君者操契以赏其名。”[①] 这是指国君在上利用权力掌握和赏罚臣下，完全将法视为君主控制其臣下的工具。韩非分析其利弊说：“今申不害言术，而公孙鞅为法。术者，因任而授官，循名而责实，操杀生之柄，课群臣之能者也，此人主之所执也。法者，宪令著于官府，刑罚必于民心，赏乎慎法，而罚加乎奸令者也，此臣之所师也。君无术则弊于上，臣无法则乱于下，此不可一无，皆帝王之具也。”[②] 其中“术”是申不害的思想，“法”是商鞅的思想，两者要相互为用，上下两方面的积极性才能得以调动发挥，如果仅像申不害那样偏于“术”，即便是在工具理性的意义上也还是“未尽于法也”。

商鞅（公元前390—前338）是申不害同时代的人，他本是卫国国君的远族后裔，少年时好刑名之学。成年后到魏国做魏相公叔座的家臣，虽经公叔座力荐，但是并未得到魏国君的重用。后带着李悝的《法经》到秦，最后以霸术说动了秦孝公，遂被任用，由其主持变法，实施他的“法治”思想。这些思想现在都被编于《商君书》或其他一些著作中。

根据《史记·商君列传》所述，商鞅初到秦国时曾用帝道、王

---

① 《大体篇》。

② 《韩非子·定法》。

道游说秦孝公，皆不被接受，后来才以霸术打动了孝公。这里面体现着儒家、齐法家和三晋法家之间对“法治”的不同认识。所谓“帝道”，即是指先秦思想家们传说的尧舜等五帝治理国家的方法，内涵相当于我们现在说的西方自然法或中国古代政治中的禅让之制，这也是儒家的人所理想化的制度。所谓“王道”，即是指夏禹、商汤、周文王、武王三代开国贤君的政治，特别是周公制定的“礼乐”宗法制，是儒家的理想制度，而且也是春秋战国时代的人还有历史感受的制度，所以儒家的人，齐法家的人都是比较认同的，这是“尊王攘夷”的政治内容。对于代表“王道”的“礼乐”制度，三晋法家的人也不生疏，但“王道”的工具理性并不突出，不符合三晋法家所追求的“法治”精神，所以当商鞅“霸道”之术说动孝公时，他知道这是与“王道”的价值理性正相反对的：“故吾以强国之术说君，君大悦之耳。然亦难以比德于殷周矣”。①

商鞅在秦国所推行的“法治”主要体现在两个方面，一是刑法的赏罚方面；一是行政经济管理方面。刑法的赏罚有三项内容：1.“连坐法”，即将秦民编入什、伍之内，使其相互监督。一人犯法，同一什、伍之人不检举、告发，也要承担法律责任，告奸者则可受赏。2. 奖励军功，禁止私斗，无军功者不续世卿世禄，促民勇于公战，怯于私斗。3. 奖励耕织，重农抑商。在行政经济管理方面也有三项基本内容：1. 废井田，开阡陌，确立封建土地私有制。2. 推行由中央集权的统一县制，并统一度量衡制度。3. 按户按人口征收军赋，即“舍地而税人”。② 而商鞅的“法治”与齐法家的“法治”和

---

① 《史记·商君列传》。

② 《通典·食货典·赋税上》。

儒家的“德治”思想最突出的差异是“禁奸止过，莫若重刑”[①]及“以刑止刑”[②]。所谓“重刑”并不是按照“罪罚相等”的原则，即西方量刑传统中“以眼还眼，以牙还牙”的法律公平，而是单方面强调“法”的惩罚功能，以造成人们对“法”的恐惧，因为“行刑，重其重者，轻其轻者，轻者不止，则重者无从止矣”。[③]所以，必须“行刑重其轻者，轻者不至，则重者无从至矣”。[④]所谓“以刑止刑”就是“重刑”的目的，即“以杀去杀，虽杀可也；以战去战，虽战可也；以刑去刑，虽重刑可也”。[⑤]这当然是一个偷换了概念的逻辑类推，称得上是霸道逻辑，凸现出来的就是商鞅“法治”思想的一个“酷”字。无论是“连坐法”还是“重刑”，都可以看出三晋法家传统演变到商鞅这里已经完全将“法”的工具理性变成了自身的目的，这就没有其他目的好讲了，所以司马迁对商鞅的结论就只能是“天资刻薄”四个字，即其身体的每个细胞都变了质。最终，他遭到了天的报应，即孝公死后他被车裂灭族，自己体验了“为法之敝一至于此哉”的切肤之痛。

三晋法家系统中最后一个在理论上做总结的人物是韩非（约公元前 280—前 233）。他本是战国末年韩国国君的谋士，后为“存韩”而出使秦国，被自己的同学李斯陷害，死于秦国监狱。这个充满讽刺意味的人生悲剧颇类商鞅，自己偏至于法的工具理性最后又报应

① 《商君书·赏刑》。
② 《商君书·画策》。
③ 《商君书·去强》。
④ 《商君书·靳令》。
⑤ 《商君书·画策》。

于自身，韩非也总结了各种可能的游说君主的困难——《说难》，最后却屈死于游说的使命之中，司马迁为此殊感哀叹："余独悲韩子为《说难》而不能自脱耳。"①

一般著作都称他为"先秦法家的集大成者"。但这个判断是不太准确的，因为韩非的思想是排斥具有"德治"价值理性的"齐法家"的，而先秦法家中"齐法家"又是先秦各法家中最早产生政治和社会影响并且持续时间最长久的。所以，韩非在《韩非子》一书的总结中主要体现的还是偏重"法术势"工具理性的"三晋法家"传统，宜称为"先秦三晋法家的集大成者"。

在对三晋法家做总结时，韩非明确慎到的特点是重"势"，申不害的特点是重"术"，而商鞅的特点是重"法"。这就是所谓的"法术势"。但韩非的总结逻辑上仍有问题。"势"和"术"都是"法"下位的工具理性概念，三晋法家所重者是以偏概全，欲以"势"、"术"代"法"，因此，不能推论商鞅是以"法"代"法"，而是应该找一个与"势"、"术"相当的具有工具理性的概念，以表达商鞅对"法"的偏至性理解。这个概念应该是"酷"，即强调"法"的残酷的工具效能方面，以合理地解释他的"法治"思想的后果，即"暴秦"或残酷暴虐的秦朝政治。这样，我们就可以顺理成章地总结韩非自己的集"三晋法家"之大成的特点，即"力"。这是一个从"三晋法家"传统的工具理性中抽象出的一个核心概念，以表达"三晋法家"在"法治"方面的工具理性特色。

韩非对于齐法家有一个总的批评，以表明自己的"法治"思想

① 《史记·老子韩非列传》。

与其有分野：

“管子曰：‘言于室，满于室；言于堂，满于堂；是谓天下王。’或曰：管仲之所谓‘言室满室、言堂满堂’者，非特谓游戏饮食之言也，必谓大物也。人主之大物，非法则术也。法者，编著之图籍，设之于官府，而布之于百姓者也。术者，藏之于胸中，以偶众端潜御群臣者也。故法莫如显，而术不欲见。是以明主言法，则境内卑贱莫不闻之也。不独满于堂；用术，则亲爱近习莫之得闻也，不得满室。而管子犹言‘言于室满室，言于堂满堂’，非法术之言也。”① 他认为“人主”为“天下王”的“大物”就是“非法则术”，这就是工具理性的法律观，法律成为颁布法律者手中的工具，而不是社会公众的价值理性和文化生活，是“人主”应付各种可能的事变（偶众端潜）和控制下属（御群臣）的工具，类似于西方工具理性法学所提倡的法律是强者发明出来管束弱者的工具。而齐法家却主张法律是建立在公开的、共同的意志基础之上的普遍契约。如此看来，齐法家的法律观就具有一定的价值理性，所以管仲要强调“礼义廉耻”为“国之四维”，即法律的最高精神蕴含着道德理想，晏子的“尚俭”也包含着类似的道德理想。

由此可见，韩非与管子的不同是“非法术之言”的原则上的不同。但是，与三晋法家的不同就不是这样，而是在程度上和角度上的不同，即技术上的不同。他对慎到的分析和批评是：“夫势者，非能必使贤者用已，而不肖者不用已也。贤者用之则天下治，不肖者用之则天下乱。……夫势者，便治而利乱者也。……势者，养虎狼

① 《韩非子·难三》。

之心而成暴乱之事者也，此天下之大患也。势之于治乱，本末有位也，而语专言势之足以治天下者，则其智之所至者浅矣。夫良马固车，使臧获御之则为人笑，王良御之而日取千里，车马非异也，或至乎千里，或为人笑，则巧拙相去远矣。……抱法处势则治，背法去势则乱。……无庆赏之劝、刑罚之威，释势委法，尧、舜户说而人辩之，不能治三家。夫势之足用亦明矣，而曰'必待贤'，则亦不然矣。"①从他的题目来看，他对"势"也有非难，不过不是从价值理性（"必待贤"）方面，而是说只靠一种偏至的工具理性是不行的（"势"是区别善驭马的王良和不擅车马的奴仆的工具理性），因为工具可以用于两个相反的目的，如治与乱，所以工具的意义又不得不取决于运用工具者的意图，这似乎是要肯定人在动机方面的价值理性，但他最终还是不能摆脱自相矛盾：他却以另外一种工具理性"法"（即他对商鞅工具理性法律观的认识）来纠正慎到的"势"，叫做"抱法处势则治，背法去势则乱"。这就是说，慎到的工具理性加上商鞅的工具理性就可以克服法律工具理性本身的弊端，而不需要用与工具理性相反的价值理性——"必待贤"来加以克服和平衡。这在理论上是二律背反，在实践上也是悲剧性的，因为商鞅的"法"加上慎到的"势"在秦国的现实是"二世而亡"，成为中国历史上最短命的政治，到汉朝还是要通过"独尊儒术"来与"贤"寻求"治道"的平衡。因此说，韩非尽管"非难"慎到之"势"，但是其原则还是在"明""势之足"，而且是加倍强调"法治"的工具理性。

对于申不害和商鞅的"法治"思想，韩非也仍然是从工具理性

---

① 《韩非子·难势第四十》。

方面加以损益。从“益”的方面讲，他明确了申不害和商鞅的工具理性“皆帝王之具也”。就是说，无论是“术”还是“法”都是帝王统治的工具。从“损”的方面讲，只强调一种工具而忽略其他工具，则工具就不能产生组合效用，其弊或是“徒术而无法”或是“徒法而无术”，申不害之弊在于前者，商鞅之弊在于后者。韩昭侯虽用申不害的“术”，韩国并未因此而富强；秦用商鞅之“法”虽富强，而国君没有树立起绝对权威。因此，“术”和“法”皆有其短。按道理讲，韩非既然总结了三晋法家的长短，就应该从工具理性的法律思想中总结出一个综合平衡的法律思想来，可是他没有。原因在于他的“集大成”和“损益”本身就有偏失。他将一个综合平衡的法律思想——“法”错当一种工具特性廉价送给了商鞅，这就使得综合平衡“势”、“术”和“酷”的三晋法家的工具理性的“法”的位置已经被越俎代庖，到韩非自己做总结或综合平衡时只能在“法”之外再寻找一个处所，而这个处所逻辑上已经被霸占了，所以他只能沿着工具理性的传统再找一个更高的概念来总结三晋法家的传统，这就是“力”。按照他自己的理论框架，整个三晋法家的传统就是“法”、“术”、“势”和“力”，其中“力”又被他自己设想为是对“法”、“术”、“势”的综合与平衡，这当然是很混乱的。如果以“法”来统合“势”、“术”、“酷”这三个工具理性的下位概念，形式上还可以算是一个理论体系，但是用同样属于下位概念的“力”来统合“法”、“术”、“势”，至少在形式上看都是残缺的。

那么，韩非在总结三晋法家传统的基础上所提倡的“力”又是怎样克服慎到、申不害和商鞅的工具理性的呢？韩非认为“二子

（申不害、商鞅）之于法术，皆未尽善也，”[1] 慎到“专言势之足以治天下者，则其智之所至者浅矣。”[2] 而克服这三家的工具理性偏差的“法治”就是“力”。

从历史发展的规律看，韩非认为战国时代最高的治道精神就是“力”，所谓：“古人亟于德，中世逐于智，当今争于力，古者寡事而备简，朴陋而不尽，……古者人寡而相亲，物多而轻利易让，故有揖让而传天下者。……处多事之时，用寡事之器，非智者之备也；当大争之世，而循揖让之轨，非圣人之治也。”[3] 因此，“世异则事异，……事异则备变。上古竞于道德，中世逐于智谋，当今争于气力，”并且“力多则人朝，力寡则朝于人，故明君务力。夫严家无悍虏，而慈母有败子，吾以此知威势之可以禁暴，而德厚之不足以止乱也。”[4] 而在战国争霸天下的国际关系中，“力”的意义则在于“国多力而天下莫之能侵也。……以力攻者，出一取十；以言攻者，出十丧百。”[5] 这些思想仍然是从霸天下的目的来看待“法治”的工具理性。而从汲取秦国强而君弱的教训来看，君的“势”必与“力”结合方能成为集权的霸主，这就是在霸主之国上确立霸主之君，即“王中王”和“霸中霸”：“夫马之所以能任重引车致远道者，以筋力也。万乘之主、千乘之君所以制天下而征诸侯者，以其威势也。威势者，人主之筋力也。今大臣得威，左右擅势，是人主失力；人主

---

① 《韩非子·定法》。

② 《韩非子·难势》

③ 《韩非子·八说》。

④ 《韩非子·五蠹》。

⑤ 《韩非子·饬令第五十三》。

失力而能有国者，千无一人。虎豹之所以能胜人、执百兽者，以其爪牙也；而使虎豹失其爪牙，则人必制之矣。今势重者，人主之爪牙也；君人而失其爪牙，虎豹之类也。”[①] 除了应对时变、争霸诸侯和驾驭臣下之外，作为一般意义上的君主控制百姓，“力”也是最为重要的，因为其能“不养恩爱之心，而增威严之势”，[②] 并且能够很好地解释“彼民之所以为我用者，非以吾爱之为我用者也，以吾势之为我用者也”。[③] 照他看，这个“力”的概念就是全面综合地总结三晋法家传统的工具理性。

与战国时代的三晋法家相对立的是儒家的代表人物孟子（公元前372—前289）。他一方面发扬春秋时代孔子的道德理想主义传统，明确天命心性的宇宙人生论，另一方面却提出“德治”的思想以批评三晋法家的工具理性“法治”。由于他所处的时代与孔子不同，而且面对的是工具理性盛行的三晋法家传统，所以他有时在形式上是笼统地批评春秋战国时代的整个法家体系，即齐、楚、三晋和秦，尽管实际上他的批评只是针对三晋法家系统。

对于时代的看法，孟子是从儒家的价值理性立场出发的。他说战国的时代风气是“争地以战，杀人盈野；争城以战，杀人盈城。此所谓率土地而食人肉，罪不容于死。”[④] 这与三晋法家借助“法治”的工具理性富国强兵有原则上的差别，孟子理想的是以儒家的仁政道义富国教民，所以认为征战兼并都是在犯罪。甚至当他的学生公

① 《韩非子·人主第五十二》。

② 《韩非子·六反》。

③ 《韩非子·外储说右下》。

④ 《孟子·离娄章句上》。

孙丑问他如何评价齐法家中的管仲和晏婴时，他却很轻蔑地说："子诚（公孙丑）齐人也，知管仲、晏子而已矣。"① 对于法家富国强兵的议题他也是不屑一顾，如引述曾子的话说："晋楚之富不可及也，彼以其富，我以吾仁；彼以其爵，我以吾义，吾何慊乎哉！"② 甚至当齐宣王问他"齐桓、晋文之事可得闻乎？"他不无嘲笑地回答："仲尼之徒无道桓、文之事者（桓文之事），是以后世无传焉。"③ 齐桓公和晋文公都是春秋时代的赫赫霸主，孟子之所以看不起他们，心里就是有"以德抗位"的人格道德理想。

尽管如此，但是他对法家的具体批评却只是针对三晋法家的。这首先体现在解释"德"与"力"的关系方面："以力假仁者霸，霸必有大国，以德行仁者王，王不待大。汤以七十里，文王以百里，以力服人者，非心服也，力不赡也。以德服人者，中心悦而诚服也。"④ 这里所说的"以力服人"的"霸"就是靠刑赏法令和武力兼并而成大国的三晋和秦楚，而当着已屡遭秦楚羞辱的梁惠王（即魏武侯子魏惠王）的面，孟子没有点三晋的名，只是以"秦楚"喻之："地方百里而可以王。王如施仁政于民，省刑罚，薄税敛，深耕易耨，壮者以暇日修其孝弟忠信，入以事其父兄，出以事其长上，可使制梃以挞秦楚之坚甲利兵矣……仁者无敌。"⑤ 这些话的用意就在于扬"德"抑"力"，以儒家理想的"德治"批评三晋法家重工具理

---

① 《孟子·公孙丑上》。

② 《孟子·公孙丑下》。

③ 《孟子·梁惠王上》。

④ 《孟子·公孙丑上》。

⑤ 《孟子·梁惠王上》。

性的"法治"，坚信"王道"必然胜于"霸道"。孟子之所以有这样的自信是因为他在孔子"仁爱"的基础上发展出了"天命心性"之学，以为其思想的核心，即"尽其心者，知其性也；知其性则知天矣。存其心，养其性，所以事天也。夭寿不贰，修身以俟之，所以立命也。"① 这里的"天命"和"心性"是统一的，使人的心具有了天的神圣性，简称为"天良"。他认为这个"天良"自然胜过三晋法家的"权力"，这是人的价值理性高于工具理性的必然结论，他以晋国权倾朝野的正卿赵孟的例子说："欲贵者，人之同心也。人人有贵于己者，弗思耳。人之所贵者，非良贵也。赵孟之所贵，赵孟能贱之。"② 这就是说人们都具有天然的良心，其所贵者非外在的工具所可比拟，但人们通常所追求的外在权位却都是由更有权位的人所能赋予的，既然他能赋予你，他同样也有权力剥夺你，这样的权位没有什么神圣性，但是人的天然的道德良心却是很珍贵的，没有外在的力量可以将之剥夺。这也就是"德"可以抗"位"，良心贵于权力或权位不昧天良的原因。不过，孟子并没有亲眼看到"德"与"力"究竟孰优孰劣的历史结局，可是他对战国时代三晋法家重"力"的工具理性特征的深刻认识要比韩非早一辈人，对于"天下叛秦"的局面也早在二三辈人之前就发出"失道寡助"的历史警告。

四、汉儒对于儒法互补的历史总结

战国末年孟子曾自信地告诉梁襄王："不嗜杀人者能一之"，而且这个判断还是"沛然谁能御之？"③ 所谓"一"就是使天下得到统

---

① 《孟子·尽心上》。

② 《孟子·告子上》。

③ 《孟子·梁惠王上》。

一。春秋战国时天下分裂动荡了500余年，各思想流派都在探索“定天下于一统”的方式，儒家的“德治”理想是天下归仁，三晋法家的“法治”理想是天下归力，两家都把这个“一统天下”看得很重、很大，所以叫“大”“一统”。按照孟子在这里的说法是“不嗜杀人”的“德君”能够统一天下，而且这还是“阻挡不住的历史潮流”。可是，真正扫平六国、使天下归于一统的却是嗜杀无度的暴君秦始皇，难道孟子的判断有误？儒家的“德治”理想与历史潮流相悖？汉初儒家必须要回答这些问题。

有如此气吞山河之势的强秦只存在了15年便二世而亡，成了中国历史上最短命的政权，其教训何在？这不能不引起汉初领导者的高度重视，儒家学者关于“德治”和“法治”的争论和分析因此也应运而生了。而分析和回答这些问题的最初的两个著名儒家人物就是陆贾和贾谊。

陆贾（公元前240—前170）曾被汉高祖刘邦辱骂：你老子我是骑马征战而打得天下的，关儒家什么事？（“乃公居马上而得之，安事《诗》、《书》!”）陆贾的回答是：“居马上得之，宁可以马上治之乎？”这个反问成了儒家“德治”思想的名言。它的潜台词是，你跟秦始皇比一比就知道答案了。联系春秋战国的历史，陆贾深入地分析说：“太公自布衣升三公之位，累世享千乘之爵；知伯仗威任力，兼三晋而亡。是以君子握道而治，（立）德而行，席仁而坐，仗义而强。……齐桓公尚德以霸，秦二世尚刑而亡。故虐行则怨积，德布则功兴。”[①] 这个分析既说明了齐法家与三晋法家的区别，也说明了

① 《新语·道基》。

儒家与齐法家在“德治”方面的互补和与三晋法家在“德治”和“法治”方面的对立。他认为姜太公的封国齐有“德、仁、义”的传统，所以桓公可以称霸，而三晋和秦只偏执于“威”、“刑”、“虐”等工具理性，所以都极为短命。从本质上讲，偏于工具理性的“法”并不能维系社会的“治”，因为它只有消极地惩恶的一面，而没有积极地“教民”的功能，损害了“法治”应备的价值理性，因此汉从秦的悲剧中所要吸取的教训就是实现“德治”与“法治”的互补：“民不罚而畏罪，不商而欢悦，渐渍于道德，被服于中和之所致也。夫法令者，所以诛恶，非所以劝善。故曾、闵之孝，夷、齐之廉，岂畏死而为之哉！教化之所致也！故曰尧、舜之民可以屋而封，桀、纣之民可比屋而诛者，教化使然也。”[①] 儒家的理想虽非现实，但可以为纠正时弊确立新的价值取向；三晋法家在暴秦的现实虽为极端地工具理性，但可以为避免重蹈桀纣之覆辙提供历史借鉴。法本身的功能是“诛恶”，德本身的功能是“劝善”；它们的关系是互补则双赢，互离则倍害。因此可以推论说：法律是消极而又必须的道德，道德是积极而又必然的法律。因此“必须”与“必然”的辩证关系就是：“必须”是底线，“必然”是趋向，它们之间的统一互补就成为一种“自然”。

儒家的荀子在对法家作总结时曾经说：“慎子有见于后，无见于先。”[②] 这就是批评法家思想之偏，偏就是思想的盲点，所以他又批评说“慎子蔽于法而不知贤。”[③] 但他并不清楚“见于后”是法的特

---

① 《新语·无为》。

② 《荀子·天论》。

③ 《荀子·解蔽》。

点，只能“事后追究”，而不能“事前防范”，“事前防范”是道德的特点，儒家的“贤”就是要发挥这种道德的特点，教民“有耻且格”并“防患于未然。”这种儒法或“德治”与“法治”互补的关系在孔子对齐法家、孟子对三晋法家、荀子对法家的评论中一直都被标出，到了汉初的贾谊又更进了一步，所以我在这里所做的推论也是建立在儒家总体的入世哲学传统之上的。

贾谊（公元前 200—前 168）对于暴秦的败亡也同样进行了深刻的总结，形式是论述秦的过失，即《过秦论》，但核心却是“仁义不施，而攻守之势异也”。这当然也是以儒家德治思想中的价值理性否定三晋法家思想中的极端工具理性。

对于先秦法家，贾谊也有商管之别，即区别齐法家与三晋法家。他批评商鞅说：“商君遗礼义，弃仁恩，并心于进取，行之二岁，秦俗日败。……曩之为秦者，今转而为汉矣。然其遗风余俗，犹尚未改。……”① 其义为三晋法家的工具理性不仅背弃价值理性，败坏道德，其风气在汉初还深有影响。但对于齐法家的管仲，他的态度却充满理解和肯定：“筦子（管子）曰：‘礼义廉耻，是谓四维；四维不张，国乃灭亡。’使筦子愚人也则可，筦子而少知治体，则是岂可不为寒心哉！”② 这就是说，你要是以为管子愚蠢，你就可以不要礼义廉耻，但那肯定会亡国；你要是以为管子对于政治的本体所知甚少，那我们就要为你的治道感到寒心了。因为管子思想中的“德治”是从比较“法治”的局限中得出的，这个“法治”的局限就是荀子和陆贾所说的“见于后无见于先，蔽于法而不知贤”及“诛恶而不

① 《汉书·贾谊传》。
② 《汉书·贾谊传》。

劝善”，即“凡人之智，能见已然，不能见将然。夫礼者禁于将然之前，而法者禁于已然之后，是故法之所用易见，而礼之所为者难知也。”① 因此，必须用“德治”补充“法治”之不足：“以礼义治之者，积礼义；以刑罚治之者，积刑罚。刑罚积而民怨背，礼义积而民和亲。故世主欲民之善同，而所以使民善者或异。或道之以德教，或驱之以法令。道之以德教者，德教洽而民气乐；驱之以法令者，法令极而民风哀。”② 这倒不是说刑罚没有任何意义，只是说它不能代表社会理想的价值取向。法令有“驱民”的功效，是教民的必要底线，但它必须以“德治”的价值理性为取向，这样才能实现与民同乐的和谐。孔子的“听讼，吾犹人也，必也使毋讼乎”③ 就代表了这种儒法互补的平衡思想：法律（听讼）对于处理已经发生的案件是必须的，所以我能理解它的意义（吾犹人也）；但是德教却能防患于未然，消灭发案的可能性（必也使无讼乎）。这是理想，虽不现实，但可以作为价值取向。

贾谊进一步说，法的工具理性本身并不产生价值标准，所以易于走向极端，虽然诛恶可以收一时之效，但那是建立在人们对法律的恐怖之上的；人们对法律没有价值方面的信仰，则法律不能长久有效地得到贯彻，秦速亡的教训与周代的王道比较即可显其长短优劣：“（秦二世）繁刑严诛，吏治刻深；赏罚不当，赋敛无度。天下多事，吏不能纪；百姓困穷，而主不收恤。然后，奸伪并起，而上下相遁；蒙罪者众，刑戮相望于道，而天下苦之。自群卿以下至于

① 《汉书·贾谊传》。
② 《汉书·贾谊传》。
③ 《论语·颜渊》。

众庶，人怀自危之心，亲处穷苦之实，咸不安其位，故易动也。是以陈涉不用汤、武之贤，不藉公侯之尊，奋臂于大泽，而天下响应者，其民危也。……故曰‘安民可与行义，而危民易与为非’。……故秦之盛也，繁法严刑而天下震；及其衰也，百姓怨而海内叛矣。故周王序得其道，而千余载不绝，秦本末并失，故不能长久。”① 这些道理孟子用“得道多助，失道寡助”已经作了精辟的总结，汉初联系秦亡的教训，贾谊再做这样的分析，又为儒家“德治”的道理增添了几分凝重的现实感。

从“德治”的立场看，“法治”的刑罚工具尽可能不用，不得已而用时也只宜慎用，而在处理疑案时宁可不用，这就是“疑罪从无”的刑罚原则。与之相反的则是“疑功从有”的奖励原则，它的动机不是将法律视为刑罚工具，而是认为劝善教民本身就是“德治”的题中应有之义：“诛赏之慎焉，故与其杀不辜也，宁失于有罪也。故夫罪也者，疑则附之去已；夫功也者，疑则附之与已。则此无有毋罪而见诛，毋有有功而无赏者矣。戒之哉！戒之哉！诛赏之慎焉，故古之立刑也，以禁不肖，以起怠惰之民也。是以一罪疑则弗遂诛也，故不肖得改也；故一功疑则必弗倍也，故愚民可劝也。是以上有仁誉而下有治名。疑罪从去，仁也；疑功从予，信也。”② 其中的关键是“疑罪从去，仁也；疑功从予，信也”，这便是汉儒董仲舒所总结的“仁义礼智信”即“五常”的首尾，它所照应的就是儒家的“德治”理想。在没有秦“尚刑而亡”的历史教训之前，集三晋法家工具理性大成的韩非曾断言：“刑胜而民静，赏繁而奸生，故治民

---

① 《新书·过秦下》。

② 《新书·大政上》。

者，刑胜，治之首也；赏繁，乱之本也。”[①] 可是，他的同学李斯在秦的实践证明了他的工具理性的“法治”思想完全错了，贾谊在这里所做的总结正好是批判和否定了韩非的思想，其立论的原则就是儒家的“德治”思想，是儒家对齐法家和三晋法家不同价值取舍的延续。

由于汉初儒家对秦亡所做的总结比较切合现实和历史发展的需要，汉武帝时最终采纳了董仲舒“罢黜百家，独尊儒术”的建议。对于汉儒来说，汉初关于秦亡的总结和武帝时代的“独尊儒术”是两件具有深远历史意义的事情，其意义之重大或许当贯穿在中国两千多年的秦汉制度中来理解。“汉承秦制”是指由秦开创的皇帝统辖之下的郡县制在换汤不换药的历史环境下一直延续到1911年的中华民国的成立，之前的封建帝国国脉绵延了两千多年，与“有古无今”的希腊罗马和“有今无古”的英美相比，可谓“亘古通今”。照清儒王夫之的话讲就是“郡县之制，垂二千年而弗能改矣，合古今上下皆安之，势之所趋，岂非理而能然哉?”其中能够延续两千多年的传统一定有自己的历史逻辑，这叫“理有固然，势所必至”，即“世其位者习其道，法所便也；习其道者任其事，理所宜也。法备三王，道著于孔子，人得而习之。”[②] 这个“法所便”就是三晋法家所提倡的工具理性，但它必须以儒家的“三王之道”作为价值取向，这就是“德治”与“法治”的互补，也就是儒法的互补。有了这个判断，将秦的“焚书坑儒”和汉的“独尊儒术”与“汉承秦制”联系起来才不至于产生自相矛盾，这样才能辩证地理解“自古皆行秦政制”

① 《韩非子·心度第五十四》。

② 《读通鉴论·卷一》。

的历史和逻辑涵义。

从儒法互补这个基点出发，连贯春秋战国、秦汉以至于两千多年的中华帝国历史，我们可以看出先秦法家不是一个一成不变的系统，而是按照历史传统、地理环境和思想内涵的差异性区分出的齐法家和三晋法家系统：齐法家系统比较平衡地包容了“法治”中的价值理性和工具理性，是儒家比较肯定的“治道”，因此保证了齐国在整个春秋战国时代横跨“春秋五霸”和“战国七雄”两代且最先盟会称霸最后遭秦兼并的壮阔历史；三晋法家则极端地发展了“法治”中的工具理性，形成了“势、术、酷、力”为特色的“暴秦”传统，夭折于秦二世，成为中国“治道”中急功近利的历史败笔，是儒家所激烈批判的对象。而汉代在“过秦”的基础上所提倡的“独尊儒术”并没有真正地“罢黜百家”，而是矫正秦的“焚书坑儒”之过，使儒家“德治”中的价值理性与法家“法治”中的工具理性相互补充，形成了“汉承秦制”的思想基础，使中华帝国体制在“阳儒阴法”的原则下存在了两千多年，成为世界帝国体系中延续时间最长的政体。所以，从历史的辩证法看，春秋的齐法家与鲁儒家是一个“德治”和“法治”互补的文化体系，叫做“齐鲁文化”，三晋法家是一个偏至于“法治”工具理性的体系，至秦“并吞六国”“焚书坑儒”为其极限，经过汉初的反思和总结，到武帝时的“独尊儒术”为其矫正，之后形成的“汉承秦制”和“阳儒阴法”则是齐鲁文化在一个新的历史环境和经过秦汉洗礼而达到的一个更高层次的综合。因此说，经过中国长期历史检验的“德治”和“法治”互补的文化传统正是在“轴心时代”齐鲁文化原典的基础上发展出来的儒法互补的文化传统，是中华民族于其历史发展过程中在政治、经济、军事、学术、民族等多样性方面的统一。

秦汉儒家政治合法性思想探源

——《尚书·周书》研究

德国杜伊斯堡—埃森大学 杜苍

一、政治合法性与合法性思想

“对政治秩序和政治权力占有者的合法性提出问题，在政治思想史中有很长的传统。其原因很简单，因为任何统治秩序，如果它不被服从者视为合法，承认其有效性，那么它就不可能长久维持。”①

由于任何统治秩序都以统治者和被统治者的分离为前提，所以，政治合法性也分为合法性信仰和合法性诉求两个方面。合法性信仰是指被统治者对政治秩序的承认和对执政者执掌和行使权力的认可。在一个统治秩序中，合法性信仰可能存在，可能只在一定程度上存在，也可能不存在。所以，合法性信仰是经验性的问题，它的存在与否是判断一个政权是否合法的标准。马克斯·韦伯是研究合法性

---

① 见德国政治学家 Ekkehard Krippendorf：“Legitimität als Problem der Politikwissenschaft”，in：Fach，Wolfgang/Degen，Ulrich（Hrsg.）（1978）：Politische Legitimität. Frankfurt a. M.：Campus Verlag，S. 26.

信仰的先驱。在他开创的统治合法性的经验性研究中，学者们不仅探讨被统治者出于什么动机服从统治和承认现存政治秩序等实然问题，也讨论执政者怎样创造和维持这种承认的条件。韦伯说，“任何统治［者］都企图唤起和维持［民众］对其合法性的信仰”①。伊斯顿则确信：“最稳定的支持来源于社会成员的信念。对他们来说，承认并服从执政者以及遵奉规制的要求是正确的和适当的。”②

政治合法性的另一方面是合法性诉求，是指执政者基于某种价值规范和社会结构所提出的统治要求。任何统治者都会为其执政地位和统治秩序进行辩护，提出要求服从的理由。关键是要知道，这些理由包含一定的原则、目标和价值规范，而它们又是统治者行为的标准以及对执政者及统治秩序（执政者的角色，权力的取得和行使，政治和社会结构等等）的合法性进行评判的根据。从这个意义上说，合法性诉求的理由反过来又是对执政者行为的限制。

由于合法性理由中的价值规范既是统治者自己确定的行为标准，又是被统治者判断现存统治秩序和统治者行为是否合法，从而承认与否的根据，所以，无论合法性诉求还是合法性信仰都与价值规范密切相连，脱离价值规范研究合法性问题只会是隔靴搔痒。虽然伊斯顿的合法性研究的重点不在价值规范本身，但他承认：“通常的合法性概念意味着相信在合法性原则的界定范围内当权者统治和社会

① Max Weber：Wirtschaft und Gesellschaft. 5., rev. Aufl., Studienausgabe. Tübingen：Mohr，1980，S. 122.

② David Easton：A System Analysis of Political Life. New York，London，Sidney，1965，P. 278.

成员服从的正确性”。[①]

这一切告诉我们，任何统治秩序都是双向的，统治者和被统治者相互依存，相互作用。与此相应，合法性诉求和合法性信仰也是一个问题的两面。但是，合法性诉求是第一性的。理由是，只有统治者对其统治的正确性进行辩护，才能谈及被统治者对其统治的认可（合法性信仰）问题。根据韦伯的观点，合法性诉求不仅决定被统治者服从行为的类型，也决定行使统治权力的特点。[②] 而对统治正确性的辩护理由，我们可以称其为“合法性思想”。

如上所述，只要存在政权与统治秩序，就存在该政权与统治秩序是否合法的问题。这是任何政治统治中普遍存在的政治现象。但是，对政权与统治秩序的合法性进行反思，并形成合法性思想却未必是普遍的现象。明确而言，对统治合法性进行反思以及政治合法性思想的产生，是政治文化进步的标志。[③] 当然，由于历史和文化背景不同，政治合法性思想在不同的国家和地区，不同的文化圈，会有自己特有的概念和理论。而且，合法性思想也会随着历史的发展而变化。

---

① David Easton：A System Analysis of Political Life，P. 288.

② 参阅 Max Weber：Wirtschaft und Gesellschaft，S. 122.

③ 参阅德国政治学家 Peter Graf Kielmansegg：“Legitimität als analytische Kategorie”，in：Politische Vierteljahresschrift 12，1971，S. 389.

中国古代虽然没有与欧洲语言里“合法性”① 相对应的词汇，但是，古代文献中不乏涉及统治的必要性、正确性以及其标准，即什么样的统治才能被认可这类问题的讨论。仅以春秋战国时代为例，《论语·尧曰》中记录了尧对舜的下述之言：“咨！尔舜！天之历数在尔躬，允执其中。四海困穷，天禄永终。”② 孔子本人也留下了“民无信不立”（《论语·颜渊》）的名言。孟子虽然也把“民信”作为统治合法性的基础，却用的是“民心”这个概念。他说：“得天下有道：得其民，斯得天下矣；得其民有道：得其心，斯得民矣”（《孟子·离娄上》）。同时，孟子认为统治者的合法性既来源于天又来源于民。他向学生万章解释舜接替尧统治天下时说：“使之主祭，

---

① “合法性”英文是 legitimacy。虽然有些学者（如张键：合法性与中国，《战略与管理》，2000 年第 5 期。）认为“正当性”这个概念更合适，但笔者赞同虞维华和张洪根的观点，仍然用“在我国内地占主导地位”的“合法性”这一概念。（参阅《社会转型时期的合法性研究》，合肥：中国社会科技大学出版社，2004 年，35 页）另外，本文所用的“合法性”不能和英文概念 legility 相混淆。后者被翻译成“合法律性”（让－马克·夸克：《合法性与政治》，北京：中央编译局出版社，2005 年，225 页）或“法定性”（白钢/林广华：论政治的合法性原理，《政治学》2002 年第 6 期，34 页）。值得提及的是德国学者 Würtenberger 的研究结果。他认为，德文 Legitimität 的词源是拉丁语的形容词，本身有“章程”（成文法）的含义。参阅 Thomas Würtenberger：Die Legitimität staatlicher Herrschaft - Eine staatsrechtlich－politische Begriffsgeschichte. Berlin：Duncker & Humblot，1973，S. 32—33.

② 邓小军认为：“历数”和“天禄”“实际上是以君权能否继续存在，表示君权之是否具有合法性”。他也把“君权有限合法性”作为民本思想的组成部分之一讨论。参阅邓小军：《儒家思想与民主思想的逻辑结合》，284—289 页，四川人民出版社，1995 年。

而百神享之，是天受之；使之主事，而事治，百姓安之，是民受之也。”（《孟子·万章上》）孟子上述的“得民心”，实际上又涉及了统治合法化的问题，即怎样让民众服从统治者、认可和依附于现行统治秩序。在这方面，孔子提出了“道之以德，齐之以礼”，使民“有耻且格”（《论语·为政》）的德治思想。

我们可以认为，儒家的这些合法性思想定形于西汉初武帝统治之时，并成为古代中国伦理政治中国家意识形态的组成部分。

二、伦理政治和秦汉儒家政治合法性思想要义

从统治合法性，特别是从合法性诉求的角度出发，我们可以把伦理政治视为一种统治秩序的“理想类型”，[①] 一种合法统治的纯粹类型。[②] 伦理政治以农业经济、土地国家所有制、宗法制度和家国同构为现实基础。它既是一种“政治模式”，也是一种“文化类型”，其特点是伦理和政治的“同构同化”：“以伦理的准则衡量政治问题，以政治驾驭的方式推行伦理规则”。[③]

---

① “理想类型”的概念来自韦伯，其含义可参阅任剑涛：《伦理王国的构造——现代视野中的儒学伦理政治》，北京：中国社会科学出版社，2005 年，30—32 页。值得注意的是，韦伯的“理想类型”不仅代表了一种研究方法：以社会和历史事实为基础的“主观思维的建构”，它也包含价值判断，具有“理想性”、“模范性”的含义。参阅 Max Weber：Methodologische Schriften.（Studienausgabe），Frankfurt a. M.：Fischer，1968，S. 42—51.

② 韦伯曾提出三种合法统治的纯粹类型：传统型、法理型和个人魅力型统治。

③ 任剑涛：《伦理王国的构造》，28—29 页。

至西汉武帝统治之时，伦理政治基本成型。[①] 同时，儒教成为国家意识形态。这是西汉政治和儒学互动的结果。[②] 儒家，特别是入世的儒家，是伦理政治得以存在和维持的主要承担者。出于自身的利益和政治理想，他们在维护现存秩序、论证君权的合法性的同时，也以儒家的伦理标准衡量皇帝的行为、企图限制其权力。

作为统治秩序的一种理想类型，伦理政治有其特有的政治合法性思想。首先，伦理政治的价值规范建立在“天”这一超越性的至上权力上。儒家认为，君权的合法性最终来源于天命，“天者万物之祖”、“天子受命于天”（《春秋繁露·顺命》）就表示了这个意思。重要的是，天也有道德权威。董仲舒说：“且天之生民，非为王也，而天立王以为民也。故其德足以安乐民者，天予之；其恶足以残害民者，天夺之。”（《春秋繁露·尧舜不擅移、汤武不专杀》）

伦理政治的最高理想是内圣外王。[③] 它既是“道”这一“儒学核

---

① 参阅林存光：《儒教中国的形成——早期儒学与中国政治文化的演进》，济南，齐鲁书社，2003年；王顺达：《神圣政治——中国传统政治的形成》，北京，中国文史出版社，2005年。笔者认为，无论是“儒教中国”还是“神圣政治”，都和“伦理政治”讨论的是同一对象。

② 参阅韩德民：《荀子与儒家的社会理想》，济南，齐鲁书社，2001年，20页；林存光：《儒教中国的形成》，122—124页。后者用“儒学的政治化”和“政治的儒教化”来形容这种互动关系。

③ “内圣外王”出自《庄子·天下》。任剑涛认为“内圣外王代表了伦理政治理论中伦理和政治两个指向的最佳状态”。（《伦理王国的构造》，150—151页）

心精神”的概括,[①] 也是伦理政治政治合法性思想的概括。如果任剑涛先生认为政道提供了“政治统治法则的根据和原则”,如果他在“内圣外王理想”中看到了“政权享有的条件性和政权变更的基本理由”[②],那么这说明,内圣外王理想包含了统治合法性思想。

内圣,是实现外王的道德基础,要求君主通过伦理修养达到内在的道德自觉,成为圣人[③]。这种内在的道德自觉儒家用“仁”来概括。孔子曾提出“为仁由己”(《论语·颜渊》)和“我欲仁,斯仁至矣”(《论语·述而》)的观点。孟子通过性善论为这种“成仁”(道德自觉的实现)的可能性提供了先验的根据。在中国古代天人合一和天人合德的思维框架下,只有内圣,才能以德通天,获得统治天下的天命。

当然,和伦理与政治二者同构同化相一致,内圣和外王也是统一的,“道德心性修养与政治治理”[④] 是同一过程。具体而言,外王是内圣的伦理力量的必然外延,它集中体现于施仁政于民;而施仁政于民的事功又反过来证明内圣的实现。子贡问其师孔子:“如有博

---

① 参阅韩德民:《荀子与儒家的社会理想》,第 17 页,齐鲁书社,2001 年。韩德民引余敦康说:“内圣使对天道的理解,外王是把这种理解运用于人事。”牟宗三也说:“儒家的学问原讲‘内圣外王’”。(《政道与治道》,桂林:广西师范大学出版社,2006 年,新版序,7 页)

② 任剑涛:《伦理王国的构造》,161—163 页。“政道”的概念由牟宗三提出:他的定义是“关于政权的道理”(《政道与治道》,1 页)。一方面他认为“中国以往只有政道而无治道”(23 页);另一方面他又讲儒家尚能论及“政道”,“因其有理想故”(13 页),并说“孟荀均以汤武革命为合法”(12 页)。

③ 关于“圣人”概念的起源,发展和作用,参阅王顺达:《神圣政治》,167—213 页。

④ 任剑涛:《伦理王国的构造》,156 页。

施于民而能济众”，是否就能说是达到了“仁”，孔子答曰：“何事于仁！必也圣乎！”（《论语·雍也》）

实现外王，第一，要求统治者“德治”[①]和施“仁政”[②]。孔子提出一系列“为政以德”（《论语·为政》）的论点。而孟子则从性善论出发，坚信“以不忍人之心，行不忍人之政，治天下可运与掌上。”（《孟子·公孙丑上》）和“仁者无敌”（《孟子·梁惠王上》）的观点。

第二，实现外王，要求统治者起表率作用。孔子认为“政者，正也”（《论语·颜渊》），所以，对统治者来说，“其身正，不令则行；其身不正，虽令不从”（《论语·子路》）。荀子亦云：“君者仪也，民者景也，仪正而景正。”（《荀子·君道》）

第三，外王的实现“以社会大众的普遍受惠和天下皆乐为基本标志”[③]。基于“天视自我民视，天听自我民听”[④]的信念，儒家在西周初统治者“保民”政策的基础上发展了“民本思想”[⑤]。

首先，统治者要有爱民、惠民的意识，如《孟子·尽心上》中

---

① 任剑涛认为：“外王，是一种以德性修为而展开的德治之最高境界”（《伦理王国的构造》，151页）。

② 王顺达认为仁政是“圣人事功的体现”（《神圣政治》，210页）。

③ 任剑涛：《伦理王国的构造》，157页。

④ 《孟子·万章上》引古文经《书经·泰誓中》。

⑤ 学术界大都认为，民本是中国古代政治思想的核心。参阅陈明：《中国传统文化中的人道主义》，北京：华夏出版社，1996年，9—14页；陈启天：《中国政治哲学概论》，台北：华国出版社，1951年，28—29页；冯天喻等：《中华文化史》，上海：上海人民出版社，1996年，327—331页；李民：《〈尚书〉与古史研究》，郑州：中州书画社，1983年，80页；刘泽华：《中国政治思想史，先秦卷》，杭州：浙江人民出版社，1996年，17—29；朱日耀等：《中国传统政治文化的现代思考》，长春：吉林大学出版社，1990年，206—207页。

所说的“亲亲而仁民”。荀子看到了民众在社会稳定中的重要性，明确提出了“爱民而安”（《强国》）的论断。《荀子·王制》云：“《传》曰：‘君者，舟也；庶人者，水也。水则载舟，水则覆舟’。故人君者欲安则莫若平政爱民”。

有了爱民、惠民的道德基础，才谈得上养民和教民的政策。继孔子“先富后教”[①] 的主张之后，孟子也提出“民之为道也，有恒产者有恒心”（《孟子·滕文公上》）和“善教得民心”（《孟子·尽心上》）的观点。这也表明，爱民、惠民、养民和教民的最终结果和目的是“得民心”。

总而论之，秦汉儒家提出的伦理政治思想包含了德治、仁政、惠民、养民和教民等一系列原则和价值规范。这些原则和价值规范既与儒家的人民安居乐业和国家长治久安的社会理想相一致，也体现了中国哲学“终极关怀”[②] 的特点。从合法性的角度看，这些原则和价值规范可以视为伦理政治这一统治类型的“合法性理由”。当然，任何“合法性理由”都是双刃剑：这些原则和价值规范既可以用于证明现存统治秩序的合法性，因而要求百姓服从；也是衡量现存统治秩序是否合法性的标准，从而可以起到限制君权，甚至证明现存统治秩序为非法的作用。

从目前掌握的可靠的史料来看，古代中国“走向伦理政治的系

---

① 孔子对老百姓先“富之”、后“教之”的主张，见于《论语·子路》。

② 关于中国哲学“终极关怀”的特点，参阅韩德民《荀子与儒家的社会理想》，7—9 页和 15—16 页。

统化之路”开始于西周初[1]。那么，上述儒家伦理政治的合法性思想也应该在西周初找到其滥觞。

为了准确把握思想史的发展，笔者在以下讨论中只涉及今文《尚书·周书》中成书时间在周初的以下篇章：《大诰》、《康诰》、《酒诰》、《召诰》、《洛诰》、《梓材》、《多士》、《无逸》、《君奭》、《多方》、《立政》和《顾命》。[2]

三、天命——政治合法性的终极来源

首先应该指出，周初统治集团提出其合法性思想最终是为其新政权辩护。牧野一战，国力弱，文化低的小邦周胜了大邦殷，新统治集团可能自己也为此“有不可思议的感觉”[3]，更要面对被战胜的殷族上层集团成员的复辟企图和一些封国对中央政权的敌对活动。

周统治集团为新政权辩护的事实本身并不特别，特别的是他们致思的特点和系统性。具体而言，周统治集团的合法性思想集宗教、伦理和政治于一体，既有对“天”这一至上神的敬畏，也有“德”这一自身道德意识的觉醒和对“民”这一被统治者的责任感。可以

---

① 任剑涛认为西周“走向伦理政治的系统化之路”的“推动力量”之一是：“周代商而起，要为自己的统治合法性辩护”。（《伦理王国的构造》，8页）

② 这个选择主要以美国汉学家 Creels 的研究为基础。他认为下述篇章当属西周初写的：《大诰》、《康诰》、《酒诰》、《召诰》、《洛诰》、《梓材》、《多士》、《君奭》、《多方》和《顾命》。（参阅 Creel, Herrlee G.: The Origins of Statecraft in China. Volume One, The Western Chou Empire. Chicago and London: University of Chicago Press, 1970, P. 449—454）在此基础上，笔者补充了《无逸》和《立政》。王国维和陈梦家认为这两篇也当属西周初作品。（参阅蒋善国：《尚书综述》，137—138页，上海古籍出版社，1988年）

③ 许倬云：《西周史》，第101页，北京，三联书店，1994年。

说，宗教的虔诚、理性的成熟和政治现实感融为一体。

毫无疑问，“天命观”是周初合法性思想最重要的组成部分之一。具体而言，西周初的政治合法性思想最终是建立在对天的宗教式的信仰之上。正是因为周统治者对天的畏惧感和对天有主宰人类生活的力量的信仰，“天命观”才可能成为政治合法性的终极来源。

我们能在今文《尚书·周书》中看到周统治者利用占卜探知天意的宗教仪式。周武王死后，三监和淮夷叛乱，周公辅助成王，动员各诸侯国参加东征。《大诰》云：“予不敢闭于天降威，用宁王遗我大宝龟，绍天明。”卜兆全都吉利后，周公以成王的口吻说：我“不敢废弃上帝的命令”[①]（不敢替上帝命[②]），“天命不会有差错，卜兆的指示必须遵从呀！”（天命不僭，卜陈维若兹！）

面对至上神的“天”，周统治者以人世间代表的身份自称“民”、“我下民”，以示对天的敬畏和恭顺。镇压三监叛乱之后，为了加强对殷旧臣的控制，周统治者要把他们迁到在洛邑附近新建的成周。周公对殷旧臣申述“天命”转换的理论。他说，殷商的亡国是因为纣失天命，而周代商是因为周“佑助天命，奉行上天的明威”（《多士》：“我有周佑命，将天明威”）。接着，周公强调：“我们岂敢擅求王位呢？上帝不给予你们大命，我们下界民的所作的，都表现了上

① 本文中《尚书·周书》的白话译文大多数来源于江灏、钱宗武：《今古文尚书全译》，贵州人民出版社，1995 年。

② 此处的“上帝”和“天”同义。我在本文下面会解释。

天赏善惩恶”[1]（我其敢求位？惟帝不畀，惟我下民秉为，惟天明畏。[2]）

当然，对掌握中国古人思想意识的演进来说，更重要的是阐释殷周之间宗教观的变化和其中所表现出来的道德意识的觉醒。在殷商早期，“帝”或“上帝”是至上神，“祖灵与自然现象的神都位在上帝之下”，到殷商末期，“上帝的性格收缩为统治族群的祖灵”，是商人“族群专有的守护神”。[3] 为了向被征服的殷商旧臣和遗民证明其新政权的合法，周统治集团必须另立一个至上神，代替“上帝”，同时，必须把这个至上神描述成（不只是保护殷人或周人的）“万民之神”。由此，周统治集团提出了“天”的概念，并把“天命”解释为统治合法性的最终源泉。从“上帝”到“天”并不只是至上神名称的改变，[4] 这一改变体现了殷人到周人宗教意识的质的飞跃，从人类宗教意识发展的历程看，就是“宗教的不断伦理化”[5]。用陈来先生的话说，“商人的世界观是‘自然宗教’的信仰”，因为其对上帝的“信仰中并无伦理的内容”，“而周人的理解中，‘天’与‘天命’

---

① 游唤民也把“我下民”理解为“我们下界的人”。《尚书思想研究》，第244页，湖南教育出版社，2001年。

② 臧克和把“明”解释为显扬善人，把“畏”解释为惩罚恶人。（《尚书文字校诂》，上海：上海教育出版社，1999年，296和411页）

③ 参阅许倬云：《西周史》，100页。

④ 在《书经·周书》里，我们可以看到周人继续用“上帝”这个概念（或者说，周人互用“上帝”和“天”这两个概念）可以作为佐证。

⑤ 参阅德国宗教学家 Karl－Heinz Ohlig：Religion in der Geschichte der Menschheit：Die Entwicklung des religi? sen Bewusstseins. Darmstadt：WBG，2002，S. 128.

已经具有了道德内涵”。① 换言之，周人更积极主动和有意识地参与了对“天”这一至上神的塑造。他们赋予“天”以道德审判权：“天”要求下民以其“道德行为”对“天”负责。

周人要证明其统治的合法，首先得强调他们取代商人执政是“受天命”，并阐明为什么。在《书经·周书》里，我们可以看到很多例句②，比如《康诰》，《酒诰》和《梓材》。③《康诰》中，武王对其弟康叔说，文王能够崇尚德教，慎用刑罚，光显老百姓，开创了周的活动区域。“文王这样大量的努力，被上帝知道了，上帝非常高兴，就降大命给文王”。（惟时怙冒，闻于上帝，帝休，天乃大命文王。）

周统治集团成员不仅相互之间反复讲述文王因为尚德和亲民而得到“天命”的观点，更重要的是，他们向殷商的遗民大力宣传这

---

① 参阅陈来《古代宗教与伦理——儒家思想的根源》，北京：三联书店，1996年，168页。作者继续写道：“这种道德内涵是以‘敬德’与‘保民’为主要特征的”。笔者将在下面论及。

② 周人有“受天命”的思想，还可以通过出土的周初金文佐证。参阅许倬云：《西周史》，93—97页。比如西周康王时期的大盂鼎中有“丕显文王，受天有大命”的文字。（参阅日本汉学家白川静［Shirakawa Shizuka］：《金文的世界——殷周社会史》，温天河、蔡哲茂合译自日文，台北：联经出版事业公司，1989年，63—66页）

③ 《康诰》，《酒诰》和《梓材》的作者是谁，周武王还是周公，学术界有争论。这也与“惟三月哉生魄，周公初基作新大邑于东国洛，［…］周公咸勤，乃宏大诰治。”这段属于哪篇相关。大多数作者（比如江灏、钱宗武：《今古文尚书全译》）把它放在《康诰》开头，认为这三篇都是周公或周公以成王名义发的诰。也有作者认为这一关是错简，本应属于《洛诰》（参阅周洪：《尚书直解》，载朱安群 等：《十三经直解（第一卷）》，南昌：江西人民出版社，1993年，401页和蒋善国：《尚书综述》，246—247页。）笔者采用后者的观点。

一思想。先看《多士》。周统治集团在洛都邑附近营建成周，要把殷商旧臣迁到此地，以便加强控制。殷商旧臣发怨言，周公以成王名义发诰，讲明迁徙原因。首先，周公向殷商旧臣阐述天命转换的过程和原因。他说："上天把灾祸降给殷国，我们周国佑助天命，奉行上天的明畏，执行王者的诛罚，宣告殷的国命被上帝终决了。"（旻天大降丧于殷，我有周佑命，将天明威，致王罚，敕殷命终于帝。）

再看《多方》。诰命的主要对象是不服从周王朝统治的各国君臣。令人注意的是，周公不仅把商周的权力转换解释为天命的变化，而且把这一思想套在夏商的权力转换上。他说："也因为夏民贪婪忿戾的风气一天天盛行，残害夏国。于是上天寻找人民的（新）君主，就下光明美好的命令给成汤，命令他灭夏国。"（亦惟有夏之民叨懫日钦，劓割夏邑。天惟时求民主，乃大降显休命于成汤，刑殄有夏。）当然，周公强调夏、商的统治者失天命是罪在自己，因为他们不能"明德慎罚"和"保享于民"（《多方》）。相反，周国之所以得天命，是因为"周王善于顺从民众，能用德教，善待神、天"。（惟我周王灵承于旅，克堪用德，惟典神天。）

既然周统治集团相信文王得天命是因为他"明德慎罚"（《康诰》）、"怀保小民"（《无逸》），那么，他们执政之后告诫自己，要以此保天命也属自然而然之事。《召诰》给我们提供了最好的证明。文中，召公告诫成王吸取夏、商的统治者失天命的教训，勉励他实行德政、爱护百姓。他说："王敬作所，不可不敬德。我不可不监于有夏，亦不可不监于有殷。我不敢知曰：有夏服天命，惟有历年；我不敢知曰：不其延。惟不敬厥德，乃早坠厥命。我不敢知曰：有殷受天命，惟有历年；我不敢知曰：不其延。惟不敬厥德，乃早坠厥命。"

诚然，周统治集团的“敬德”观念与其对天的理性态度、忧患意识、统治的责任感[①]和对民的敬畏心[②]密切相关。具体而言，与殷人“自然宗教”的信仰相应，殷统治者代表了一种绝对的“上帝观”和“君权神授观”。其非理性的信仰，决定了他们想象着上帝反正决定下界人的事务，下界人只能通过祭祀安抚上帝；同时，也决定他们盲目地相信：上帝反正保护殷人，所以不能想到自己本身应该和可能做些什么努力。与此不同，周统治集团却游于天决定人间事务和人（统治者）能够以自己的行为影响天这两种信念之间。

这种双重信念的存在，可以通过周公给召公的答信（《君奭》）证明。周公写道：“君奭！弗吊天降丧于殷，殷既坠厥命，我有周既受。我不敢知曰：厥基永孚于休。若天棐忱，我也不敢知曰：其终出乎不祥。”后一段可以采游唤民先生的翻译：“我不敢说周王朝的基业会永远合乎美好；如果天辅佐有诚的人的话，我也不敢说西周王朝的王业最终会有不好的结局。”正是这个“忱”[③]字，既体现了周公对天命的信仰：天会帮助信天的人；也表示了周人“相信自己的力量”。这种依靠自己的信念更能在召公的思想里看到。他通过批评统治集团的一些成员从反面说明只有诚信才能得天命的道理。他

---

① 比如，这种“忧患意识和统治的责任感”表现在召公对成王的警示中：“周王接受了治理天下的大命，幸福无穷无尽，忧患也无穷无尽。唉，怎么能够不谨慎啊！”（《召诰》：“为王受命，无疆惟休，亦无疆惟恤。呜呼！曷其奈何弗敬？”）

② “对民的敬畏心”的例句很多，比如《君奭》中“永远念天威越我民”和“闵于天越民”。笔者以下还会谈到。

③ “忱”可以解释为“信”、“诚信”。参阅臧克和：《尚书文字校诂》，442页和游唤民：《尚书思想研究》，2页。

说：这些成员“不知道天命不易得到，天很难相信，就将会失去天命，不能长久。继承前人，奉行明德，就在今天了。”（不知天命不易，天难谌，乃其坠命，弗克经历。嗣前人，恭明德，在今。）

在进一步说，也许也因为周统治集团成员都与召公一样，认为“天不可信”（《君奭》）和“我们［要］依靠自己”（“时我”《君奭》），因而，为了永保天命，他们意识到最终要靠自己的努力。用傅斯年先生的话说，即是“一切固保天命的方案，皆在人事之中”；具体言之，在敬德、在保民[①]。从合法性的角度看，天命虽然是政治合法性的终极来源，但能否得天命却取决于人自己的努力，取决于统治者“自己的道德及人民表现的支持程度”[②]。

用“宗教的不断伦理化”总结周初统治集团的“天命观”，那么就是：为了得到神的护佑，人首先要通过祭祀对神表示崇拜；随着人的自我意识的增强，“世俗的”的任务，人对天负责的伦理行为，却越来越重要，甚至超过前者。[③]

四、敬德——政治合法性的道德人格理由

商周之际的这种思想变化也可以用“理性化”来形容。美国汉学家米歇尔在总结这种思想的质变或者说飞跃时写道：商朝的灭亡和周朝的建立与巩固“不只是一个朝代的改变，而是一个时代的结

① 参阅许倬云：《西周史》，107—108 页。

② 参阅许倬云：《西周史》，108 页。

③ 参阅德国宗教学家 Karl－Heinz Ohlig：Religion in der Geschichte der Menschheit，S. 133.

束。巫术时代成为过去，代之而起的是理性时代。”[①] 这个理性化的标志就是“德”的概念的发展。准确地说，与“周虽旧邦，其命维新”（《诗经·大雅·文王》）相应，就是周初统治集团给“德”赋予了新义。[②] 侯外庐先生指出：“一方面受天命，另一方面尽‘人事’，因此道德就出现了”[③]。

如上所说，“德”体现了周初统治集团自身道德意识的觉醒和责任感：即，面对天（这一决定人间事务的至上神）的新的主体自觉和对“民”这一被统治者的责任感。从统治合法性的角度说，就是：要得到和保持天命这一统治合法性，从对天的关系而言，就是“以德配天”；从对民的关系而言，就是“保民”；对统治者自己而言，就是“敬德”。对世间的人来说，天作为至上神虽然高高在上，具有超越性——天因此才能是合法性的终极来源；可是，通过“敬德”却可以“拉近”这种距离，使了解和体验天意、得到和保持天命成为可能。所以，“敬德”可以说是政治合法性的道德人格理由。《左传·僖公五年》引《逸周书》“皇天无亲，惟德是辅”就是表达了这种“以德配天”的思想。赵明先生写道：“德”是与“天命”等概念

---

① Michael, Franz H.: China through the Ages. History of a Civilization. Boulder and London: Westview Press, 1986, P. 27.

② 陈来指出：“德字在殷商文化中并不是一个重要的观念，这应当时没有问题的。”（《古代宗教与伦理——儒家思想的根源》，290 页）另一方面，周初金文已有“恭德裕天”的句子。（许倬云：《西周史》，93—94 页）陈来解释为“敬德顺天”（《古代宗教与伦理——儒家思想的根源》，290 页。）

③ 侯外庐 等：《中国思想通史》，第一卷，古代思想，北京：人民出版社，1957 年第一版，1995 年第七次印刷，84—85 页。

相连的，“德”“得”相通，有“德”就能获得统治权力。[①]

笔者上面在讨论“天命”观时，已经间接地引用了“敬德”的例句，这是因为敬德和保天命是密切相连的。比如《召诰》中召公对成王的告诫：“王敬作，所不可不敬德。我不可不监于有夏，亦不可不监于有殷。我不敢知曰：有夏服天命，惟有历年；我不敢知曰：不其延。惟不敬厥德，乃早坠厥命。我不敢知曰：有殷受天命，惟有历年；我不敢知曰：不其延。惟不敬厥德，乃早坠厥命。”正是因为夏商统治者由于不敬德而失去天命，所以周人新执政，必须敬德，以保天命。召公说：“肆惟王其疾敬德。王其德之用，祈天永命。”

除了“敬德”，“明德”的概念也在《书经·周书》中经常出现。[②]《梓材》中，武王告诫康叔在他治理的封地对殷民施行德治，因为文王“勤用明德”，“怀柔诸侯使夹辅王室”，才使“众邦皆来享献任役，兄弟之国皆来朝享”。[③]（庶邦享作，兄弟方来。）

而且，周统治者也试图向殷商的遗民灌输这种“皇天无亲，惟德是辅”的思想。在《多士》中，周公对殷商旧臣夸奖殷的先王（成汤至帝乙）“罔不明德恤祀”，又谴责纣“淫游逸乐，不顾天意和民困”（诞淫厥泆，罔顾于天显民祇），所以“上帝不保佑（殷国）

---

① 参阅赵明：《先秦儒家政治哲学引论》，北京：北京大学出版社，2004年，82页。

② 臧克和引姜昆武的考证说：“明德”是战国以前政治历史上极为重要之成词。本为宗教性术语，周以来，不断渗入了政治、道德和哲学的含义。“明德，或可释作勉（于）行。（《尚书文字校诂》，356—357页）关于“敬德”和“明德”的含义，参阅陈来：《古代宗教与伦理——儒家思想的根源》，296页。

③ 白话译文分别采源于臧克和：《尚书文字校诂》，357页和周秉钧：《尚书易解》，长沙：岳麓书社，1984年，195页。

了，降下丧亡之罚”（惟时上帝不保，降若兹大丧）。之后，周公说明其理由：“天不把大命给予不努力行德的人”。（惟天不畀不明厥德）

关于“德”的含义，我们在《书经·周书》没有找到直接的具体解释。也许正因为如此，使不同的解释和猜测成为可能。刘泽华先生把周公所说的“德”归纳为十项，并说：“在当时看来，一切美好的东西都可包括在德之中”。[①] 另一方面，学者似乎大都认为把“德”的实现与对民的态度和政策相联系。刘泽华先生说：“德是个综合的概念”，“最重要的是保民和慎罚”[②]。美国学者米歇尔则写道：“这个决定王朝统治的权威以及继续存在的‘德’是什么呢？首先，它是对百姓福利的关心。”[③] 游唤民先生说得更直接：敬德和明德的“核心是保民”。

当然，我们下面会看到，保民最终是为了保天命，保有来源于天的政治合法性。

五、保民——政治合法性的政策前提

根据学术界目前的研究结果，“民”字在周代才出现。[④]比如，康王时期的大盂鼎中有“畯正厥民”和“受民受疆土”的文字。[⑤]“民”

① 刘泽华：《中国政治思想史》（先秦卷），杭州：浙江人民出版社，1996年，24页。

② 刘泽华：《中国政治思想史》，24页。

③ Michael, Franz H.: China through the Ages, P. 31.

④ 参阅侯外庐 等：《中国思想通史》，73页和蒋善国：《尚书综述》，204页。

⑤ 白川静（Shirakawa Shizuka）：《金文的世界——殷周社会史》，1989年，63—66页。

字在周初的出现也许并非偶然，而是证明周统治集团在其政治反思中已经有了“统治者和被统治者”的意识。[①] 从合法性的角度出发，我们甚至可以说，周统治集团把“民”看得和“天”一样重要：二者都是统治合法性的重要因素。《书经·周书》中的例子比比皆是。

《酒诰》中，武王对康叔说：“过去，殷代圣明的先王上畏天威[②]，下畏小民，施行德政，保持恭敬。”（在昔殷先哲王迪畏天显小民，经德秉哲。）与此相反，最后的纣王却“好酒纵乐，以为有命在天，不明白臣民所重视的事”（在今后嗣王，酣，身厥命，罔显于民祇。），因而导致了殷的灭亡。在《多方》中，也可以看到类似的解释：不爱民、不重民而失天命；爱民、重民而得天命。比如，周公提醒各诸侯国的君臣回忆过去：夏的最后的统治者桀“不重视祭祀”（弗永寅念于祀）、“不肯慰勉人民”（不肯戚言于民）、“不明白使老百姓归附的道理”（不克开于民之丽）、“不能善奉于民众”（不克灵承于旅），“于是上天寻求可以做人民君主的人，就大下光明美好的命令给成汤，命令成汤消灭夏国”。（天惟时求民主，乃大降显休命于成汤，刑殄有夏。）在解释为什么周得到天命代替商统治天下时，周公说：“只有我们周王善于顺从百姓，能用民德，善待神、天”。（惟我周王灵承于旅，克堪用德，惟典神天。）

---

① 因此，“民”是个政治概念，意即“被统治者”。参阅拙文（德文）Du Lun (2003): Bedeutung des Begriffs min (Volk) in der frühen Zhou-Zeit. Eine sprachliche Analyse der Zhou-Dokumente im Shujing, in: Pohl, Karl-Heinz/Wippermann, Dorothea (Hg.): Brücke zwischen Kulturen. Festschrift für Chiao Wei zum 75. Geburtstag. Münster u. a.: Lit Verlag, S. 229—252.

② 臧克和认为，“天显”是“天威”和“天明”的混合。“明”指“德”，“威”指作用。（《尚书文字校诂》，339 页）

正因为周统治集团在商灭周兴的权力转换中看到了“民”的作用，所以，为了得以保持手中的权力，他们执政后，理所当然的要继续关心“民事”，也即实行“保民”政策。夏勇先生说：周公在训诫殷商遗民时，强调政权受命于天，政治合法以德行为准。敬天明德之要，不再祭祀，而在保民。① 实际上，“保民”并非只说给别人（比如殷商旧臣）听；与“以德配天”一样，“保民”首先是周统治集团自身的信仰。

在周公给召公的答信《君奭》中，我们先看到召公对周公说：“依靠我们自己，我们也不敢安然享受上帝赐予的福命，而不经常顾念上天的威严和我们的人民”。（时我，我亦不敢宁于上帝命，弗永远念天威越我民。）信的最后，周公也说：“我只想我们要忧虑天命和民心”（予惟用闵于天越民），并勉励召公和他共同辅佐成王完成治理大业。

这里，我们也能看到，周统治集团认为天与老百姓之间存在着紧密关系，比如天站在民一边。《召诰》中，召公在对成王解释商朝在纣时灭亡的原因，并请求他敬德时说：“男子背着、抱着、牵着、扶着他们的妻子儿女，悲哀地呼告上天，诅咒纣王灭亡，希望脱离困境。唉！上天哀怜四方的百姓，它关怀百姓的使命因此转移到我们周国。”（夫知保抱携持厥妇子，以哀吁天，徂厥亡，出执。呜呼！天亦哀于四方民，其眷命用懋。）出于同一信念，周公才会对不服从周王朝统治的各国君臣用“上天于是寻求可以做人民君主的人”（天惟时求民主）以及“成汤代替夏桀作了君主”（成汤“代夏作民主”）

① 夏勇：《中国民权哲学》（The Philosophy of Civil Rights in the Context of China），第 9 页，北京，三联书店，2004 年。

的说法解释夏亡商兴的原因。

既然周统治集团把自己说成是天为百姓找到的新“民主”，所以，管理好百姓就是对天的责任。比如召公对成王说：“王厥有成命治民”[①]（《召诰》）。首先应该看到，周统治集团把其统治对象称为“受民”（准确的含义笔者看来更应是“受命民”）。除了所引金文“受民受疆土”之外，我们也能在《书经·周书》中找到例证，比如《洛诰》里的“王命予来，承保乃文祖受命民”和“诞保文武受民”以及《立政》里的“相我受民”和“以乂我受民”。

其次，周统治集团不仅感到了管理百姓的责任，更想出了一揽子方案。这仅从他们使用的不同概念就能一目了然。除了上述引言中出现的“乂民”[②]、“保民”外，在《康诰》中，我们还能看到“裕民”（教导人民）、“做新民”以及通过“康”表达出来的安民思想。比如，武王让康叔“求闻古先哲王用康保民”、“用康乂民”和“用康乃心”。这一揽子方案，综合起来，就是以上所说的“保民”思想。

最后，笔者引述《梓材》的最后一段，以示周统治集团的思想中“天命”、“敬德”和“保民”三者之间的相互联系。武王对其弟康叔说：“皇天既付中国民越厥疆土于先王，肆王惟德用，和怿先后迷民，用怿先王受命。[…] 惟王子子孙孙永保民。”

六、结论

德国政治学家 Kielmansegg 说：任何一个决定（决策）是否有

---

① 笔者采周秉钧（《尚书易解》，204 页）和江灏、钱宗武（《今古文尚书全译》，1995 年，308—309 页）的段句。

② 比如《召诰》中的“乃其乂民”和“用乂民，若有功”。

约束力，本质上都取决于作出该决定的职权对其决定的辩护。所以，任何统治秩序都陈述其统治要求。它不仅仅表现这个要求，而且解释这个要求为什么合法的理由。把这种自我表现上升为意识，可以视之为“合法性思想”（的产生）。① 这段话非常准确地描写了周初合法性思想产生的过程。我们在上述的分析中看到，西周初统治集团提出了一揽子合法性思想，证明了其思想的成熟。

在他们的合法性思想中，“天命观”无疑是最基本的要素。若无对“天”和“天命”的信仰，其他合法性要素都不能成立和起作用。单纯先生说：“‘天命’信仰是中华民族文化传统重要的精神资源”，“是中华民族的主流信仰——儒家思想的安身立命之所”②。我们看到，这种信仰起源于西周初。用合法性的术语说，“天命”是合法性的终极来源，或者说“最终极的有效理由”。也就是说，谁得到“天命”，谁的统治就有了不容置疑的基础。“天命”之后或之上，没有更终极的东西。

当然，问题的关键并不是找到了一个“最终极的有效理由”，而是统治者怎样去解释这个“最终极的有效理由”，以及这些解释建立在什么样的价值和原则之上。西周初统治集团的思想成熟，并不仅仅是表现于他们提出了“天命观”。（否则，这就只是停留在欧洲中世纪所谓“君权神授”的水平上）他们并没有空口无凭地说，我们得到了天命，所以我们有权统治，别人必须服从。换句话说，西周

---

① 参阅 Peter Graf Kielmansegg：“Legitimität als analytische Kategorie”，S. 389.

② 单纯：《论儒家“天命”信仰中的普世价值》，载国际儒学联合会编、单纯主编《国际儒学研究》第十四辑，2006 年，165 页。

初统治集团并没有简单地把“受天命”解释为一种事实，并把这一事实作为“最终极的有效理由”而一了百事。正相反，我们从以上看到，他们提出了得到和保有“天命”的理由和条件，其中最重要的就是“敬德”和“保民”。如果说“天命”是统治合法性的终极来源的话，那么，“敬德”和“保民”可以看成是得到和保有“天命”的价值前提和条件。

先说“敬德”。我们看到，在周统治集团的想象和宣传中，天并不恩惠一定的人（无论是殷人或者周人），而是有自己的道德标准和赏善惩恶的意志。谁有德，就奖励谁，就把统治天下的大命赋予谁，所谓“皇天无亲，惟德是辅”。相反，如果在位的君主失德，作为惩罚，天就会收回其统治天下的大命。其逻辑结果则是，“既然天是有伦理理性的可知的存在，人所要作的，就是集中在自己的道德行为上，人必须自己为自己负责”。[①] 所以，德是“人的主体能动性的根本象征”。[②] 在这个意义上，“敬德”也许可以说是儒家“内圣”思想的开端。同时，“敬德”表示了宗教伦理化和政治伦理化，它对中国政治思想的发展的影响，可用德国汉学家罗哲海的话描述：“由于周人的‘天’是伦理神，通过天命观的引入，政治统治被明确地认为应服从于道德。”[③] 自此以来，中国人总把统治者的道德水平作为是否认可其统治的标准之一。

---

① 陈来：《古代宗教与伦理——儒家思想的根源》，197 页。

② 张怀承：《天人之变——中国伦理道德的近代转型》，第 93 页，湖南教育出版社，1998 年。

③ Heiner Roetz：Die Chinesische Ethik der Achsenzeit. Eine Rekonstruktion unter dem Aspekt des Durchbruchs zu postkonventionellem Denken. Frankfurt a. M.：Suhrkamp，1992，S. 62.

再说“保民”。既然“敬德”的核心是“保民”，那么，统治者能否得到和保有“天命”（统治合法性），最终则取决于他们对民的态度。尽管“天命”不直接来自人民，但是，至少出于对天（这一能赏善惩恶的至上神）负责，统治者也必须对人民承担责任，按天意管理人民。这一观点无疑为中国政治合法性思想的发展定下了基调。自此以来，关心百姓福利、教导人民、使之融入既定的社会秩序，也成为中国人判断统治合法性的标准。此外，在“其惟王位在德元，小民乃惟刑用于天下”（《召诰》）中，我们不是能看到德治的滥觞吗？而在“惟王子子孙孙永保民”（《梓材》）和“欲王以小民受天永命”（《召诰》）中，我们不是也能看到儒家国泰民安、长治久安的外王理想吗？

不容置疑，周初统治集团对政治合法性的反思是出于为其新政权辩护的需要。他们想出了“天、君[①]（统治者）、民”三合一的关系，提出了“天命”、“敬德”和“保民”的思想。在这里，君是反思的出发点，也处于三合一的关系的中心，而“德”却是能把天、君、民相联接的媒介。“天命”合法性的终极来源，“保民”是获得和保有“天命”的政策条件，而“德”则是能使统治者自己上通天、下达民，上获天佑、下得民心的关键。

周初统治集团功绩在于：在夏商制度和思想的基础上，他们不仅实践了伦理政治，也开创了伦理政治的致思，并提出了伦理政治合法性的理想原则和价值规范。这些理想原则和价值规范被后来的儒家继承和发展。当然，儒家的立场毕竟与周初统治集团的不同。

① 因为周初统治者总在谈自己，所以“君”的用法并不一定需要。

他们在致思中，既从统治者的角度出发，也以百姓的代言人身份说话。他们虽然维护现行社会制度、让百姓服从统治，却也试图使现行社会制度和统治者的行为符合内圣外王的社会理想。而这种社会理想就包含了合法性的原则和价值规范，是任何社会都不可或缺的旗帜。在社会发展的进程中，他们所维护的合法性的原则和价值规范渐渐渗入到社会、深入到百姓的心中，使之成为思想和文化传统。随着历史的发展，虽然这些思想传统有了一些变化，但其精髓仍然影响着中国人的政治思维方式和民族心理。

参考文献：

白川静（Shirakawa Shizuka）：《金文的世界——殷周社会史》，温天河、蔡哲茂合译自日文，台北：联经出版事业公司，1989 年。

Creel，Herrlee G.：The Origins of Statecraft in China. Volume One，The Western Chou Empire. Chicago and London：University of Chicago Press，1970

邓小军：《儒家思想与民主思想的逻辑结合》，成都：四川人民出版社，1995 年。

杜崙 Du Lun：Bedeutung des Begriffs min（Volk）in der frühen Zhou－Zeit. Eine sprachliche Analyse der Zhou－Dokumente im Shujing“，in：Pohl，Karl－Heinz/Wippermann，Dorothea（Hg.）：Brücke zwischen Kulturen. Festschrift für Chiao Wei zum 75. Geburtstag. Münster u. a.：Lit Verlag，2003.

伊斯顿 Easton，David：A System Analysis of Political Life. New York，London，Sidney：John Wiley & Sons，Inc，1965

韩德民：《荀子与儒家的社会理想》，济南：齐鲁书社，2001 年。

江灏、钱宗武：《今古文尚书全译》，贵阳：贵州人民出版社，1995年。

蒋善国：《尚书综述》，上海：上海古籍出版社，1988年。

Kielmansegg，Peter Graf：“Legitimität als analytische Kategorie”，in：Politische Vierteljahresschrift 12，S. 367—401，1971

Krippendorff，Ekkehard：“Legitimität als Problem der Politikwissenschaft”，in：Fach，Wolfgang/Degen，Ulrich（Hrsg.）：Politische Legitimität. Frankfurt a. M.：Campus Verlag，1978

林存光：《儒教中国的形成——早期儒学与中国政治文化的演进》，济南：齐鲁书社，2003年。

罗哲海 Roetz，Heiner：Die Chinesische Ethik der Achsenzeit. Eine Rekonstruktion unter dem Aspekt des Durchbruchs zu postkonventionellem Denken. Frankfurt a. M.：Suhrkamp，1992

刘泽华：《中国政治思想史》（先秦卷），杭州：浙江人民出版社，1996年。

米歇尔 Michael，Franz H.：China through the Ages. History of a Civilization. Boulder and London：Westview Press，1986

牟宗三：《政道与治道》，桂林：广西师范大学出版社，2006年。

Ohlig，Karl-Heinz：Religion in der Geschichte der Menschheit：Die Entwicklung des religiösen Bewusstseins. Darmstadt：WBG，2002

任剑涛：《伦理王国的构造——现代视野中的儒学伦理政治》，北京：中国社会科学出版社，2005年。

单纯：《论儒家“天命”信仰中的普世价值》，载国际儒学联合会编、单纯主编《国际儒学研究》，第十四辑，2006年。

王顺达：《神圣政治——中国传统政治的形成》，北京：中国文史出版社，2005 年。

韦伯 Weber，Max：Methodologische Schriften.（Studienausgabe），Frankfurt a. M.：Fischer，1968

Würtenberger，Thomas：Die Legitimität staatlicher Herrschaft-Eine staatsrechtlich－politische Begriffsgeschichte. Berlin：Duncker & Humblot，1973

夏勇：《中国民权哲学》（The Philosophy of Civil Rights in the Context of China），北京：三联书店，2004 年。

许倬云：《西周史》，北京：三联书店，1994 年。

游唤民：《尚书思想研究》，长沙：湖南教育出版社，2001 年。

张怀承：《天人之变——中国伦理道德的近代转型》，长沙：湖南教育出版社，1998 年。

周秉钧：《尚书易解》，长沙：岳麓书社，1984 年。

臧克和：《尚书文字校诂》，上海：上海教育出版社，1999 年。

周洪：《尚书直解》，朱安群 等：《十三经直解（第一卷）》，南昌：江西人民出版社，1993 年。

禮、理與理性：從克己復禮為仁談起

（台灣）國科會人文學研究中心
華東師範大學哲學系
黃偉雄

儒家是中國文化的代表思想，影響甚鉅。儒家思想經由先秦時代到宋明時代，其理論核心有所轉移，從孔子主張的“克己復禮為仁”，到朱熹的“存天理，去人欲”，轉而為王陽明的“心即理”、“致良知”，可以看出儒家思想的理論主軸，由“禮”轉移至“理”的過程。當代新儒家代表之一牟宗三主張“良知坎陷”，則是為了引進西方的“理性”概念，使儒家思想的理論客觀化，並與西方思想接軌，邁向現代化而努力建構的論證。本文的目的，即是要整理出此一思想脈絡，藉以說明儒家思想與時俱進的軌跡。

一、禮

孔子認為人的最高德行是“仁”。要養成仁此一最高德行，其修養工夫就是要做到“克己復禮”。對於克己復禮的理解，是掌握孔子思想的關鍵。在“克己復禮為仁”[①] 此一表述中，“禮”和“己”是對立的。禮的原始意義指的是一套典章制度，在孔子的時代而言，就是周禮。禮的意義的物質基礎，王國維論述甚詳。王國維認為，禮原來指的是在祭祀時用來承裝祭品（玉石或酒）的器皿，後來引申為有關祭祀的事物也稱之為禮。[②] 禮的意義，由禮器引申到和祭祀有關的事物，再引申到國家社會的典章制度，最後成了一種價值規範。

“己”指自身、自己。己和“禮”的對立關係，其義有二：首先，就己和禮這一對概念而言，己是內在於人此一主體的，而禮是外在於人此一主體的。曾子說：“吾日三省吾身”[③]，吾身就是己，因為己是內在於人的，所以修身必需通過“內省”的工夫。禮是外在的，就禮的物質基礎而言，禮器是人所製作的、典禮是人所制訂的，因此禮得到了對立於主體之外的客觀性。其次，就“克己”和“復禮”而言，克己是修身的方法，是“因”，復禮是修身的目的，是“果”。但是，反過來說，復禮也是修身的方法，是“因”，克己也是修身的目的，是“果”。因此，就修身而言，亦即德行的實踐上，克己和復禮是互為因果的。故克己和復禮具有對稱關係。

對於克己的理解，關鍵在於“克”的解釋。參照春秋時代用語習慣，如左傳記載“鄭伯克段於鄢”，克的意義是“戰勝”，也可以理解為“降伏”。“克己”的原義就是“戰勝自己”或“降伏自己”。

---

① 《論語·顏淵》。

② 王國維，《觀堂集林》，卷 6，第 1 冊，北京市：中華書局，1991，頁 291。

③ 《論語·學而》。

戰勝自己或降伏自己，是因為自己有時會有違背禮的情況，因此必須調整自己的狀態，以合乎禮的要求。

由於對於克己復禮的詮釋不同，因此到了宋明時代，產生了重大的詮釋差異，形成宋明時代思想家對於儒學價值核心的不同見解。

二、理

朱熹的《四書集注》，在儒學的發展史上，擁有巨大的影響。朱熹解釋“克己復禮”，並不是嘗試素樸地闡釋以還原孔子的原意，而是將其哲學見解，以“述而不作”的方式表達出來。朱熹將“禮”解為“天理之節文”，意謂禮是“天理”的外在化表徵。如此一來，在克己復禮的討論上，天理取代了禮的理論位置，於是禮的哲學意義被包含在天理的意義之中，實質上是消解了。於是在有關於儒家最高德行“仁”的討論上，天理取代了禮的位置，直接和“己”對立。因此朱熹區分己的兩層意義：首先，己是“身之私欲”，這意謂著朱熹把己的意義窄化，把己的意義窄化到“肉身”的層次。和“身之私欲”相對立的，是“心之全德”，心之全德就是天理，因為朱熹認為“德”和“得”可以互訓，人心把握得到的天理就是“德”，如果人心完全的把握得到天理，即是“仁”的德行的極致。所以“仁”是“本心之全德”。朱熹區分了“身”和“心”，把“身”和“心”這一對概念帶進了他對於“克己復禮為仁”的討論之中，因而己和“天理”是對立的，己和“仁”也是對立的。要解消此一對立，就必須以“復禮”工夫來解消，就朱熹而言，復禮就是返回天理，達到“無事不是天理”的境界。其次，己是“我”這一主體。朱熹認為“心”是知覺，因此心的功能就是時時覺察天理。心既然是知覺，那麼知覺必有一知覺主體，這一知覺主體就是“我”。因此在整個“克己復禮”的工夫中，實踐的主體仍然在己。因此克己就是戰勝自身的私欲，而自己的肉身是不可能作為戰勝自身的主體，這個主體就得是具有“心”的知覺作用的我。心不是獨立的主體，但心卻能時時體察天理，而且把握得到天理，而成就了人自身的德行（德行的極致就是仁）。

王陽明與學生論學談到“克己”，主張與其克制私欲，毋寧從“為己之心”來求。王陽明闡釋孔子所言“非禮勿視，非禮勿聽，非禮勿言，非禮勿動”，認為“心”作為人身的主宰，因此關鍵都在此心的發用處。視、聽、言、動都是心的發用，必須遵循禮而為，而心之本體就是天理，因此這個心體就是“真己”。王陽明區分了作為“真己”的“己”，和作為“己私”的己，前者是人心，後者是人身，而人心主宰人身。

有關禮，王陽明與學生談“博文約禮”時提到博文為約禮的功夫，進一步說“禮”即是“理”字[①]，把禮和理等同。約禮的目的，是要將吾心“純為一個天理”。王陽明說：“心外無物。如吾心發一念孝親，即孝親便是物。”[②]“吾心”就是“己”。當吾心產生了“孝親”這一信念時，孝親這一信念的內容即孝親這一行為，同時成了外在於吾心且和吾心對立的客體（外物）。因此“物”包含了信念和行為，同時被吾心所感知及體現。被吾心所感知及體現，就是吾心的發用。萬物變化多端，皆是吾心的發用，用心體會，自能認識萬物內蘊的天理。王陽明說：“物理不外於吾心，外吾心而求物理，無物理發。”因此陽明反對朱子將心，理分隔為二，而主張心與理

---

① 王守仁，《王陽明全集》，上海：上海古籍出版社，1992，頁 6。

② 《王陽明全集》，頁 24。

同一。

王陽明從“求諸吾心”出發，提出“致良知”。所謂“良知”，即孟子所言“是非之心，人皆有之”。良知的作用之一就是“知是知非”，突顯心的認知功能。王陽明發揮孟子的良知良能之說，謂良知不待學而能，“是乃天命之性，吾心之本體，自然靈昭明覺者”。良知是先天的，是自然流露的內在性質。良知是吾心的先天內在本質，構成了心的本體。由於個人的良知有時會受至私慾的遮蔽，因此，為使良知這一心的本體能做到與天地合德，就必須做工夫時時省察，此一工夫就是格物。

王陽明主張，心的本體是良知（知）。良知是天理的感受體（靈處），有兩個層面：心是良知的主宰，性是良知的天生的本質（稟賦）。王陽明發揮孟子“盡心知性”的說法，從“性是心之體”來談工夫。

格物的功夫，其步驟如下。首先需“盡心知性”。盡心就是盡性。因為心體是性，以心來內省心體的本質，即是對於性的揭露。因為天是性之原，因此知天就是知性。這是王陽明引用“惟天下至誠為能盡其性，知天地之化育”，而做出的詮釋。而要盡性知性，關鍵在於“誠意”。他認為“意是心之所發”，即意是心的作用。王陽明認為“意之本體便是知，意之所在便是物”，又引“不誠無物”，因此誠意的功用，就是“格物”。因為“唯天下至誠為能盡其性”。因此以“誠意”即能盡其性。

在“心即理”這個原則上，王陽明發明了“致良知”和“知行合一”之說。天理在人心的發露，就是良知。良知就孟子而言，即是“不待學而有，不待慮而得”。見孺子將入於井而產生的惻隱之心，是無須後天經驗學習而來，而是先天內在人心。良知是人先天就有的本性，能做出道德判斷，故“見父自然知孝，見兄自然知悌，見孺子入井，自然知惻隱。”①

良知是先天內在的，因此我們只要內省，以誠意來運用致知格物，去除常人的私意障礙，便是良知呈現。故“致良知”是一種實踐的工夫。

三、理性

傅偉勳認為王陽明的“致良知”說影響了當代新儒家。他引熊十力的說法：“今造此論，為欲悟諸究玄學者，今知實體非是離自心外在世界，及非知識所行境界，唯是反求實證相應故”，“印度的佛家，便把生滅的世界，說為無常。而隱存呵毀，因有厭離或超脫的意思。……儒家哲學的思想，則以為：絕待的大易，舉其全體而顯現為分殊的大用，或生滅的現象，即於生生不息，而見為至誠；於流行而識得主宰。”② 認為熊十力聯貫了孟子到王陽明的心學，與易傳“生生不息，大化流行”的思想，造出了儒家獨特的“道德的形上學”，再由牟宗三推演而成“道德的理想主義”，以孟子的“致良知說”為主觀性原則，易傳的道德的形上學為客觀性原則。③

其實牟宗三的“逆覺體證”，即上承王陽明的“致良知”，主張智的直覺，已揚棄了熊十力的《易傳》傳承。所謂“逆覺體證”，指

---

① 《王陽明全集》，頁 6。

② 熊十力，《新唯識論》，北京市：中華書局，語體文本，1985，347—348 頁。

③ 傅偉勳，《儒道佛三教合一的哲理探討——心性體認本位的中國生死學與生死智慧》，收於《佛教與中國文化國際學術會議論文集》，收於《佛教與中國文化國際學術會議論文集》，頁 679—693，1995。

的是一種實踐工夫。由於心體的發用，同時體現了道德的信念及道德的行為（如前舉“孝親”的例子），因此我們必然要從已經成為實現的事物之道德的信念及道德的行為（外物），反向向內省察自我的心體，這一反向推證的重新認知的過程，即被稱為“逆覺體證”。牟宗三說：“本心仁體或性體雖特彰顯于人類，而其本身不為人類所限，雖特彰顯于道德之極成，而不限于道德界，而必涉及存在界而為其體，自為必然之歸結。”① 此一“必涉及存在界而為其體”的主體，即為“心體”，即為“智的直覺”。

牟宗三論證其“良知的自我坎陷”說：“知體明覺之自覺地自我的坎陷即是自覺地從無執轉為我執。自我坎陷就是執，坎陷者下落而陷於執也。不這樣地坎陷，則永無執，亦不能成為知性（認知的主體）。它自覺地要坎陷其自己即是自覺地要這一執。”② 良知的本體——心體是無執的，沒有被限定的自由，但由於要認知客觀世界，因此無限自由的心體受到了知覺的限制，這是為了認知給出判斷不得不然的證成過程。姜允明認為，牟宗三的“智的直覺”，是通過引入西方的康德哲學的實踐理性的概念，來強化宋明儒學“逆覺體證”的理論，亦內含陽明“致良知”的理論。③ 牟宗三認為，“智的直覺即是無限心的妙用，無限心即是本心，即仁體，而此即是吾人之性體，若心與性不能一，心不復是本心，而為氣之靈而屬於氣，則自

---

① 牟宗三，《智的直覺與中國哲學》，台北市：商務印書館，1971，192—193 頁。

② 牟宗三，《現象與物自身》，頁 123。

③ 姜允明，《試論牟宗三先生的“智的直覺”說》，收於姜允明，《當代心性之學面面觀》，頁 76。

不能有此智的直覺。”[①] 在牟宗三的理論中，心體、仁體和性體都是同一的。所以良心的本體——心體是無限心，即是體，而智的直覺是其妙用。

姜允明指出，“宋明心學的理論體系，顧名思義，是環繞著‘心體’的關鍵辭而展開的。……心學家的內聖工夫完全落實於體認小我與大我之間的等號溝通，以澈悟天人之間圓融無礙之有機整體的意義。心學家對心體形上涵義的理解是根據其第一手的經驗，換句話說，由心體的經驗開展而出的理論體系以及其間的邏輯脈絡，主要的根據完全立基於主體的確實性。”[②] 由於儒家偏重在內聖的工夫，雖然開出了道德，但對於成就外王事業的知識的追求，則顯不足。儒學至王陽明的發揮，雖上承孟子的人性論，開出了儒學的道德主體的理論主軸，但此一道德主體的論證卻擺脫不了主觀唯心論的陰影。牟宗三提出“良知的自我坎陷”說，就是要在理論上嘗試設計一個精緻的論證模式，用來解釋“智的直覺”如何開出知識、開出科學，即努力於如何證成客觀的外在世界。

四、小結

從孔子論“克己復禮為仁”綱要性的談話，強調“禮”的重要性，到朱熹、王陽明以“理”、“性”、“心”等概念闡發“克己復禮”的意義，再到牟宗三結合西方哲學的“理性”概念談“良知坎陷”，從中展現了一個辨證過程。在先秦儒學中，禮作為一個外在的客體存在，有其客觀的物質基礎，在儒學的人文化成的過程中（即博文

① 牟宗三，《智的直覺與中國哲學》，頁 193。

② 姜允明，《從“心體”的形上意義申論宋明心學中天人合一的理論基礎》，收於姜允明，《心學的現代論釋》，頁 82。

約禮），慢慢形上學化，在宋明儒學中和天理劃上等號，並進一步內化到人的心體（良知）的主體存在上。當代新儒家中的牟宗三，則尋求在絕對的主體化的良知中，重新證成天理的客觀化，以形成外在的民主科學世界，作為主體化的良知的對立面，逼使良知不得不自我坎陷，從形上學世界走向實踐理性，尋求中西哲學在理性中融會貫通的可能性。

經由以上討論，可以看出作為中華民族精神重要成份的儒學，是與時俱進的學問，除了保有其獨特的以“仁”為最高德行的價值核心觀外，仍吸收了各時代思想家的理論闡釋，展現其豐富的思想內涵，而在中西文化多元並存的對話基礎上，面向西方文化的核心——思辯理性，在對立中尋求統一，企圖展現儒學面向世界的客觀化精神，而此一努力還在開花結果的過程中。